汽车电气电子系统检修

主　编　蒋璐璐　张　立
副主编　吴　君　叶　斌
　　　　项腾飞　王　森
参　编　邵光俭　陈　巍
主　审　郑尧军

北京理工大学出版社
BEIJING INSTITUTE OF TECHNOLOGY PRESS

内 容 提 要

本书遵循"宽基础、重实践、重能力"的原则，以大众、吉利等典型车型的电气电子系统作为教学内容，在编写过程中充分吸收国内外汽车电气电子的新技术，选取汽车电气维修中真实、典型的维修工作任务，重点对汽车电气电子系统的控制逻辑、控制电路及故障机理进行深入分析。

本书共分为7个项目，包括汽车电气电子系统检修准备、汽车电源系统检修、汽车启动系统检修、汽车雨刮系统检修、汽车门窗系统检修、汽车照明与信号系统检修、汽车仪表及防盗系统检修。各项目主要围绕性能检查、检测维修、故障诊断三个任务展开。性能检查主要是对系统的认知检查；检测维修主要是对系统的控制逻辑、控制电路和检测维修技能等进行更深层次的分析；故障诊断主要是对系统复杂故障进行检测诊断。通过本书的学习，学生可掌握汽车电气电子系统总体结构与工作原理，能够对汽车电路进行分析，具备对汽车电气电子系统故障诊断排除的能力。

本书适合作为高等职业院校汽车及相关专业的教学用书，也可作为其他汽车技术学校、汽车技术培训机构用书及汽车从业人员的学习参考用书。

版权专有　侵权必究

图书在版编目（CIP）数据

汽车电气电子系统检修 / 蒋璐璐，张立主编 . -- 北京：北京理工大学出版社，2023.12
ISBN 978-7-5763-3298-8

Ⅰ.①汽⋯　Ⅱ.①蒋⋯②张⋯　Ⅲ.①汽车－电气系统－检修－高等学校－教材②汽车－电子系统－检修－高等学校－教材　Ⅳ.① U472.41 ② U472.9

中国国家版本馆 CIP 数据核字（2024）第 016025 号

责任编辑：高雪梅		文案编辑：高雪梅
责任校对：周瑞红		责任印制：李志强

出版发行 / 北京理工大学出版社有限责任公司
社　　址 / 北京市丰台区四合庄路 6 号
邮　　编 / 100070
电　　话 /（010）68914026（教材售后服务热线）
　　　　　（010）68944437（课件资源服务热线）
网　　址 / http://www.bitpress.com.cn
版 印 次 / 2023 年 12 月第 1 版第 1 次印刷
印　　刷 / 河北鑫彩博图印刷有限公司
开　　本 / 787 mm × 1092 mm　1/16
印　　张 / 18
字　　数 / 382 千字
定　　价 / 95.00 元

图书出现印装质量问题，请拨打售后服务热线，负责调换

前 言
PREFACE

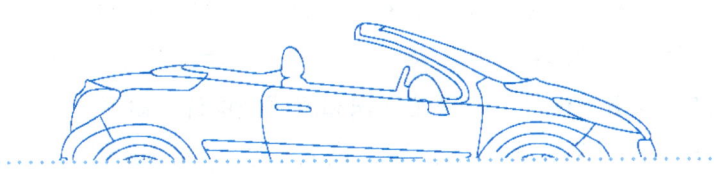

基于当前经济社会对汽车高技术技能人才的需要，贯彻党的二十大精神，实现"加快建设教育强国、科技强国、人才强国"战略，为体现立德树人的根本目的，本书以"宽基础、重实践、重能力"为原则，以大众、吉利等典型车型的电气电子系统作为教学内容，在编写过程中充分吸收国内外汽车电气电子的最新技术，选取汽车电气维修中真实、典型的维修工作任务，重点对汽车电气电子系统的控制逻辑、控制电路及故障机理进行深入分析，力求科学性、系统性、先进性、实用性。

本书共分为 7 个项目，项目 1 汽车电气电子系统检修准备，重点介绍汽车电气电子技术的发展、电气电子系统的总体认识、汽车电路图的识读；项目 2 到项目 7 选取了电源系统、启动系统、雨刮系统、门窗系统、照明与信号系统、仪表及防盗系统 6 个典型电气电子系统进行研究分析。

本书融合汽车维修工职业技能等级标准及 1+X 证书标准相关内容。各项目的任务设置按初级—中级—高级，即检查—维修—诊断三个等级递进：任务 1 性能检查主要是对系统的认知检查，适合初级水平的读者，实践操作技能对应机电维修工的小工；任务 2 检测维修主要是对系统的控制逻辑、控制电路和检测维修技能等进行更深层次的分析，适合中级水平的读者，实践操作技能对应机电维修工的中工；任务 3 故障诊断主要是对系统复杂故障进行检测诊断，适合高级水平的读者，实践操作技能对应机电维修工的大工。

本书编排突出逻辑分析能力的培养，测量了系统关键部件主要插脚的电信号，通过对电信号的分析更容易理解系统的控制逻辑及控制电路；安排了系统故障验证实训，实车明设故障，观察故障现象，记录故障数据，通过故障验证实训整理出电气系统典型故障库，进一步理解系统故障机理；设计了故障诊断分析表，把典型故障案例进行教学化、系统化、逻辑化、表格化的处理，有利于培养学生的逻辑分析能力。

本书内容突出典型工作任务教学模式。以职业能力为基础，以工作过程为导向，选用典型故障案例作为教材内容，采用"从故障症状到故障点"完整的故障诊断过程进行分析，阐明了分析故障的思路、排除故障的途径，将理论知识和实践技能深度融合。

本书设计加入数字资源，教材形态新颖，通过二维码，嵌入视频、彩图等数字资源，便于学习和信息、知识更新；配有课后习题，便于读者对所学内容进行检验；在职教云平台和学银在线配有课件等教学资源，读者可以登录相关平台学习。

本书由浙江经济职业技术学院蒋璐璐、浙江经贸职业技术学院张立任主编，浙江经济职业技术学院吴君、叶斌、项腾飞、王森任副主编，浙江经济职业技术学院邵光俭、浙江物产元通汽车集团有限公司陈巍参编。全书浙江工业职业技术学院郑尧军主审，由蒋璐璐统稿。本书在编写过程中，得到了深圳风向标有限公司的大力支持，在此表示感谢！

由于编者水平及时间有限，书中难免存在不足之处，敬请广大读者批评指正。

编　者

目 录

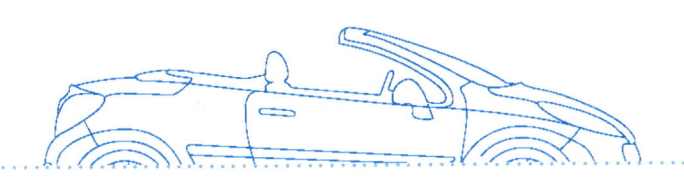

项目 1　汽车电气电子系统检修准备 1

任务 1.1　汽车电气电子系统认识 1
  1.1.1　汽车电气电子技术的发展 2
  1.1.2　汽车电气电子系统的组成 6
  1.1.3　配电装置的认识与检查 7
  1.1.4　汽车车载诊断系统 12

任务 1.2　汽车电路识读 17
  1.2.1　汽车电路的特点 18
  1.2.2　汽车电路图的类型 18
  1.2.3　汽车电路图的识读要点 21
  1.2.4　认识大众汽车电路图 23
  1.2.5　认识吉利汽车电路图 25

项目 2　汽车电源系统检修 30

任务 2.1　电源系统性能检查 30
  2.1.1　汽车电源系统的认识 31
  2.1.2　蓄电池的认识 37
  2.1.3　发电机的认识 42
  2.1.4　电压调节器的认识 47

任务 2.2　电源系统检测维修 51
  2.2.1　电源配供电电路控制 52

  2.2.2 电源系统的控制 ·············· 57

 任务 2.3 电源系统故障诊断 ················ 64

  2.3.1 电源系统常见故障类型 ········· 64

  2.3.2 电源系统常见故障原因分析 ····· 65

  2.3.3 电源系统故障案例分析 ········· 67

项目 3 汽车启动系统检修 ················ 75

 任务 3.1 启动系统性能检查 ················ 75

  3.1.1 启动系统的认识 ·············· 76

  3.1.2 自动启停系统认识 ············ 78

  3.1.3 启动机的认识 ················ 80

 任务 3.2 启动系统检测维修 ················ 87

  3.2.1 启动机的工作原理 ············ 88

  3.2.2 启动系统的控制 ·············· 89

 任务 3.3 启动系统故障诊断 ················ 95

  3.3.1 启动机常见故障 ·············· 96

  3.3.2 启动系统常见故障原因分析 ····· 97

  3.3.3 启动系统故障案例分析 ········ 102

项目 4 汽车雨刮系统检修 ················ 108

 任务 4.1 雨刮系统性能检查 ················ 108

  4.1.1 雨刮系统的认识 ············· 109

  4.1.2 雨刮系统的类型 ············· 112

  4.1.3 雨刮系统的工作过程 ········· 113

 任务 4.2 雨刮系统检测维修 ················ 118

  4.2.1 雨刮系统的控制原理 ········· 119

4.2.2　雨刮系统电路分析 120
　　4.2.3　雨刮系统检测维修 125
 任务 4.3　雨刮系统故障诊断 131
　　4.3.1　雨刮系统常见故障类型 131
　　4.3.2　雨刮系统常见故障原因分析 132
　　4.3.3　雨刮系统故障案例分析 135

项目 5　汽车门窗系统检修 145

 任务 5.1　门窗系统性能检查 145
　　5.1.1　门窗系统的认识 146
　　5.1.2　门窗系统的工作原理 151
 任务 5.2　门窗系统检测维修 156
　　5.2.1　门窗系统控制原理 157
　　5.2.2　门窗系统电路分析 158
　　5.2.3　门窗系统检测维修 163
 任务 5.3　门窗系统故障诊断 169
　　5.3.1　门窗系统常见故障类型 169
　　5.3.2　门窗系统常见故障原因分析 170
　　5.3.3　门窗系统故障案例分析 174

项目 6　汽车照明与信号系统检修 181

 任务 6.1　照明与信号系统性能检查 181
　　6.1.1　照明与信号系统的认识 182
　　6.1.2　照明与信号系统的性能检查 190
 任务 6.2　照明与信号系统检测维修 196
　　6.2.1　前照灯控制 197

6.2.2 灯光系统电路分析 200

任务 6.3　照明与信号系统故障诊断 219

6.3.1 灯光系统常见故障类型 219

6.3.2 灯光系统常见故障原因分析 221

6.3.3 灯光系统故障案例分析 223

项目 7　汽车仪表及防盗系统检修 234

任务 7.1　仪表及防盗系统性能检查 234

7.1.1 仪表系统的认识 235

7.1.2 防盗系统的认识 240

7.1.3 无钥匙进入及启动许可系统的认识 244

任务 7.2　防盗系统检测维修 248

7.2.1 吉利帝豪 EV450 防盗系统控制电路分析 249

7.2.2 迈腾 B8L 防盗系统控制电路分析 253

7.2.3 无钥匙进入及启动许可系统检测维修 258

任务 7.3　防盗系统故障诊断 262

7.3.1 防盗系统常见故障类型 263

7.3.2 迈腾 B8L 防盗系统常见故障原因分析 263

7.3.3 迈腾 B8L 防盗系统故障案例分析 270

参考文献 278

项目 1
汽车电气电子系统检修准备

项目描述

随着电子技术在汽车领域的广泛应用,汽车技术与电子技术日益融合,汽车电气设备也迅速发展,并促进了汽车的发展与进步,大大提高了汽车的性能,尤其在汽车节能降耗、行车安全、减少排放污染等方面起着越来越重要的作用。

在汽车检测诊断维修工作中,涉及汽车电气电子系统的内容最多。作为一名有志于从事汽车检测诊断的技术人员,必须掌握电气电子系统检修的基础知识。本项目从汽车电气电子系统认识、汽车电路识读两个任务展开,通过以上两个任务的学习和实施,学生能掌握汽车电气设备的组成和特点,汽车电路图的识读方法,并能检查开关等基础元件。

任务 1.1 汽车电气电子系统认识

任务描述

一辆配备 6 挡双离合换挡变速器(DSG)的迈腾 1.8TSI 轿车,刚买了 3 个月,行程为 2 550 km。停车一夜后,早上启动发动机时启动机无反应,仪表指示灯也不亮。经检查仪表熔丝断路。假如你是在这家 4S 店工作的实习生,师傅让你更换该熔丝,并对整车电气系统进行检查,请问你该如何做呢?

任务分析

要对客户车辆电气系统进行检查,并能完成熔丝的更换,需要熟悉汽车电气电子系统,并能根据电路图找到相应零部件位置,能用检测设备对熔断器等部件进行检查。

学习目标

知识目标
1. 了解汽车电气电子技术的发展;
2. 掌握汽车电气系统的总体结构;
3. 掌握汽车配电装置的基本特点及组成。

技能目标
1. 能看懂开关等基础电气元件电路;
2. 能用万用表检测汽车配电装置。

素质目标
1. 通过线上学习、小组探究,学生锻炼自主学习的能力;
2. 通过企业 7S 标准规范管理操作,培养学生规范、安全意识;
3. 通过实践操作、清洁整理整顿等要求,培养学生崇尚劳动、热爱劳动、辛勤劳动、诚实劳动的劳动精神。

相关知识

1.1.1 汽车电气电子技术的发展

汽车问世 100 多年来,其发展给整个世界和人类生活带来了巨大的变化,汽车技术也取得了令人瞩目的进步。汽车电气电子系统是汽车的重要组成部分,其性能的好坏直接影响汽车的动力性、经济性、可靠性、安全性和尾气排放等各个方面。

1. 汽车电气设备的发展概况

汽车电气设备是汽车的重要组成部分,在很长一段时间内,汽车电气设备及其技术的进步主要表现在机械方面,随着电子技术的发展,电子技术在汽车上的应用代表了汽车技术未来的主流。

20 世纪 60 年代以后,随着电子技术的进步,汽车开始大量采用电子设备,其主要标志是交流发电机,采用二极管整流技术,将交流电变为直流电,发电机的质量减轻、体积减小,发电机的可靠性大幅度提高;之后,又用电子电压调节器替代了传统的触点式电压调节器,使发电机的输出电压更加稳定,并减少了维护的工作量。

进入 20 世纪 70 年代,电子技术应用在点火系统中,出现了电子控制高能点火系统、点火提前的电子控制系统,使点火能量有很大提高,点火提前控制更加精确,提高了汽车的动力性,降低了汽车的排放污染。为进一步减少汽车的排放污染和提高汽车整体性能,随之又出现了电控燃油喷射系统(EFI)、电控自动变速器(ECT)、防抱死制动系统(ABS)等。

20 世纪 80 年代以后,汽车采用的电子装置越来越多,如驾驶辅助装置、安全警报装置、通信和娱乐系统等。特别是计算机技术的发展,更给汽车电子控制技术带来了一场技术革命,电控技术已深入汽车的各个部分,使汽车的整体性能得到了大幅度提升。

进入 21 世纪后，智能功率器件、智能传感器、32 位单片机及功能更加完备的专用集成电路的应用，使汽车的总体结构和性能发生了很大的变化。在这一阶段，动力传动系统的综合控制、车辆控制系统、数字音响系统、OBD－Ⅱ自诊断系统、通信及导航系统、汽车网络系统都有了很大的发展。

电子技术在汽车系统上的应用是保证车辆新功能的硬件基础。电气电子设备的应用为今天的汽车提供了更好的性能、更舒适的驾驶体验、更高的安全水平及更低的尾气排放。随着计算机和网络技术的飞速发展，汽车工业开始了智能网联化发展，这要求汽车电子电气由提供非重要功能演变到辅助驾驶，从感知和驱动等系统执行器件演变为高性能、高负荷的处理模块。这表明电子电气在汽车系统中扮演着越来越重要的角色，开始处理越来越复杂的功能性问题。将各类传感器、线束、控制器、各个系统和软硬件有机地结合起来，构成集成化、功能化、智能化的电子电气系统已经成为必然趋势。随着汽车智能化的发展，汽车上车载电子元器件和电子控制单元的数量增加，汽车的功能越来越多、车载设备间通信网络越来越复杂，对车载设备的性能要求越来越高。为了适应智能网联汽车的发展，对电子电气架构的发展也提出了新的要求。

2. 电气电子系统架构发展

汽车电子电气系统架构的发展，由 20 世纪 80 年代最初的分布式架构逐渐发展为当前的高度智能和融合化（图 1-1-1）。

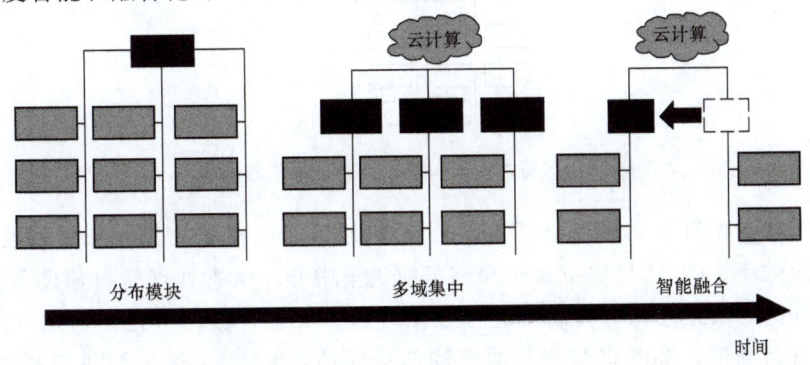

图 1-1-1 汽车电气电子架构演变示意

发展初期，不同的电子控制单元(ECU)通过等效网络接口由通信链路连接，实现有效通信。随着技术的发展，不同电子控制单元(ECU)合并以及硬件系统的集成化设计，使汽车电气电子架构逐渐过渡到模块化和集成化，促进了不同电子控制单元(ECU)之间的相互通信和融合，这种变化趋势随着车辆智能网联化的发展会得到进一步的发展。而且，大数据和互联网技术的更加成熟，使人-车-环境多维度融合交互通信成为可能，使用大数据云处理器控制车辆也逐渐成为可能。

车辆智能网联化发展，带来车辆自身个体复杂程度的增加、车辆各系统之间的交互通信增加、车辆之间的互联通信增加。这对电气电子的通信能力及架构的延展性提出更高的要求。车载电气电子架构的设计和搭建需要考虑的因素就更多。例如实时性需求、诊断服务请求等以整车功能导向为目标的要求。下面就当前市场应用及研究发展中的车载电气电子架构做详细介绍。

当前,汽车市场在用的车载电气电子架构主要以多域控制器为主,目前,国外主流主机厂主要采用以多域控制器及中央集中+区域控制器相结合的电气电子架构,将车辆分为不同的子模块即不同的域,如动力总成域、底盘域、车身域、娱乐媒体域等。

不同的域对域内的电子控制单元(ECU)进行整合,域内的ECU通过共享总线系统进行通信。中央网关用于连接不同的域,实现不同域之间的信息交互和数据通信。其中,特斯拉 Model 3 的电气电子架构由 CCM(自动驾驶及娱乐域控制模块融合)、前车身控制器、右车身控制器、左车身控制器构成,如图 1-1-2 所示。

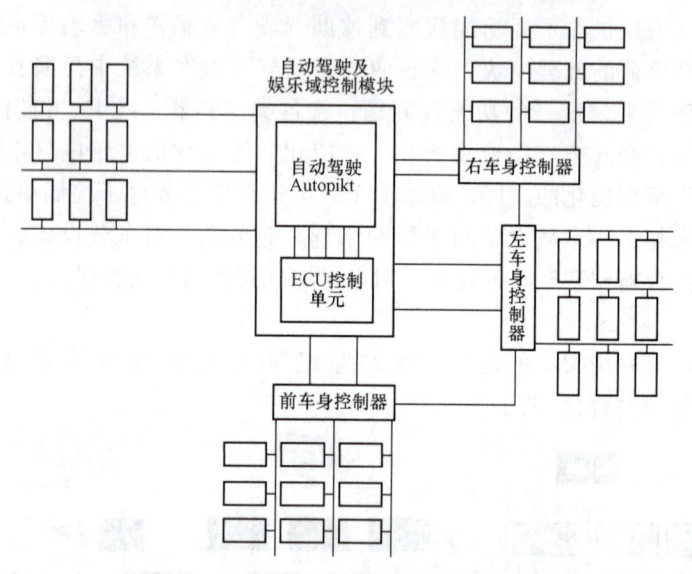

图 1-1-2 特斯拉 Model 3 的电气电子架构组成

按照车辆的位置对车辆系统控制进行区域划分,这样的控制器布置简化了线束,提高了系统效率。CCM 模块主要作为整车的决策中心,负责处理所有辅助驾驶相关的传感器。同时,对主要核心控制器进行数据处理、决策仲裁。各控制器之间通过共享总线系统进行通信,及时将监测到的车辆信息反馈给 CCM,保证与各控制器及 CCM 模块之间的实时通信。

另外,丰田公司提出了采用中央集中+区域控制器相结合的电气电子架构方案。这种方案为每个域集成高性能控制器,即域控制器,提供域内的通信和域外的连接。这种结构由于大部分数据交换发生在域内,减少了 ECU 内部来自中央网关的通信,有助于 ECU 在硬件系统上的集成化,有效降低了控制器成本。通过使用基于 Adaptive AUTOSAR 和 Classic AUTOSAR 的混合架构,实现便捷的固件升级以及功能的可拓展性。同时,该架构在硬件、线束布置上,减少了线束的长度,降低了线束的设计复杂程度,总体原则是轻量化设计、降低重量。与此同时,在设备安装上,中央集中式电气电子架构逐步减少了控制器、ECU 的数量和线束长度,为后续固件升级预留更多的空间。

为了解决智能网联汽车在系统、软件升级对汽车内部通信速率、计算能力以及电气电子架构的可延展性要求,主流互联网公司和车企设计开发满足智能网联汽车通信需求的新架构。其中，华为提出了一款C-C概念架构（图1-1-3），即"分布式网络+域控制器的架构"，该架构主要是将汽车分为智能座舱域、整车控制域以及智能驾驶域三部分。华为计划未来通过域控制器和操作系统打造的CC架构可以做到软件在线升级、硬件在线更换升级以及传感器的可拓展性，以达到软件定义汽车的目标。

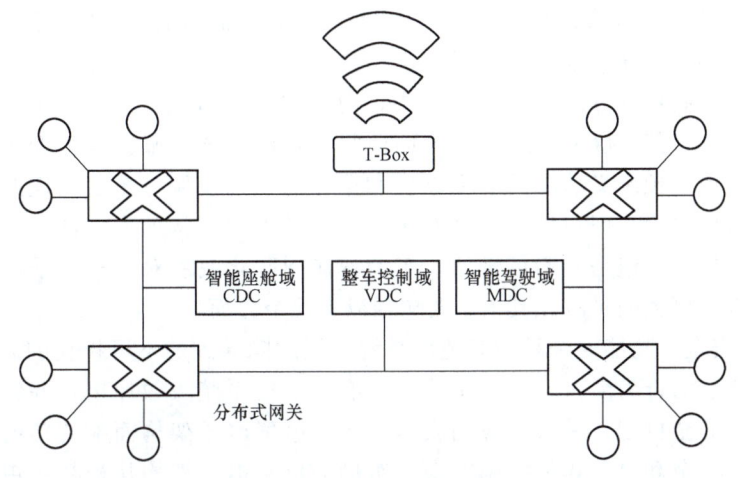

图1-1-3 华为C-C架构模型

联合汽车电子公司为智能网联汽车设计开发了扩展型域控制器，如图1-1-4所示。

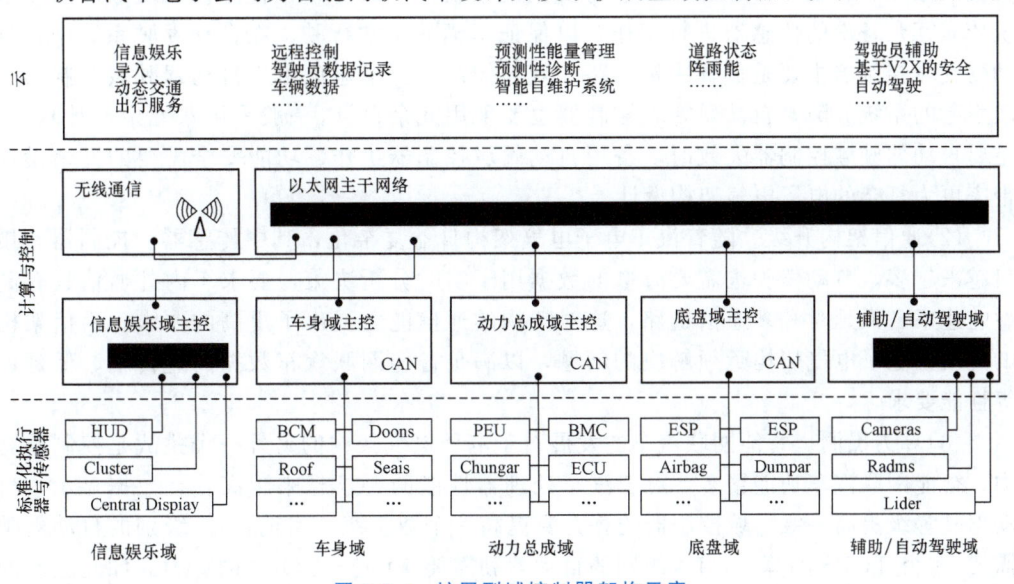

图1-1-4 扩展型域控制器架构示意

根据未来智能网联汽车的功能需求，拓展型域控制器架构分为云-管-端一体化设计，顶层为云端服务平台，中间层为计算与控制层，底层为标准化执行器与传感器层。该架构将标准化执行与传感器层分为信息娱乐域、车身域、动力总成域、底盘域、辅助/自动驾驶域。在这种架构中，根据智能网联车辆行驶过程中的数据需求，通过底层传感器层进行数据收集，在中间层进行数据处理与分析，最终反馈到云端。云端服务器根据需要处理的信息，为不同车辆设备提供灵活性的集群处理，符合未来智能网联汽车的功能需求。

3. 电气电子架构未来发展的机遇和挑战

未来，自动驾驶要求更高的算力和更多传感器件，汽车内部的快速电子化让电子架构不堪重负，对于未来汽车电子架构来说，更应该做减法。当然，互联网技术（5G+）更加成熟，将大大加快电子电气架构在当前基础上的进一步深度演进。倘若通信网络带宽足够宽，通信延迟足够低，这一趋势将会更加明显。此外，计算机技术的高速发展促使控制器计算能力向中央集中，向云端集中演变；汽车电子电气架构的演进也向着集成式，甚至服务器式这一方向前行。目前，车载服务器已经被开发，其高性能计算机可用于预定义功能的应用软件和第三方软件及服务平台，凭此可实现新的移动概念，可增强终端用户体验。这对于汽车电子电气架构而言，都是未来发展的驱动力量和发展机遇。但是，不可否认，车辆智能网联化发展对汽车电子电气架构带来了更高的要求、更大的挑战。其中主要包括以下几个方面：

（1）功能安全。功能安全是指避免由系统功能故障导致的不可接受的风险，重点关注系统故障之后的行为因素，致力于找出所有可能的系统失效原因，并针对这些失效制定出相应的安全机制，采取相应的安全措施。电气电子架构面临的功能安全挑战主要体现在感知冗余和自动驾驶控制冗余。车辆的电子电气架构从最初的单激光雷达单摄像头架构，到后来多激光雷达多摄像头架构及复合摄像头架构，这些架构中的不同种类的摄像头、激光雷达都需要进行安全冗余设计，以防止在传感器出现故障后，系统依靠冗余备份的传感器进行工作，以保证车辆的正常行驶。在自动驾驶系统中，自动驾驶域控制器主要是负责决策、路径规划控制。为了避免由于自动驾驶域控制器失效引起的系统故障，自动驾驶域控制器也要采用冗余设计（一般采用双冗余设计），当主要自动驾驶域控制器失效时，备用自动驾域控制器工作。功能安全需要的冗余设计带来更为复杂的电子电气架构设计。

（2）通信架构升级。随着汽车电子电气架构日益复杂化，其中传感器、控制器和接口越来越多，自动驾驶也需要海量的数据用于实时分析决策，要求车内外通信具有高吞吐速率、低延时和多通信链路，这对架构的通信能力提出了更高的要求。通信架构的升级是电子电气架构亟须解决的问题，以满足智能网联汽车数据高速传输、低延迟等性能要求。

（3）算力黑洞。智能网联汽车的发展对于电子电气架构的另外一个挑战是控制器算力，智能网联汽车功能繁多，对于汽车处理器性能的要求越来越高。有数据显示：自动驾驶等级提高一级，域控制器的算力要提高一个数量级。目前，L3级别的自动驾驶需要24个TOPS的算力，L4级别的自动驾驶需要4 000+TOPS的算力。如此巨大的算力需求，对于电子电气构架是个巨大的考验。

1.1.2 汽车电气电子系统的组成

现代汽车电气设备的种类和数量很多，但总的来说可以分为电源、用电设备和配电装置三部分。

1. 电源

传统汽车上的电源有蓄电池和发电机两个。发动机不工作时由蓄电池供电；发动机启动后，由发电机向汽车上的用电设备供电，同时向蓄电池充电。电动汽车的电池也分为两部分：一个是动力电池；一个是普通的 12 V 蓄电池。动力电池用于给新能源汽车动力系统供电，12 V 蓄电池负责给汽车行车电脑、仪表盘与其他用电设备的供电。

2. 用电设备

用电设备主要由以下几个系统组成。

(1) 启动系统。启动系统用来启动发动机，主要包括启动机及其控制电路。

(2) 照明系统。照明系统用来为车辆夜间安全行驶提供必要的车外和车内照明，包括车外和车内的照明灯及其控制装置。

(3) 信号系统。信号装置用来提供安全行车所必需的信号，包括音响信号和灯光信号两类。

(4) 仪表及报警系统。仪表及报警系统用来监测发动机及汽车的工作情况，驾驶人可通过仪表及报警装置，及时发现发动机及汽车各种参数的异常情况，确保汽车正常运行。该系统主要包括车速里程表、发动机转速表、水温表、燃油表及各种报警灯和指示灯等。

(5) 辅助电气系统。辅助电气系统包括空调系统、电动雨刮、电动车窗、中控门锁、电动后视镜、电动天窗、电动座椅、防盗系统、音响、导航等，主要向舒适、娱乐、安全等方面发展。随着汽车智能化的发展趋势，辅助电气设备将会越来越多。

(6) 汽车电子控制系统。汽车电子控制系统主要是车辆中电气电子系统由控制器控制的系统，包括电控燃油喷射系统、电控点火系统、电控自动变速器、电控转向系统、电控悬架系统、电子稳定系统、制动防抱死系统、安全气囊系统等。电控系统的采用可以使汽车上的各个系统均处于最佳工作状态。

3. 配电装置

配电装置包括中央接线盒、熔断器、继电器、线束及插接件、电路开关等，可使全车电路构成一个统一的整体。

1.1.3 配电装置的认识与检查

1. 电路开关

开关是切断或接通电路的一种控制装置，其动作可以是手控，也可以根据电路或车辆所处状态自动控制，分常开和常闭两种形式。按开关控制方式的不同，可分为手动开关、压力开关、温度开关等；按结构不同可分为独立开关、复合开关、组合开关等。不同类型开关的电路示意如图 1-1-5 所示。

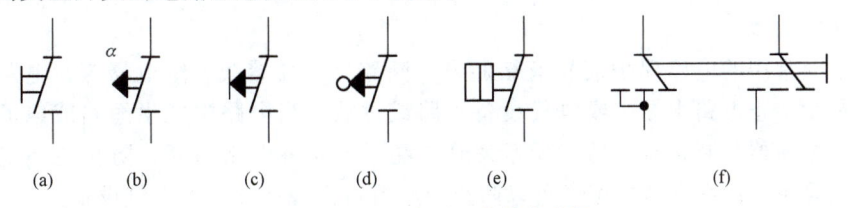

图 1-1-5 不同类型开关的电路图

(a) 手动开关；(b) 温控开关；(c) 按键开关；(d) 机械开关；(e) 压力开关；(f) 多挡手动开关

开关的好坏一般用万用表查触点的通断，图 1-1-6 所示为汽车上的点火开关，装在方向盘的右下方、转向柱上。它是一个多挡手动开关，电路如图 1-1-7 所示，点火开关有 5 个插脚 3 个挡位。5 个插脚分别是 30、50、X、P、15，如图 1-1-8 所示；3 个挡位分别是关闭挡（也称 OFF 挡）、点火挡（也称 ON 挡或 IG 挡）和启动挡（也称 ST 或 START 挡）。点火开关在点火挡的时候，接通点火、仪表指示灯等汽车上的大部分用电设备；点火开关在启动挡时，蓄电池给启动机供电，带动发动机工作，此时，消耗电流很大，开关不宜接通过久，所以在操作时必须克服弹簧力，扳住钥匙，一松手就弹回点火挡，不能自行定位，其他挡位均可自行定位。

图 1-1-6 点火开关实物　　　　图 1-1-7 点火开关电路

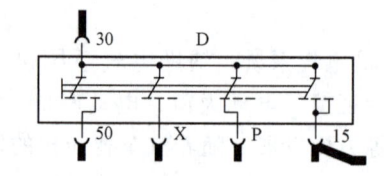

图 1-1-7 所示的点火开关电路图表示的是开关没有动作时各插脚的连接状态，细实线代表开关内部的结构，开关关闭挡时，30 脚和 P 脚导通；开关在点火挡时，30 脚和 X 脚、30 脚和 15 脚导通；开关在启动挡时，30 脚和 50 脚导通，30 脚和 15 脚导通。点火开关各挡位触点通断情况如图 1-1-9 所示。

挡位\插脚	30	P	15	X	50
关闭挡	○——	—○			
点火挡	○———		——○	○	
启动挡	○———		——○		○

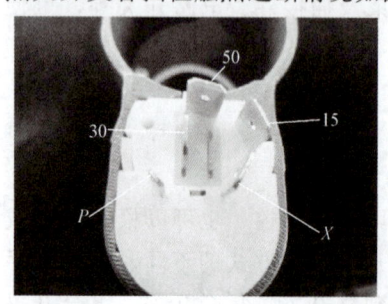

图 1-1-8 点火开关插脚　　　　图 1-1-9 点火开关各挡位触点通断

2. 电路保护装置

汽车上常用的电路保护装置有熔断器、断路器、易熔线、继电器等。电路保护装置主要是为防止电路中导线或电气设备短路或过载。当电路中发生短路或电流超过规定值时，熔断器、断路器、易熔线等保护装置可自动将电路切断，防止烧坏电路中导线和电气设备；而继电器的配备可以防止因电流过大烧坏开关等电气设备。

（1）熔断器。熔断器俗称保险丝。它是最普通的电路保护装置，有管式熔断器、大电流熔断器、标准片式熔断器和微型片式熔断器四种基本类型，熔断器的电路符号如

图 1-1-10 所示。

熔断器上标有额定安培值，不同安培值的熔断器采用不同的颜色以便区别。当电流超过熔断器额定电流一定程度，熔断器的金属线将熔断和烧毁，使电路断开，从而保护用电设备或电路导线。

图 1-1-10　熔断器的电路符号

(2) 断路器。断路器是一种机械装置，常用于正常工作容易过载的电路，当断路器断开时，有些需要手动复原，有些可以自动复原。汽车上采用的断路器一般是自动复原的。它是利用双金属片受热变形的原理制成的。电路发生过载时，双金属片受热变形弯曲，触点打开，电路自动切断，因为电路断开，无电流通过，双金属片冷却并收缩，自动复位，触点闭合，电路自动接通。因此，与熔断器不同，每次断开后，不必更换断路器。图 1-1-11 所示为循环式断路器，双金属片受热变形，触点打开，断电后双金属片冷却收缩，触电闭合，在实际运行中，触电断开的速度很快，若持续存在过载，断路器触电将反复断开和闭合，直至电路不过载为止。

(3) 易熔线。易熔线是一种大容量的熔断器，用于保护电源电路等大电流电路。易熔线的安装位置接近电源。易熔线通常在不宜采用熔断器或断路器的情况下保护较大范围的车辆电路。若发生过载，易熔线较细的导线将熔断，以在发生损坏前断开电路。易熔线的电路符号及结构如图 1-1-12、图 1-1-13 所示。

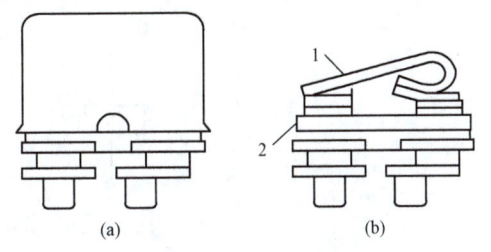

图 1-1-11　循环式断路器
(a) 侧视 (外部)；(b) 侧视 (内部)
1—双金属臂；2—触点

图 1-1-12　易熔线的电路符号

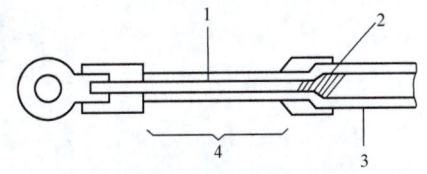

图 1-1-13　易熔线的结构
1—细导线；2—接合片；3—电路导体；4—电路过载细导线熔断

(4) 继电器。继电器是根据某种输入信号的变化来接通或断开控制电路，实现自动控制和保护的电器。

如图 1-1-14 所示，继电器是最常用的继电器，内部包括线圈、电磁铁、触点等部件组成；图 1-1-15 所示是继电器的电路图，当继电器线圈通电，触点吸合，用这种方式可以使小电流控制大电流，起到保护开关的作用。除此之外，现在还有大量继电器具有控制功能，在这种类型的继电器内，除了有线圈、触点之外，还有控制电路，利用控制电路可以实现电路的某些特殊功能。

3. 插接器

插接器也称为连接器，就是通常所说的插头和插座两部分组成。为了保证插接器的可靠连接，其上都有锁紧装置，而且为了避免安装中出现差错，插接器制成不同的规格、形状。插接器的形状和结构如图 1-1-16 所示，为了便于电路配线检修，插接器上标有数字或字母标记。

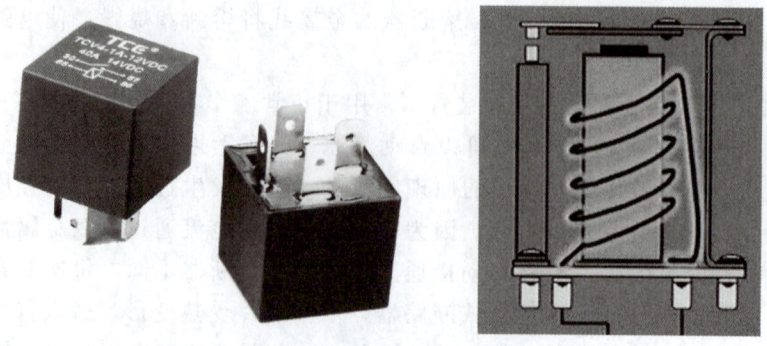

图 1-1-14 继电器的外形及内部结构

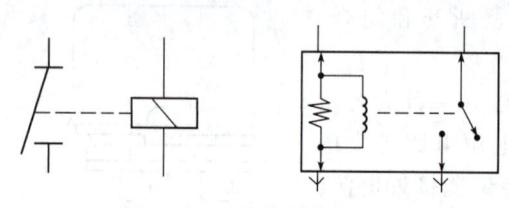

图 1-1-15 继电器的电路图

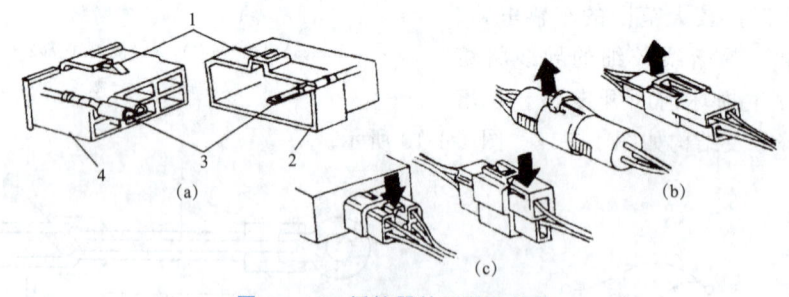

图 1-1-16 插接器的形状和结构
(a)结构；(b)外形；(c)拔插接器方法
1—锁止扣；2—插座体；3—插接器端子；4—插头体

4. 导线

汽车电气设备的连接导线，按承受电压的高低，可分为高压导线和低压导线两种，均采用铜质多芯软线。

(1)低压导线。低压导线主要根据用电设备的负载电流大小选择导线截面面积，为保证一定的机械强度，一般低压导线截面面积不小于 0.5 mm^2。汽车上的低压导线除蓄电池导线、启动机导线外，均用绝缘材料缠绕包扎成束，避免水、油的浸蚀和磨损。线束布线过程中不可拉得太紧，线束穿过洞口或锐角处应有套管保护，线束位置确定后，应用卡簧等固定。汽车线束如图 1-1-17 所示。

汽车上还有一些特殊功能的低压线，如屏蔽线和网络线。有些低压微弱信号电路为了避免导线受外界磁场影响而产生干扰，常常会使用屏蔽线。如图 1-1-18 所示，屏蔽线是一种带有金属编织外壳的导线，这种屏蔽线还可以防止线路向外辐射电磁能量。

图 1-1-17　汽车线束

汽车上的网络线根据网络类型的不同，一般用双绞线、同轴电缆或光纤。如图 1-1-19 所示，双绞线是网络传输中最常用的传输介质，它由两根具有绝缘保护层的铜导线组成，把两根绝缘的铜导线按一定密度互相绞在一起，每一根导线在传输中辐射出来的电波会被另一根线上发出的电波抵消，可以有效降低信号干扰的程度。

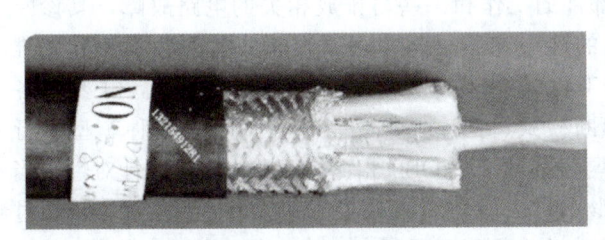

图 1-1-18　屏蔽线

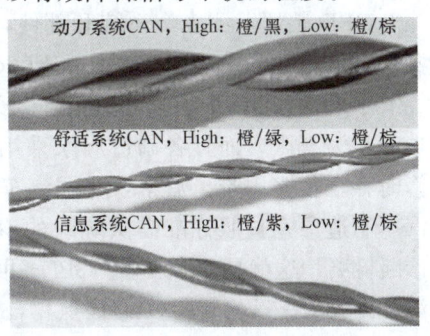

图 1-1-19　双绞线

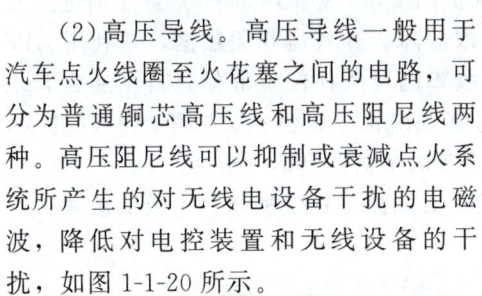

（2）高压导线。高压导线一般用于汽车点火线圈至火花塞之间的电路，可分为普通铜芯高压线和高压阻尼线两种。高压阻尼线可以抑制或衰减点火系统所产生的对无线电设备干扰的电磁波，降低对电控装置和无线设备的干扰，如图 1-1-20 所示。

图 1-1-20　高压导线

5. 配电盒

配电盒是汽车上的标准配置，它把车身上需要控制的继电器、熔断器及电路监测元件，通过印刷电路板和壳体组装成一个总成，完成与相关线束的多线匹配组装，从而实现电子电气集控与分配功能，也称为熔断器盒、继电器盒、中央接线盒、中央线路板、中央集控电器盒等，如图 1-1-21 所示。配电盒一般安装在汽车仪表盘附近或发动机舱内。

图 1-1-21　配电盒的实物

1.1.4　汽车车载诊断系统

20 世纪 70 年代和 80 年代初，汽车制造商发现配备空燃比控制系统的车辆如果排放污染超标时，其氧传感器通常也有异常，由此设计了一套可监控各排放控制元件的系统，这就是车载诊断系统（On-Board Diagnostics，OBD）。这个系统将从发动机的运行状况随时监控汽车是否尾气超标，一旦超标，会马上发出警示。当系统出现故障时，故障灯（MIL）或检查发动机警告灯（Check Engine）亮，同时电控单元（ECU）将故障信息存入存储器，通过一定的程序可以将故障码从 ECU 中读出，根据故障码的提示，维修人员能迅速准确地确定故障的性质和部位。

OBD 装置监测多个系统和部件，包括发动机、催化转化器、颗粒捕集器、氧传感器、排放控制系统、燃油系统、EGR 等。

早期的 OBD 系统只能监控部分部件的工作和一些与排放相关的电路故障，其诊断功能较为有限，而且各制造厂家采用的诊断座、故障代码、诊断功能均各不相同，维修时存在很多困难。后来，美国汽车工程学会（SAE）制定了一套标准规范，并要求各汽车制造厂家按照标准提供统一的诊断模式、插座，由一台仪器即可对各种车型进行诊断检测，这就是 OBD-Ⅱ。OBD-Ⅱ与以前的一代 OBD 相比有更严格的排放针对性，当汽车排放的一氧化碳（CO）、碳氢化合物（HC）、氮氧化合物（NO_2）或燃油蒸发污染量超过设定的标准，故障灯就会点亮报警。现在汽车厂家又研制出 OBD-Ⅲ，OBD-Ⅲ可以使汽车的检测、维护和管理合为一体，以满足环境保护的要求。OBD-Ⅲ系统会分别进入发动机、变速箱、ABS 等系统的电控单元中去读取故障码和其他相关数据，并利用 GPS 导航系统或无线通信方式将车辆的身份代码、故障码及所在位置等信息自动通告管理部门，管理部门根据该车辆排放问题的等级对其发出指令，包括去哪里维修的建议，解决排放问题的时限等，还可对超出时限的违规者的车辆发出禁行指令。

OBD-Ⅱ的诊断接口采用 16 针，各针脚的含义如图 1-1-22 所示；生成的故障代码符号含义如图 1-1-23 所示。

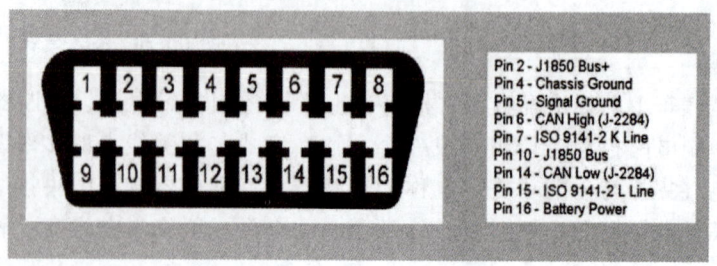

图 1-1-22　OBD-Ⅱ诊断接口

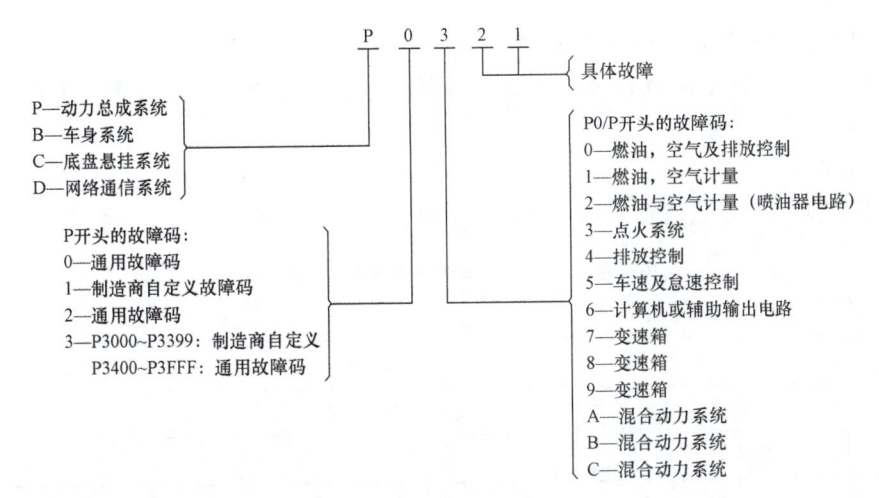

```
                    P 0 3 2 1
                           └─ 具体故障

P—动力总成系统          P0/P开头的故障码：
B—车身系统              0—燃油，空气及排放控制
C—底盘悬挂系统          1—燃油，空气计量
D—网络通信系统          2—燃油与空气计量（喷油器电路）
                        3—点火系统
P开头的故障码：         4—排放控制
 0—通用故障码           5—车速及怠速控制
 1—制造商自定义故障码   6—计算机或辅助输出电路
 2—通用故障码           7—变速箱
 3—P3000~P3399：制造商自定义  8—变速箱
   P3400~P3FFF：通用故障码    9—变速箱
                        A—混合动力系统
                        B—混合动力系统
                        C—混合动力系统
```

图 1-1-23　故障码代号含义

任务准备

(1)通过链接，查看汽车电气系统的总体认识。

(2)通过链接，查看点火开关等触点式开关的检查。

任务实施

实训 1.1.1　汽车电气电子系统的认知实训

1. 实训条件

(1)实训设备：整车电气台架、整车。
(2)仪器工具：万用表、解码器、工具车。
(3)实训资料：车辆操作使用手册、任务工单。

2. 实训步骤

(1)记录车辆信息。
(2)就车观察认知电源系统：认识并观察蓄电池、发电机的安装位置及连接方式。
(3)就车观察认知用电设备：认识并观察启动机、雨刮电动机、门窗电动机、内外

灯光、仪表的安装位置及电气连接方式。

（4）就车观察认知配电装置：认识并观察配电盒、熔断器、继电器、开关、线束、控制器。

3. 任务工单

根据实训内容，查阅资料，填写任务工单。

任务工单 1.1.1　汽车电气电子系统的认知实训

1. 汽车电气设备的结构认知(车型：_____)

类型	部件名称	作用或功能	实车位置
电源	蓄电池		
	发电机		
用电设备	启动机		
	雨刮电动机		
	门窗电动机		
	灯光		
	仪表		
配电装置	配电盒		
	熔断器		
	继电器		
	控制器(J519)		
	控制器(J533)		

2. 成绩评定标准

实训 1.1.2　汽车配电装置的检查

1. 实训条件

（1）设备场地：熔断器、继电器、各种开关。

（2）仪器工具：蓄电池、万用表、接线。

（3）实训资料：维修手册(电路图)。

2. 实训步骤

（1）检查熔断器的性能。

（2）检查继电器的性能。

（3）根据电路图检查下列开关的性能：点火开关、灯光开关、报警灯开关、雨刮开关、转向灯开关、门窗开关。

3. 任务工单

根据实训内容，查阅资料，填写任务工单。

任务工单 1.1.2　汽车配电装置的检查

1. 根据电路图检查配电装置

检查内容
(1)熔断丝的检查。 检查方法：
(2)空调开关的检查。 | 位置	1	2	3 | |---|---|---|---| | 断开 | | | | | 闭合 | | | |
(3)雾灯开关的检查。 | 位置 | T5/4 | T5/3 | T5/5 | |---|---|---|---| | 断开 | | | | | 一挡 | | | | | 二挡 | | | |
(4)点火开关的检查。 | 位置 | 30 | 15 | X | P | 50 | |---|---|---|---|---|---| | 关闭挡 | | | | | | | 点火挡 | | | | | | | 启动挡 | | | | | |

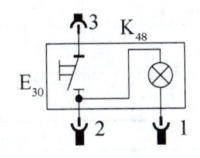

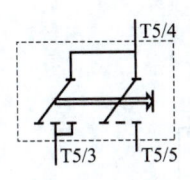

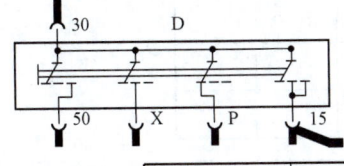

续表

检查内容

(5) 门窗开关的检查。

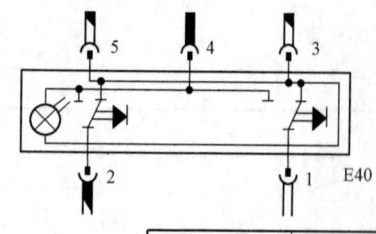

位置	1	2	3	4	5
初始					
上升					
下降					

(6) 报警灯开关的检查。

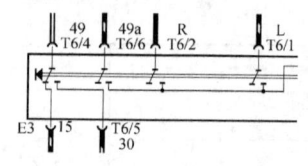

位置	49	15	30	49a	R	L
初始						
闭合						

(7) 雨刮开关的检查。

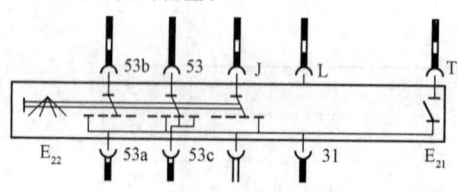

位置	53a	53b	53	J	T	53e
快挡						
慢挡						
空挡						
间歇挡						
喷水挡						

(8) 继电器的检查。

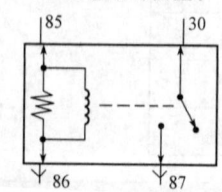

2. 成绩评定标准

(1)通过链接，查看练习与思考习题。

(2)通过链接，查看练习与思考答案。

任务1.2 汽车电路识读

任务描述

赵先生有一辆2019年的迈腾B8L轿车，配备6挡双离合换挡变速器(DSG)，行程为31 500 km。早上开车时候突然发现喇叭不会响，他把车子开到4S店，师傅更换了喇叭继电器，故障很快排除。你很好奇师傅为何能如此快速地排除故障？

任务分析

要完成汽车电气类故障的诊断与排除，首先根据电路图分析汽车电气系统的控制原理，然后结合故障现象进行可能原因分析，通过检测仪器及设备对汽车电路及部件进行检测分析，最后查出故障点并排除。

学习目标

知识目标

1. 掌握汽车电路特点；
2. 掌握大众、吉利等车系的电路图识读方法。

技能目标

1. 能看懂整车线路图；
2. 能根据整车线路图绘制电路原理图。

素质目标

1. 通过线上学习、小组探究，学生锻炼自主学习的能力；
2. 通过企业7S标准规范管理操作，培养学生规范、安全意识；
3. 通过实践操作、清洁整理整顿等要求，培养学生崇尚劳动、热爱劳动、辛勤劳动、诚实劳动的劳动精神。

相关知识

1.2.1 汽车电路的特点

传统汽车电路的基本特点是低压、直流、并联、单线制和负极搭铁。

(1)低压：汽车采用低压直流电，现代汽车的标称电压有12 V和24 V两种。目前汽油车普遍采用12 V电源系统，重型柴油车多采用24 V电压。汽车运行中的实际工作电压：一般12 V系统为14 V左右，24 V系统为28 V左右。

(2)直流：汽车发动机依靠启动机启动，而启动机的电源是蓄电池，当蓄电池的电能消耗完后必须用直流电进行充电。因此汽车上的发电机也必须输出直流电。由于上述原因，汽车上采用直流电。

(3)并联：汽车上的用电设备之间都采用并联的方式，每个用电设备均由各支路的专用开关控制，互不干扰。两个电源(蓄电池与发电机)以及所有的用电设备之间都是正极接正极，负极接负极，并联连接。

(4)单线制：一般电气系统必须要有一条电源线、一条搭铁线才能构成回路，用电设备才能正常通电工作。汽车的发动机及底盘由金属制造，具有良好的导电性，因此可以用汽车的金属机体作为一条公共搭铁线，这种连接方式称为单线制。单线制不仅节约导线，使线路简化、清晰，而且也便于安装和检修，现代汽车普遍采用单线制。但现代汽车上也有一些部位没有与汽车金属机体相连，这些地方必须采用双线制。

(5)负极搭铁：采用单线制时，电气系统的两个线路中的一条必须用汽车的金属机体代替。在接线时，电源的一极或用电设备的一极要与金属机体相连，这样的连接称为搭铁。蓄电池的负极与车身相连，就称为负极搭铁；若蓄电池的正极与车身相连接，则称为正极搭铁。对直流电系统来说，系统的正极或负极均可作为搭铁极，但负极搭铁对车架或车身的化学腐蚀较轻，对无线电干扰较小。根据中华人民共和国汽车行业标准《汽车电气设备基本技术条件》(QC/T 413—2002)规定，汽车电气系统统一规定为负极搭铁。

1.2.2 汽车电路图的类型

汽车电路图主要有原理图、接线图及线束图三大类。

汽车电路原理图通过电器图形符号按功能或工作顺序排列，详细表现汽车电路的连接关系，主要可以分为整车线路图和原理方框图。图 1-2-1 所示为别克君威汽车启动系统的线路图，通过该线路图可以分析出启动系统的电路原理。图 1-2-2 所示为电路原理方框图，每个方框中所标注的内容一般是电气系统的一个独立部件，每个方框之间的关系由方框之间的线条沟通，所用箭头表示信息或电流的流向。在分析电路工作原理之前，先阅读电路原理方框图有助于加深了解电路的工作原理。

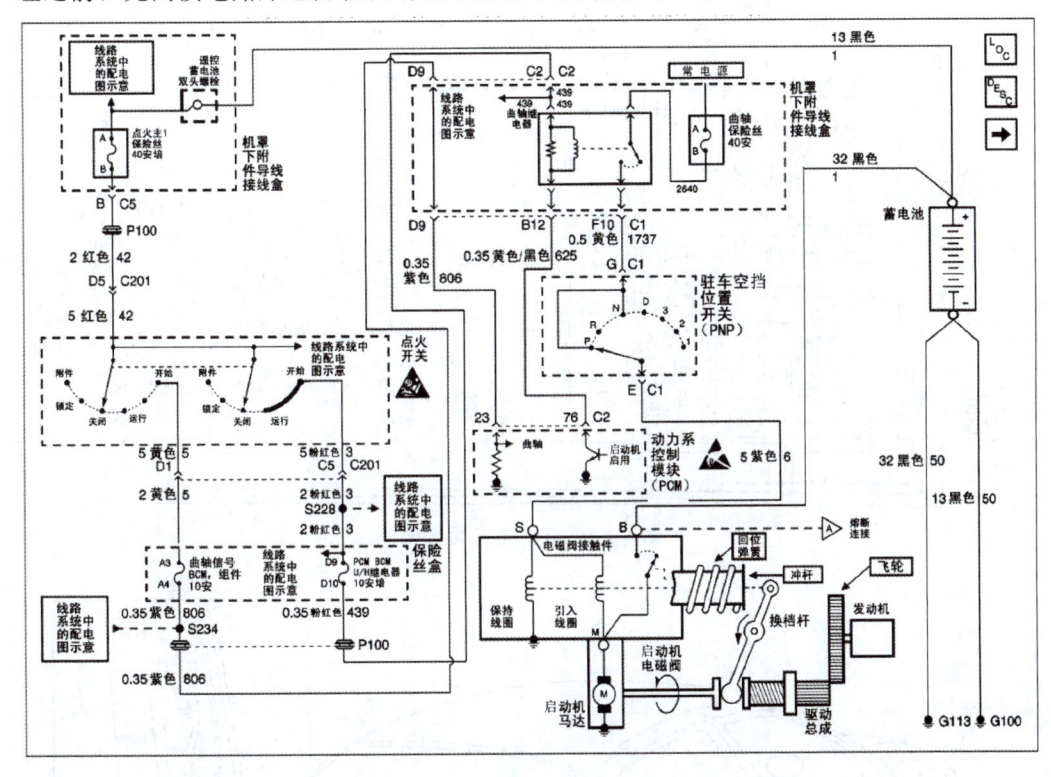

图 1-2-1　汽车启动系统的线路图

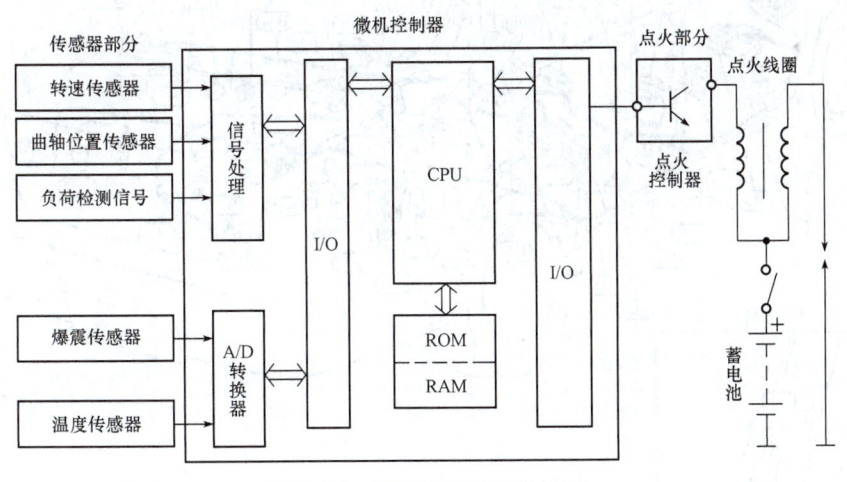

图 1-2-2　汽车电路原理方框图

汽车接线图是按照电气设备在汽车上的大致安装位置绘制的电路图，如图 1-2-3 所示。

汽车线束图主要表明各用电设备、线束等连接部位、插接器等的位置及形状，图 1-2-4 所示为整车线束位置图，图 1-2-5 所示为汽车线束连接器插脚图。

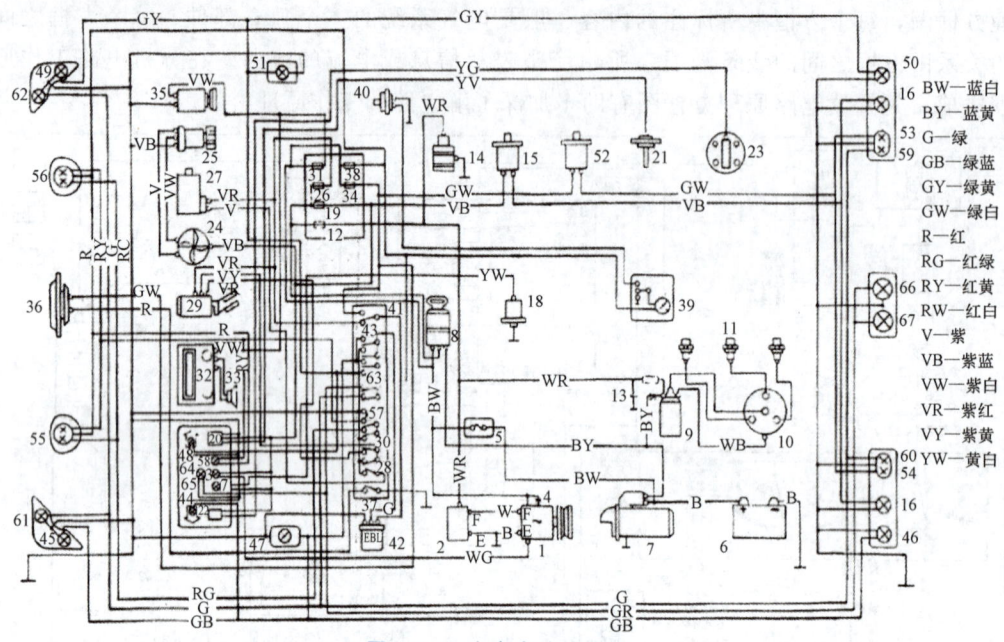

BW—蓝白
BY—蓝黄
G—绿
GB—绿蓝
GY—绿黄
GW—绿白
R—红
RG—红绿
RY—红黄
RW—红白
V—紫
VB—紫蓝
VW—紫白
VR—紫红
VY—紫黄
YW—黄白

图 1-2-3　汽车电路接线图

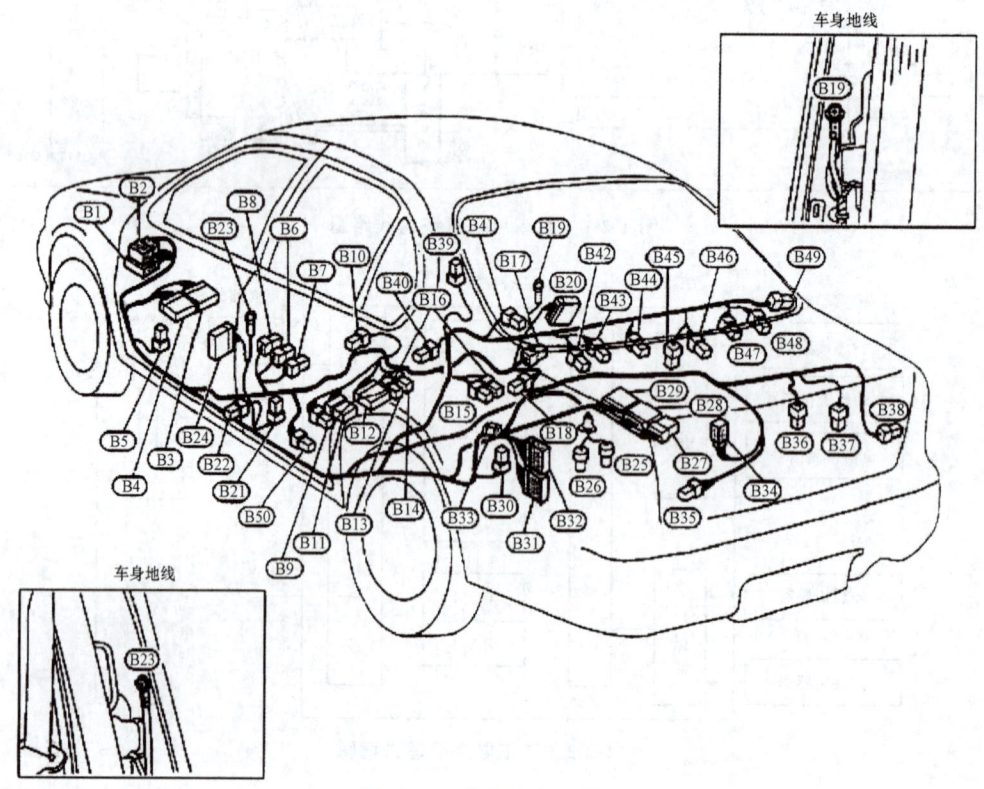

图 1-2-4　整车线束位置图

汽车电路的原理图、汽车接线图及各种线束图，均有其优点与不足之处。汽车厂家一般会同时提供两种或两种以上的汽车电路图，我们要充分利用各种电路图的特点，将其优势互补，提高识图能力，方便汽车电路故障查寻。

1.2.3 汽车电路图的识读要点

汽车电路图的识读分析对汽车电气故障的诊断排除非常重要。只有熟悉汽车电路图，才能正确理解汽车电气系统控制原理，正确分析出故障可能原因并进行诊断和排除。熟悉并掌握汽车电路图的识读要点，对汽车电路图的识读可以起到事倍功半的效果，汽车电路图的识图要点如下：

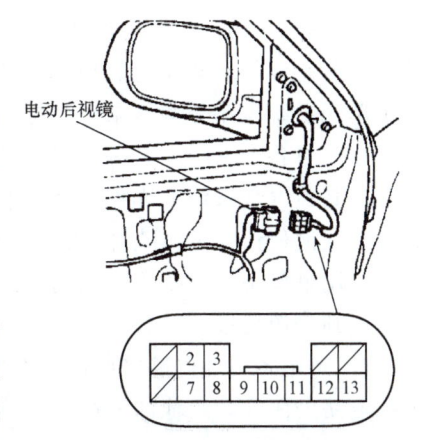

图 1-2-5　汽车线束连接器插脚图

（1）认真读几遍图注。图注说明了该汽车所有电气设备的名称及其数码代号，通过读图注可以初步了解该汽车都装配了哪些电气设备，然后通过电气设备的数码代号在电路图中找出该电气设备，再进一步找出相互连线、控制关系。

（2）牢记电气图形符号。汽车电路图是利用电气图形符号来表示其构成和工作原理的。因此，必须牢记电路图形符号的含义，才能看懂电路原理图。

（3）熟记电路标记符号。为了便于绘制和识读汽车电气电路图，有些电气装置或其接线柱上面都赋予不同的标志代号。

（4）牢记汽车电路的基本特点。汽车电路的特点是单线、并联、负极搭铁，记清这些特点，在识图和故障查询中就不会面对复杂的线路而感到困惑。用电设备连接都是一根导线与电源的正极相连接，如果该用电设备的电源线还连接其他用电设备，说明与其他用电设备共电源线；用电设备与电源之间可能串联了熔断器、开关或继电器等，但与其他电气系统都是并联关系；一些电气设备通过其壳体搭铁连接电源的负极。

（5）牢记回路原则。任何一个完整的电路都是由电源、熔断器、开关、控制装置、用电设备、导线等组成。电流流向必须从电源正极出发，经过熔断器、开关、控制装置、导线等到达用电设备，再经过导线（或搭铁）回到电源负极，才能构成回路。读图时一般有以下三种思路：

思路一：沿着电路电流的流向，由电源正极出发，顺藤摸瓜查到用电设备、开关、控制装置等，回到电源负极。

思路二：逆着电路电流的方向，由电源负极（搭铁）开始，经过用电设备、开关、控制装置等回到电源正极。

思路三：从用电设备开始，依次查找其控制开关、连线、控制单元，到达电源正极和搭铁（或电源负极）。

实际应用时，可视具体电路选择不同思路，但有一点值得注意：随着电子控制技术在汽车上的广泛应用，大多数电气设备电路同时具有主回路和控制回路，读图时要兼顾两回路。

(6)浏览全图，分割各个单元系统。要读懂汽车电路图，首先需要掌握组成电路的各个电器元件的基本功能和电器特性。在大概掌握全图的基本原理的基础上，再把一个个单元系统电路分割开来，这样就容易抓住每一部分的主要功能及特性。

在分析各个系统时，一定要遵守回路原则，注意既不能漏掉电气系统的组件，也不能把其他电气系统的部件纳入分析，一般规律：各电气系统只有电源和总开关是公共的，其他任何一个系统都应是一个完整的独立的电气回路，即包括电源、开关、熔断器、用电设备、导线等。从电源的正极经导线、开关、熔断丝至用电设备然后搭铁，最后回到电源负极。

(7)熟记各局部电路之间的内在联系和相互关系。从整车电路来讲，各局部电路除电源电路公用外，其他部分都是独立的，但它们之间存在着内在联系（如信号共享）和相互影响。如启动发动机时，由于启动机瞬间电流很大，导致蓄电池内阻压降增大，其输出电压降低，因而影响其他电路的正常工作。再如发电机输出电压过高，又会造成用电设备或熔断器烧坏等。因此识图时不但要熟悉各局部电路的组成、特点、工作过程和电流流经的路径，还要了解各局部电路之间的联系和相互影响。这是迅速找出故障部位、排除故障的必要条件。

(8)掌握各种开关在电路中的作用。对多层多挡接线柱的开关，要按层、按挡位、按接线柱逐级分析其各层各挡的功能。有的用电设备受两个以上单挡开关（或继电器）的控制，有的受两个以上多挡开关的控制，其工作状态比较复杂。当开关接线柱较多时，首先抓住从电源来的一两个接线柱，再逐个分析与其他各接线柱相连的用电设备处于何种挡位，从而找出控制关系。

有的组合开关实车上线路是在一起的，但在电路图中又按其功能画在各自的局部电路中，遇到这种情况必须仔细研究识读。

(9)全面分析开关、继电器的初始状态和工作状态。在电路图中，各种开关、继电器都是按初始状态画出的。即按钮未按下、开关未接通、继电器线圈未通电、继电器触点未闭合（指常开触点），这种状态称为原始状态。在识图时，不能完全按原始状态分析，否则很难理解电路的工作原理，因为大多数用电设备是通过开关、按钮、继电器触点的变化而改变回路的，进而实现不同的电路功能。所以，必须进行工作状态的分析。

(10)掌握电器装置在电路图中的位置。大量电器装置是机电合一的，在电路图上表示时，厂家为了使画法既简单（便于画图）又便于识图，多根据实际情况采用集中或分开表示法。

集中表示法是把一个电器装置的各组成部分，在图上集中绘制的一种表示方法。此法仅适用于较简单的电路。

分开表示法，如把继电器的线圈、触点分别画在不同的电路中，用同一文字符号或数字符号将分开部分联系起来。

(11)先易后难。有些汽车电路图的某些局部电路可能比较复杂，一时难以看懂，可以暂时将其放一放，待其他局部电路都看懂后，结合看懂图中与该电路有联系的有关信息，再来进一步识读这部分电路。

(12)注意收集资料和经验积累。对于看不懂的电路要善于请教有关人员，同时还要善于查找收集相关资料；注意深入研究典型汽车电路，做到触类旁通；特别注意实际工作经验的积累，新技术、新工艺的应用和创新。

电控系统的读图方法除以上所述要领外，以下方法与步骤对汽车电子控制系统的读图也很有帮助。

要以电控系统的ECU为中心，因为这是整个系统的控制中心，所有电器部件都必然与这里发生关系。ECU的接脚一般有供电脚、搭铁脚、信号输入脚、信号输出脚、网络传输脚五大类。分析电路时，找出ECU供电的电源线有哪些，注意一般ECU都不止一根电源线，弄清楚各电源线的供电状态（如常火线或开关控制）。找出ECU的搭铁线有哪些，注意分清哪些是在ECU内部搭铁，哪些是在车架上搭铁，哪些是在各总成机体上搭铁。找出ECU的网络传输脚有哪些，分清是采用哪种网络传输的。找出哪些是系统的信号输入传感器，各传感器是否需要电源，并找出相应的电源线，该传感器哪里搭铁。找出系统的执行器有哪些，弄清电源供给和搭铁情况，ECU控制执行器的方式是控制搭铁端还是控制电源端。

1.2.4　认识大众汽车电路图

大众车系所有系统电路采用纵向排列，垂直布置，电源线为上"＋"下"－"，从左到右同一系统的电路归纳到一起。

现以迈腾B8L整车线路图为例分析。迈腾整车线路图由两部分组成：一部分是全车电路图，还有一部分是电气元器件的安装位置，主要标注了接地点、熔断丝、继电器、电控单元及主要插头的实车位置。迈腾B8L电路示例如图1-2-6所示，在每页电路上都有显示本页电路的名称，右侧有元件代号和名称。电路图主要由三部分组成：电路图上部，主要是配电盒或控制单元；中部是电气元件和导线；下部是车辆接地线和电路编号。

(1)电路图上部。电路图上部的灰色区域代表是配电盒或控制单元。配电盒的正面安装熔断丝和继电器，反面是线束插头，配电盒上标明了熔断丝的位置及容量和继电器代号。

(2)中间部分。电路中部是车上的电器元件及导线，导线在电路图上以粗实线画出，每条线上都有导线颜色、导线截面面积的标注，导线端都有接线柱号或插口号表示其连接关系。导线颜色标记以字母表示，一些大众汽车的图书资料中，电路图导线的颜色直接用汉字标记。双色线的两种颜色用"/"分隔。例如："棕/红"，表示导线的底色是棕色，条纹为红色。导线的截面面积是以数字标示在导线上方，单位是 mm^2。

(3)电路下部。电路图的下部①②③④⑦都为搭铁线。圆圈内的数字代表接地点的位置，可在标注中找到；电路图下端有横向的坐标轴作为电路接点编号，用于查找电路接点。

迈腾B8L汽车电路图的范例如图1-2-6所示，说明如下：

1——箭头表示接下一页电路图。

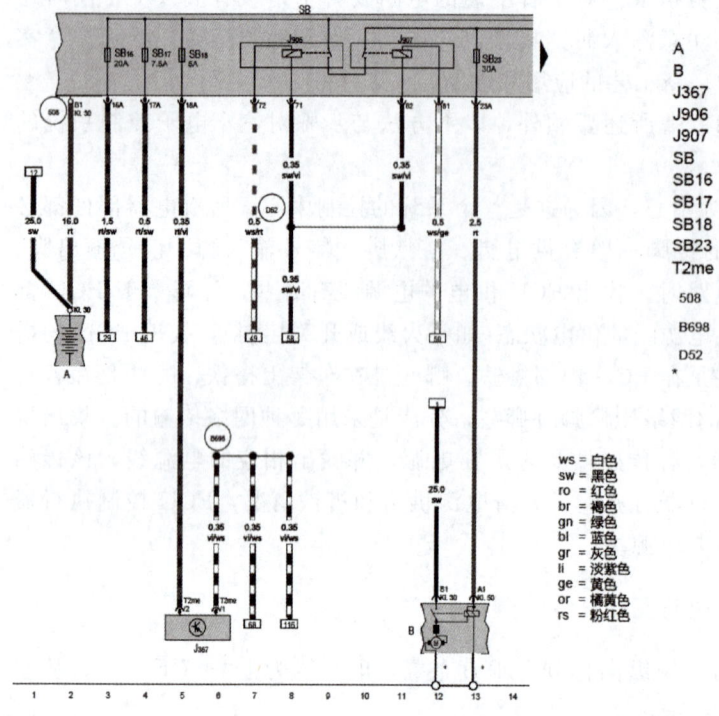

图 1-2-6　迈腾 B8L 电路示例

2——熔断丝代号。"SB23"表示该熔断器在 SB 配电盒第 23 号位,额定电流为 10A。

3——表示导线在配电盒上的连接位置代号。"23A"表示该导线从熔断丝 SB23 接出,在配电盒的 23A 位置的接线端子上。

4——导线颜色与截面面积。"ws/ge",表示导线的底色是 ws(白色),条纹为 ge(黄色),颜色代码见电路图右侧标注。"0.5"表示导线的截面面积为 0.5mm²。

5——表示线路中断点。方框中的数字"51"表明该导线与电路代码 51 的导线是同一条导线(电路代码 51 处的导线会标注"12",方框内数字 12 是本线路的电路代码 12)。

6——代表元件搭铁点,此处表示启动机壳体自身搭铁。

7——电器元件代号,在电路图右侧可查到元件的名称。J367 为蓄电池监控控制单元。

8——接线端子代号。T2me 代表元件插头,1 代表插头的位置代码 1 号插脚,整车电路图右侧图注有该插头说明。T2me 代表 2 芯插头连接,黑色。

9——线束内铰接点代号,表示线路在此处有一个铰接点,铰接点所在的线束可从电路图右侧图注中查得。图中 B698 连接 3(LIN 总线),在主导线束中。

10——SB 代表保险丝架 B,电路图右侧有图注,保险丝架 B 在实车的位置可见电路图安装位置。

1.2.5　认识吉利汽车电路图

吉利汽车集团旗下拥有吉利汽车品牌、领克品牌和几何品牌，它们的电路图绘制规则相同，现以吉利帝豪 EV450 为例分析电路识读规则。

吉利帝豪 EV450 电路示例如图 1-2-7 所示，图上标注说明如下：

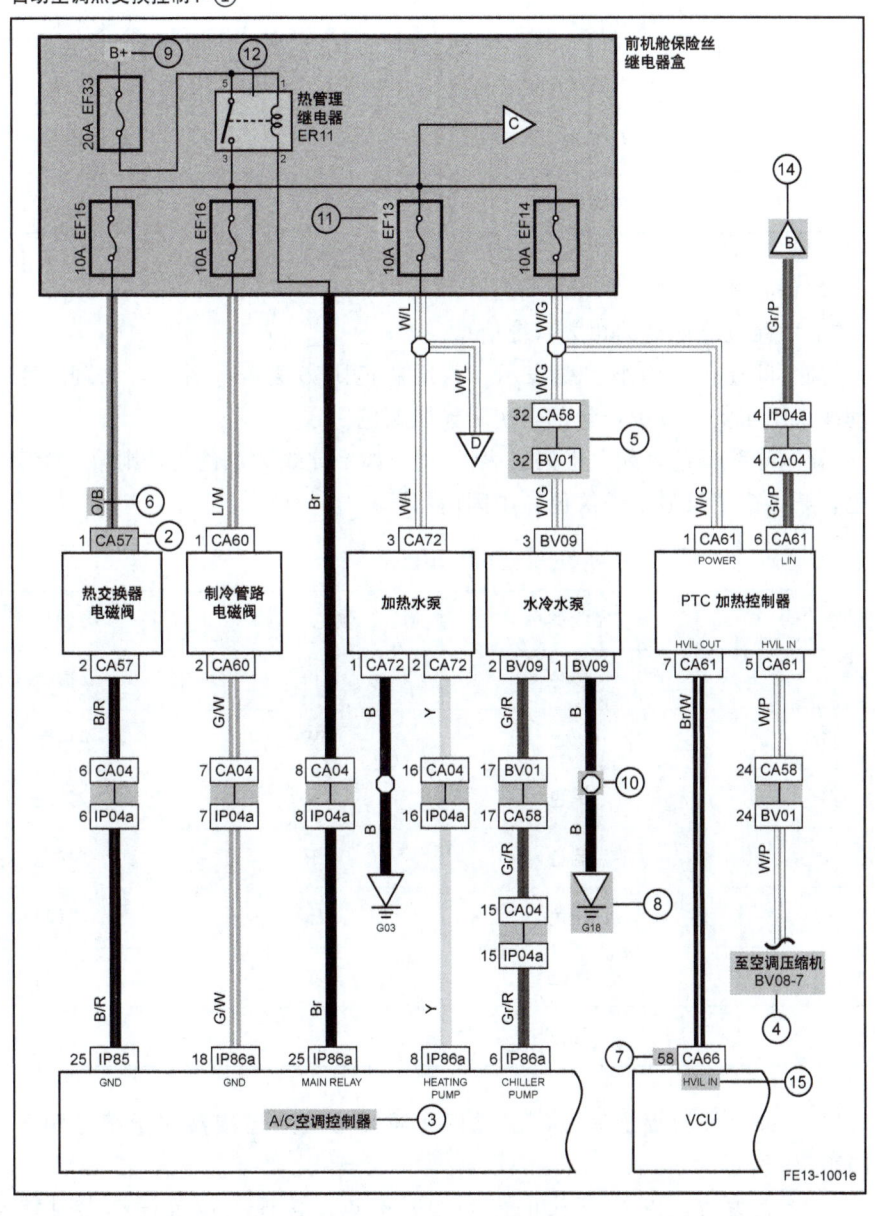

图 1-2-7　吉利帝豪 EV450 电路示例

1——系统名称。

2——线束连接器编号。线束连接器的编号规则以线束为基准,例如发动机舱线束中的发动机控制模块线束连接器编号为CA08,其中CA为线束代码,08为连接器序列号。表1-2-1所示为各线束对应的代码。

表 1-2-1 各线束对应的代码表

定义	线束名称	定义	线束名称
CA	发动机舱线束	SO	底板线束
BV	动力线束	DR	门线束
IP	仪表线束	RF	顶棚线束

3——部件名称。

4——显示此电路连接的相关系统信息。

5——插头间连接采用细实线表示,并用灰色阴影覆盖,用于与物理线束进行区别。物理线束用粗实线表示,颜色与实际导线颜色一致。

6——显示导线颜色,颜色代码见表1-2-2。如果导线为双色线,则第一个字母显示导线底色,第二个字母显示条纹色,中间用/分隔。

表 1-2-2 颜色代码表

颜色代码	导线颜色	颜色代码	导线颜色
B	黑色	O	橙色
Gr	灰色	W	白色
Br	棕色	V	紫色
L	蓝色	P	粉色
G	绿色	Lg	浅绿色
R	红色	C	浅蓝色
Y	黄色		

7——显示插接件的端子编号,注意相互插接的线束连接器端子编号顺序互为镜像,如图1-2-8所示。

8——接地点编号,以G开头的序列编号标识。接地点位置详细参见接地点布置图。

9——供给于保险上电源类型。

10——导线节点示意如图1-2-9所示。

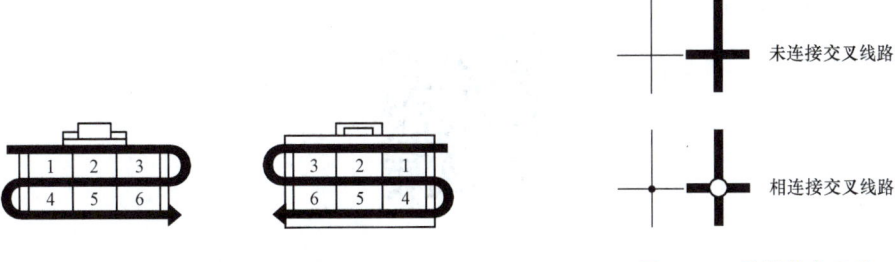

图 1-2-8 接插件的端子编号　　　　　图 1-2-9 导线节点示意

11——保险上编号由保险丝代码和序列号组成，位于发动机舱的保险丝代码为EF，室内保险丝代码为IF。保险丝编号详细参见电路图上保险丝列表。

12——继电器编号用单个英文字母标识。

13——如果电路线与线使用 8 字形标识，表示此电路为双绞线，主要用于传感器的信号电路或数据通信电路，如图 1-2-10 所示。

14——如果一个系统内容较多，线路需要多页表示，线路起点用 ▶A 表示，线路到达时则用 ◀A 表示，如一张图中有一条以上的线路转入下页，则分别以 B、C 等字母表示，以此类推，如图 1-2-11 所示。

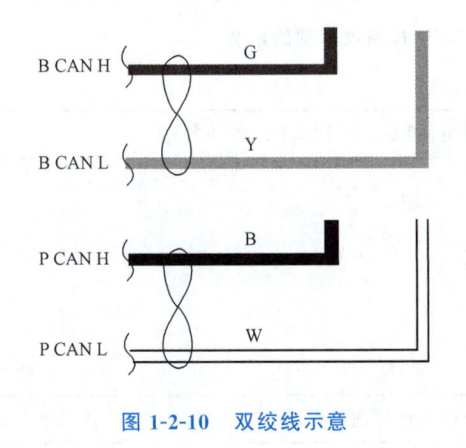

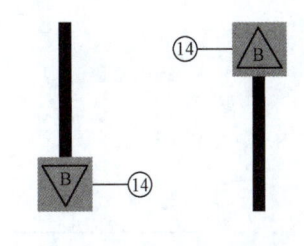

图 1-2-10 双绞线示意　　　　　图 1-2-11 电路连接示意

任务准备

（1）通过链接，以迈腾 B8L 为例查看汽车电路原理图的绘制方法。

（2）通过链接，查看吉利帝豪 EV450 喇叭电路图。

任务实施

实训 1.2.1　汽车喇叭电路原理图的绘制

1. 实训条件

实训资料：汽车维修手册、任务工单。

2. 实训步骤

（1）查找汽车喇叭电路图，根据电路图找到喇叭系统的电气组件。

（2）绘制汽车喇叭电路原理图。

3. 任务工单

根据实训内容，查阅资料，填写任务工单。

任务工单 1.2.1　汽车喇叭电路原理图的绘制

1. 汽车喇叭电路原理图绘制（车型：_____）

原理图绘制	要求：根据维修手册线路图绘制电路原理图，标注元器件名称
描述电路工作过程	要求：根据绘制的电路简图，分析工作原理

2. 成绩评定标准

练习与思考

(1) 通过链接，查看练习与思考习题。

(2) 通过链接，查看练习与思考答案。

项目 1　拓展园地

　　汽车电子化的发展从孤立电子功能，到机械与电子结合，到包含嵌入式软件的 ECU 广泛应用，再到车辆与外界环境的双向连接及自主智能控制，电子化技术日新月异。汽车电子化的技术核心就是芯片，我国汽车芯片行业的发展经历了从"无到有，再到精"的发展历程，目前，比亚迪、华为等企业已经设计并生产出性能领先的 IGBT 汽车芯片，作为中国高科技产业的代表，在面对外部压力时表现出的自强不息精神将继续推动着中国高科技领域的发展，同时也为全球科技产业注入了新的活力。

项目 2
汽车电源系统检修

项目描述

传统汽车的电源系统主要由蓄电池和发电机组成,它要给所有的用电设备供电,是汽车电气最重要的系统之一。本项目从电源系统性能检查、电源系统检测维修、电源系统故障诊断三个任务展开,通过以上三个任务的学习和实施,学生能对电源系统进行维护保养,熟悉电源系统的配电及控制逻辑,并能对电源系统部件及电路进行检测维修,具备诊断和排除电源系统相关故障的能力。

任务 2.1 电源系统性能检查

任务描述

一辆迈腾 B8L 轿车,配备 2.0TSI 发动机,车主描述该车发动机启动无力,灯光暗淡,师傅让你对电源系统进行初步检查,并要求重点对蓄电池进行检查保养,请问你该如何做呢?

任务分析

要完成客户车辆电源系统的性能检查,可通过观察启动前后充电不足报警灯的状态、测量启动前后蓄电池电压、启动电流、静态电流等参数判断电源系统的性能。

学习目标

知识目标

1. 掌握汽车电源系统的作用、结构组成及类型;
2. 掌握汽车电源系统的配供电;
3. 掌握电源管理系统的结构组成。

技能目标

1. 能对汽车电源系统进行认知检查;
2. 能对蓄电池进行检查维护;
3. 能找到电源系统各部件实车位置;
4. 能用诊断仪对电源系统进行故障码和数据流的读取。

素质目标

1. 通过线上学习、小组探究,学生锻炼自主学习的能力;
2. 通过企业7S标准规范管理操作,培养学生规范、安全意识;
3. 通过实践操作、清洁整理整顿等要求,培养学生崇尚劳动、热爱劳动、辛勤劳动、诚实劳动的劳动精神。

相关知识

2.1.1 汽车电源系统的认识

汽车电源系统一般由发电机、蓄电池、点火开关、充电不足报警灯等组成。启动前,由蓄电池给用电设备供电,启动后,由发电机对用电设备提供低压直流电,同时给蓄电池充电,所以,很多时候也把电源系统称为充电系统。

1. 汽车电源系统的发展

汽车在1918年引入蓄电池,到1920年逐渐普及,当时的蓄电池电压是6 V。后来,随着内燃机排量的增加以及高压缩比内燃机的出现,6 V系统已经不能满足需求,于是在1950年引入了12 V系统,很长一段时间以来,汽油车的电源系统都用12 V电压,柴油车的电源系统一般用24 V。随着车上用电设备越来越多,传统汽车12 V电源系统供电稍显力不从心,尤其在引入自动启停系统之后,基本达到功率输出极限。2011年,Audi、BMW、Daimler、Porsche、Volkswagen联合推出48 V电源系统,以满足日益增长的车载负载需求,并在随后发布了48 V系统规范L V148。为什么是48 V呢?因为60 V是安全电压,也就是说只要低于60 V的电压不需要采取额外的安全防护措施,48 V电池的电源电压最高56 V,已经很接近60 V,即48 V电池电压是安全电压下的最高电压等级了。

12 V电源系统是指车辆系统电压为12 V,由铅酸蓄电池、发电机、电压调节器、充电不足报警灯等组成,铅酸蓄电池的电压为12 V,发电机的输出电压一般为14 V,蓄电池和发电机并联连接,如图2-1-1所示。

48 V系统是指车辆系统电压为48 V,采用48 V系统可以将传统发动机上的高负载附

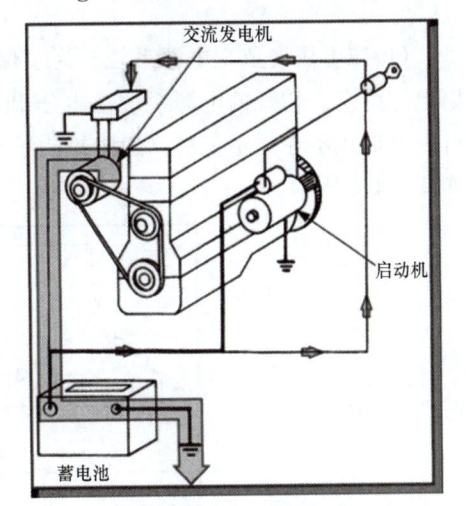

图2-1-1 交流发电机和蓄电池的连接位置

件电动化,且支持更大功率的车载设备,同时损耗减小,线束线径减小,相对于 12 V 怠速启停系统,48 V 更节能。48 V 系统的优点还有很多,但是完全由 12 V 系统切换到 48 V 系统,代价比较大,因为要更换的电气元件比较多。基于以上原因,"12~48 V 轻混系统"就受到了青睐,原来的 12 V 系统主要负责车机系统和照明系统,48 V 系统用来带动空调压缩比,实现能量回收,并且还可以辅助发动机工作,实现节能减排。48 V 轻混系统主要是由电动机、动力电池组(锂电池为主)、电压控制器(DC—DC 转换器)三大核心部件组成。电动机一般分为 BSG 电动机和 ISG 电动机,BSG 全名叫 Belt-Driven Starter Generator,即利用皮带传动兼顾启动和发电的一体机,由 48 V 蓄电池、12 V 蓄电池和 DC—DC 转换器构成,如图 2-1-2 所示。ISG 电动机放在了发动机曲轴端,介于发动机和变速箱之间,发动机的曲轴变成了电动机的转子,相比于 BSG 的皮带传动,不仅减轻了发动机的负担,还大大提升了工作效率,在车辆加速时,电动机可以参与助力,在减速时,可以能量回收。

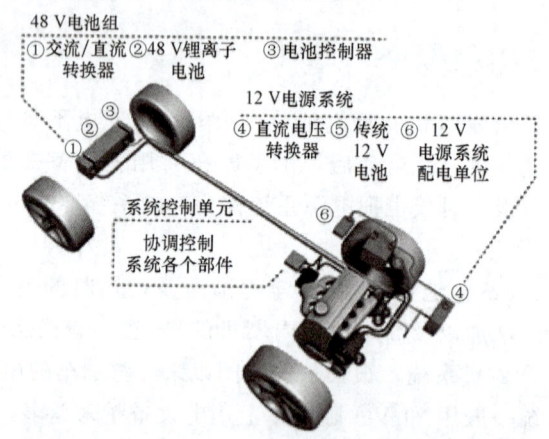

图 2-1-2 48 V 电源系统结构组成

2. 电源系统的类型

(1)纯电压调节型电源系统。为了保证用电设备工作正常,汽车用电源系统要求输出电压稳定。传统的电源系统由电压调节器稳定输出电压,当电压调节器检测到发电机发电电压不在规定范围,通过控制励磁绕组的电流大小稳定发电机输出电压的目的,如图 2-1-3 所示。

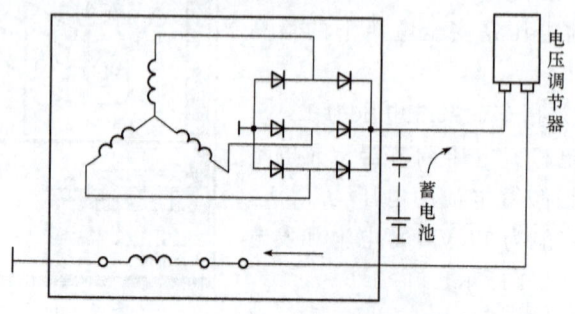

图 2-1-3 纯电压调节型电源系统

电压调节器最早采用触点式电压调节器,因其触点振动频率慢、机械惯性和电磁惯性大、电磁干扰大、可靠性差、寿命短,早已淘汰。取而代之的是晶体管式的电压调节器。随着集成电路技术的发展,晶体管式的电压调节器被集成式所取代。集成电路调节器除具有晶体管调节器的优点外,还体型很小,可安装于发电机的内部,减少了外接线,并且冷却效果得到了改善。

(2)负荷反馈型电源系统。纯电压调节型电源系统结构简单,但是当发动机怠速时,用电负荷增加,有可能会造成怠速不稳,为解决此问题,带负荷反馈的电源系统应运而生。该类型电源系统的组成中多了发动机控制单元,其原理如图 2-1-4 所示,发电机的负荷情况发送给发动机控制单元,发动机控制单元判断电气负荷过大,就会发出指令提高发动机的转速,提高发电量。

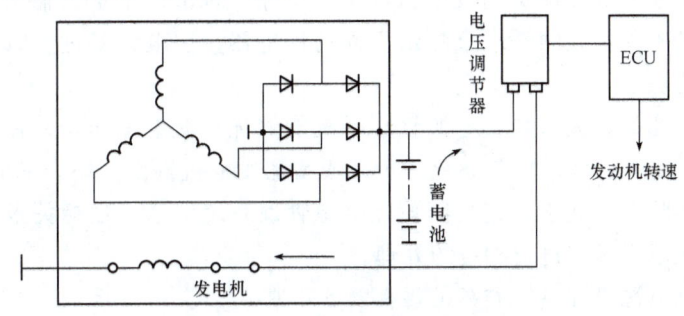

图 2-1-4 负荷反馈型电源系统

图 2-1-5 所示为丰田车系典型电源系统,集成电路调节器的 M 脚和发动机 ECU 相连,进行负荷反馈。同类型系统方案在同时期三菱、本田、通用汽车等品牌也有使用。

(3)智能型电源系统。伴随着电子电控技术、车载网络技术的发展,电源系统逐渐发展成智能型,或者称增加了电源管理功能的电源系。该系统类似新能源汽车上动力电池管理系统,既能进行负荷管理,又能对蓄电池状态进行监控。该类型的电源系统增加了蓄电池传感器及电源管理模块,蓄电池传感器检测蓄电池

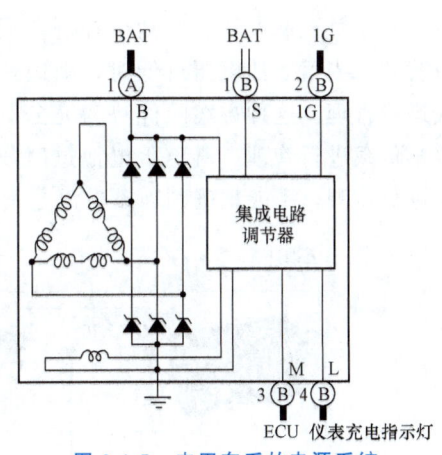

图 2-1-5 丰田车系的电源系统

的电压、电流和温度,电源管理模块可以根据发电机、蓄电池工作状况以及负荷情况,对发电机的发电、电气负载的工作、发动机的怠速等进行综合管理。

3. 电源系统的管理功能

汽车电源管理系统主要通过对蓄电池管理、整车静态电流管理和整车动态电源管理三方面进行管理,从而对汽车电源(蓄电池)进行保护,延长使用寿命。

(1)蓄电池监测管理:蓄电池传感器通过对蓄电池的电压、电流和温度进行实时监测,并将数据发送给电源控制器进行计算,得出蓄电池当前的相关参数,如荷电状态、寿命状态、功能状态等信息;并预测蓄电池对预先给出的加载工况将如何反应,如蓄

电池的当前状态下，预测发动机能否启动。用基于模型的算法，对监测到的蓄电池电流、电压和温度信号用复杂的软件算法计算，就可以得到上述的蓄电池参数。

(2)整车静态电源管理：整车静态电源管理是指在发动机未运转的情况下，对整车用电负载进行分级管理，降低汽车停放期间整车的电流消耗。当发动机没有运转的情况下，蓄电池传感器对蓄电池的剩余电量状态和电压监控，当监测到蓄电池电压低于某一值时，将会关闭某些不重要的用电器，以减少蓄电池电量的进一步消耗，同时以总线信号发送给仪表进行蓄电池电压过低报警的提示信息，一般是限制或取消汽车中舒适相关的功能或对汽车行驶无影响的功能，而与车辆行车相关的功能不能取消。

(3)整车动态电源管理：在发动机工作期间，可以对整车进行动态电源管理，怠速时可以通过提高发动机转速提高发电机的输出电流；调节发电机的输出电压，将发电机产生的电流按不同负载的需求分配给不同的用电器；用电设备过多时也可限制或取消相关舒适功能。

借助于蓄电池的相关参数，电源管理系统能够优化充电电压，并在蓄电池性能退化时采取相关措施减少整车电气系统的负载或增加发电机输出功率。采取相应措施后，若蓄电池的性能状态仍低于规定的阈值，电源管理系统就会发送相关报警信息给仪表进行显示，以提示驾驶员进行相应的处理。

汽车上常见电源管理系统方案主要有以下几种：

(1)无蓄电池传感器，仅通过检测蓄电池电压进行负载管理。如图 2-1-6 所示，发电机和车身控制模块、发动机控制单元连接，控制器监测蓄电池电压状态，对负载进行管理。当蓄电池电压过低时，则通过提高怠速、限制或关闭相应用电器的功能等方式进行管理。这种方案的优势为充分利用整车现有资源，无需增加硬件成本，可以对整车负载进行管理，避免蓄电池过度放电。但是，由于没有蓄电池传感器对蓄电池状态进行监测，不能精确判断蓄电池电量。

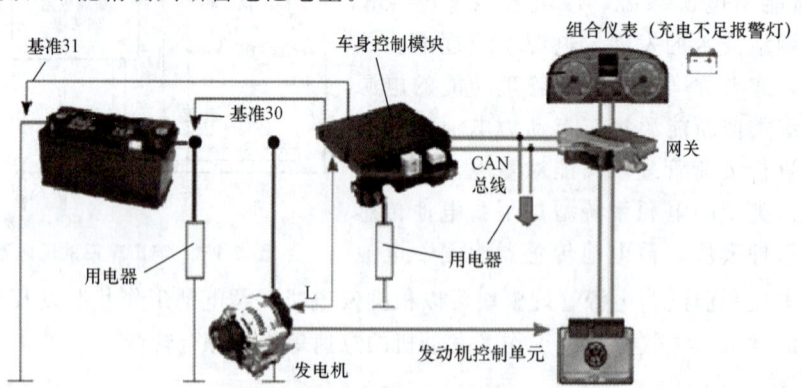

图 2-1-6　无蓄电池传感器的电源管理系统

(2)独立电源管理模块的电源管理系统。此方案由蓄电池状态监测传感器和电源管理模块组成，两者之间通过 LIN 总线连接。电源管理模块通过 CAN 总线和总线上其他节点进行通信，如图 2-1-7 所示。由于有独立的蓄电池状态监测传感器和控制器，可以对蓄电池进行精准、高效的管理。但是此方案新增了控制器和传感器，成本较高。

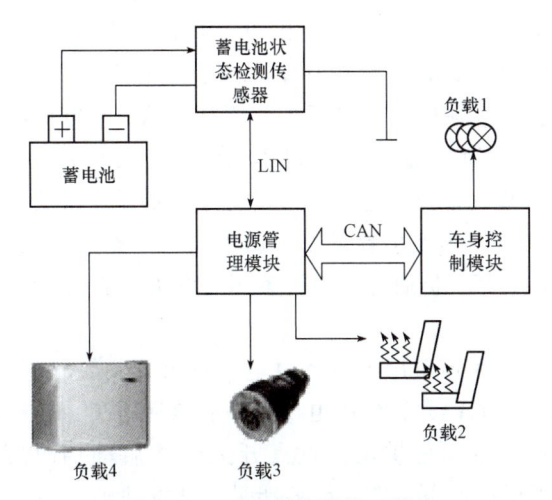

图 2-1-7 独立的电源管理模块

（3）BCM集成电源管理模块的电源管理系统。在图 2-1-8 所示的电源系统中，没有了电源管理模块，它的功能集成在车身控制模块 BCM 中，BCM 和蓄电池传感器通过 LIN 总线连接，BCM 通过 CAN 总线与其他控制模块进行通信。此方案由于减少了独立的电源管理模块，成本较低。

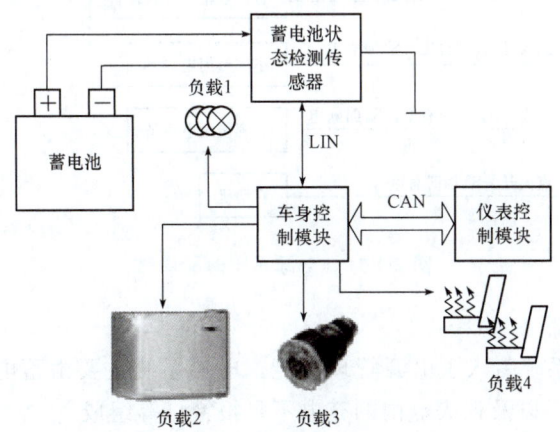

图 2-1-8 BCM 集成电源管理模块

4. 电源系统的供电分配

现代汽车用电设备众多复杂，为了实现整车电子电器集中分配、保护与控制功能，电源系统通过熔断器、继电器等分成不同的电路，给用电设备供电，如图 2-1-9 所示。

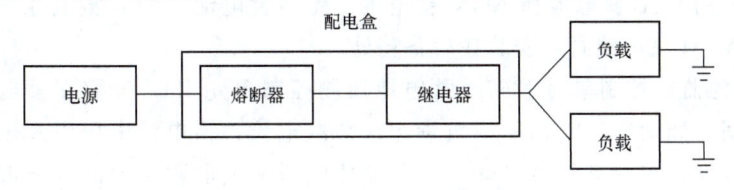

图 2-1-9 电源分配系统框图

根据功能不同，电源一般可分成以下五类，如图 2-1-10 所示。

(1) 常电(K30)：蓄电池和发电机直接供电电路，无论点火开关处于何种位置，该电路均有电。由常电供电的负载一般包括室内灯、位置灯、危险报警灯、故障诊断系统、防盗控制器、各控制模块的记忆电源等。德系车辆中常电也用 KL.30 或 30 表示。

(2) ACC电：给汽车音响等辅助电器设备供电。点火开关转至 ACC 挡时有电，发动机启动瞬间断电，这些设备一般包括汽车音响等娱乐系统以及点烟器、车载电源等。

(3) IG1电(K15)：给汽车上小容量用电设备供电。点火开关转至 ON 挡通电，在行车过程以及启动挡时，IG1 仍通电；小容量用电设备一般包括车外大部分灯光、组合仪表、电控系统控制器等。

(4) IG2电(K75)：给大容量用电设备供电。点火开关转至 ON 挡通电，在行车过程中通电，但在启动时断电；大容量用电设备一般包括雨刮、门窗、空调等。

(5) ST电(K50)：给启动机供电。点火开关位于启动挡时有电，此时，ACC 和 IG2 处于断电状态，以保证蓄电池有足够的能量启动发动机。

有些汽车上针对发动机相关零件有单独的电源类型，如部分德系车辆中电源配供电有一路代号为 KL.87，专门为凸轮轴调节阀以及氧传感器等提供电源。

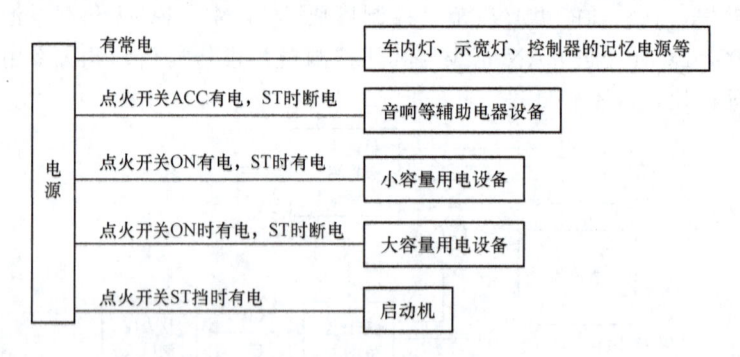

图 2-1-10　电源系统的配供电

5. 迈腾 B8L 电源系统的认识

迈腾 B8L 电源系统引入了电源管理功能，电源系统主要由蓄电池、发电机、蓄电池监控控制单元 J367 以及仪表盘内的充电不足报警灯等组成。

图 2-1-11 所示为迈腾 B8L 汽车电源系统，蓄电池和发电机作为汽车上的电源并联连接，通过熔丝盒 SA、SB、SC 把汽车电源分成几类，分别给不同用电设备供电。

(1) 蓄电池。迈腾 B8L 汽车根据使用区域、发动机类型及装备标准的不同，分别采用铅酸蓄电池、EFB(高能蓄电池)和 AGM(玻璃纤维隔板蓄电池)，带有自动启停系统的车型必须采用 EFB 蓄电池和 AGM 蓄电池。铅酸蓄电池、EFB 蓄电池一般安装在发动机舱内，AGM 蓄电池必须安装在后备箱处。

(2) 蓄电池监控控制单元 J367。蓄电池监测控制单元 J367 安装在蓄电池负极与车身接地点之间，如图 2-1-12 所示，负责记录负载电流、蓄电池电压以及温度。为了监测蓄电池的温度，控制单元内部有一个温度传感器来读取蓄电池的环境温度，通过计算得到蓄电池的内部温度，并评估蓄电池的性能。由于持续监控蓄电池的负载电流和电压，控制单元能够预知蓄电池能否支持在发动机停止后再次启动。

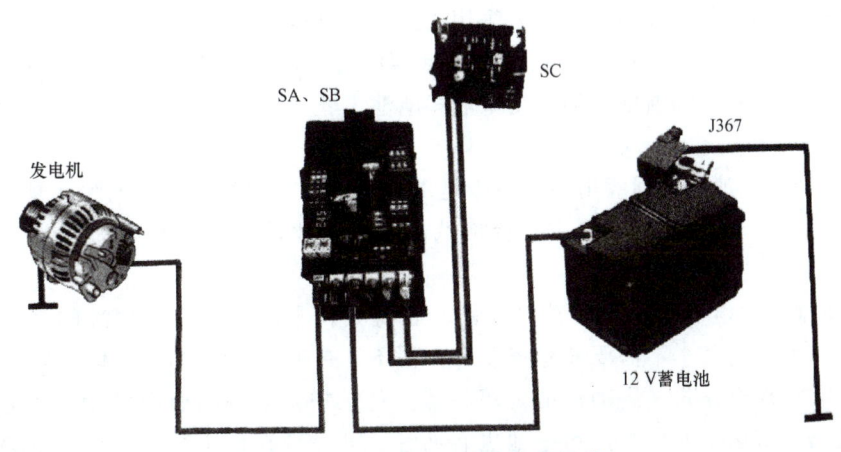

图 2-1-11　迈腾 B8L 汽车电源系统

(3)熔丝盒 SA、SB、SC。熔丝盒装有熔丝和继电器，用以分配车辆中的电流。迈腾 B8L 汽车 SA、SB 熔丝盒安装在发动机舱内，乘客舱左侧的储物箱后面下方有熔丝盒 SC、SH，具体位置如图 2-1-13 所示。

图 2-1-12　J367 实车安装位置

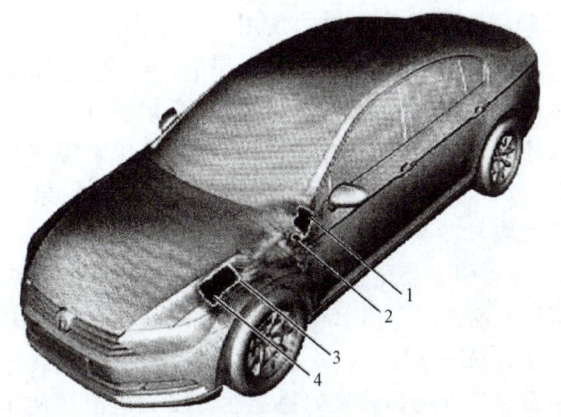

图 2-1-13　熔丝架实车位置
1—熔丝架 SC；2—熔丝架 SH；3—熔丝架 SB；4—熔丝架 SA

(4)交流发电机与电压调节器。迈腾 B8L 汽车采用整体式交流发电机，即电压调节器安装在发电机内部。

(5)充电不足报警灯。当发电机不发电或发电量不足导致蓄电池放电时，充电不足报警灯亮起。

2.1.2　蓄电池的认识

汽车用的蓄电池分为启动型蓄电池和动力蓄电池两种类型。动力蓄电池主要给电动汽车提供动力，深放电能力强，大电流放电能力弱，属贫液式蓄电池。动力电池主要有铅酸电池、镍镉电池、镍氢电池、钠硫电池、锂电池、空气电池、燃料电池等。其中，铅酸电池、镍镉电池和镍氢电池出现的时间比较早，如今主流的纯电动车基本上采用锂电池，如特斯拉汽车上主要采用钴酸锂电池；如丰田普锐斯、日产聆风主要采用锰酸锂电池；如比亚迪汽车主要采用磷酸铁锂电池。

本项目重点介绍启动型蓄电池，启动型蓄电池一般采用铅酸蓄电池，特点是瞬间大电流放电能力强，续航能力弱，属富液式电池。

1. 启动型铅酸蓄电池类型

（1）普通蓄电池：普通蓄电池的极板是由铅和铅的氧化物构成，电解液是硫酸的水溶液。它的主要优点是电压稳定、价格低；缺点是比能低、使用寿命短和日常维护频繁。

（2）免维护蓄电池：免维护蓄电池由于自身结构上的优势，电解液的消耗量非常小，在使用寿命内基本不需要补充蒸馏水。它还具有耐震、耐高温、体积小、内阻小、自放电少、循环寿命长、启动性能好等特点。免维护蓄电池的使用寿命一般为普通蓄电池的两倍。市场上的免维护蓄电池也有两种：第一种在购买时一次性加电解液以后使用中不需要维护（添加补充液）；另一种是蓄电池本身出厂时就已经加好电解液并封死，用户在整个使用过程中无须补加蒸馏水，减少了维护工作量。

（3）干荷电蓄电池：全称为干式荷电铅酸蓄电池，它的主要特点是负极板有较高的储电能力，在完全干燥状态下，能在两年内保存所得到的电量，使用时，只需加入电解液，等过 20 min 就可使用。

（4）胶体式蓄电池：胶体铅酸蓄电池是对液态电解质的普通铅酸蓄电池的改进，它采用凝胶状电解质，一般是经过净化的硅酸钠溶液与硫酸水溶液混合后凝结成的稠状胶体物质，因内部无游离液体存在，在同等体积下电解质容量大，热容量大，热消散能力强，能避免一般蓄电池易产生热失控现象；电解质浓度低，对极板的腐蚀作用弱；浓度均匀，不存在电解液分层现象。

（5）EFB 蓄电池：EFB 蓄电池全称是加强型免维护铅酸蓄电池，EFB 代表增强型富液电池技术，EFB 电池是在传统电池技术的基础上，通过调整活性材料配方来提高电池的深循环性能，并且在材料、内极组组装强度方面都有了一系列的改进，提高了 EFB 电池性能和质量的稳定性，EFB 电池在使用寿命、低温启动、抗震性等方面都有了很大的提高。该电池主要在装有自动启停系统的汽车上使用。

（6）AGM 蓄电池：AGM 蓄电池是铅酸电池的新技术，AGM 是指隔板的材质采用超细玻璃纤维材料，使用纯硫酸水溶液做电解液，普通铅酸蓄电池的隔板是泡在电解液中的，而 AGM 蓄电池大部分电解液吸附在多孔超细玻璃纤维隔板中，在深度放电方面的性能相当优秀，在寿命方面，AGM 蓄电池是普通蓄电池的 4～5 倍。装备自动启停技术的汽车上会使用该电池，AGM 蓄电池应避免高温，一般安装在后备箱。

（7）GEL 蓄电池：GEL 蓄电池是一种胶体密封型铅酸蓄电池，其电解液是由硅溶胶和硫酸配成的，硫酸溶液的浓度比 AGM 式电池要低，通常为 $1.26～1.28 \text{ g/cm}^3$。电解液的量比 AGM 式电池要多 20%，与富液式电池相当。这种电解质以胶体状态存在，充满在隔膜中及正负极之间，硫酸电解液由凝胶包围着，不会流出电池。

2. 铅酸蓄电池的结构

铅酸蓄电池一般由三只或六只单格电池串联而成，每只单格电池的额定电压为 2.1 V。普通铅蓄电池主要由正负极板、隔板、电解液、壳体、接线柱等部件组成，图

2-1-14所示为普通铅酸蓄电池的结构。

(1)极板。极板是蓄电池的核心部分,蓄电池电能与化学能的相互转换依靠极板上的活性物质与电解液中的硫酸的化学反应来实现。

极板分正、负极板两种,由栅架及活性物质组成,活性物质就是极板上的工作物质。正极板上的活性物质为二氧化铅(PbO_2),呈暗棕色;负极板上的活性物质为海绵状纯铅(Pb),呈深灰色。栅架由铅锑合金浇铸而成,活性物质填充在栅架组成的单格内。极板和栅架的外形如图2-1-15所示。

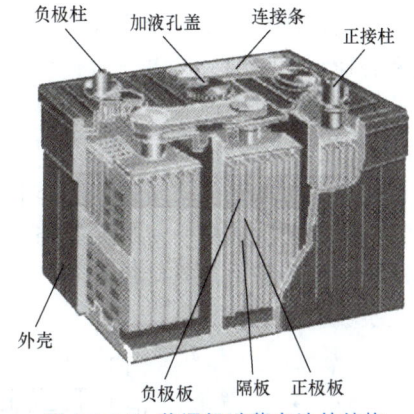

图 2-1-14　普通铅酸蓄电池的结构

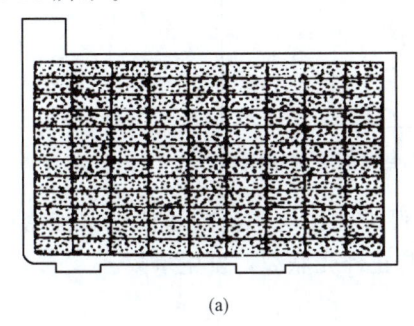

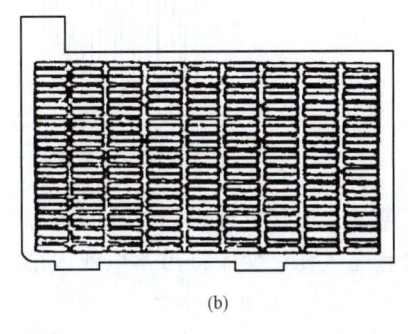

图 2-1-15　极板和栅架
(a)极板；(b)栅架

将正负极板各一片浸入电解液,可获得约2.1 V的电动势。为增大蓄电池容量,可将多片正、负极板分别并联,用横板焊接成正负极板组。正负极板相互交错嵌合,中间插入隔板后装入蓄电池单格,便形成单格电池,如图2-1-16所示。在每个单格电池中负极板总比正极板多一片。因为正极板活性物质比较疏松,且正极板处的化学反应比负极板上的化学反应剧烈,反应前后活性物质体积变化较大,所以正极板夹在负极板之间,可使其两侧放电均匀,从而减轻正极板的翘曲和活性物质脱落。

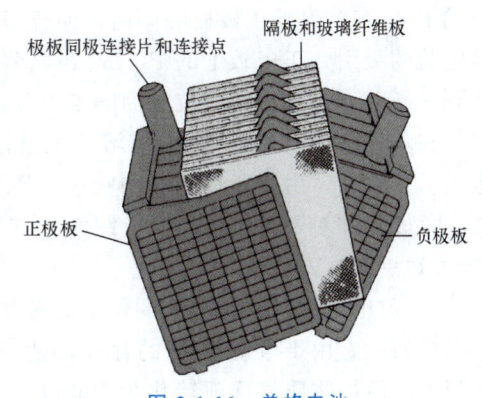

图 2-1-16　单格电池

(2)隔板。为了减少蓄电池的内阻和体积,正负极板安装时应尽量靠近。为了避免正负极板彼此接触而造成短路,在正负极板之间装上隔板,隔板的功用是在正负极板间起绝缘作用。

(3)电解液。电解液在蓄电池充放电的化学反应中,起到离子间的导电作用,并参与蓄电池的化学反应。电解液由纯硫酸与蒸馏水按一定比例配制而成,加入每个单格电池中,电解液相对密度一般为1.23~1.30 g/cm³。电解液纯度是影响蓄电池电气性能和使用寿命的重要因素,因此配置时不能采用工业用硫酸和普通水,因为工业用硫酸和普通水中含铜、铁等杂质较多,会加速蓄电池自放电和极板溃烂影响蓄电池寿命,因此不能用于蓄电池。

(4)壳体。蓄电池壳体用来盛装电解溶液和极板组,使铅蓄电池构成一个整体。蓄电池壳体一般为整体式结构,壳体材料有硬橡胶和塑料两种,壳内由间壁分成三个或六个互不相通的单格,蓄电池单格电池之间均用铅质链条串联,如图2-1-17所示。壳体底部制有凸筋用来支持极板组,凸筋之间的空隙可以积存极板脱落的活性物质,避免正负极板短路。

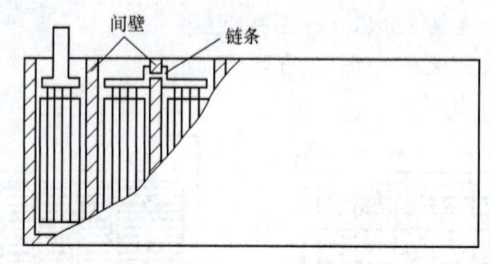

图2-1-17 蓄电池的壳体(单格电池间穿壁连接示意)

早期的普通蓄电池在壳体上设有加液孔,可以加注电解液或检测电解液密度。孔盖上设有通气孔,便于排出蓄电池内部气体,防止外壳胀裂,发生事故。

3. 铅酸蓄电池的工作原理

(1)电动势的建立。铅酸蓄电池的电动势是正、负极浸入电解液后产生的。在正极板处,少量的PbO_2溶入电解液,与水生成$Pb(OH)_4$再分离成Pb^{4+}和OH^-,电解液中的Pb^{4+}有沉附于正极板的倾向,使正极板相对于电解液具有正电位。同时,由于正负电荷的吸引,正极板上的Pb^{4+}有与电解液中的OH^-结合生成$Pb(OH)_4$的倾向,当达到平衡时,正极板的电位约为$+2.0\text{ V}$。

在负极板处,一方面Pb有溶于电解液的倾向,在电解液中生成Pb^{2+}使极板带负电。另一方面,由于正负电荷的吸引,Pb^{2+}有沉附于负极板的倾向,当两者达到平衡时,负极板相对于电解液的电位约为-0.1 V。动态平衡时,静止电动势为$E=2.0-(-0.1)=2.1\text{ V}$。

(2)放电过程。将蓄电池的化学能转换成电能的过程称为放电过程。当蓄电池与外电路接通后,由于电动势E的存在,使电路内产生电流,电子从负极板流向正极板,极板上的活性物质将逐渐转化为$PbSO_4$,电解液中的SO_4^{2-}不断减少,电解液的密度不断下降,蓄电池内阻逐渐增大。从理论上讲,放电过程可一直进行到极板上的所有活性物质被耗尽,但由于生成的$PbSO_4$沉附于极板表面,阻碍电解液渗透到极板活性物质内层中去,使得在使用中被称为放完电的蓄电池的活性物质利用率仅为20%~30%。因此铅酸蓄电池一般采用薄型极板,增加多孔性,可提高活性物质的利用率。

(3)充电过程。将电能转换成蓄电池化学能的过程称为充电过程,它是放电反应的逆过程。蓄电池充电时,正负极板与直流电源相连,当充电电源的端电压高于蓄电池的电动势时,在电场的作用下,充电电流以与放电电流相反的方向流动,使正极电位升高,负极电位下降,正负极板处的平衡被打破。正负极板上所产生的$PbSO_4$会在充电时被分解还原成硫酸、铅及二氧化铅，蓄电池内电解液的浓度逐渐增加，并逐渐恢复到放电前的浓度，这种变化显示出蓄电池中的活性物质已经还原到可以再度供电的状态，当两极的硫酸铅被还原成原来的活性物质时，即为充电结束。充电到最后阶段时，绝大部分电流用于水的电解，因而电解液会减少，此时，应补充蒸馏水。

蓄电池在充放电时总的化学反应过程可表示为

$$PbO_2 + 2H_2SO_4 + Pb \underset{充电}{\overset{放电}{\rightleftharpoons}} PbSO_4 + H_2O + PbSO_4$$

二极板	电解液	负极板	正极板	电解液	负极板
（二氧化铅）	（稀硫酸）	（海绵状纯铅）	（硫酸铅）	（水）	（硫酸铅）

4. 铅酸蓄电池的容量

蓄电池的容量标志蓄电池对外供电的能力，是蓄电池的主要性能参数，也是选用蓄电池的重要依据。蓄电池的容量是指在一定条件下的恒定放电电流 I_f 与放电时间 t_f 的乘积，可用下式表达：

$$C = I_f \cdot t_f$$

式中　C——蓄电池的容量（A·h）；

　　　I_f——放电电流（A）；

　　　t_f——放电时间（h）。

充足电的新蓄电池在电解液温度为 25 ℃±5 ℃ 条件下，以 20 h 放电率的放电电流（0.05 ℃）连续放至单池平均电压降到 1.75 V 时，输出的电量称为额定容量，用 C_{20} 表示。它是检验新蓄电池是否合格的重要指标，新蓄电池的输出电量如果小于额定容量，即为不合格。

蓄电池的容量越大，所存储的电能越多。蓄电池容量的大小与蓄电池的结构、放电电流、电解液密度等有关。

(1) 构造因素对容量的影响：增大极板面积和片数，可以增大容量；采用薄型极板、增加极板的片数，可以在不增加蓄电池体积的情况下，增加活性物质的利用率，提高蓄电池的容量；在一定范围内，电解液密度增大，可以减少内阻，提高容量。

(2) 使用因素对容量的影响：放电电流增大，蓄电池的端电压和容量下降。这是因为放电电流越大，极板在单位时间内产生的 $PbSO_4$ 越多，堵塞极板空隙的作用越明显，使极板内层活性物质不能参加反应。同时，放电电流越大，硫酸的需要量也越大，这就必将导致空隙内电解液密度急剧下降，于是端电压也迅速下降，从而缩短了放电时间。另外，使用环境温度越低，电解液温度越低，蓄电池容量越小。

5. 铅酸蓄电池的故障

蓄电池常见故障包括内部故障和外部故障。外部故障主要有外壳裂纹、极柱腐蚀、极柱松动、封胶干裂等；内部故障主要有极板硫化、活性物质脱落、极板栅架腐蚀、极板短路、自放电、极板拱曲等。

(1) 极板硫化。极板上生成白色的粗晶粒硫酸铅的现象简称硫化。粗晶粒硫酸铅导电性差，正常充电很难还原，晶粒粗，体积大，容易堵塞活性物质孔隙，使得内阻增大。

故障特征：放电时，因为内阻大，电压急剧下降，不能持续供给启动电流；充电时，内阻大，单格电池的充电电压高达 2.7 V 以上，密度上升慢，温度上升快，过早出现沸腾现象。

产生原因：蓄电池长期充电不足或放电后不及时充电，温度变化时，硫酸铅发生再结晶；蓄电池液面过低，极板上部发生氧化后与电解液接触，也会生成粗晶粒硫酸铅；电解液密度过高、电解液不纯或气温变化剧烈等都会引起极板硫化现象。

（2）极板活性物质脱落。

故障特征：蓄电池输出容量下降，充电时电解液浑浊，有棕色物质自底部上升。

故障原因：充电电流过大；过充电时间过长；低温大电流放电造成极板拱曲使得活性物质脱落。

（3）自放电。蓄电池在无负载的状态下，电量自动消失的现象称为自放电。蓄电池的自放电是不可避免的，但是充足电的蓄电池在 30 天之内每昼夜容量降低超过 2%，称为故障性自放电。

故障原因：电解液含杂质过多；电解液密度偏高；电池表面不清洁。

2.1.3 发电机的认识

交流发电机是汽车上的主要电源，它装在发动机前端，由发动机皮带轮通过三角皮带驱动。在发动机运转期间，向所有用电设备供电（除启动机外），并对蓄电池进行充电。

1. 交流发电机的类型

传统汽车的交流发电机可分为以下几种类型：

（1）按总体结构分：普通交流发电机（使用时需要配装电压调节器的发电机），如 JF132 型发电机（EQ140 用）；整体式交流发电机（发电机和电压调节器制成一个整体的发电机），如别克汽车发动机上装配的 CS 型发电机；带泵交流发电机（和汽车制动系统用真空助力泵安装在一起的发电机），如 JFZB292；无刷交流发电机（不需要电刷的发电机），如 JFW1913 发电机；永磁交流发电机（磁极为永磁铁制成的发电机）是无刷交流发电机的一种，因为没有电刷和集电环，所以不会因为电刷和集电环的磨损和接触不良造成励磁不稳定或发电机不发电等故障，工作时无火花，也减小了无线电干扰。

（2）按整流器结构分：可分为 6 管交流发电机、8 管交流发电机、9 管交流发电机、11 管交流发电机。

（3）按磁场绕组搭铁形式分：内搭铁型交流发电机，磁场绕组的一端（负极）直接搭铁（和壳体相连）；外搭铁型交流发电机，磁场绕组的一端（负极）接入电压调节器，通过电压调节器搭铁。

2. 交流发电机的结构组成

交流发电机主要由转子、定子、整流器、前后端盖、带轮及风扇等组成，如图 2-1-18 所示。

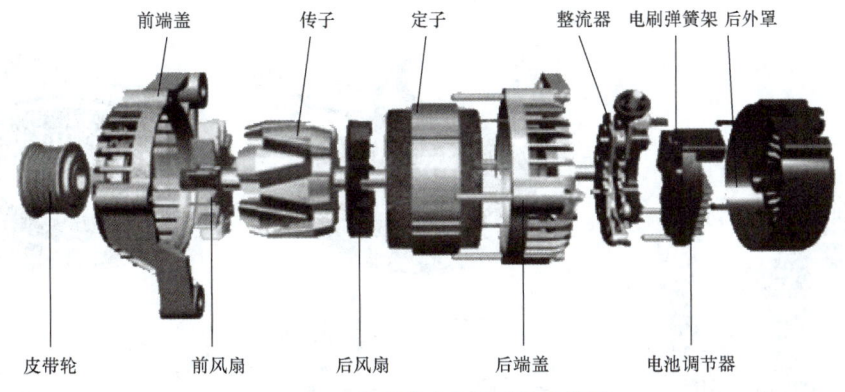

图 2-1-18　交流发电机的结构解体图

（1）转子。转子的作用是产生旋转磁场。图 2-1-19 所示为转子总成。转子总成主要由爪极、磁轭、磁场绕组、集电环、转子轴和滑环等组成，如图 2-1-20 所示。

图 2-1-19　转子总成

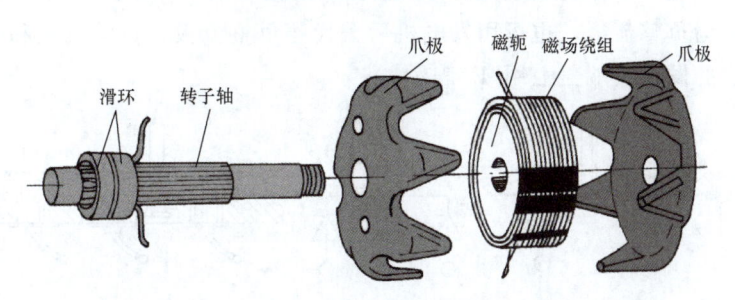

图 2-1-20　转子的结构

转子轴上压装着两个爪极，两个爪极分别由六个鸟嘴形磁极组成，爪极空腔内装有磁场绕组和磁轭。滑环由两个彼此绝缘的铜环组成，滑环压装在转子轴上并与轴绝缘，两个滑环分别与磁场绕组的两端相连。当两滑环通过电刷通入直流电时，磁场绕组中就有电流通过，并产生轴向磁通，使爪极一端被磁化为 N 极，另一端被磁化为 S 极，从而形成六对相互交错的磁极。当转子转动时，就形成了旋转的磁场。

（2）定子（电枢）。定子也被称为电枢，它的功用是产生交流电。定子由定子铁心和定子绕组组成，如图 2-1-21 所示。定子铁心由内圈带槽的硅钢片叠成，定子绕组的导线嵌放在铁心的槽中。定子绕组有三相，三相绕组采用星形接法或三角形接法，如图 2-1-22 所示，三相绕组必须按一定要求绕制，才能使之获得频率相同、幅值相等、相位互差 120°的三相电动势。

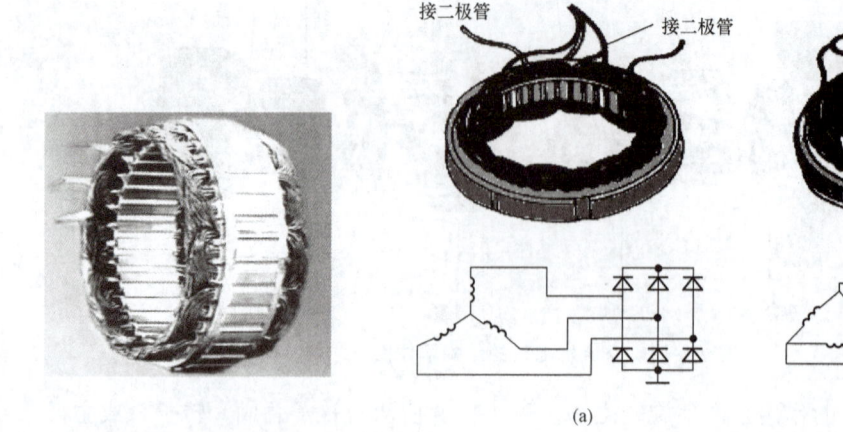

图 2-1-21　定子总成

图 2-1-22　定子绕组的连接形式
(a)星形连接；(b)三角形连接

(3)整流器。普通交流发电机的整流器是由六只硅整流二极管组成三相桥式整流电路，如图 2-1-23 所示。每只二极管只有一根引线。引出线为正极的管子叫正极管，引出线为负极的管子叫负极管，因此整流二极管有正二极管和负二极管之分。六只整流管分别压装(或焊装)在两块整流板上。将正极管安装在一块铝制散热板上，称为正整流板，正整流板和后端盖绝缘，在正整流板上有一个输出接线柱 B(发电机的输出端)，用螺栓引至后端盖外部作为发电机的 B+ 输出电压接线端子；负极管安装在另一块铝制散热板上，称为负整流板，也可用发电机后盖代替负整流板，负整流板和壳体相连接，直接搭铁，有的发电机端盖上用"E"表示。

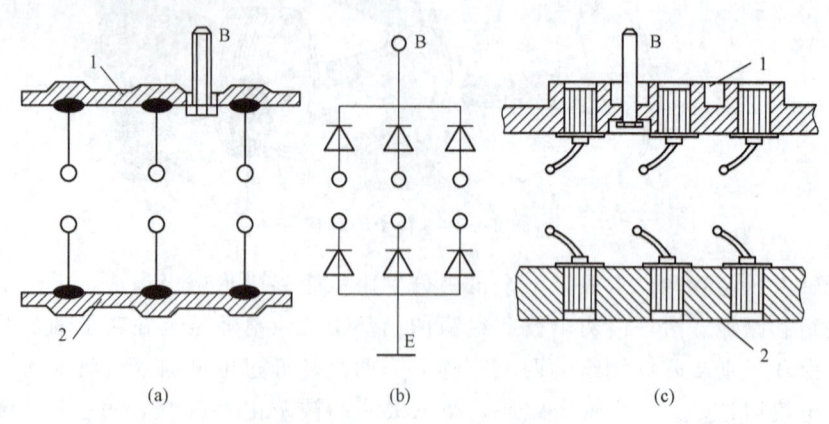

图 2-1-23　整流器
(a)焊接式；(b)电路图；(c)压装图
1—正整流板；2—负整流板

整流板的形状各异，有马蹄形、长方形、半圆形等，但整流器上各组成部件都一样，主要由正二极管和负二极管组成，具体结构组成如图 2-1-24 所示。

(4)端盖和电刷。端盖一般分为前端盖和后端盖，起固定转子、定子、整流器和电刷组件的作用。由于铝合金为非导磁材料，可减少漏磁并具有轻便、散热性能良好等优点，所以端盖由铝合金制成。

后端盖上装有电刷组件，包括电刷、电刷架和电刷弹簧。电刷的作用是将电源通过滑环引入磁场绕组。如图2-1-25所示，箭头所示为电刷。

图2-1-24 发电机整流器总成

1—正整流板的电压输出端；2—三相绕组端子和整流器的连接孔；3—正二极管；4—负整流板的搭铁端；5—负二极管

内搭铁型发电机的磁场绕组的负电刷直接与壳体相连搭铁；外搭铁型发电机的磁场绕组的负极（负电刷）通过调节器后再搭铁，即磁场绕组的两只电刷都和壳体绝缘。

（5）带轮与风扇。交流发电机的前端装有带轮，由发动机通过皮带驱动发电机旋转。在带轮的后面装有叶片式风扇，前后端盖上分别有出风口和进风口。当发动机带动发电机高速旋转时，可使空气流经发电机内部进行冷却，如图2-1-26所示。

图2-1-25 带有电刷组件的发电机后端盖

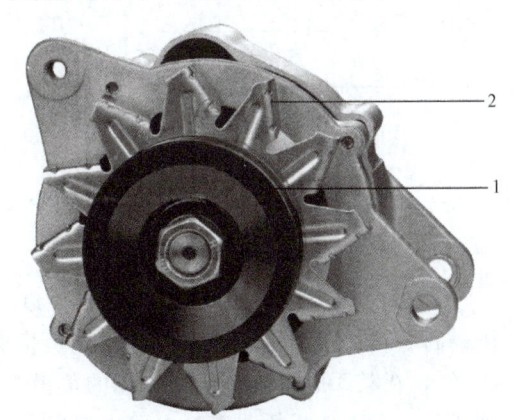

图2-1-26 发电机的带轮与风扇

1—带轮；2—风扇

3. 发电机的工作原理

（1）交流发电原理。交流发电机产生交流电的基本原理是电磁感应原理。其发电原理如图2-1-27所示。

交流发电机定子的三相绕组按一定规律排列在发电机的定子槽内，依次相差120°的角度。

当外加直流电压作用在励磁绕组两端点的接线柱之间时，励磁绕组中便有电流通过，产生轴向磁场，两块爪形磁极被磁化，形成了六对相间排列的磁极。磁极的磁力线经过转子与定子之间的气

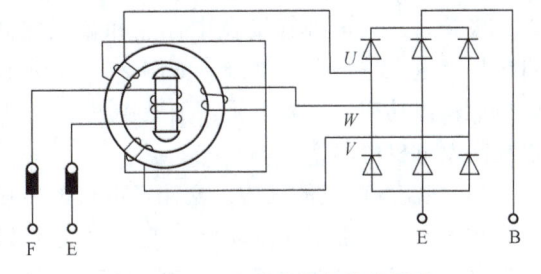

图2-1-27 交流发电机发电原理

隙、定子铁心形成闭合磁路。转子旋转时，励磁绕组所产生的磁场也随之转动，形成旋转磁场。固定不动的三相定子绕组在旋转磁场的作用下，产生三个频率相同、幅值相等、相位互差120°电角度的正弦电动势 U、V、W。

(2) 整流原理。二极管具有单向导电性：当给二极管加上正向电压时，二极管导通，当给二极管加上反向电压时，二极管截止。交流发电机的整流原理：利用二极管的单向导电性将六只二极管组成三相桥式整流电路（硅整流器），把交流发电机的三相绕组感应产生的交流电变为直流电。桥式整流电路及电压波形如图2-1-28所示。

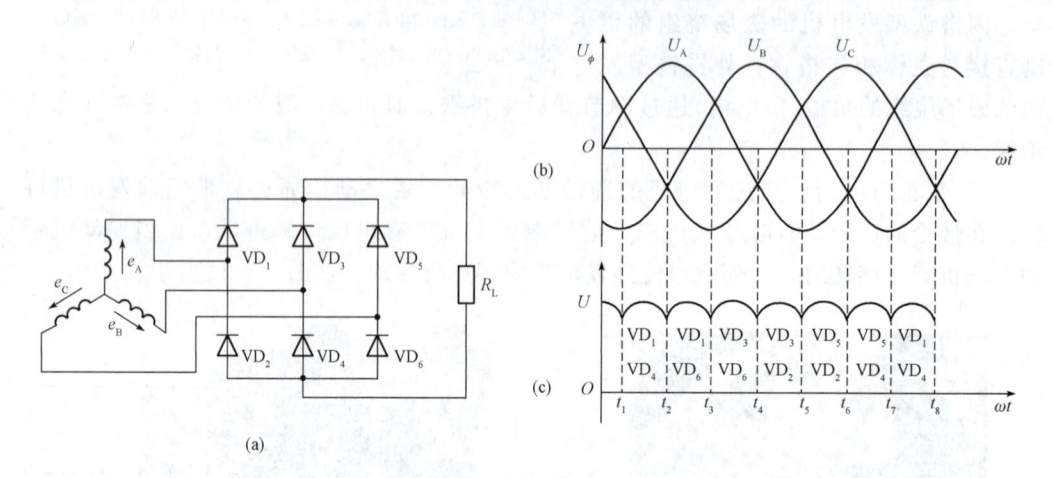

图 2-1-28　桥式整流电路及电压波形图
(a) 整流电路；(b) 三相交流电动势；(c) 整流后的直流输出电压

对于三个正极管子（VD_1、VD_3、VD_5 正极和定子绕组始端相联），在某一瞬时，电压最高一相的正极管导通。对于三个负极管子（VD_2、VD_4、VD_6 负极和定子绕组始端相联），在某瞬时，电压最低一相的负极管导通。但同时导通的管子总是两个，正、负管子各一个。三相桥式整流电路中二极管依次循环导通，使得负载 R_L 两端得到一个比较平稳的脉动直流电压。

有的发电机具有中性点接线柱，是从三相绕组的中性点引出来的，输出电压称为中性点电压。

交流发电机中性点电压波形如图2-1-29所示，由图可知，当转速高到一定程度，中性点电压高过发电机输出电压。有的发电机利用这一特点在中性点处接上两只中性点二极管，一只正极管接在中性点和正极之间，一只负极管接在中性点和负极之间，对中性点电压进行全波整流，如图2-1-30所示。可以有效地利用中性点电压来增加发电机的输出功率，试验表明：加装中性点二极管的交流发电机在结构不变的情况下可以提高发电机的功率10%～15%。

(3) 交流发电机的励磁。交流发电机的磁场靠励磁产生，即必须给磁场绕组通电才会有磁场产生。由于在发动机转速低时交流发电机不能自励发电，所以低速时采取他励发电，当发动机达到正常怠速转速时，发电机的输出电压一般高出蓄电池电压1～2 V以便对蓄电池充电，此时，由发电机自励发电。

交流发电机的励磁电路如图2-1-31所示。

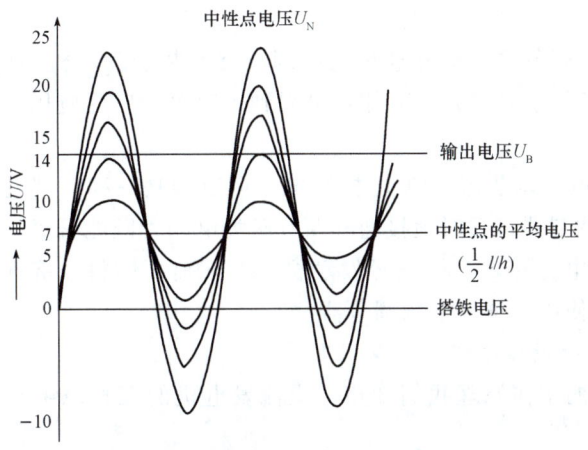

图 2-1-29 中性点电压波形

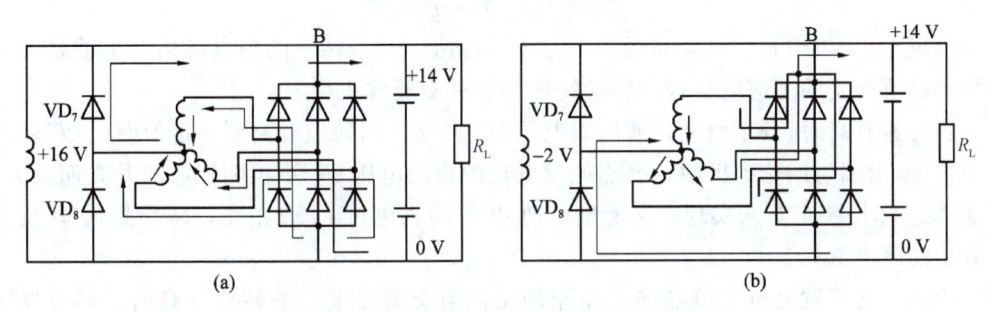

图 2-1-30 具有中性点接线柱的发电机

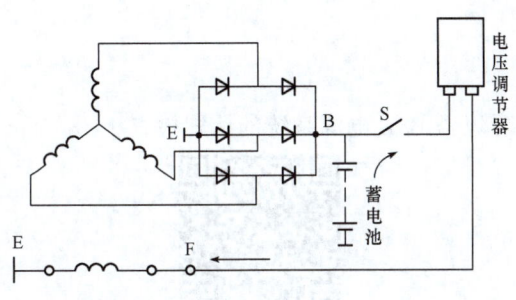

图 2-1-31 交流发电机的励磁电路

2.1.4 电压调节器的认识

1. 电压调节器的类型

电压调节器类型按工作原理可分为触点式电压调节器、晶体管电压调节器、集成电路电压调节器和 ECU 控制电压调节器。

(1)触点式调节器。应用较早,这种电压调节器触点振动频率慢,存在机械惯性和电磁惯性,电压调节精度低,触点易产生火花,对无线电干扰大,可靠性差,使用寿命短,现已被淘汰。

(2)晶体管式电压调节器。其优点是晶体管的开关频率高,且不产生火花,调节精度高,还具有重量轻、体积小、使用寿命长、可靠性高、电波干扰小等优点,广泛应用于东风、解放及多种中低档车型。

(3)集成电路电调节器。集成电路电压调节器安装于发电机的内部（又称内装式电压调节器），减少了外接线，并且冷却效果得到了改善，广泛应用于桑塔纳、奥迪等多种轿车的车型上。

(4)ECU控制电压调节器。ECU控制电压调节器是一种新型电压调节器，由发动机ECU控制电压调节器，适时地接通和断开磁场电路，既能可靠地保证电气系统正常工作，使蓄电池充电充足，又能减轻发动机负荷，提高燃料经济性。上海别克、广州本田等轿车车型上使用了这种电压调节器。

2. 电压调节器的调压原理

由交流发电机的工作原理我们知道，交流发电机的三相绕组产生的相电动势的有效值：

$$E_\varphi = C_e \cdot \Phi \cdot n \text{(V)}$$

这里 C_e 为发电机的结构常数，n 为转子转速，Φ 为转子的磁极磁通，也就是说交流发电机所产生的感应电动势与转子转速和磁极磁通成正比。

当转速升高时，E_φ 增大，输出端电压 U_B 升高，当转速升高到一定值时（空载转速以上），输出端电压达到极限，要想使发电机的输出电压 U_B 不再随转速的升高而上升，只能通过减小磁通 Φ 来实现。又磁极磁通 Φ 与励磁电流 I_f 成正比，减小磁通 Φ 也就是减小励磁电流 I_f。

所以，交流发电机调节器的工作原理是：当交流发电机的转速升高时，调节器通过减小发电机的励磁电流 I_f 来减小磁通 Φ，使发电机的输出电压 U_B 保持不变。

任务准备

(1)通过链接，查看迈腾B8L电源系统的认知检查。

(2)通过链接，查看迈腾B8L电源系统数据流的读取。

(3)通过链接，查看蓄电池的检查维护。

实训 2.1.1　汽车电源系统认知检查实训

1. 实训条件

(1)实训设备：迈腾 B8L 整车、迈腾 B8L 整车电气台架。
(2)仪器工具：解码器、万用表、工具车。
(3)实训资料：维修手册、任务工单。

2. 实训步骤

(1)记录车辆信息。
(2)检查电源系统的工作情况：观察启动前后充电不足报警灯的工作情况；检查启动前后发电机、蓄电池性能。
(3)读取故障码数据流：读取并记录和电源系统相关的故障码和数据流。
(4)就车观察认知电源系统：查询维修手册安装位置图，认识并观察蓄电池、发电机、蓄电池监控单元J367、SA、SB、SC 的安装位置及连接方式。
(5)观察认知发电机：观察认知发电机端盖各接线端子；观察发电机内部结构组成、电气连接方式。

3. 任务工单

根据实训内容，查阅资料，填写任务工单。

任务工单 2.1.1　汽车电源系统认知检查

1. 现象观察与数据检测

(1)正常工作状态观察记录(车型：_____)

工作状态	充电不足报警灯状态	蓄电池电压	启动电流	内阻	备注
启动前	点亮☐　不亮☐				
启动时	点亮☐　不亮☐				
启动后	点亮☐　不亮☐				
静态电流					

(2)信息检测

	故障码清除与读取		
信息读取	模块(系统)	故障码	故障码含义
	数据流读取		
	参数名称	显示值	读取条件

2. 迈腾 B8L 电源系统部件认知（根据安装位置图查找）

序号	名称	实车位置	作用
1	蓄电池		
2	发电机		
3	蓄电池监控单元		
4	SA		
5	SB		
6	SC		

3. 发电机结构认知

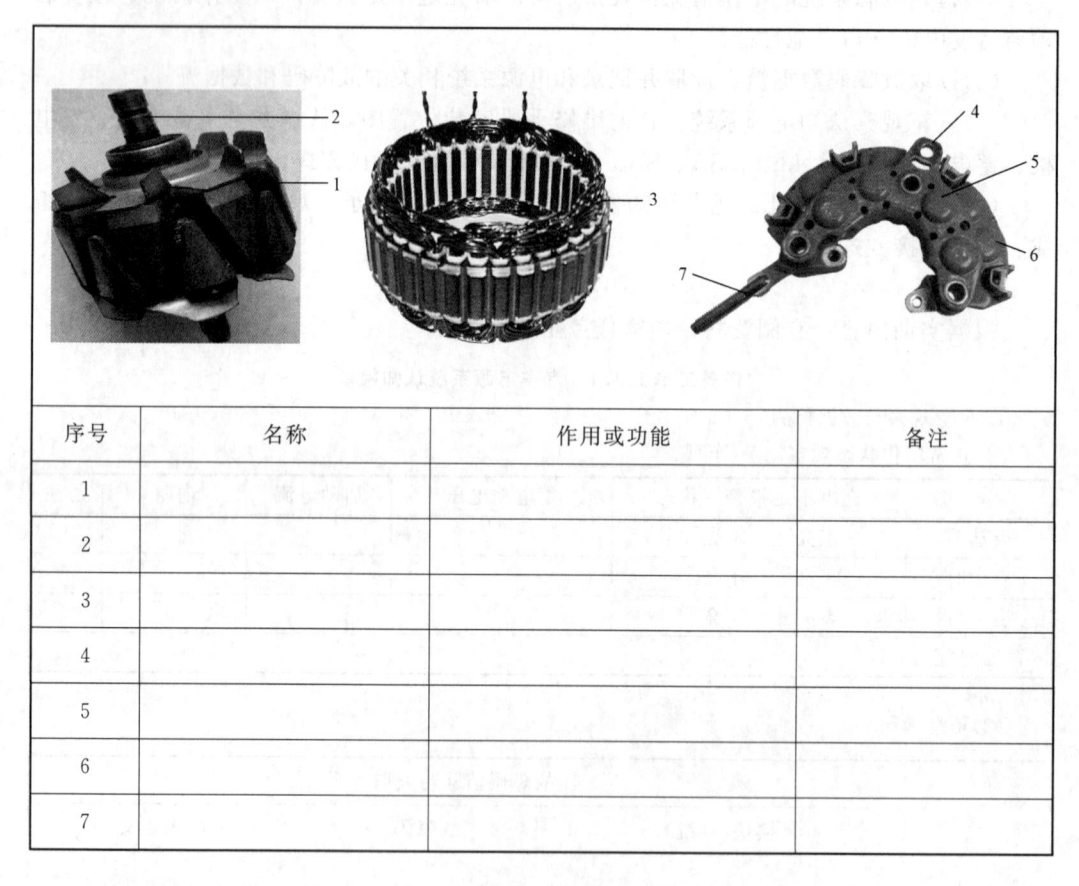

序号	名称	作用或功能	备注
1			
2			
3			
4			
5			
6			
7			

4. 成绩评定标准

练习与思考

(1) 通过链接，查看练习与思考习题。

(2) 通过链接，查看练习与思考答案。

任务 2.2　电源系统检测维修

任务描述

一辆迈腾 B8L 轿车，配备 2.0TSI 发动机，在车辆使用过程中，车灯特别亮，灯泡频繁烧坏。更换新发电机后，上述故障现象消失。

任务分析

根据该故障现象，判断是电源系统引起的故障现象。要完成客户车辆电源系统的检测维修，首先要掌握电源系统电路及控制逻辑，能利用万用表、解码器等检测设备对电源系统进行电路及部件检测维修。

学习目标

知识目标

1. 掌握汽车电源系统的控制逻辑；
2. 熟悉典型汽车电源系统的电路；
3. 掌握发电机的工作原理。

技能目标

1. 能对电源电路进行检查、测试、维修或更换；
2. 能对电源电气部件进行检查、测试、维修或更换；
3. 能对发电机进行拆解、检查及测试。

素质目标

1. 通过维修资料的查阅分析、检测数据的有效选取分析,培养学生自身的信息处理能力;

2. 通过小组探究、方案制定,学生锻炼沟通表达、合作、自主学习的能力;

3. 通过企业 7S 标准规范管理操作,培养学生规范、安全意识;

4. 通过实践操作、清洁整理整顿等要求,培养学生崇尚劳动、热爱劳动、辛勤劳动、诚实劳动的劳动精神。

相关知识

2.2.1 电源配供电电路控制

不同厂家不同车型,电源的分配形式不一样,但是分配的大致思路是相同的,如图 2-2-1 所示。蓄电池的总供电线至少分成三条线路,第一条线路和启动机相连,给启动机提供大电流启动;第 2 条线路和发电机相连,发电机发电的时候,利用这条导线给蓄电池充电,这两条导线流经电流较大,采用较粗的导线;第 3 条线路和点火开关相连,利用点火开关进行电源的分配。另外,蓄电池的总供电线经保险丝还可以再分成若干条并联线路,给继电器或其他用电设备供电。和蓄电池直接相连的电源线,一般称为常火线或 30 线;其他几条电源线要给很多用电设备供电,为了保护开关,一般都通过不同的继电器转换而来。如图 2-2-1 所示,当点火开关开到 ACC 挡,ACC 继电器线圈通电,触点闭合,常火线的电经 ACC 继电器触点转换为 ACC 电源,再通过保险盒内的保险丝,给用电设备供电;ACC 电源线主要给汽车附件供电,如音响、USB 接口等。

点火开关打到 ON 挡,15 继电器线圈通电,触点吸合,常火线电流经 15 继电器触点转为 15 电,通过保险盒内的保险丝,供给不同用电设备使用;15 电一般给小容量用电设备供电,如组合仪表、空调面板、安全柱锁等。

同样道理,X 电源线就是由 X 继电器转换而来,可以给大容量用电设备供电,如雨刮、门窗、空调鼓风机、前照灯等。

图 2-2-1 点火开关控制的电源分配简图

早期的汽车点火开关直接把电源分成若干电源线,现在大部分汽车点火开关作为信号给控制模块,由控制模块对电源进行分配,如图 2-2-2 所示,在点火开关和继电器中间增加了控制器,点火开关在不同挡位,给模块不同的信号,模块控制相应的继电器工作,从而得到不同的电源线。

1. 吉利帝豪 EV450 电源配供电电路分析

图 2-2-3 所示为吉利帝豪 EV450 电源配供电电路，吉利帝豪 EV450 有四条低压电源线：常电电源(30)直接和蓄电池相连，简称 B+，给 BCM、诊断接口、转向柱锁、门窗玻璃电动机、雨刮电动机等供电；附件电路(R)由 IR03 继电器供电，简称 ACC，给音响、USB 接口、备用电源等供电；两条上电电路(15)分别由 IR02/IR05 继电器供电，简称 IG1/和 G2，主要给组合仪表、变挡开关、车窗模块、空调面板、天窗控制模块等供电。

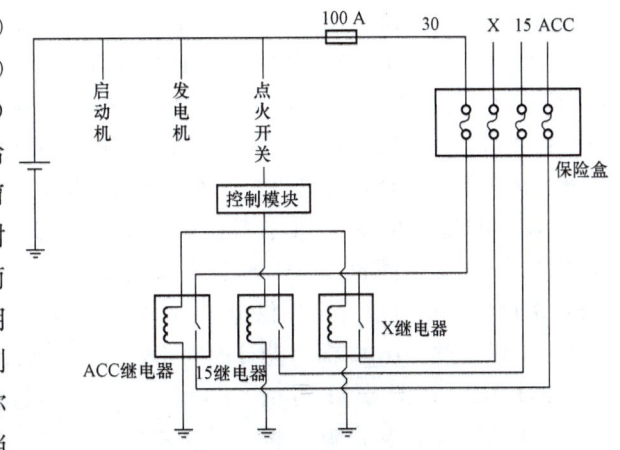

图 2-2-2 模块控制的电源分配简图

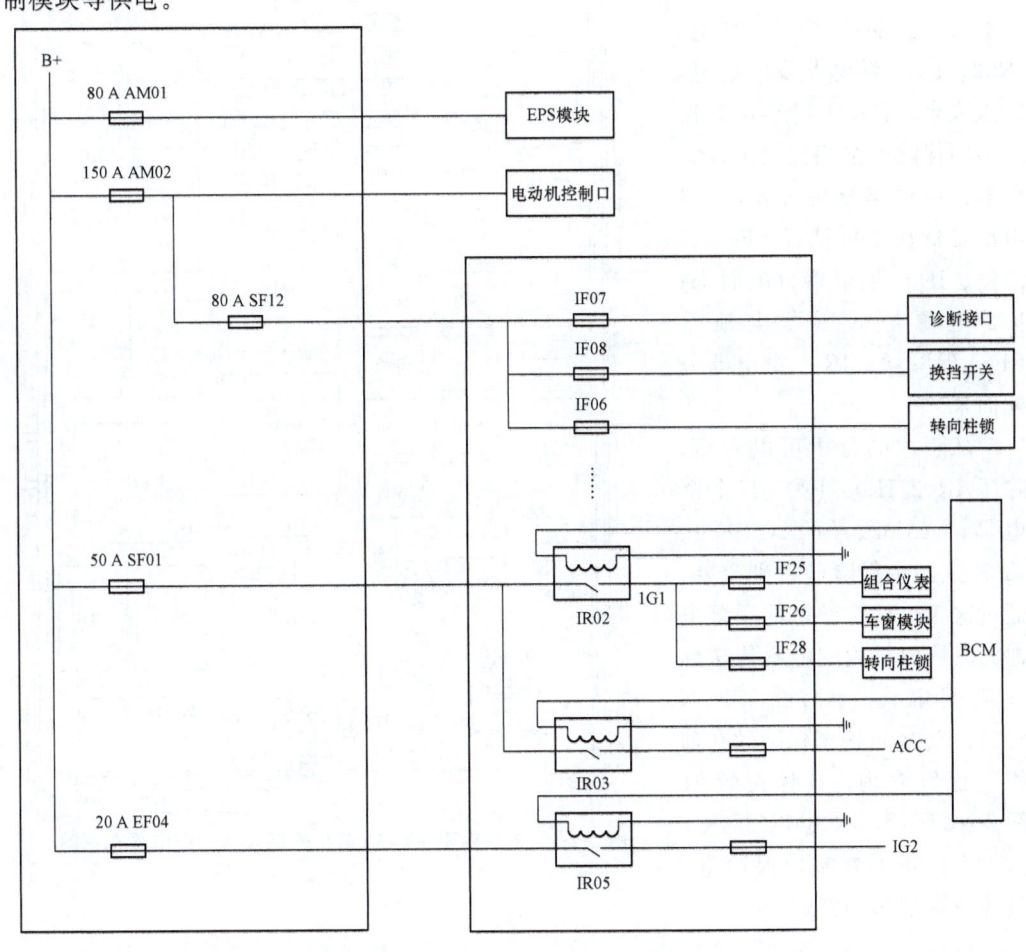

图 2-2-3 吉利帝豪 EV450 电源分配图

EV450 有两个配电盒，一个在发动机机舱内，称为前机舱配电盒；一个在驾驶室内，称为室内配电盒，低压蓄电池的电流经前机舱配电盒送到室内配电盒。

如图 2-2-3 所示，B+和低压蓄电池直接连接，只有和低压蓄电池断开连接才能断电。B+电流经 AM01 熔断器送给 EPS(电动助力转向)模块，电动汽车的 EPS 采用纯电控制，需要有较大的电流控制；B+电流经熔断器 SF12 送到室内配电盒，然后通过不同保险丝分成若干条电路，送给组合仪表、车窗模块等多个需要用常电控制的用电设备。

ACC 电源线由 IR03 继电器控制，按一下启动按钮，信号送给 BCM 模块，BCM 给 IR03 继电器线圈供 12 V 的电，触点吸合，ACC 得电，通过不同保险丝给音响、USB 接口、备用电源等附件供电；由图 2-2-3 电路分析可知，ACC 电源是低压蓄电池经 SF01 保险丝、IR03 继电器分配而来，同时受点火开关和 BCM 控制。

IG1/IG2 电源线分别由 IR02、IR05 继电器控制，按两下点火开关，信号送给 BCM 模块，BCM 给 IR02、IR05 继电器供 12 V 的电，IR02、IR05 继电器线圈通电，触点吸合，IG1/IG2 得电，通过不同保险丝给相应用电设备供电；由电路分析可知，IG1 电源是低压蓄电池经 SF01 保险丝、IR02 继电器分配而来；IG2 电源是低压蓄电池经 EF04 保险丝、IR05 继电器分配而来。

从刚才的分析可以看出，除了 IR02/IR03/IR05 三个继电器，AM02、SF12、SF01、EF04 这四个保险丝特别重要，通过这四个保险丝把低压蓄电池的电从前机舱配电盒传送到室内配电盒。AM02、SF12、SF01、EF04 这四个保险丝在前机舱保鲜盒内，具体位置如图 2-2-4 所示，IR02/IR03/IR05 这三个继电器在室内保险盒内，具体位置如图 2-2-5 所示。

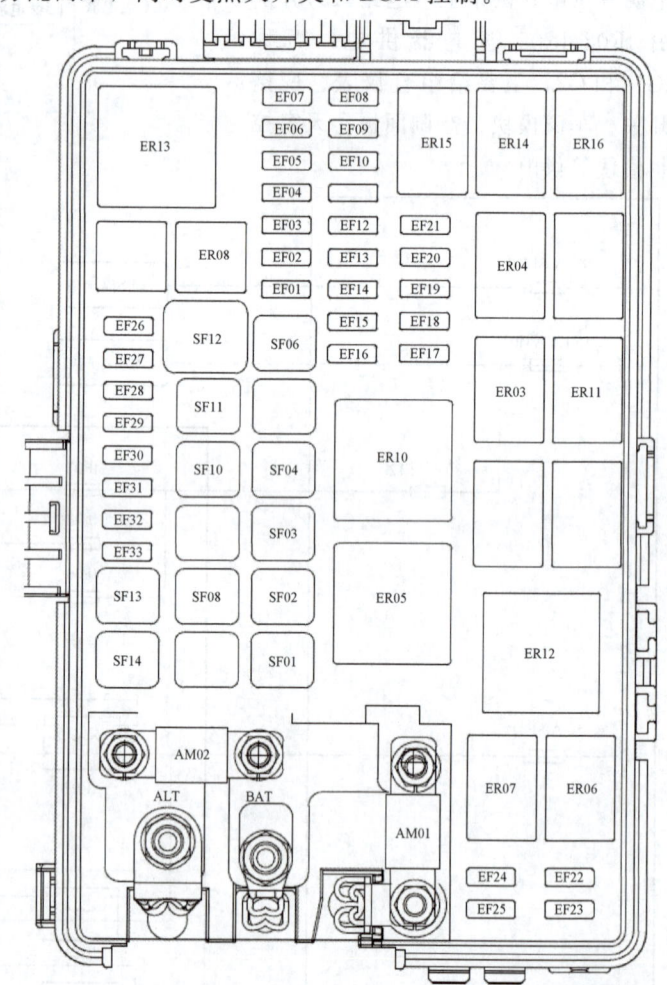

图 2-2-4 吉利帝豪 EV450 前机舱保险丝、继电器布置图

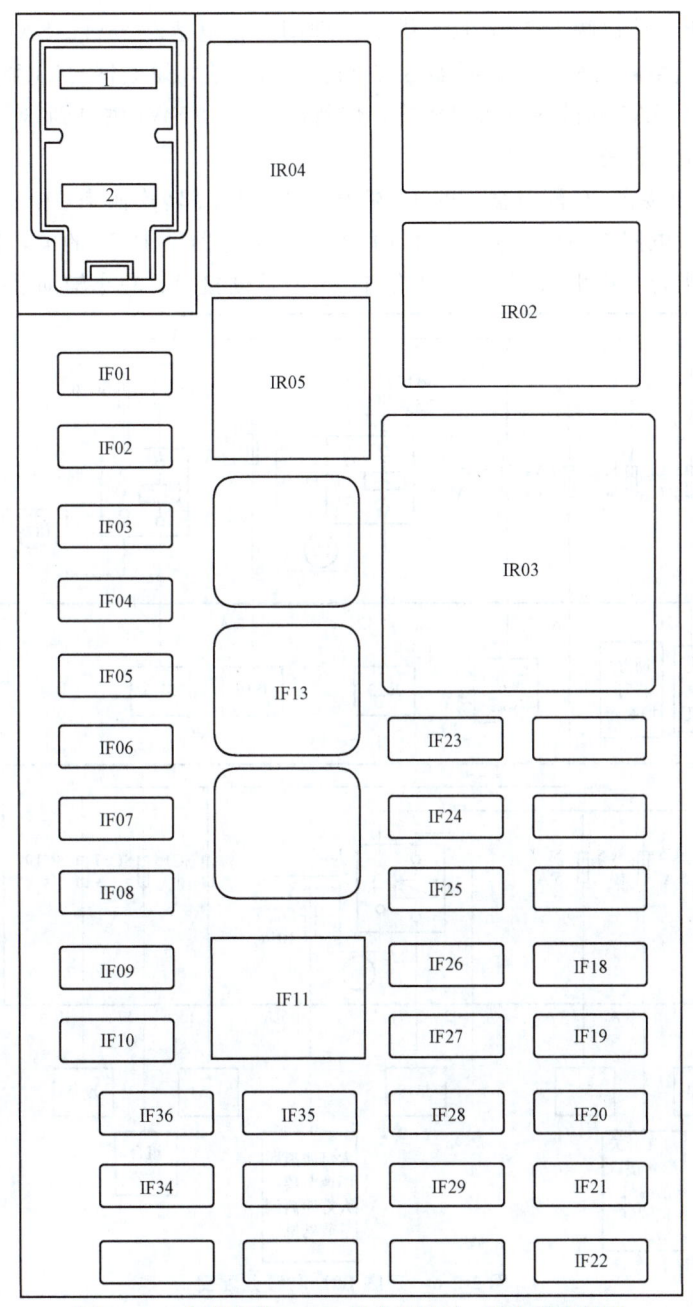

图 2-2-5 吉利帝豪 EV450 室内保险丝、继电器布置图

2. 迈腾 B8L 电源配供电电路分析

迈腾 B8L 的电源主要有 30 电源,维修手册上也写成 30a/KL30,与蓄电池直接相连;15 电源,维修手册上也写成 15a/KL15,由端子 15 继电器 J329 转换而来;87 电源由主继电器 J271 转换而来;31 线是汽车的接地连接线,维修手册上写成 KL31。

迈腾 B8L 有三个配电盒,SASB 两个配电盒装在一起,都在发动机机舱内,SC 配电盒在驾驶室内,电源的电流经 SA 配电盒送到 SB、SC 配电盒。

图 2-2-6 所示是迈腾 B8L 电源配供电原理图，蓄电池和 SA1、SA2、SA3、SA4、SA5 五个大容量熔断器相连，熔断器 SA2 和发电机相连，熔断器 SA3 和助力转向控制器相连，熔断器 SA5 和散热器风扇相连，熔断器 SA1 和 SA4 供电到 SC 配电盒，与蓄电池直接相连的线路称为 30 线。

15 电源线由装在 SC 配电盒上的 15 端子继电器 J329 转换而来，点火开关 ON，点火信号送给车载电网控制单元 J519，J519 给 J329 继电器供 12 V 的电，J329 继电器线圈通电，触点吸合，产生 15 电，主要给前大灯、诊断接口、驻车辅助系统等供电。

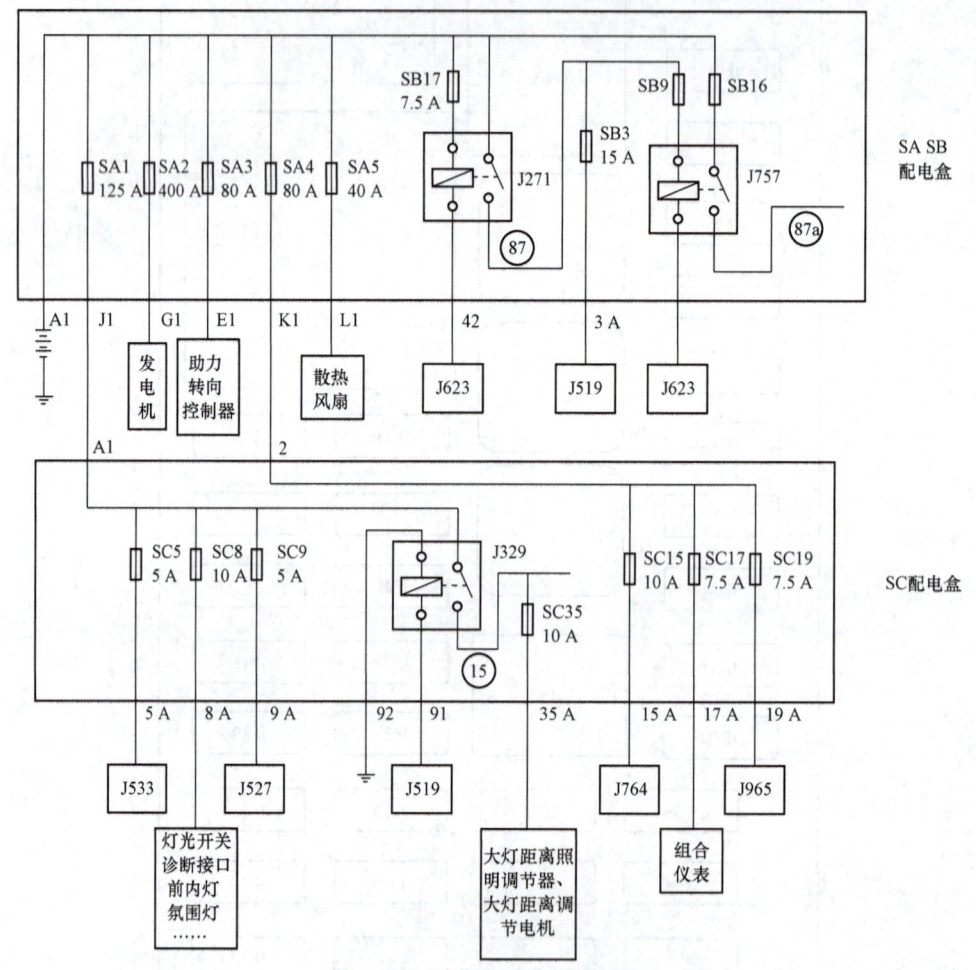

图 2-2-6 迈腾 B8L 电源分配图

87 电源线由装在 SA/SB 配电盒内的主继电器 J271 转换而来，点火开关 ON，发动机控制模块 J623 接收到点火信号，J623 内部搭铁导通，J271 继电器线圈电路导通，触点吸合，产生 87 电，87 电主要给 J623、燃油泵控制器、喷射阀、凸轮调节器、碳罐电磁阀、J757 继电器等供电。

发动机部件供电继电器 J757 主要给点火线圈供电。发动机控制模块 J623 接收到点火信号，会使 J757 继电器线圈电路导通，触点吸合，87a 电源线得电。

主要继电器的位置如图 2-2-7、图 2-2-8 所示。15 端子继电器在 SC 配电盒的 R4 位置；主继电器 J271 在 SASB 配电盒 R5 位置，发动机部件供电继电器 J757 在 SASB 配电盒 R8 位置。

图 2-2-7 迈腾 B8L 前机舱保险丝继电器布置图　　图 2-2-8 迈腾 B8L 发动机舱保险丝继电器布置图

2.2.2 电源系统的控制

电源系统的控制主要体现在对发电机及充电不足报警灯控制管理的不同，现代汽车发电机的控制逻辑主要有以下几种类型。

1. 发电机励磁线和充电不足报警灯控制线统一控制

如图 2-2-9 所示，发电机的端盖上有两个端子：B+端为电源输出端；D+端为励磁端。点火开关 ON，蓄电池电流通过组合仪表经发电机 D+端给发电机内部的励磁绕组，然后经发电机壳体搭铁。当发动机带动发电机旋转时，发电机 B+端产生 14 V 电压对外输出。发电机不发电时，D+端仅有 1 V 左右的电位，充电不足报警灯亮起；发电机发电时，D+端电压为 14 V，组合仪表两端无电压差，充电不足报警灯熄灭。此种控制方式中，D+端既是发电机的励磁端，也是充电不足报警灯工作的控制端。早期的桑塔纳、捷达等车型均采取这种控制方式。

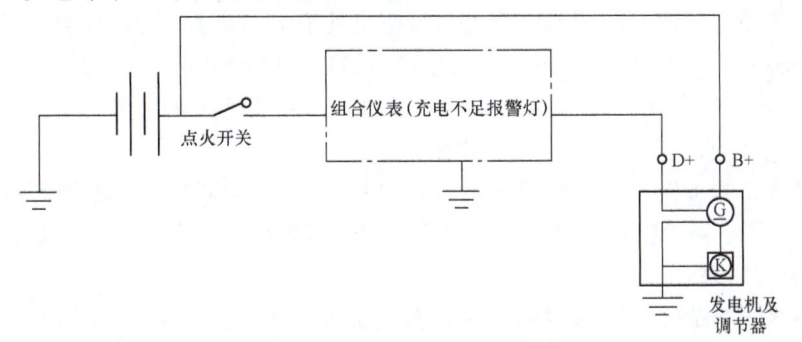

图 2-2-9 发电机励磁线和充电不足报警灯控制线共用

2. 发电机励磁线和充电不足报警灯控制线分开控制

如图 2-2-10 所示，发电机端盖上有三个端子：B+端为电源输出端；F 端为励磁端；L 端为充电不足报警灯的控制端。

（1）励磁电路：电源正极－熔断丝 F2－组合仪表充电不足报警灯－发电机（F－内部的励磁绕组）－发电机壳体－搭铁，当点火开关 ON 时，励磁绕组通电，当发动机带动发电机旋转时，发电机 B+端产生 14 V 电压对外输出。

（2）充电不足报警灯电路：电源正极－熔断丝 F4－组合仪表充电不足报警灯－发电机 L 端－发电机内部电路－发电机壳体－搭铁，如果发电机没有发电，充电不足报警灯亮起；当发电机发电时，发电机 L 端也有 14 V 电，此时组合仪表两端无电压差，充电不足报警灯熄灭。此种类型的电源系统，发电机的励磁线和充电不足报警灯控制线分开控制，安全性更好。哈弗 H6、凯越等汽车采用此种控制方式。

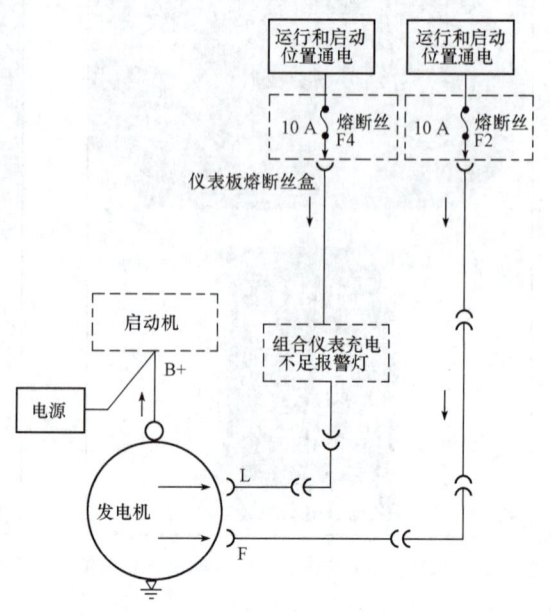

图 2-2-10 充电不足报警灯单独线路控制

3. 带有负荷反馈的控制方式

如图 2-2-11 所示，发电机端盖上有三个端子：B+为电源输出端；DFM 端连接至发动机控制单元 J623，发电机通过此端子以占空比的形式向 J623 报告自身负荷情况，如果负荷过大，J623 会提高发动机怠速转速，切断用电设备工作等方式使其工作稳定；L 端是充电不足报警灯控制端，J519 通过 L 线经发电机内部然后搭铁，发电机未发电时该端子电压 1 V 左右，此时 J519 通过 CAN 线发送该信号给仪表，充电不足报警灯亮起，当发电机正常发电时，L 端电压为 14 V，充电不足报警灯熄灭。桑塔纳、POLO、科鲁兹等车型采用此种控制方式。

例如桑塔纳汽车的电源管理有三个等级。

（1）等级一的条件：15 号线接通并且发电机处于工作状态，此时如果 L 线电压低于 12.7 V，则控制单元要求发动机提高怠速，而如果蓄电池电压低于 12.2 V，下面这些用电器将会被依次关闭：座椅加热、后风窗加热、后视镜加热、转向盘加热、脚坑照明、门内把手照明、空调系统、信息娱乐系统。

（2）等级二的条件：15 号线接通并且发电机未工作，如果 J519 监测到电源电压低于 12.2 V，则空调耗能降低或关闭，脚坑照明、门内把手照明、上下车灯、离家功能关闭，信息娱乐系统关闭。

（3）等级三的条件：15 号线断开并且发电机未工作，如果 J519 监测蓄电池电压低于 11.8 V，此时车内照明灯、脚坑照明、门内把手照明、上下车灯、离家功能、信息娱乐系统都会被关闭。

具体见表 2-2-1。

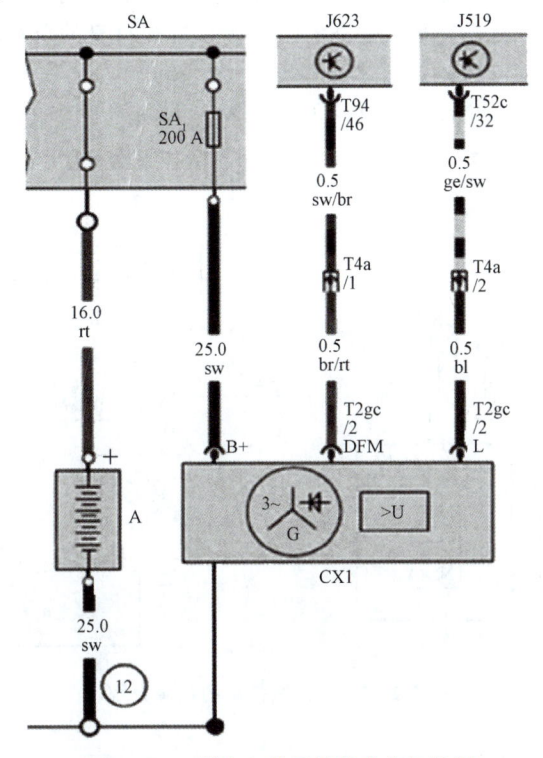

图 2-2-11 带有负荷反馈的发电机控制

A—蓄电池；CX1—带电压调节器的交流发电机；J519—车载电网控制单元；
J623—发动机控制单元；SA—熔断丝座

表 2-2-1 桑塔纳电源负载管理等级表

管理等级	条件	采取措施
管理模式一	15 号线接通并且发电机处于工作状态，L 线电压低于 12.7 V	发动机提高怠速
	15 号线接通并且发电机处于工作状态，蓄电池电压低于 12.2 V	座椅加热、后风窗加热、后视镜加热、转向盘加热、脚坑照明、门内把手照明、空调系统、信息娱乐系统依次关闭
管理模式二	15 号线接通并且发电机未工作，电源电压低于 12.2 V	空调耗能降低或关闭，脚坑照明、门内把手照明、上下车灯、离家功能关闭，信息娱乐系统关闭
管理模式三	15 号线断开并且发电机未工作，蓄电池电压低于 11.8 V	车内照明灯、脚坑照明、门内把手照明、上下车灯、离家功能、信息娱乐系统都会被关闭

这种控制逻辑在很多车型上都有应用，主要是由发动机控制单元或者车身控制模块根据当前车辆的用电量来调节发电机的发电电压（占空比调节），同时发电机还会反馈一个信号给发动机控制单元或者车身控制模块，告知自身的负荷状态。

4. 带有蓄电池传感器的电源系统的控制

现代汽车上装有蓄电池传感器对蓄电池进行监控管理，如图 2-2-12 所示，所以也可以实现能量回收功能。宝马汽车用 BSD 串行数据控制发电机工作，原理和 LIN 线控制一样。

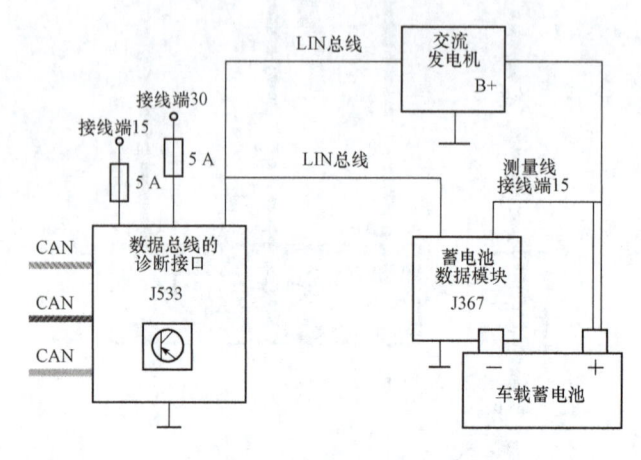

图 2-2-12　LIN 线控制的电源系统

任务准备

（1）通过链接，查看发电机的拆装。

（2）通过链接，查看发电机内部零部件的检查维修。

（3）通过链接，查看迈腾 B8L 电源系统电路检测。

任务实施

任务 2.2.1　发电机检测维修实训

1. 实训条件

(1)实训设备：发电机、工作台。
(2)仪器工具：万用表、工具车。
(3)实训资料：维修手册、任务工单。

2. 实训步骤

(1)发电机拆解。
(2)发电机零部件检测：转子检查(转子外表检查、转子线圈断路检查、转子线圈搭铁检查)；定子检查(定子总成表面检查、定子线圈断路检查、定子线圈搭铁检查)；电刷检查(电刷架外表检查、电刷长度检查)；整流器检查(正、负二极管导通情况检查)；电压调节器检查。
(3)发电机装复。

3. 任务工单

根据实训内容，查阅资料，填写任务工单。

任务工单 2.2.1　发电机检测维修实训

1. 发电机拆装

拆装步骤：

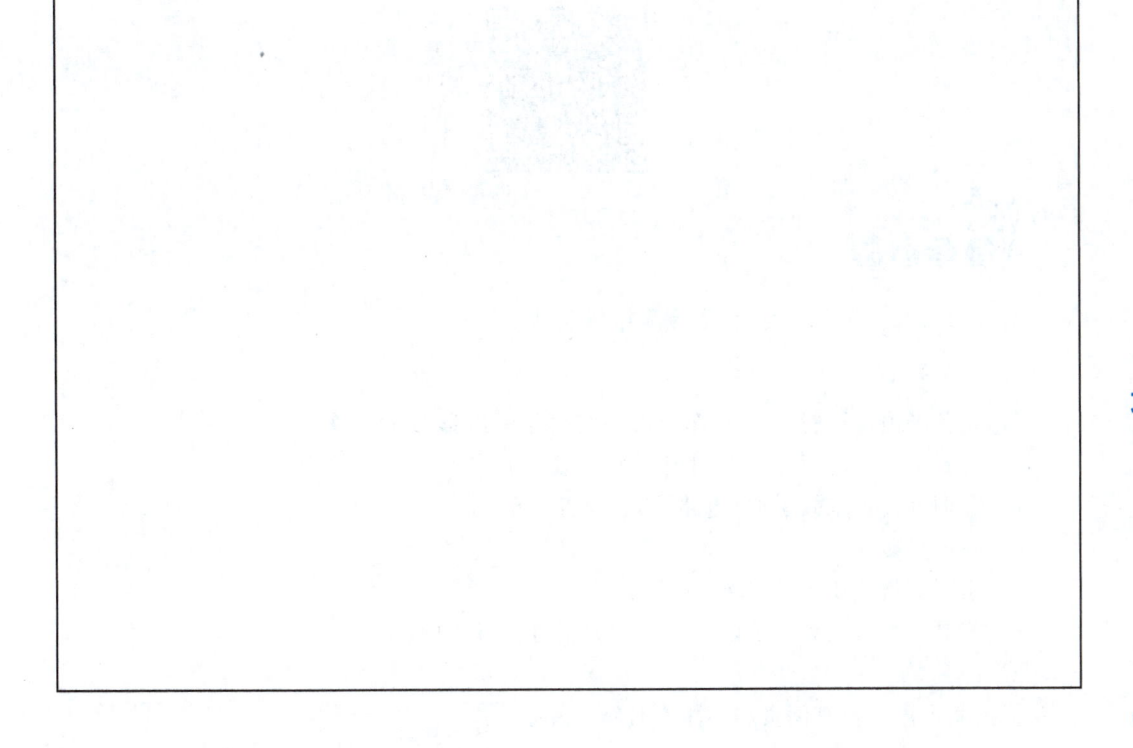

2. 发电机零部件检测

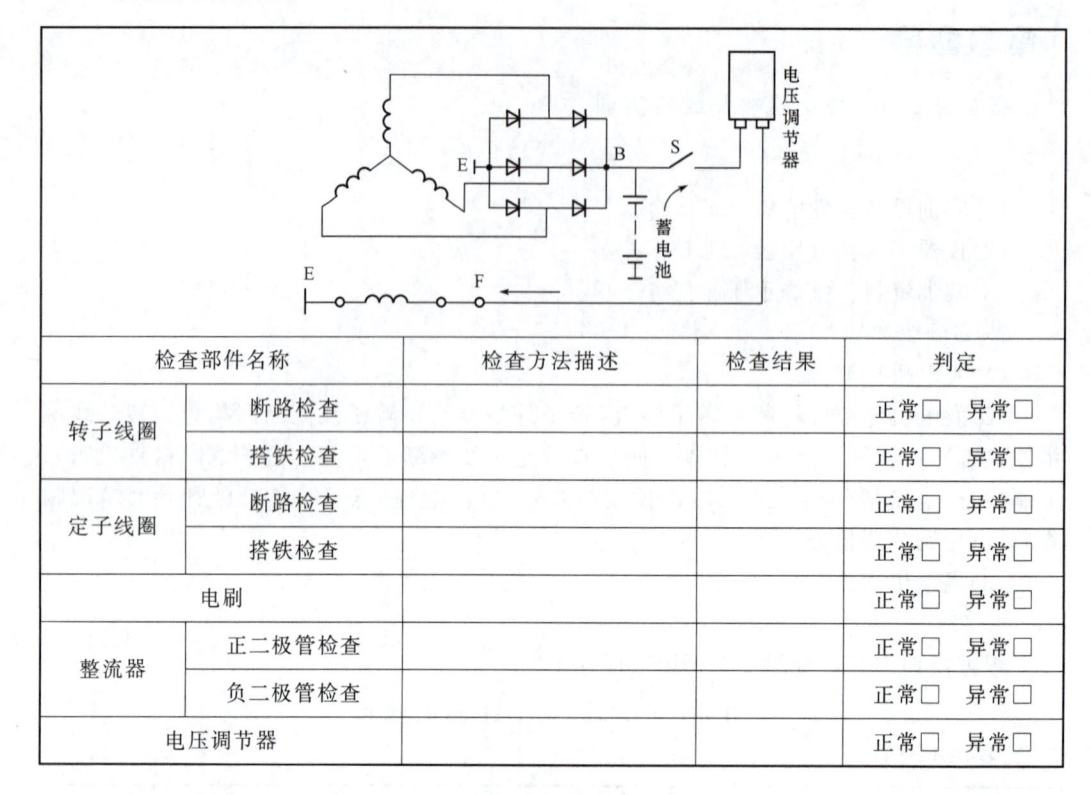

检查部件名称		检查方法描述	检查结果	判定
转子线圈	断路检查			正常□ 异常□
	搭铁检查			正常□ 异常□
定子线圈	断路检查			正常□ 异常□
	搭铁检查			正常□ 异常□
电刷				正常□ 异常□
整流器	正二极管检查			正常□ 异常□
	负二极管检查			正常□ 异常□
电压调节器				正常□ 异常□

3. 成绩评定标准

任务实施

任务 2.2.2 电源系统电路检测维修实训

1. 实训条件

(1) 设备场地：迈腾 B8L 汽车电源系统台架、迈腾 B8L 整车。
(2) 仪器工具：解码器、万用表、工具车。
(3) 实训资料：维修手册（电路图）、任务工单。

2. 实训步骤

(1) 绘制迈腾 B8L 电源系统原理图。
(2) 按要求测量电源系统电信号，并分析各插脚作用。

3. 任务工单

根据实训内容，查阅资料，填写任务工单。

任务工单 2.2.2　电源系统电路检测维修实训

1. 绘制电源系统原理图，分析工作原理（车型：＿＿＿＿＿＿＿＿）

电路原理图绘制	要求：根据维修手册线路图绘制电路原理图，标注元器件名称及插脚
描述工作原理	要求：根据绘制的电路简图，分析工作原理

2. 迈腾 B8L 电源系统电路检查

部件	插脚	电压/V	检测条件	作用
J367	T2me/1			
	T2me/2			
发电机	T2eh/1			
	B+			

3. 成绩评定标准

练习与思考

（1）通过链接，查看练习与思考习题。

（2）通过链接，查看练习与思考答案。

任务 2.3 电源系统故障诊断

任务描述

一辆 2014 年大众迈腾 B7L 汽车，行驶里程 4.8 万千米，车主反映汽车行驶过程中，充电不足报警灯常亮。假如你是这家 4S 店的维修技师，请问你该如何诊断和排除该故障呢？

任务分析

要完成客户车辆充电不足报警灯常亮的故障诊断，首先要判断充电不足报警灯常亮到底是发电机故障、线路故障还是皮带张紧力不够引起的，维修技师需要对以上原因进行细致分析，最后才能找到故障。

学习目标

知识目标

1. 掌握汽车电源系统常见故障类型；
2. 掌握汽车电源系统常见故障诊断分析策略。

技能目标

1. 能制定汽车电源系统故障的检修方案；
2. 能规范操作，诊断和排除汽车电源系统相关故障。

素质目标

1. 通过自主分析电源系统的控制原理、故障机理，培养学生逻辑分析的能力；
2. 通过小组探究、方案制定，学生锻炼沟通表达、合作、自主学习的能力；
3. 通过企业 7S 标准规范管理操作，培养学生规范、安全意识；
4. 通过大师示范操作，培养学生执着专注、精益求精、一丝不苟、追求卓越的工匠精神。

相关知识

2.3.1 电源系统常见故障类型

电源系统的主要作用是给用电设备供电，对蓄电池电压进行管理，对蓄电池进行充电。电源系统相关的故障现象主要有充电不足报警灯不亮、充电不足报警灯常亮、充电不足报警灯时亮时灭、发电机输出电压不正常、发电机工作有异响、蓄电池亏电等。

1. 充电不足报警灯不亮

充电不足报警灯不亮，主要原因有蓄电池电压低、充电不足报警灯损坏、熔断器烧断导致充电不足报警灯线路不通、电压调节器损坏、发电机电刷与滑环接触不良、发电机励磁绕组及回路断路、蓄电池极柱上的电缆接头松动等。

2. 充电不足报警灯常亮

充电不足报警灯常亮主要是发电机不发电、发电机输出电压过低、充电不足报警灯电路短路故障引起。发电机不发电或发电机输出电压过低主要原因有发电机自身故障、电压调节器故障、交流发电机的传动皮带过松等。发电机自身故障的原因主要有发电机磁场绕组短路、断路或搭铁而导致磁场电流减小或不通；定子绕组短路、断路或搭铁故障；整流器故障；电刷磨损过短、电刷弹簧无弹性或电刷在电刷架中卡住，电刷不能与滑环接触或接触不良；交流发电机传动皮带过松、传动带打滑等原因会使得发电机不转或转速过低而不发电。

3. 充电不足报警灯时亮时灭

接通点火开关，发动机正常运转，此时充电不足报警灯时亮时灭主要是接触不良或发电机输出电压过低引起的。主要原因有发电机传动带挠度过大而出现打滑现象；定子绕组连接不良或部分断路而导致发电机输出功率降低；发电机电刷磨损过大；发电机整流二极管断路；调节器调节电压过低；相关线路接触不良等。

4. 发电机输出电压不正常

发电机输出电压过大会烧坏用电设备，发电机输出电压过低会使模块不能工作或用电设备工作不正常，如灯光暗淡、电动机转动速度过慢等现象。发电机输出电压过高往往是发电机、电压调节器等原因引起；发电机输出电压过小除了受发电机、电压调节器影响外，还有可能是发电机的皮带松弛引起的。

5. 发电机工作中有异响

发电机在运转过程中有不正常噪声，主要原因有风扇传动带过紧或过松；发电机损坏被卡住或松旷缺油，轴承钢球保护架脱落及轴承走外圆；发电机转子与定子相碰，俗称"扫膛"；电刷磨损过大；电刷与滑环接触角度偏斜；电刷在电刷架内倾斜摆动；发电机总装时部件不到位使机体倾斜或发电机电枢轴弯曲；发电机传动带与轴松旷，使传动带盘与散热片碰撞。

6. 蓄电池亏电

蓄电池亏电会引起发动机不能启动或部分用电设备不工作等现象。蓄电池亏电主要原因有蓄电池自身损坏、电气系统漏电、发电机不发电或充电线路故障等。

带有电源管理系统的汽车，一旦监测到蓄电池电量不足，会自动关闭某些用电设备的工作，如空调、座椅、车内灯等。引起电源管理系统工作的原因有很多：电源传感器或模块故障出现误判；蓄电池有故障；静态电流过大，引起静态电流过大的原因可能有某些用电设备未正常关闭、某些用电设备出现故障导致无法关闭等。

2.3.2 电源系统常见故障原因分析

现代汽车电源系统基本带有电源管理功能，一般都有蓄电池传感器监控蓄电池的电压、电流和温度，用车身控制模块控制充电不足报警灯的工作，由发动机控制模块控制发电机的输出电压。下面以迈腾B8L为例进行电源系统典型故障的诊断分析。

迈腾 B8L 电源系统电路如图 2-3-1 所示。

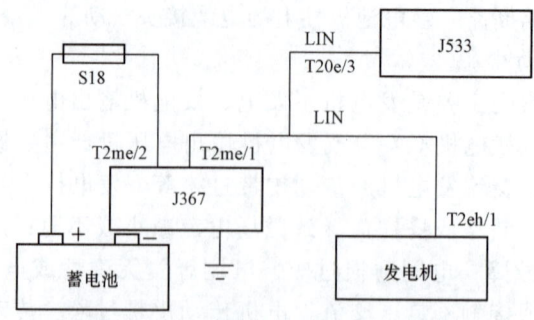

图 2-3-1　迈腾 B8L 电源系统电路图

迈腾 B8L 汽车中，发电机及蓄电池监控控制单元 J367 通过 LIN 线和数据总线诊断接口 J533 连接，J533 通过舒适 CAN 和组合仪表控制模块 J285 连接。当发电机没有发电，并且蓄电池电压降到 11 V 左右，充电不足报警灯亮起。当发电机正常发电时，相应信号通过网络线送给 J285 控制充电不足报警灯熄灭。

当发电机或电压调节器故障导致发电机不能发电时，发电机 LIN 线送给 J533 的始终是低电平，J285 接收到低电平信号，充电不足报警灯亮起。

当发电机端 LIN 线断路，发电机不发电，蓄电池电压降到 11 V 左右，充电不足报警灯亮起。当发动机转速到 3 000 r/min 及以上，发电机开始自行发电，充电不足报警灯熄灭。

当发电机端 LIN 线短路，发电机不发电，蓄电池电压降到 11 V 左右，充电不足报警灯亮起。当发动机转速达 3 000 r/min 时，发电机开始发电，充电不足报警灯熄灭。

当蓄电池监控单元 J367 损坏，发电机可以正常发电，充电不足报警灯也正常工作，但是有蓄电池监控控制单元损坏故障码，同时自动启停技术失效；若 J367 侧 LIN 线断，会显示蓄电池监控控制单元无通信故障，J367 电源线和搭铁线断路也会有同样的故障现象。

蓄电池损坏或因漏电等原因造成蓄电池亏电，此时会有仪表灯暗，发动机无法启动等现象。

迈腾 B8L 电源系统相关故障现象及故障码见表 2-3-1。

表 2-3-1　迈腾 B8L 电源系统相关故障现象及故障码

故障部件	故障点	故障码描述	故障现象
J367	J367LIN 线断	蓄电池监控控制单元无通信	自动启停技术失效
	J367 电源线断	蓄电池监控控制单元无通信	自动启停技术失效
	J367 搭铁线断	蓄电池监控控制单元无通信	自动启停技术失效
发电机	发电机侧 LIN 线断	交流发电机无通信	低转速时，发电机不发电，当蓄电池电压降到 11 V 左右，充电不足报警灯亮；发动机转速到 3 000 r/min 及以上时，发电机发电，充电不足报警灯熄灭
	发电机 LIN 线对地短路	交流发电机无通信	
蓄电池	蓄电池损坏或有漏电	蓄电池电压低	仪表灯暗，发动机无启动

2.3.3　电源系统故障案例分析

1. 迈腾 B7L 充电不足报警灯常亮故障诊断

(1)故障现象。一辆 2014 年大众迈腾 B7L 汽车，行驶里程 4.8 万千米，车主反映汽车行驶过程中，充电不足报警灯常亮。

(2)初步检查。接到车后初步检查，首先检查发电机正极、蓄电池正极和负极、车身搭铁，均未发现松动或接触不良等现象。故障现象验证：点火开关 ON，充电不足报警灯亮；急速时，充电不足报警灯也常亮；急速偏高；座椅加热装置不加热。

(3)故障原因分析。迈腾 B7L 电源系统控制原理如图 2-3-2 所示，发电机端盖上 L 线为充电不足报警灯的控制线，它向 J519 提供发电机工作信号，J519 根据此信号控制充电不足报警灯的亮灭。当发电机 L 端的电压为 14 V，J519 控制充电不足报警灯熄灭；当 L 端电压为 1 V 左右，J519 控制充电不足报警灯灭。

启动后充电不足报警灯亮起说明发电机不发电。发电机不发电的原因有发电机故障；电压调节器故障；J519、发电机的 L 线断/短。

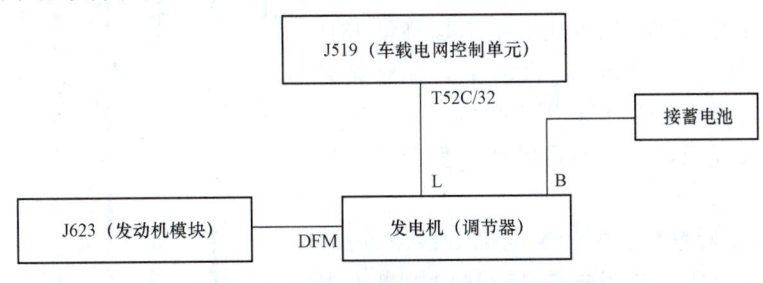

图 2-3-2　迈腾 B7L 电源系统控制原理图

(4)故障诊断。

1)读取故障码。连接故障诊断仪 VAS5054 读取故障码，各系统均能通信。车载电网控制单元 J519、仪表控制单元 J258 中均没有与充电不足报警灯点亮相关的故障代码，但发动机控制单元 J623 有 05488 偶发故障码，如图 2-3-3 所示。

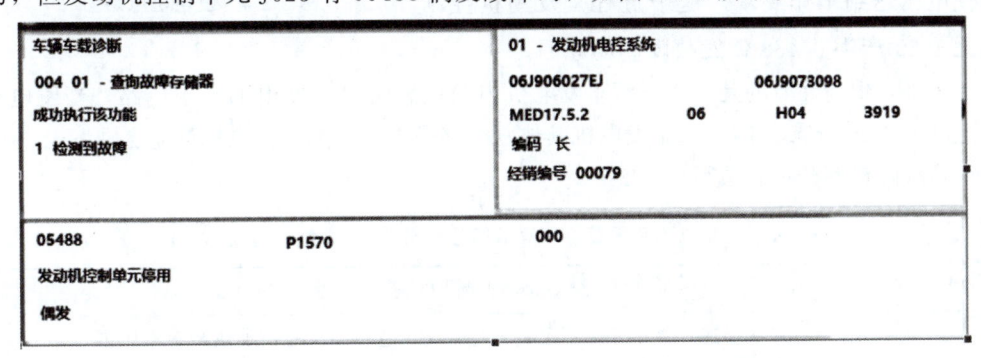

图 2-3-3　发动机控制单元故障码

2)读数据流。进入发动机数据流 01—11—04，读取发电机数据流，见表 2-3-2。

表 2-3-2 发电机异常数据流记录分析表

组号	异常数据流记录	分析
发动机 01—11—04	急速时电压为 12.1 V 3 000 r/min 时电压为 13.6 V	急速时没有发电； 转速超过 3 000 r/min，发电机自励发电
发动机 01—11—53	急速转速 900 r/min，发电机电压 11.9 V，发电机提供的占空比信号为 0	急速转速偏高； 急速时发电机没有他励发电

3）电压测量。

①点火开关 ON，测发电机 L 脚电压 0 V，启动后也为 0 V，不正常；该脚电压正常未启动时应约为 1.0 V，启动后约为 12.0 V，说明此线路断路或 J519 内部对地短路。

②启动后，测 J519 的 T52C/32 脚电压 11.9 V，测发电机 T2/1 脚电压为 0 V，不正常。

③点火开关 OFF，用万用表电阻挡测量 J519 的线束端 T52C/32 与发电机 T2/1 脚电阻，结果显示无穷大，判断导线断路（图 2-3-4）。

经过查找发现，L 线已经磨断，重新处理后故障排除。

（5）回顾分析总结。由于发电机 L 线束断路，J519 测不到发电机 L 端发电电压，J519 判断发电机不发电，充电不足报警灯亮起。另外，急速时，J623 检测到电压较低，会提高急速，J519 关闭座椅加热装置。因为发电机不发电，汽车在大负荷用电时造成电压下降，但负荷管理系统会迅速工作使电压达到工作要求，这个过程是发动机控制单元 J623 产生 05488 偶发故障码的原因。

另外，值得注意的是，迈腾汽车发电机内部设置了自行发电的电子电路，当发电机转速高于 3 000 r/min 时，无论发电机其他励线路是否有故障，发电机都能自励发电。

该故障诊断分析表填写见表 2-3-3。

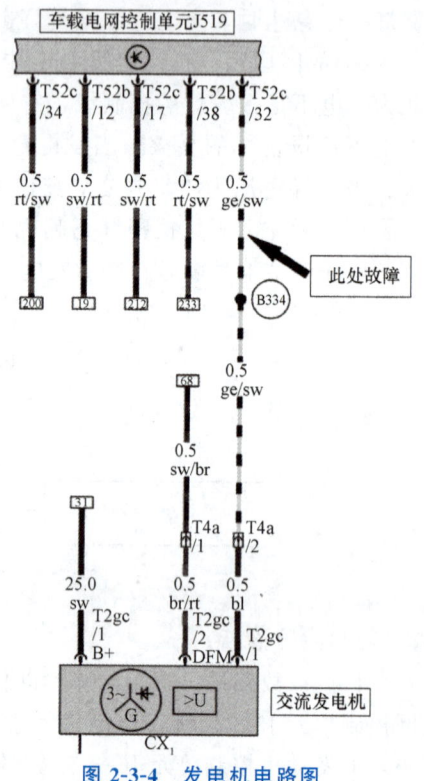

图 2-3-4 发电机电路图

表 2-3-3 充电不足报警灯不亮故障诊断分析表（车型：迈腾 B7L）

故障诊断记录分析表	
故障症状确认	症状描述：该车充电不足报警灯常亮、急速高、座椅加热装置不加热
	其他现象描述：仪表上其他指示灯能正常工作
	故障分析：充电不足报警灯常亮意味着发电机不发电，蓄电池电量不足，电源管理系统起作用，出现急速高、座椅加热装置不工作等现象

续表

故障诊断记录分析表			
解码器检测	故障码记录：发动机控制单元(J623)有05488偶发故障码		
^	异常数据流记录 发动机01—11—04：急速时电压为12.1 V，3 000 r/min时电压为13.6 V 发动机01—11—53：显示900 r/min，发电机电压11.9 V，占空比输出O		
具体可能原因	结合电路图，根据以上症状及故障码、数据流分析具体原因		
^	发电机及发电机连接线路故障、仪表及仪表线路有故障、蓄电池自身损坏；车载电网控制单元J519自身原因及线路故障；发动机控制单元J623及线路故障		
检修步骤、结果分析与判断	检修步骤描述	结果记录	结果分析判断
^	发动机运转时，查发电机L脚电压	0 V	不正常(启动后正常电压12 V，说明发电机不发电)
^	点火开关打开但汽车未启动，查发电机L脚电压	0 V	不正常(正常电压1.0 V，说明L线断路或J519内部故障)
^	发动机启动后，查J519的T52C/32脚电压	11.9 V	正常(J519正常)
^	发动机启动后，查发电机T2/1脚电压	0 V	不正常(说明J519到T2/1脚线路断路或插接器接触不良)
^	断电，拔出该导线两端插头，测该段线路电阻	无穷大	不正常(导线断路)
故障点排除确认	J519到发电机T2/1脚线路断路，重新连接		

2. 迈腾汽车发电机发电电压过高故障诊断

（1）故障现象。一辆2019款迈腾B8L轿车，车主反映发动机转速超过3 000 r/min，仪表不工作。

（2）初步检查。接到车后初步检查，现象验证：急速时，仪表工作正常；发动机转速超过3 000 r/min，仪表不工作。

（3）故障原因分析。该故障特点是仪表不工作与发动机转速有关，与发动机转速有关的电气系统有发电机发电量、节气门开度等，根据故障现象分析可能原因应该是电源系统故障。

（4）故障诊断。诊断仪进入发动机模块和仪表模块，无故障码；读取车辆各电控系统状态及数据流，急速时，发电电压14.5 V，随着转速增加发电电压增加，转速3 000 r/min，发电机输出电压超过16 V。

更换发电机内部的电压调节器，故障排除。

（5）分析总结。发电机输出电压过高，组合仪表内部电路的保护功能起作用，仪表不工作。

故障诊断分析表见表2-3-4。

表 2-3-4　发电机输出电压过高故障诊断分析表(车型：迈腾 B8L)

故障诊断记录分析表			
故障症状确认	症状描述：发动机转速升到 3 000 r/min，组合仪表不工作，低于 3 000 r/min 时仪表正常工作		
	其他现象描述：其他正常		
	故障分析：该故障特点是与发动机转速有关，首先考虑和发动机转速有关的电气系统		
解码器检测	故障码记录：无		
	异常数据流记录：转速到 3 000 r/min，发电机电压 16 V		
具体可能原因	结合电路图，根据以上症状及故障码、数据流分析具体原因		
	发电机自身故障、电压调节器故障		
检修步骤、结果分析与判断	检修步骤描述	结果记录	结果分析判断
	发动机怠速，测发电机输出端电压	14.5 V	不正常（启动后正常电压 12 V，说明发电机不发电）
	升高转速到 3 000 r/min，测发电机输出端电压	16.8 V	不正常（说明电压调节器或发电机不正常）
故障点排除确认	更换电压调节器，故障消除		

3. 汽车漏电故障诊断

(1) 故障现象。大众新帕萨特汽车停车一夜后，第二天早上，车主发现发动机不能发动。

(2) 初步检查。接到车后初步检查，故障现象验证：点火开关 ON，仪表指示灯很暗，启动发动机时启动机无反应。

(3) 故障原因分析。根据故障现象分析，该故障是蓄电池无电引起，引起蓄电池无电的原因有蓄电池损坏，汽车用电设备漏电。

(4) 故障诊断。连接检测仪读取故障码，显示蓄电池电压过低；给蓄电池充电后检测蓄电池性能，启动功率良好、启动时负载电压为 10.3 V，说明蓄电池正常。

车辆休眠状态时，万用表串联到蓄电池负极桩头和负极接线之间，测量蓄电池静态电流为 0.51 A，再静等 10 min 后，电流一直保持在 0.51 A，说明该车存在漏电。

逐个拔掉常电源的保险丝，若拔掉哪个保险丝漏电电流恢复正常，便可以证明漏电电流是经过该保险丝流出的，接下来只需要查找该保险丝供应的相应用电器即可快速找到问题。

首先自仪表台左侧保险丝进行测试，拔下 SC23 保险丝时，静态电流恢复正常，自 0.51 A 降低至 0.01 A，当插回该保险丝，静态电流又恢复至 0.51 A，说明漏电电流肯定是该保险丝提供的电源。

查阅电路图，发现该保险丝提供的用电器包括副驾驶员侧车门控制单元 J387、左后车门控制单元 J388、右后车门控制单元 J389。

首先拔掉右前门插头，发现依然漏电，再拔掉右后门插头，情况依旧没改善，最后拔掉左A柱左后门的插头，发现静态电流恢复到正常值，说明故障点在左后门上。

拆开左后门门板，先拔掉左后门玻璃电动机插头，无变化。再拔掉左后门窗开关，静态电流恢复正常。经过仔细检查发现该座椅调节开关有卡滞现象，更换开关故障排除。

汽车漏电故障诊断分析表见表 2-3-5。

表 2-3-5　汽车漏电故障诊断分析表（车型：帕萨特）

故障诊断记录分析表		
故障症状确认	症状描述：发动机不能启动，喇叭不响，仪表指示灯、灯光等很暗	
	其他现象描述：其他正常	
	故障分析：蓄电池无电	
解码器检测	故障码记录：蓄电池电压过低	
	异常数据流记录：无	
具体可能原因	结合电路图，根据以上症状及故障码、数据流分析具体原因	
	发电机不发电、蓄电池损坏，汽车用电设备漏电	
检修步骤、结果分析与判断	检修步骤描述	结果记录	结果分析判断
	发动机运转时，查发电机 B＋脚电压	14.5 V	正常（发电机正常发电）
	充电后测量蓄电池性能	正常	正常（蓄电池正常）
	断开点火开关，拔下钥匙并锁好所有车门，测量蓄电池静态电流	0.51 A	不正常（说明用电设备有漏电现象）
	逐一拔出熔丝断电检查电流。断开熔丝 SC23 时，电流显现 0.01 A 不变	0.01 A	正常（说明 SC23 控制的电路有漏电）
	插上熔丝 SC23，断开左后门窗开关，电流显现 0.01 A 不变	0.01 A 不变	正常（说明左后门窗开关处有漏电）
故障点排除确认	左后门窗开关有卡滞现象，更换开关故障排除	

任务准备

（1）通过链接，查看迈腾 B8L 电源系统的故障验证实训。

(2)通过链接，查看迈腾 B8L 电源系统故障诊断排除实训。

任务实施

任务 2.3.1　迈腾 B8L 电源系统故障验证及排故实训

1. 实训要求

根据配置的实训条件，按表 2-3-6 设置故障点，实施"电源系统故障验证实训"和"电源系统故障诊断排除实训"。

表 2-3-6　电源系统故障诊断实训故障点设置表

设置故障点
1. 电源系统分配电路 (1)J329 损坏：J329 线圈断路、J329 触点烧蚀。 (2)J271 损坏：J271 线圈断路、J271 触点烧蚀。 (3)J757 损坏：J757 线圈断路、J757 触点烧蚀。 2. 电源系统电路 (1)J367 供电：S18 熔断、J367 电源线断、J367 地线断。 (2)J367 LIN：J367 侧 LIN 线断、发电机侧 LIN 线断、J533 侧 LIN 线断、LIN 线对地短路

2. 实训条件

(1)实训设备场地：迈腾 BL 整车/迈腾 B8L 整车台架、仿真实训软件。
(2)仪器工具：解码器、示波器、万用表、工具车、零件盒。
(3)实训资料：维修手册(电路图)、电子资料。

3. 故障验证实训步骤

(1)自设置一个故障点。
(2)观察故障现象。
(3)读取故障码/数据流。
(4)使用万用表或示波器测量关键点电信号。
根据上述故障现象数据，分析验证工作原理(故障机理/故障逻辑关系)。

4. 故障诊断实训步骤

(1)预先设定一个或多个故障点。
(2)根据故障诊断分析表完成相关步骤。

5. 任务工单

根据实训内容，查阅资料，填写任务工单。

任务工单 2.3.1　电源系统故障验证实训

1. 明设故障点，填写表单(故障点选自表 2-3-6)

序号	明设故障点	故障现象	故障信息检测				原因分析
^	^	^	检测仪检测		万用表检测		^
^	^	^	读取故障码	数据流	检测点结果	检测条件	^

2. 成绩评定标准

任务工单 2.3.2　电源系统故障诊断排除实训

1. 暗设故障点，填写表单

(1)故障现象观察	观察故障现象		
^			
(2)故障分析			
(3)故障信息检测	读取故障码/数据并做分析		
^	故障码：		
^	数据：		
^	分析：		
(4)故障原因分析	根据故障现象、故障码/数据，结合维修手册，分析原因		
^			
(5)故障检测判断	检测内容	检测结果	分析判断
^			
^			
^			
(6)故障确认排除			
(7)分析总结			

2. 成绩评定标准

练习与思考

(1) 通过链接，查看练习与思考习题。

(2) 通过链接，查看练习与思考答案。

项目 2　拓展园地

饶斌是我国汽车工业建设杰出的奠基人和开拓者，他直接领导建成了第一汽车制造厂、第二汽车制造厂等大型汽车工业基地，并开创了我国改革开放新时期汽车工业改革发展的新局面，为我国汽车工业的诞生、发展和壮大做出了重要贡献。他曾说过："我老了，不能和大家一起投身第三次创业。但是，我愿意躺在地上，化作一座桥，让大家踩着我的身躯走过，齐心协力把轿车造出来，去实现我们中国几代汽车人的轿车梦！"饶斌同志的精神很好地诠释了爱岗敬业、艰苦奋斗、勇于创新、甘于奉献的劳模精神，值得我们所有人学习。

项目 3
汽车启动系统检修

项目描述

汽车启动系统是燃油车重要的组成部分,蓄电池供电给启动机,启动机通过飞轮带动曲轴旋转,从而发动汽车。本项目从启动系统性能检查、启动系统检测维修、启动系统故障诊断三个任务展开,通过以上三个任务的学习和实施,学生能操作使用启动系统,熟悉启动系统的控制逻辑,并能对启动系统部件及电路进行检测维修,具备诊断和排除启动系统相关故障的能力。

任务 3.1 启动系统性能检查

任务描述

汽车 4S 店接收了一辆迈腾 B8L 汽车,据车主反映,该车在启动时开始启动无力,启动数次后无法启动。假如你是刚到这家 4S 店工作的实习生,师傅让你对该车的启动系统做初步的检查,请问你该如何做呢?

任务分析

要完成客户车辆启动系统的性能检查,首先打开点火开关,观察仪表、喇叭等用电设备的工作情况;其次对启动系统主要部件及插接器进行初步检查,判断蓄电池有无亏电,插头有无松脱等现象;最后利用诊断仪对启动系统进行故障码和数据流的读取,为接下去启动系统的检测维修及故障诊断提供初始数据。

学习目标

知识目标

1. 掌握汽车启动系统的功用、结构组成、类型;

2. 掌握启动机的结构组成及工作原理；
3. 掌握迈腾 B8L 启动系统的组成。

技能目标

1. 能操作使用启动系统；
2. 能找到启动系统各部件实车位置；
3. 能用诊断仪对启动系统进行故障码和数据流的读取。

素质目标

1. 通过线上学习、小组探究，学生锻炼自主学习的能力；
2. 通过企业 7S 标准规范管理操作，培养学生规范、安全意识；
3. 通过实践操作、清洁整理整顿等要求，培养学生崇尚劳动、热爱劳动、辛勤劳动、诚实劳动的劳动精神。

相关知识

3.1.1 启动系统的认识

汽车启动系统一般由启动机、启动开关、挡位开关、蓄电池等组成。汽车在启动时，由蓄电池提供大电流给启动机，启动机运转，通过飞轮齿圈带动曲轴转动，使发动机工作。

1. 汽车启动系统的类型

按照启动方式的不同，启动系统大致可以分为以下几种类型：

（1）机械启动：汽车最早的启动采用机械启动方式，驾驶员通过一个摇把带动发动机启动，这种方式早已经被淘汰。

（2）点火钥匙启动：利用点火钥匙接通启动电路，给启动机供电，启动机运转通过飞轮带动曲轴转动，使发动机工作。

（3）无钥匙启动：现在很多车上的点火钥匙也取消了，在仪表盘上装一个启动开关按钮，按动开关即可启动发动机，称为无钥匙启动。

（4）远程启动：有一部分高端汽车采用远程启动，车辆通过遥控钥匙发来的信号启动发动机或电动机。整套过程省去了人为进入车内操作的不便，发动机或电动机在运转时中控锁还处于闭锁状态，有效提供了安全保障。远程启动发动机或电动机后车辆会连续工作几分钟，之后若无收到其他指示则会自动熄火。

2. 启动系统的安全防护

（1）加装启动继电器保护点火开关：点火开关直接控制启动机时，因为启动电流过大，点火开关触点容易烧蚀。为了防止出现这种现象，可在启动电路中增加启动继电器，利用启动继电器小电流控制大电流的原理，保护点火开关。

（2）加装挡位开关和制动开关：为了防止汽车在前进挡或倒车挡的时候被意外启动，可在启动电路中连接挡位开关和制动开关，保证汽车只有在停车挡和空挡的时候能启动，并且还需要踩下制动踏板才能启动。

（3）加装启动防盗系统：现代很多汽车的启动系统有防盗功能，只有当启动控制模块认定是合法钥匙的启动，才能接通启动电路，启动机工作，否则，启动机不能启动。

3. 启动系统的结构组成

现代汽车的启动系统主要由电源、启动开关、启动机、启动防护装置等组成。启动防护装置一般指启动继电器、挡位开关、制动开关等组成，如图3-1-1所示。

(1)电源。启动系统的电源为蓄电池，蓄电池为启动机工作提供电能，很多与启动系统有关的故障都和蓄电池及其相关部件有关。因此，在查找启动系统故障时，应注意检查蓄电池及其相关部件。

(2)启动机。启动机是启动系统的核心部件，启动机安装在发动机飞轮壳前端的座孔上，用螺栓紧固，如图3-1-1所示。启动机的作用是将来自蓄电池的电能转变成机械能，然后传给发动机飞轮，使发动机开始运转。为增大扭矩，便于启动，启动机与曲轴的传动比：汽油机一般为13～17，柴油机一般为8～10。启动机的实物如图3-1-2所示。

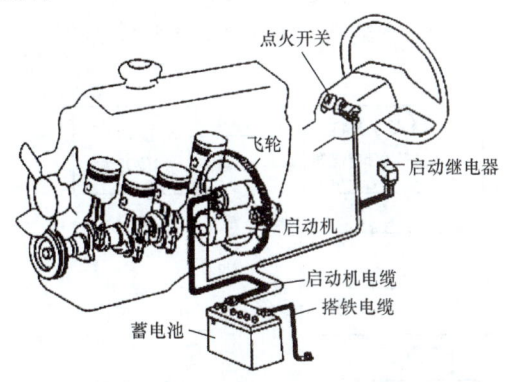

图 3-1-1　汽车启动系统的组成

图 3-1-2　启动机的实物

汽车用启动机电路的电压降（每百安培的电压差）12 V电气系统不得超过0.2 V，24 V电气系统不得超过0.4 V。因此，连接启动电动机与蓄电池之间的电缆必须使用具有足够横截面面积的专用电缆并连接牢固，防止出现接触不良现象。

(3)启动开关。启动开关主要为了接通或断开启动电路。启动开关一般有机械式和电子式（图3-1-3、图3-1-4）两种类型。机械式的启动开关需要由点火钥匙转到启动挡，启动开关触点闭合；电子式启动开关即为启动按钮，只要按下启动按钮，启动开关触点就闭合。

图 3-1-3　机械式启动开关

图 3-1-4　电子式启动开关

(4)启动安全防护装置。启动安全防护装置主要指启动继电器、挡位开关、离合器踏板开关、制动开关等。

启动继电器主要是为了保护点火开关。

自动变速器的汽车会把挡位开关放入启动电路,只有在自动变速器位于空挡(N挡)或停车挡(P挡)位置时,挡位开关闭合,汽车才能启动。

手动变速器的汽车也会把离合器踏板开关连到启动电路,只有当离合器踏板踩下时,开关闭合,汽车才能启动。

很多汽车上的制动踏板开关也往往起到启动安全防护作用,必须要同时踩下制动踏板,汽车才会启动。

4. 迈腾 B8L 启动系统的认识

迈腾 B8L 启动系统主要由发动机控制单元 J623、启动装置按钮 E378、进入及启动许可控制单元 J965、双离合变速箱机械电子单元 J743、挡位开关 E313、制动信号灯开关 F、启动继电器 J906、J907、蓄电池、启动机等组成,具体结构组成如图 3-1-5 所示。

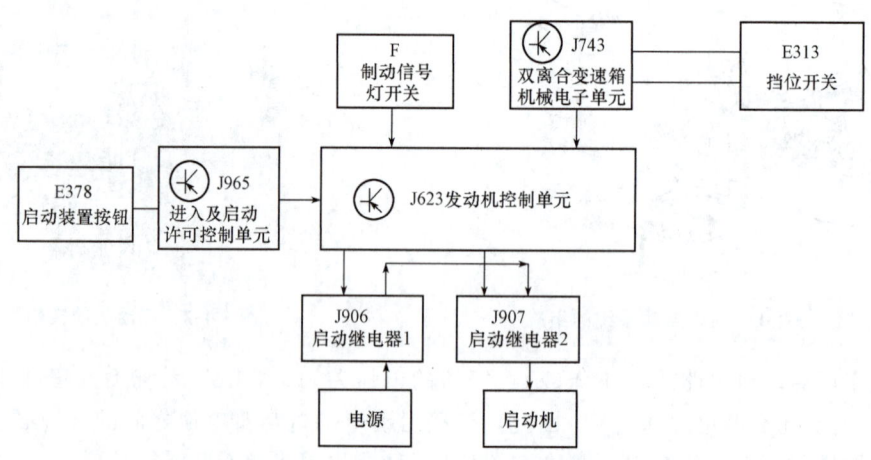

图 3-1-5 迈腾 B8L 启动系统结构组成

在启动系统中,发动机控制单元 J623 主要用于接收进入及启动许可控制单元 J965 的启动请求信号、制动信号灯开关 F 的制动信号、双离合变速箱机械电子单元 J743 的挡位开关信号等,当发动机控制单元 J623 接收以上信号,判断可以正常启动,J323 控制启动继电器 J906、J907 的工作,蓄电池大电流经启动继电器 J906、J907 到启动机,从而实现对启动机的控制。

3.1.2 自动启停系统认识

自动启停系统的英文简称是 STT(Starting & Stopping),它是指车辆行驶过程中临时停车(如等红灯)的时候自动熄火,当需要继续前进的时候,发动机自动重启的一套系统。它的核心技术在于自动熄火和重启,这项技术可以有效降低怠速空转的时间,从而降低油耗和污染。

自动启停系统主要有三种类型:增强型启停系统、BSG(Belt starter generator)启停系统和i-stop智能启停系统。增强型启停系统因为其所需增加的零部件数量较少,技术难度低,成本也较低,绝大部分品牌的燃油车使用这种启停系统;BSG系统由于集成了发电机和启动机功能,其电流需要进行交流与直流的变换,更适合HEV车型采用此方案;i-stop启停系统只有马自达公司在使用。下面重点介绍增强型自动启停系统的结构组成和工作过程。

增强型自动启停系统(STT)是发动机电脑中的一个功能,该系统运行需要相关的传感器、执行器与电脑等部件参与。另外,为了启动/停止系统与车辆上其他系统工作的协调性,以及对启动停止系统的工作条件进行检测,还需要一些相关信息。例如,蓄电池电压、蓄电池温度、冷却液温度、方向盘转角、换挡杆位置、制动踏板位置信号、制动压力信号、车外温度信号、车内温度信号。图3-1-6所示为增强型启停系统的结构组成。

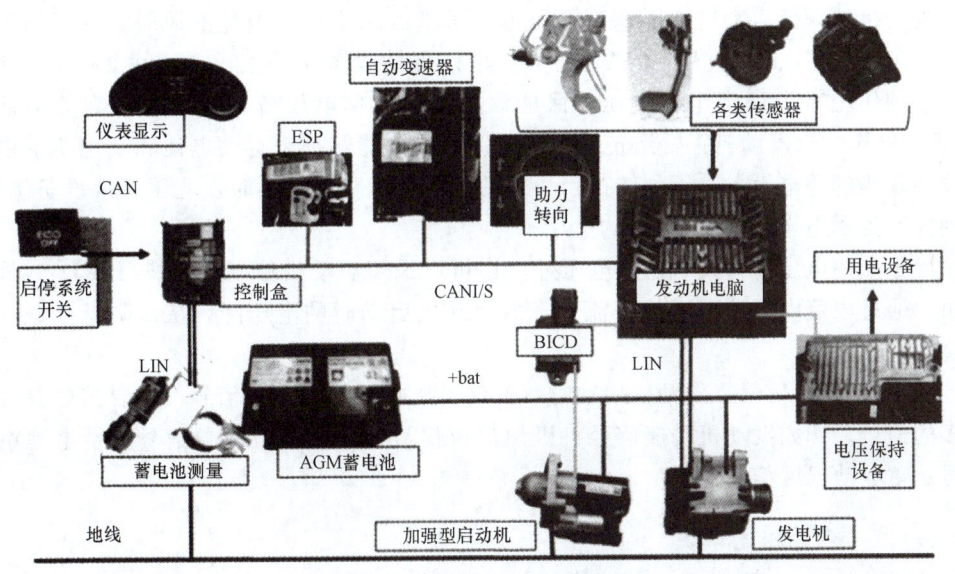

图 3-1-6 增强型启停系统的结构组成

(1)自动启停系统控制开关及开关指示灯。自动启停系统可通过控制开关(图3-1-7)控制该系统的开启和关闭。车辆每次打开点火开关时系统自动启用,此时启停开关指示灯不亮;按下按键将自动启停系统关闭,控制开关指示灯点亮,仪表板上驾驶员信息中心提示"启停系统关闭"。

(2)蓄电池传感器。蓄电池的工作状态决定发动机的再启动,它是发动机启动停止运行过程的一个重要条件。蓄电池传感器安装在蓄电池的负极。蓄电池传感器可以检测到蓄电池电压、蓄电池电流和蓄电池温度等信号,为发动机的再启动提供依据。

图 3-1-7 自动启停系统控制开关

(3)增强型启动机。自动启停系统对启动机的耐久性提出了更高的要求,要求启动机寿命由非启停车辆的 3.5 万次提高到 20 万次以上，因此其所采用的结构和材料都发生了较大的变化，驱动齿轮的支承由铜套改为滚针轴承，电刷和铁心采用高寿命材料。

(4) 增强型蓄电池。自动启停系统需要频繁启动发动机，普通铅酸蓄电池不能满足自动启停要求，所以自动启停系统的蓄电池一般采用增强型蓄电池，有玻璃纤维隔板蓄电池(AGM)、增强型富液式蓄电池(EFB)等。

(5) 发电机。普通车辆的发电机是通过单独的导线使其与发动机和汽车电路相连接的，而带有启停功能的车辆，其发电机一般过 LIN 线进行信息传递。相关信息还可以通过 CAN 线和其他一些相关控制器互相传递，如发动机控制器、加速踏板控制器等。

(6) 电压保持设备。启停系统需要几百安培的大电流，会瞬间拉低整车系统的电压，发动机的频繁启动增加了整车电压过低带来的用电设备损坏的风险。为了消除此风险，可以采用电压保持设备稳定电压，电压保持设备实质上就是一个 DC/DC 变压器，它的作用就是稳定车辆电压，保证汽车上所有用电设备正常运行所需的不低于 12 V 的电压。当发动机正常运转时，电压保持设备能够把来自蓄电池和发电机的电压提供给车辆的用电设备，无须转换；当发动机停止后重新启动时，电压保持设备工作，转换能够为用电设备提供 12 V 的电压。

除了采用电压保持设备稳定电压外，还可以采用启动机控制盒模块(BICD)，该模块可以通过限流电阻消减峰值电流，降低启动机启动时的电压降，从而降低负载端电压降。

(7) 其他相关信号。发动机启动时，不仅要接收油门和刹车信号，还要接收并处理更多的信息，例如发动机转速信号、机油液位信号、制动踏板位置信号、蓄电池电压信号、蓄电池温度信号等。

3.1.3 启动机的认识

启动机主要是把蓄电池的电能转化为旋转力矩，并传递给发动机的飞轮。它是启动系统最关键的部件之一。启动机包括直流电动机、传动机构、电磁开关三个部分，如图 3-1-8 所示。

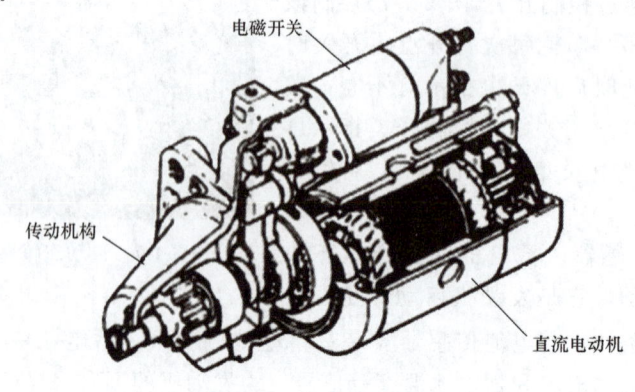

图 3-1-8 启动机的结构

1. 直流电动机

直流电动机是将电能转变成机械能的装置，它是根据通电线圈在磁场中受到电磁力作用而发生运动的原理进行工作的。直流电动机主要由电枢、磁极、电刷与电刷架、壳体和前后端盖等组成。其结构如图3-1-9所示。

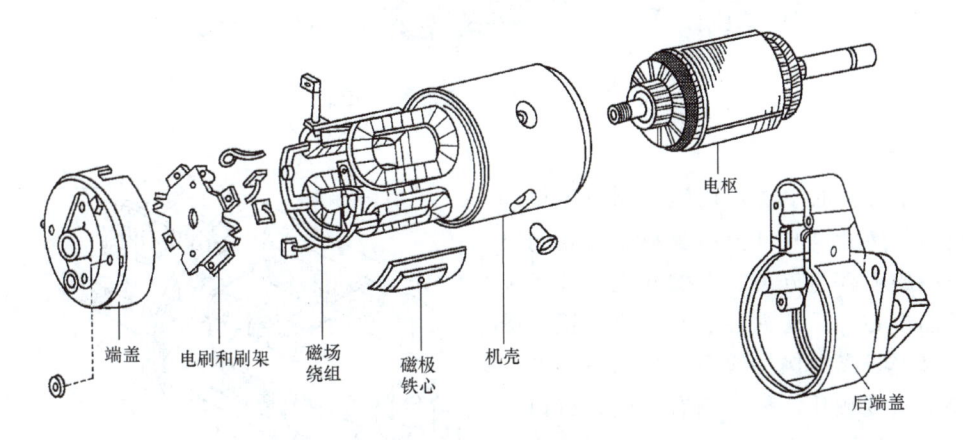

图 3-1-9　直流电动机的结构

(1) 电枢。电枢是用来产生电磁转矩的，由电枢轴、电枢铁心、电枢绕组、换向器组成，具体结构如图3-1-10所示，换向器由铜片和换向片叠压而成。电枢绕组各线圈的端头均焊接在换向片上，蓄电池的电流通过电刷经换向器送到电刷绕组。

(2) 磁极。磁极的主要作用是产生磁场，可分为永磁式磁极和励磁式磁极。图3-1-11所示为励磁式磁极，励磁式磁极由磁场铁心和励磁绕组组成，磁场铁心和励磁绕组均固定在启动机壳体上，当励磁绕组通电时，会激励铁心磁化，产生磁场，常见的励磁绕组一般与电枢绕组串联在电路中。

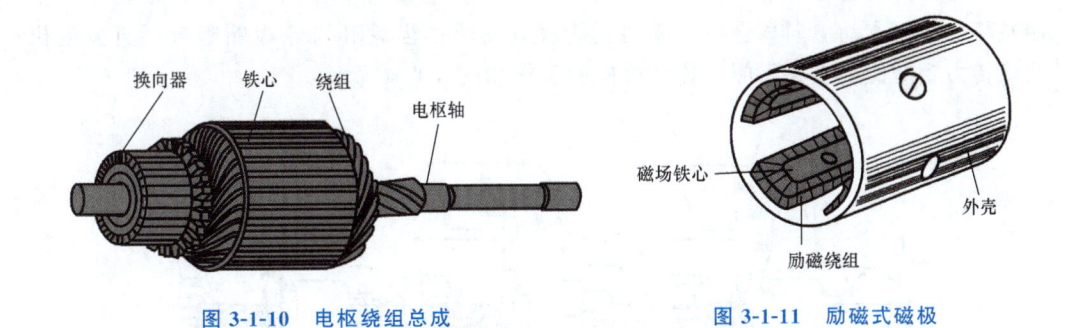

图 3-1-10　电枢绕组总成　　　　图 3-1-11　励磁式磁极

永磁式磁极在启动机壳体上直接安装着永久磁铁，由永久磁铁产生磁场，由于结构尺寸及永磁材料性能的限制，永磁启动机的功率相对比较小。

(3) 电刷与电刷架。图3-1-12所示为电刷与电刷架，电刷置于电刷架中，由弹簧压在换向器上，保证电流从电刷经换向器流向电枢绕组。电刷由铜粉与石墨粉压制而成，呈棕红色，一般由两个正电刷、两个负电刷组成。

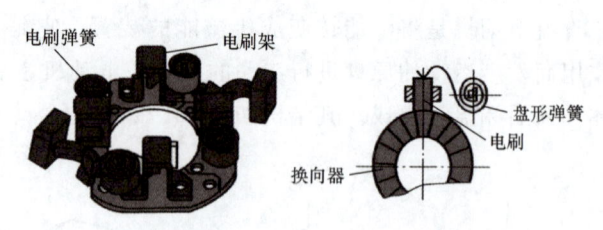

图 3-1-12 电刷与电刷架的组合

2. 电磁开关

电磁开关的主要作用是控制直流电动机电路的通断，并且控制驱动小齿轮与飞轮齿圈的啮合与分离。电磁开关内部主要有活动铁心，活动铁心上有两组线圈，分别为吸引线圈和保持线圈；活动铁心的一侧有金属接触片，另一侧有挂钩，可以安装拨叉，具体结构如图 3-1-13 所示。当点火开关处于启动位置时，电磁开关内部两个线圈通电，产生电磁吸力，使得活动铁心移动，活动铁心上的金属接触片把端子30 和端子 C 导通，蓄电池的电流至直流电动机，使直流电动机工作。

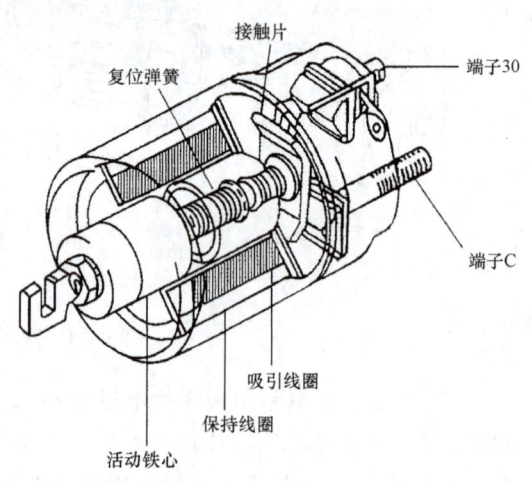

图 3-1-13 电磁开关内部结构图

3. 传动机构

直流电动机旋转力矩通过传动机构传递给飞轮齿圈，传动机构主要由拨叉、单向离合器、驱动齿轮等组成，拨叉连在电磁开关活动铁心上，具体结构如图 3-1-14(a) 所示。当电磁开关通电，电磁开关内部的活动铁心在电磁力的作用下右移，推动拨叉下端左移，从而推动单向离合器、驱动齿轮移动，驱动齿轮和飞轮齿圈啮合，直流电机的旋转力矩即传给飞轮齿圈。传动机构的工作如图 3-1-14 所示。

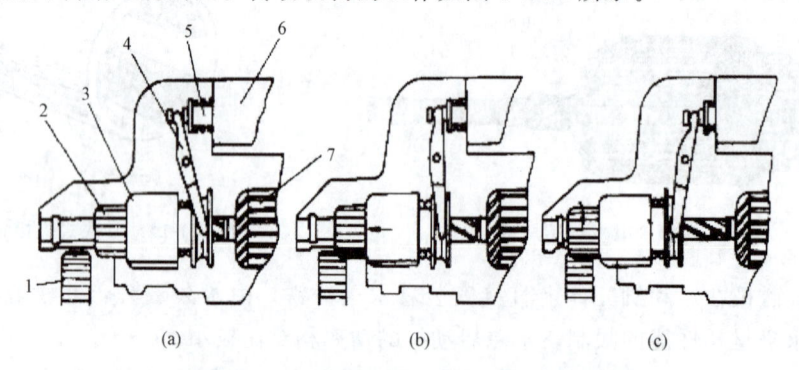

图 3-1-14 传动机构结构组成及工作示意
(a)启动机静止状态；(b)驱动齿轮与飞轮正在啮合；(c)完全啮合
1—飞轮齿圈；2—驱动齿轮；3—单向离合器；4—拨叉；5—活动铁心；6—电磁开关；7—电枢

单向离合器可以在发动机启动后自动打滑，切断传动路线，防止因发动机启动后转速过高，发动机反拖启动机运转，使得启动机电枢飞散。

现代轿车用得最多的滚柱式单向离合器，结构如图3-1-15所示，驱动齿轮与外壳制成一体，十字块与花键套筒制成一体，在外壳与十字块形成的四个楔形槽中，分别装有一套滚柱与压帽弹簧，花键套筒外面装有移动衬套及缓冲弹簧。整个离合器总成利用花键套筒套在电枢轴的花键上，拨叉拨动移动衬套时，离合器总成可在电枢轴上做轴向移动，但花键套筒及十字块都要随电枢轴转动。

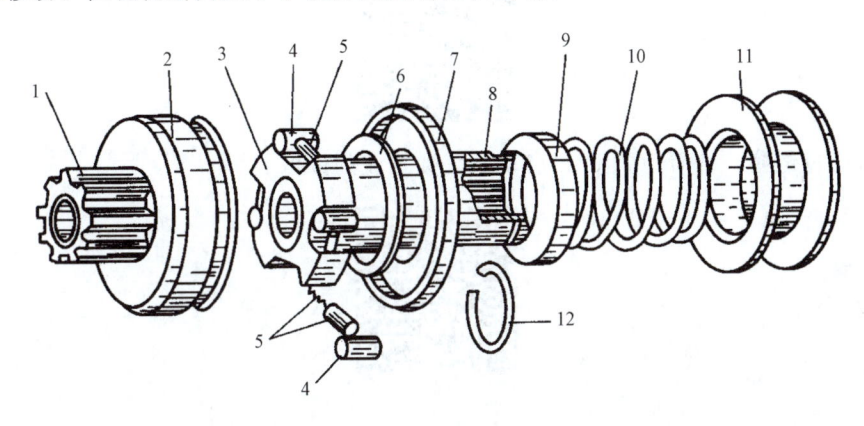

图 3-1-15 滚柱式单向离合器

1—驱动齿轮；2—外壳；3—十字块；4—滚柱；5—压帽与弹簧；6—垫圈；
7—护盖；8—花键套筒；9—弹簧座；10—缓冲弹簧；11—移动衬套；12—卡簧

单向离合器的工作如图3-1-16所示，发动机启动时，拨叉使离合器总成沿电枢轴花键移动，驱动齿轮啮入发动机飞轮齿圈，然后启动机通电旋转，转矩由花键套筒传到十字块，十字块则随电枢旋转，这时滚柱在摩擦力的作用下，滚入楔形槽的窄端被卡死，迫使驱动齿轮带动发动机飞轮旋转，启动发动机。

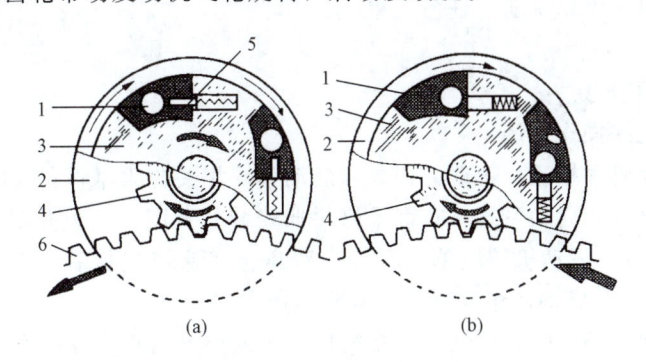

图 3-1-16 滚柱式单向离合器的工作原理

(a)发动机启动时；(b)发动机启动后

1—滚柱；2—外壳；3—十字块；4—驱动齿轮；5—压帽与弹簧；6—飞轮齿圈

发动机启动后，飞轮转速升高，飞轮齿圈带动驱动齿轮旋转，在摩擦力的作用下，滚柱滚入楔形槽的宽端面打滑，使发动机的转矩不能传递给电枢，防止了电枢的超速飞散。滚柱式离合器结构简单、体积小、工作可靠，一般不需调整，在现代汽车上被广泛采用。但它不能传递大的转矩，在大功率启动机上使用受到限制。

任务准备

（1）通过链接，查看迈腾 B8L 启动系统的实车部件认知。

（2）通过链接，查看迈腾 B8L 启动系统数据流的读取。

任务实施

实训 3.1.1　汽车启动系统认知检查实训

1. 实训条件

（1）实训设备：迈腾 B8L 整车、迈腾 B8L 整车电气台架、迈腾 B8L 启动系统台架。
（2）仪器工具：解码器、万用表、工具车。
（3）实训资料：维修手册、任务工单。

2. 实训步骤

（1）记录车辆信息。
（2）启动系统的操作使用。
（3）读取故障码数据流：读取并记录和启动系统相关的故障码和数据流。
（4）就车观察认知启动系统：查询维修手册安装位置图，认识并观察启动机、启动继电器 J906、J907、发动机控制单元 J623、双离合变速箱控制单元 J743、进入及启动许可控制单元 J965、启动按钮的安装位置及连接方式。
（5）观察认知启动机的外形结构：观察启动机的外形结构及各接线端子。
（6）观察认知启动机内部结构组成：观察启动机内部结构组成、电气连接方式、动力输出路线。

3. 任务工单

根据实训内容，查阅资料，填写任务工单。

任务工单 3.1.1　汽车启动系统认知检查实训

1. 迈腾 B8L 启动系统部件认知（根据安装位置图查找）

序号	名称	代号	实车位置	作用
1	启动机			
2	启动继电器 1			
3	启动继电器 2			
4	发动机电控单元			
5	双离合变速箱机械电子单元			
6	进入与启动许可接口			
7	制动开关			
8	启动按钮			
9	挡位开关			
10	自动启停开关			

2. 数据检测（车型：_____）

信息读取	故障码清除与读取		
	模块（系统）	故障码	故障码含义
	数据流读取		
	参数名称	显示值	读取条件

3. 启动机外部结构认知

序号	名称	作用或功能	备注
1			
2			
3			
4			
5			
6			

4. 启动机内部结构认知

序号	名称	作用或功能	备注
1			
2			
3			
4			
5			
6			
7			

5. 成绩评定标准

练习与思考

（1）通过链接，查看练习与思考习题。

(2)通过链接，查看练习与思考答案。

任务 3.2　启动系统检测维修

任务描述

刘先生的迈腾 B8L 汽车启动无力，启动数次后无法启动，只能把车拖到汽车 4S 店修理。假如你在这家 4S 店的机电维修岗位上刚过实习期，师傅对你的实习表现很是满意，现在他让你对启动机、启动开关及启动系统的关键电路进行检测，请问你该如何做呢？

任务分析

要完成客户车辆启动系统的检测维修，首先需要查阅电路图及维修手册，掌握启动系统电路及控制逻辑，能利用万用表、解码器等检测设备对启动系统进行电路测量及部件检测并判断好坏，并能更换相关零部件。

学习目标

知识目标

1. 掌握启动机的电路工作原理；
2. 掌握汽车启动系统的控制逻辑；
3. 熟悉汽车启动系统的电路。

技能目标

1. 能对启动电路进行检查、测试、维修或更换；
2. 能对启动电气部件进行检查、测试、维修或更换；
3. 能对启动机进行拆解、检查及测试。

素质目标

1. 通过维修资料的查阅分析、检测数据的有效选取分析，培养学生自身的信息处理能力；
2. 通过小组探究、方案制定，学生锻炼沟通表达、合作、自主学习的能力；
3. 通过企业 7S 标准规范管理操作，培养学生规范、安全意识；
4. 通过实践操作、清洁整理整顿等要求，培养学生崇尚劳动、热爱劳动、辛勤劳动、诚实劳动的劳动精神。

相关知识

3.2.1 启动机的工作原理

启动机是启动系统最关键的部件之一,汽车利用启动机把蓄电池的电能转化为动能,并通过传动机构传动给发动机的飞轮。

1. 启动机的电路分析

启动机的电路如图3-2-1所示。电磁开关内部主要有活动铁心、吸引线圈、保持线圈、接触片、主触点等,直流电动机内部主要有正负电刷、电枢绕组等。

电磁开关壳体上一般有三个接线柱:30端子、50端子、C端子,端子具体位置如图3-2-2所示。为了保证启动机有足够的电流启动,蓄电池一般直接和启动机30端子相连,启动开关和启动机50端子相连,C端子把电磁开关和直流电动机连接在一起。

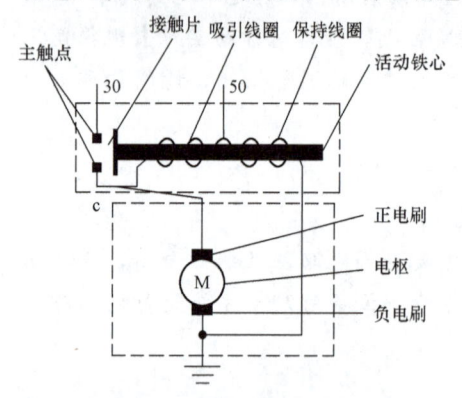

图 3-2-1 启动机的电路简图

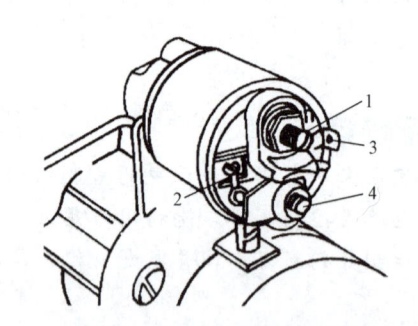

图 3-2-2 电磁开关端子位置
1—30端子;2—备用端子;3—50端子;4—C端子

2. 启动机的工作原理

如图3-2-3所示,连接启动机,启动机的工作电路分析如下:

(1)启动机控制电路分析。点火开关到启动挡时,点火开关30端子和50端子闭合,此时,蓄电池正极—点火开关(30—50)—启动机50端子,分成两路:一路经吸引线圈—正电刷—电枢—负电刷—搭铁;另一路经保持线圈—搭铁。吸引线圈、保持线圈同时通电,产生电磁吸力,使得活动铁心左移,电磁开关内主触点闭合,即启动机30端子和C端子导通。

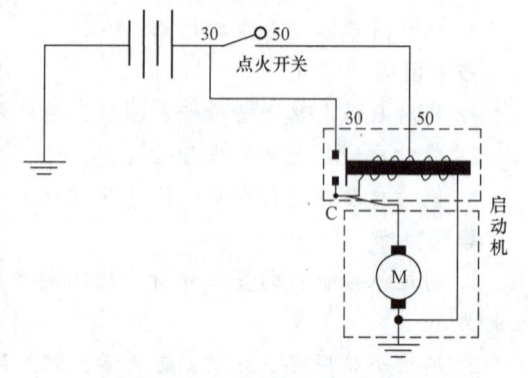

图 3-2-3 启动机工作电路

(2)启动机主电路分析。启动机30端子和C端子导通,此时,吸引线圈被短路,保持线圈依然通电,活动铁心利用保持线圈产生的电磁力保持在左侧位置,保证电磁开关内主触点处于闭合状态。

蓄电池正极—启动机(30—C)—正电刷—电枢—负电刷—搭铁，直流电机大电流通电运转带动飞轮转动。

3.2.2 启动系统的控制

为了保证启动安全可靠，现代绝大部分汽车启动系统会连接启动继电器，挡位开关、制动开关等保护装置。还有很多汽车的启动控制电路和防盗系统连在一起，只有确认是合法启动，启动机才能运转工作。

1. 别克君威汽车启动系统电路分析

别克君威轿车的启动系统配有曲轴继电器、驻车空挡位置开关及防盗启动装置。曲轴继电器可以保护点火开关；驻车空挡位置开关保证汽车只有在 P 挡或 N 挡时发动机才能启动；防盗启动装置包括遥控钥匙中的传感器、点火锁芯中的接收器、动力系统控制模块(PCM)等。当合法钥匙插入锁芯转到启动挡，锁芯产生信号送入 PCM，只有当 PCM 判断为合法信号，曲轴继电器线圈才会通电，启动机才能运行。若 PCM 收到的信号和预定储存的信号不一致，曲轴继电器线圈就不能通电，启动机不能启动。该车启动系统电路如图 3-2-4 所示，具体电路分析如下：

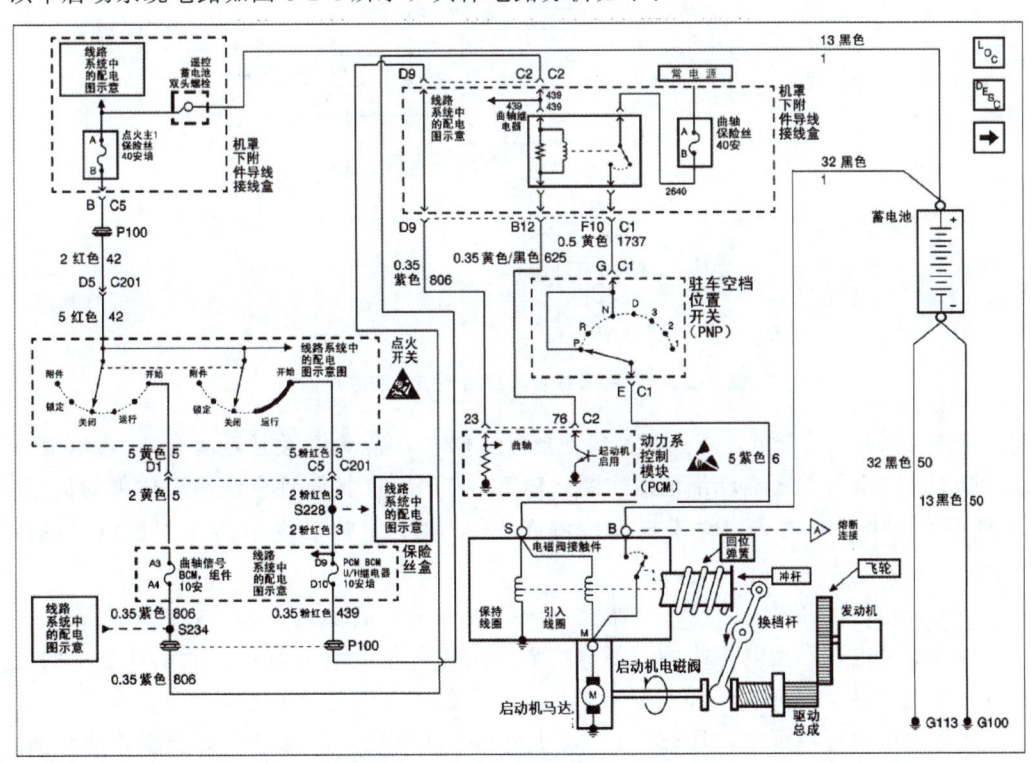

图 3-2-4 别克君威轿车启动系统电路图

(1)第一级控制电路。当点火开关转为接通(ON)或者启动(START)位置时，蓄电池电压→点火主 1 保险丝 40 A→点火开关→保险丝盒内的 10 A PCM BCM U/H 继电器 10A→机罩下附件导线接线盒 C2 端子→曲轴继电器的线圈→动力系统控制模块(PCM)76 端子，此时蓄电池正电压作用在曲轴继电器的线圈。同时当点火开关转为

START 位置时，蓄电池电压→点火主1保险丝40 A→点火开关→保险丝盒内的曲轴信号 BCM，组件保险丝10 A→PCM 23 端子，此时启动信号输入 PCM。当驻车/空挡位置开关处于驻车或者空挡位置并且防盗系统允许发动机启动时，PCM 使曲轴继电器电路接地，曲轴继电器线圈得电，其触点闭合。

（2）第二级控制电路：常电源→曲轴保险丝40 A→曲轴继电器触点→驻车/空挡位置开关→启动机电磁线圈 S 端子后分两路：一路经保持线圈接地；另一路经吸拉线圈→启动机→接地。当两个电磁线圈均通电，产生的电磁吸力使得冲杆移动，一方面使得电磁开关内部主触点闭合；另一方面推动驱动总成与发动机飞轮齿圈啮合。

（3）启动主电路：蓄电池电压→电磁开关 B 端子→电磁开关主触点→直流电动机→接地。此时蓄电池大电流经过直流电动机转动，带动发动机飞轮转动。当点火开关从 START 位置松开，曲轴继电器线圈失电，启动机 S 端子断电。在回位弹簧的协助下，冲杆及驱动总成回位，电磁开关主触点断开，启动机停止运转。

为了便于分析，我们可以把别克君威电路图简化成如图 3-2-5 所示电路原理图。

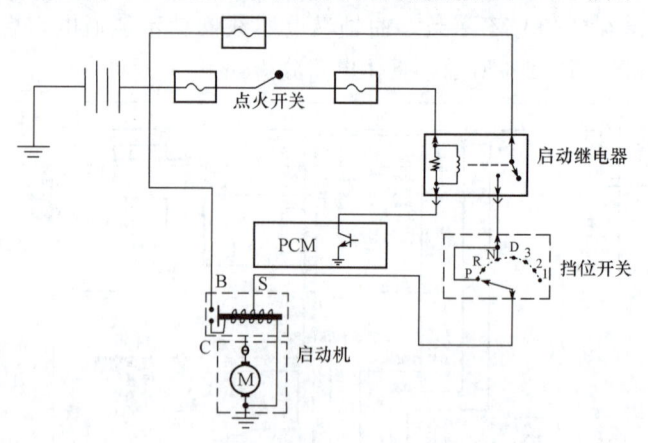

图 3-2-5　别克君威轿车启动系统电路原理图

从图 3-2-5 可以看出，点火开关启动挡（图 3-2-5 中点火开关触点闭合），蓄电池电经熔断器—点火开关—启动继电器线圈—PCM，当 PCM 接收到合法钥匙传来的信号，PCM 内容三极管导通，启动继电器线圈经 PCM 搭铁，启动继电器线圈通电，触点吸合。

蓄电池电经熔断器—启动继电器触点—挡位开关—启动机 S 端子，此时电磁开关内部两线圈通电，产生电磁吸力，使得电磁开关内部活动铁心移动，活动铁心上的金属接触片把电磁开关 B 端子和电磁开关 C 端子导通，直流电动机通电工作。

从以上电路分析可知，只有当 PCM 认定是合法启动，启动继电器线圈才能导通，触点才能吸合；只有当挡位位于 P 挡和 N 挡时，启动电路才能导通，启动机才能工作。

2. 迈腾 B8L 汽车启动系统控制原理

迈腾 B8L 启动系统主要由两部分组成：第一部分是启动电源电路，包括启动继电器、保险丝和蓄电池；第二部分是启动控制电路，包括发动机控制单元 J623（以下简称 J623）、进入及启动许可控制单元 J965（以下简称 J965）、双离合变速箱机械电子单元

J743(以下简称 J743)和制动信号灯开关 F、挡位开关 E313(简称 E313)。

在防盗已经解除，J623 模块本身、供电和 CAN 通信都正常工作的情况下，启动机工作需要满足四个条件：启动电源电路正常；挡位处于驻车挡(P 挡)或空挡(N 挡)的位置；制动踏板被踩下；有启动请求信号。

迈腾 B8L 汽车启动系统原理如图 3-2-6 所示。车辆成功解锁并按下启动按钮时，J965 向 J623 发出启动请求信号(通过端子 T40/15 和 T91/68)，J623 接收到启动请求信号后，开始判断挡位和制动是否满足启动要求。挡位信号由 J743 提供(E313 把挡位信号送给 J743，J743 通过端子 T16rt/2 和 T91/62 送给 J623)；制动信号来自制动信号灯开关 F 提供的信号(通过端子 T4gk/1 和 T4gk/3 送给 J623)。若 J623 判断挡位信号已满足条件(挡位开关在 P 挡或 N 挡位置时，挡位信号为低电平)，制动踏板已被踩下，此时，J623 控制启动继电器 J906 和 J907 线圈通电，触点吸合，启动电源电路导通，电流从蓄电池流经 J906、J907 和 SB23 至启动机端子 50，使得启动机工作，从而带动发动机运转。

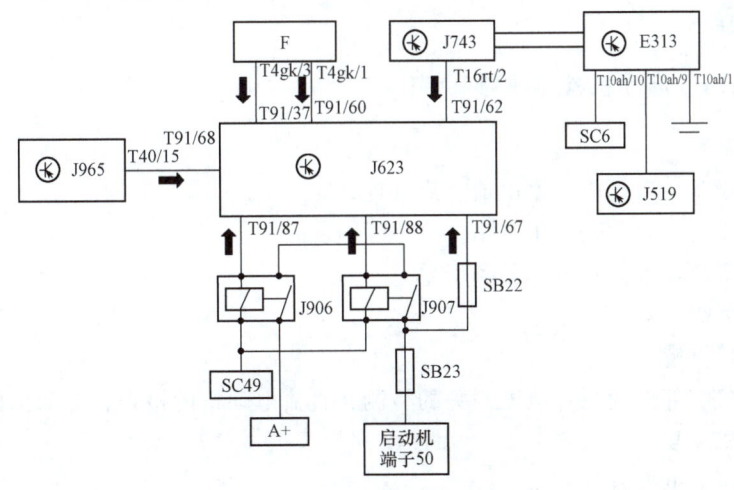

图 3-2-6　迈腾 B8L 汽车启动系统电路原理图

任务准备

(1)通过链接，查看启动机的拆装。

(2)通过链接，查看启动机内部零部件的检查维修。

(3)通过链接,查看启动机通电测试。

(4)通过链接,查看迈腾 B8L 电路关键插脚检测。

任务实施

实训 3.2.1　启动机检测维修实训

1. 实训条件

(1)实训设备:启动机、蓄电池、启动电缆。
(2)仪器工具:万用表、工具车。
(3)实训资料:维修手册、任务工单。

2. 实训步骤

(1)启动机拆解。
(2)启动机零部件检测:电磁开关的检测、直流电动机的检查、传动机构的检测。
(3)启动机装复。
(4)启动机通电检查。

3. 任务工单

根据实训内容,查阅资料,填写任务工单。

任务工单 3.2.1　启动机检测维修实训

1. 启动机拆装

拆装步骤:

2. 启动机检测

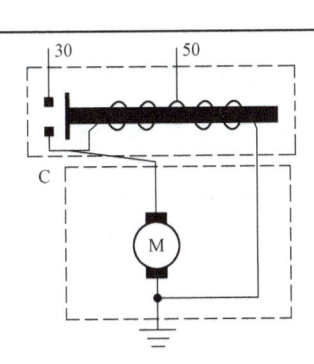

启动机通电检查描述：

检查部件名称		检查方法描述	检查结果	结果判断
电磁开关	保持线圈的阻值			
	吸拉线圈的阻值			
	主触点是否能导通			
直流电机	转子线圈的通断			
	转子线圈绝缘检查			
	电刷磨损的检查			
	正电刷绝缘的检查			
	负电刷搭铁检查			
单向离合器的检查				

3. 成绩评定标准

实训 3.2.2　迈腾 B8L 启动电路的检测维修实训

1. 实训条件

(1)实训设备：迈腾 B8L 启动系统台架、迈腾 B8L 整车。
(2)仪器工具：解码器、万用表、工具车。
(3)实训资料：维修手册、任务工单。

2. 实训步骤

(1)绘制迈腾 B8L 启动系统原理图。

(2)启动系统电路检测：按任务工单要求测量电信号；分析各插脚作用。

3. 任务工单

根据实训内容，查阅资料，填写任务工单。

任务工单 3.2.2　迈腾 B8L 启动电路检测维修

1. 绘制启动系统原理图，分析工作原理

电路原理图绘制	要求：根据维修手册线路图绘制电路原理图，标注元器件名称及插脚
描述工作原理	要求：根据绘制的电路简图，分析工作原理

2. 根据迈腾 B8L 启动电路图填写下表，并测出在不同状态时的电压

部件	插脚	电压/V	检测条件	作用
J623	T91/37			
	T91/60			
	T91/62			
	T91/68			
	T91/67			
	T91/87			
	T91/88			

3. 成绩评定标准

练习与思考

(1) 通过链接，查看练习与思考习题。

(2) 通过链接，查看练习与思考答案。

任务 3.3　启动系统故障诊断

任务描述

刘先生购买的一汽大众迈腾 B8L 2.0T 汽车无法启动，但是仪表能点亮，挡位指示正常，你是这家 4S 店的维修技师，请问你该如何诊断和排除该故障呢？

任务分析

要完成客户车辆启动系统工作不工作的故障诊断，首先需要熟悉启动系统的控制原理，然后根据电路图及控制原理对启动工作异常的原因进行深入分析，最后结合诊断仪器、维修手册对故障进行诊断和排除。

学习目标

知识目标
1. 掌握汽车启动系统常见故障机理分析方法；
2. 掌握汽车启动系统常见故障诊断分析策略。

技能目标
1. 能制定汽车启动系统故障的检修方案；
2. 能规范操作，诊断和排除汽车启动系统相关故障。

素质目标
1. 通过自主分析启动系统的控制原理、故障机理，培养学生逻辑分析的能力；
2. 通过小组探究、方案制定，学生锻炼沟通表达、合作、自主学习的能力；

3. 通过企业 7S 标准规范管理操作，培养学生规范、安全意识；

4. 通过大师示范操作，培养学生执着专注、精益求精、一丝不苟、追求卓越的工匠精神。

相关知识

3.3.1 启动机常见故障

启动机常见的故障现象有启动机运转无力、启动机空转、启动有异响、启动机不转等。

1. 启动机运转无力

由图 3-3-1 所示启动机电路分析可知，直流电动机的转动主要由电源－电磁开关主触点－正电刷－电枢绕组－负电刷－搭铁。如果通电时，启动机转速明显偏低甚至于停转，可能原因有蓄电池亏电或内部损坏；电磁开关接触片和主触点接触不良；换向器与电刷接触不良；电枢绕组有局部短路；启动线路接触不良，存在高电阻等。

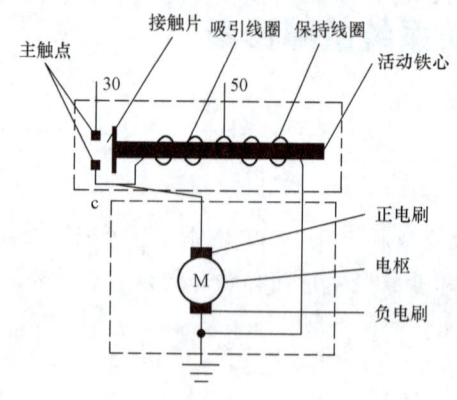

图 3-3-1　启动机电路图

2. 启动机不转

如果通电时，启动机根本不转，除了以上原因，还有可能是电磁开关内部故障，导致主触点未吸合，直流电动机电路断开，启动机不转。

3. 启动机空转

启动机运转正常，但是发动机不转，称为空转。空转主要是因为传动机构没有把直流电动机的转矩传递给飞轮齿圈，主要原因有单向离合器打滑；飞轮齿圈严重磨损或损坏；电磁开关铁心行程太短，无法使驱动齿轮和飞轮齿圈啮合；拨叉与活动铁心连接处脱开等。

4. 启动有异响

启动时有异响有可能是启动机驱动齿轮或飞轮齿圈有部分齿损坏；电磁开关行程调整不当，使启动机驱动齿轮未啮入飞轮齿圈之前，启动机主电路过早接通；启动机固定螺钉松动或离合器壳松动；另外，如果电磁开关内部保持线圈断路，启动机通电时也会哒哒响，主要是活动铁心无法吸合引起的。

3.3.2 启动系统常见故障原因分析

现代汽车启动系统的控制方式大致相同，现以迈腾 B8L 为例分析启动系统常见故障。迈腾 B8L 控制原理如图 3-3-2 所示。从图中可知，该车启动系统分为启动控制电路和启动电源电路，现分别对上述两条电路的常见故障进行分析。

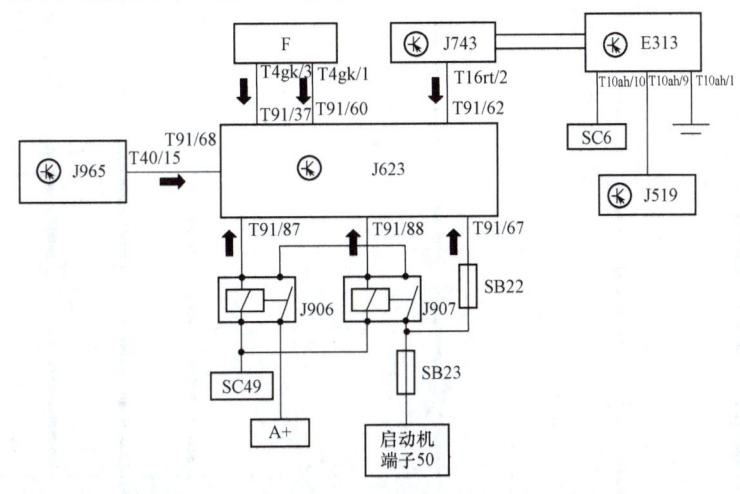

图 3-3-2　迈腾 B8L 汽车启动系统控制原理图

1. 启动控制电路常见故障分析

迈腾 B8L 的启动控制电路主要包括启动请求信号电路、制动开关信号电路、挡位开关信号电路。

(1) 启动请求信号故障分析。启动请求信号由启动开关经进入及启动许可控制单元 J965 T40/15 端子传送给发动机控制单元 J623 T91/68 端子，如图 3-3-2 所示。如果该信号线断开，J623 T91/68 端子得不到 12 V 的启动请求信号，因此 J623 认为此时没有启动需求，不会控制启动继电器工作，此时启动机不工作，同时无故障码出现。但读取数据流可以发现"[IDE00412]_ 启动请求，端子 50，未激活"。因此 J965 与 J623 之间的启动请求电路是否存在异常可以通过数据进行判断。

当诊断出 T40/15 与 T91/68 之间线路异常时，可以分步进行故障点定位，如图 3-3-3 所示，首先检查接插器 T17c/5 与 T17k/5 之间的连接情况，随后按照由简到难的原则检查 T17k/5 至 T91/68 之间电路连接情况，再检查 T40/15 与 T17c/5 之间的电路连接情况，最后才检查 J965 或 J623 模块是否存在故障。

(2) 制动信号故障分析。制动信号灯开关 F 共有 4 根针脚，如图 3-3-4 所示，其中 4 号针脚为电源，2 号针脚为搭铁，3 号针脚为制动灯开关信号，1 号针脚为制动测试开关(校验信号)。制动信号灯开关 3 号针脚与 J623 端子 T91/37 相连，制动信号灯开关 1 号针脚与 J623 端子 T91/60 相连。

不踩制动时，J623 端子 T91/37 接收到制动信号灯开关 3 号针脚传递的信号 0 V，端子 T91/60 是 12 V，数据流状态为"[IDE07904]_ 制动测试开关状态"显示"未开动"，"[IDE07905]_ 制动信号灯开关的状态"显示"未开动"；当踩下制动踏板时，测得 T91/37 端子是 12 V，T91/60 是 0 V，T91/37 和 T91/60 两者信号电压一直是互逆状态，数据流状态为"［IDE07904］_ 制动测试开关状态"显示"已按下"，"［IDE07905］_ 制动信号灯开关的状态"显示"已按下"。制动信号灯开关各针脚状态见表 3-1-1。

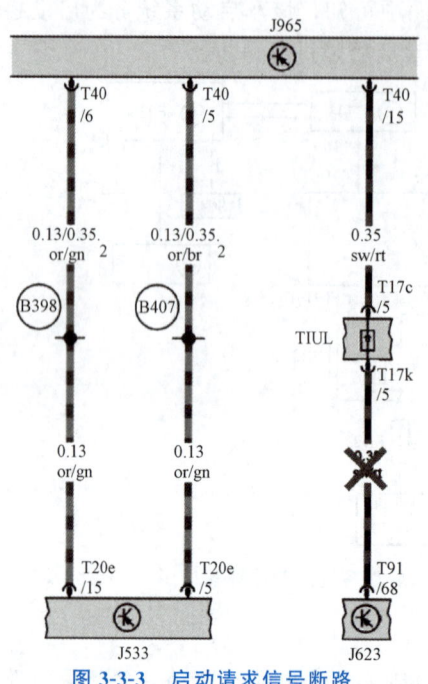

图 3-3-3　启动请求信号断路

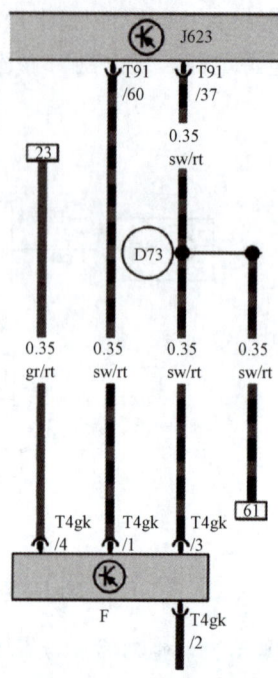

图 3-3-4　制动开关信号

表 3-3-1　制动信号灯开关针脚状态

针脚	不踩制动 电压	不踩制动 数据流	踩制动 电压	踩制动 数据流	作用
1	12 V	"［IDE07904］_ 制动测试开关状态"显示"未开动"	0 V	"［IDE07904］_ 制动测试开关状态"显示"已按下"	制动校验信号（和 J623 T91/60 相连）
2	0 V	无	0 V	无	搭铁
3	0 V	"［IDE07905］_ 制动信号灯开关的状态"显示"未开动"	12 V	"［IDE07905］_ 制动信号灯开关的状态"显示"已按下"	制动开关信号（和 J623 T91/37 相连）
4	12 V	无	12 V	无	电源

若制动信号灯开关 3 号针脚断路，故障现象为不踩制动踏板车辆可以正常启动，并且制动灯常亮，发动机系统无故障码，制动系统显示故障码为"B131329 制动灯信号，不可信信号"。当制动开关 3 号针脚断路时，无论制动踏板是否踩下，T91/37 端子电压始终为 12 V，在初始状态下与 T91/60 的电压不构成互为互逆。通过读取数据流亦可发现，初始状态下"［IDE07905］_ 制动信号灯开关的状态"（实际为 T91/37 的状态）

显示"已按下"，"[IDE07904]_制动测试开关状态"(实际为T91/60的状态)显示"未开动"，与正常状态下的信号不匹配。因此发动机控制单元J623识别出制动信号不可信时，控制系统就会进入应急状态，此时无论制动踏板是否踩下，车辆都可以正常启动。

若制动测试开关1号针脚断路，故障现象与故障码均与3号针脚断路时一致，但具体故障信号有差异。无论制动踏板是否踩下，T91/60端子电压始终为0 V，在初始状态下与T91/37的电压不构成互为互逆；在数据流中"[IDE07904]_制动测试开关状态"显示"已按下"，"[IDE07905]_制动信号灯开关的状态"显示"未开动"。因此发动机控制单元J623识别出制动信号不可信，制动系统显示与上文相同的故障码"B131329制动灯信号，不可信信号"。

若制动开关1号和3号针脚同时断路，故障现象与故障码与前两种情况一致，制动灯常亮，不踩制动发动机即可以启动。此时，无论制动踏板是否踩下，T91/37端子电压为12 V，T91/60端子电压为0 V，通过数据流分析发现，"[IDE07905]_制动信号灯开关的状态"和"[IDE07904]_制动测试开关状态"都显示"已按下"，与正常状态下制动踏板踩下时的数据流相同。因此发动机控制单元判断此时制动踏板已踩下，制动灯常亮，发动机可以正常启动。

(3)挡位信号故障及故障现象分析。若P/N挡位信号线断路，双离合变速箱机械电子单元J743端子T16m/2与J623端子T91/62之间的P/N挡位信号线断路时，如图3-3-5所示，故障现象为启动机不工作，故障码为"P085000，启动马达停用器信号(P/N)，对正极短路/断路"。通过数据流分析可知，正常换挡杆挂P/N挡时，"[IDE00413]_启动机控制，联锁装置或P/N信号"显示为"00"；换挡杆不在P/N挡位时，该信号显示为"01"；当P/N挡位信号线断路时，无论换挡杆处何挡位，"启动机控制，联锁装置或P/N信号"始终显示为"01"，同换挡杆不在P/N挡时数据流显示一致。

在J743内部有一个三极管，该三极管的导通与否与换挡信号有关，如图3-3-6所示。正常状态下，当换挡杆处于P/N挡位时，J743内部CPU使三极管导通接地，J623端子T91/62电压为0 V；当处于非P/N挡时，J743内部三极管不导通，T91/62端子电压为12 V。若P/N挡位信号线出现断路时，无论换挡杆处于何位置，T91/62处的电压始终为12 V，同非P/N挡一致，J623通过该端子电压判断此时的换挡杆处于非P/N挡，故启动机不工作。通过以上分析可知，如果T91/62对地短接，即始终为低电平，J623将判断此时换挡杆在P/N挡位，该状态下换挡杆在任何挡位下皆可启动发动机。

若E313模块故障、保险丝SC6断路、E313与J743之间通信故障，都会使得J743无法正常输出P/N挡位信号给J623。此处以保险丝SC6断路为例对故障现象进行分析。

当保险丝SC6断路时，E313模块不通电，模块不工作，此时挡位锁无法解锁，P挡无法摘下，挂挡指示灯不亮，仪表上也没有挡位显示，踩下制动踏板短按一下启动开关启动机不转；但踩下制动踏板，长按5 s启动键可以启动车辆，或打开点火开关，踩制动踏板2 s，短按启动开关可以启动车辆。读取故障码可知，发动机控制系统无故障码，变速箱电控系统故障码为"U010300，选挡杆，无通信"和"P73400，从选挡杆传感器起用启动机"。

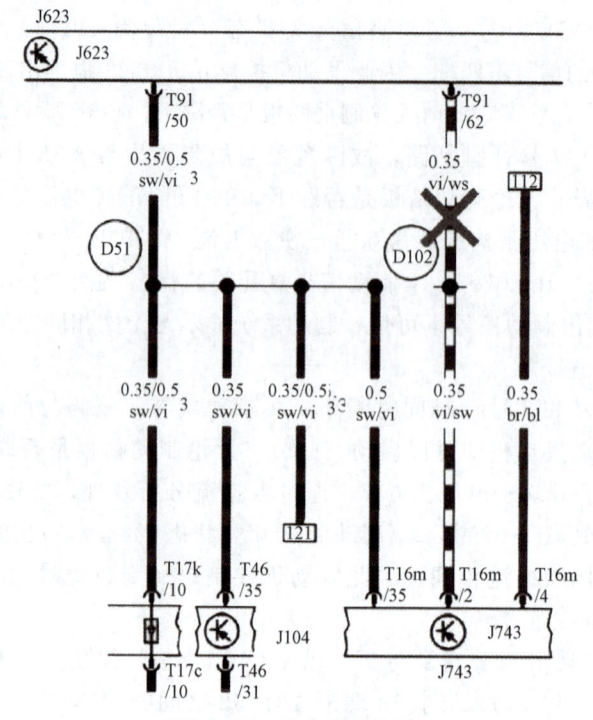

图 3-3-5 挡位开关信号

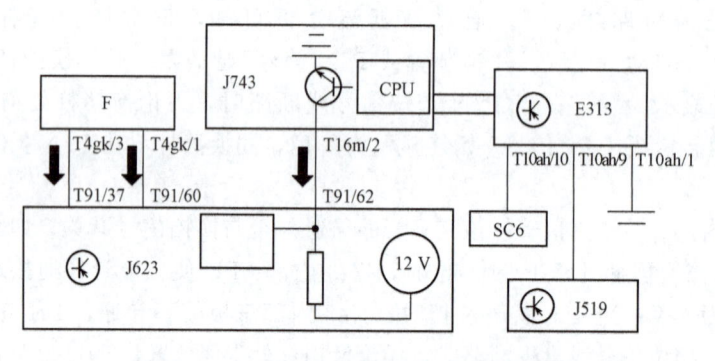

图 3-3-6 J743 和 J623 连接端子内部原理图

产生以上故障现象的原因是，当 E313 出现故障时，踩下制动踏板超过 5 s 后，发动机进入应急启动模式，此时 J743 忽略 E313 的挡位信号，默认车辆可以启动，其 P/N 挡位数据信号变化过程：保险丝 SC6 开路，如果挡位处于 P/N 挡时，"启动机控制，联锁装置或 P/N 信号"值显示为"00"，车辆可以正常启动；如果挡位处于非 P/N 挡时，初始状态下"启动机控制，联锁装置或 P/N 信号"值显示"01"，大约 2 s 后该值变为"00"，该变化过程就类似挡位从非 P/N 挡切换回 P/N 位置，从而使得车辆可以正常启动。

2. 启动电源电路常见故障分析

迈腾 B8L 的启动电源电路主要包括启动继电器线圈电路、启动继电器触点电路及启动机的反馈电路，如图 3-3-7 所示。

(1)启动继电器线圈电路故障分析。启动系统中的 J906 和 J907 是串联构成的,在启动继电器线圈电路中,常见的故障形式有断路、对地短路等。

若 J906 继电器线圈及线圈到 J623 T91/87 线路断路,此时启动机不能工作。进入发动机控制单元 J623 读取故障码为"P061500 启动继电器断路",产生该故障码的原因是 J906 线圈的电路由 J623 控制,如图 3-3-8 所示,J623 端子 T91/87 内部有一个三极管,该三极管由 J623 内部的 CPU 控制。当启动机没有工作时,T91/87 脚电压为 12 V,一旦满足启动条件,J623 就会控制 CPU 使三极管导通,此时 T91/87 脚电压为 0 V,启动继电器 J906 线圈电路导通。如果该电路断路,则 T91/87 脚电位始终为 0 V,J623 判定启动继电器线圈电路断路,给出相应故障码。

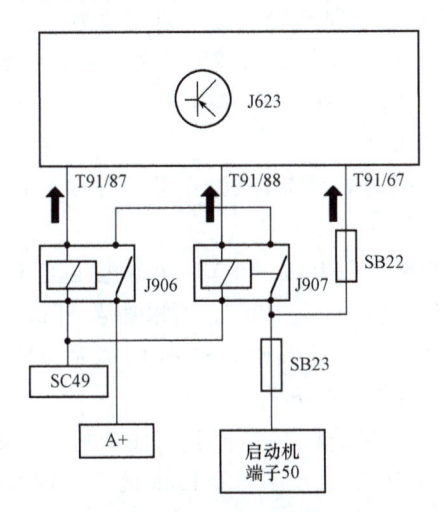

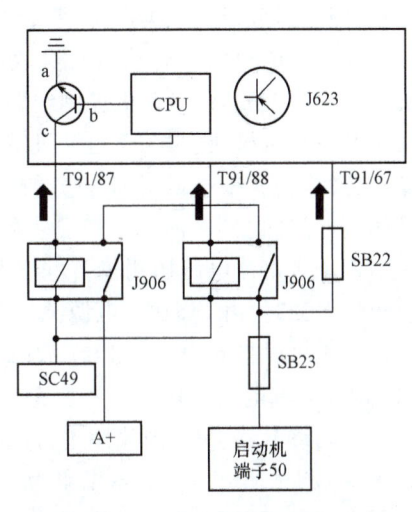

图 3-3-7　启动电源电路　　　　图 3-3-8　T91/87 内部电路简图

J907 继电器线圈电路断路,此时故障现象和 J906 线圈电路断路一样,只是故障码有区别;若 SC49 熔断,故障现象也一样,但是因为两个继电器都不能工作,所以有两个故障码。

(2)启动继电器触点电路故障分析。若 J906、J907 继电器触点电路断路,此时启动机不能工作。故障码为"P308800 启动马达继电器电路电气故障",产生该故障时,启动继电器线圈电路能正常给 J623 信号,J623 判定启动继电器线圈控制电路正常,故障即指向启动继电器触点电路,因此报相应故障码。

若 SB23 熔断时,启动机不能工作,故障码为"P305400 启动机不能转动机械卡死或电气故障",产生该故障时,启动继电器线圈电路能正常给 J623 信号,J623 判定启动继电器线圈控制电路正常;同时,J623 端子 T91/67 能接收到启动继电器触点吸合成功的反馈信号,但是由于启动机不工作,转速传感器给 J623 的转速信号为 0,两者信号不匹配,J623 判定启动机故障,给出相应故障码。

(3)启动机的反馈电路故障分析。如图 3-3-8 所示,启动机的反馈电路是指启动继电器触点吸合的信号经 SB22 送至 J623 端子 T91/67 的电路。若 SB22 熔断,此时启动机能启动,但是有故障码"P305300 启动机启动端子 50 返回信息对地短/断路"。这是因为启动机工作，转速传感器给 J623 的相应转速信号，但是 J623 端子 T91/67 的反馈信号为 0，两者信号不匹配，J623 判定启动反馈电路故障，给出相应故障码。

3.3.3 启动系统故障案例分析

1. 迈腾 B8L 汽车无法启动故障诊断

（1）故障现象。一辆 2018 款一汽大众迈腾 B8L 2.0T 车型发生故障。故障现象：按下点火开关后，仪表点亮且内容显示正常；将变速挡杆置于 P 挡或 N 挡位置，挡位指示正常，此时踩下制动踏板（仪表上制动踏板状态指示正常）并按下点火开关，启动机不运转，启动机内无触点吸合的声音。

（2）故障原因分析。根据故障现象结合启动控制原理图（图 3-3-2）进行故障分析，可能导致故障发生的原因：启动机自身故障；启动机接地及电源线路故障，包括线路及启动机电源保险 SB23；启动机控制线路故障，包括启动机继电器（J906/J907）；继电器电源线路及发动机模块 J623 至启动机继电器之间的线路。

（3）故障检测。根据故障原因分析，此时应先对易损部件（继电器、保险）进行测量。具体电路如图 3-3-7 所示，检测步骤如下：

1）用万用表直流电压挡测量蓄电池电压，测量结果为 12.49 V，电源电压正常。

2）测量 SB23。由于 SB23 电源源于启动机继电器 J906、J907，所以如果 SB23 两端电压正常，则可以排除 J906、J907 故障的可能性。经测量发现，SB23 两端为 0 V，可以说明 SB23 前端电路未接通，主要考虑 J906、J907 工作异常。

3）对启动继电器 J906 内线圈进行测量，利用外接线将 J906 外接以便于测量，测量 J906 的 86 号脚对地电压，测量结果为 12.42 V，正常；然后测量 J906 的 85 号脚对地电压，点火开关 ON 挡状态下电压为 12.42 V，此时踩下制动踏板，长按点火开关 E378，发现电压被正常拉低。此时可以说明 J906 内线圈无断路故障，同时可以排除发动机控制单元 J623 到 J906 之间断路故障的可能性。

4）对启动继电器 J906 触点脚进行测量，测量 J906 的 87 号脚对地电压，点火开关 ON 挡状态下，开关不吸合，所以测量结果为 0 V，此时踩下制动踏板，长按点火开关 E378，听到 J906 内部开关吸合的声音但电压仍为 0 V，可以判断 J906 内触点烧蚀或断裂。

（4）故障排除。更换启动机继电器 J906，再次尝试启动发动机，踩下制动踏板，同时按下点火开关，启动机正常运转，发动机启动，故障解除。

（5）回顾分析总结。本案例通过对迈腾 B8L 2.0T 车型的启动控制逻辑进行分析，总结了迈腾 B8L2.0T 车型发动机无法启动的可能原因，并结合故障原因对实际故障进行了检测，最终顺利排除故障。

2. SB23 熔断丝损坏导致迈腾 B8L 汽车无法启动故障诊断

（1）故障现象。一辆 2017 款 B8L 汽车，驾驶员反映汽车无法启动。

（2）初步检查。接车后，维修技师对该车进行初步检查。打开点火开关，方向盘解锁，仪表点亮，仪表指示灯无异常；启动发动机，启动机不转。

（3）故障原因分析。

分析故障现象：①由于方向盘解锁，说明防盗解除，仪表点亮，说明 15 电生成；②仪表指示灯无异常，说明动力系统通信无异常；③启动机不转，故障可能为启动机自身故障，启动机电源故障，启动机控制线路故障，如图 3-3-7 所示。

（4）故障诊断。

1）读取故障码。用故障诊断仪进入一汽大众→普通模式→系统选择，系统选择 J623，读取静态故障码：P305400 启动机不能转动，机械卡死或电气故障。

2）读取数据流。点火开关分别位于 ON 挡和 ST 挡，用故障诊断仪读取 J623 控制单元内启动机控制继电器、启动请求、P/N 信号等数据流，见表 3-3-2。

表 3-3-2 诊断测试数据流

参数名称	标准描述	测试结果	测试结论	测试条件
启动机控制，继电器 1	0−1	0−1	正常	ON−ST
启动机控制，继电器 2	0−1	0−1	正常	ON−ST
启动请求，50 端子测量—返回	1−0	1−0	正常	ON−ST
启动机控制，互锁或 P/N 信号	1−0	1−0	正常	ON−ST

分析测试结果，控制单元 J623 已经通过反馈接收到了启动继电器 2 输出的信号，故障可能为启动继电器 2 输出、启动机 50♯端子线路故障、启动机电源故障、启动机自身故障。该表数据组结果，右侧端子数据组异常，进一步检查 J519 的右侧 30 端子电压。

3）万用表测试。利用万用表测试 SB23 熔断丝输入和输出的电压值，测试结果见表 3-3-3。

表 3-3-3 SB23 熔断丝测量数据表

参数名称	标准描述	测试结果	测试结论	测试条件
SB23 输入端	0 V～+B	0 V～+B	正常	ON−ST
SB23 输出端	0 V～+B	0 V 不变	异常	ON−ST

根据测试结果，SB23 熔断丝输出端异常，拔下 SB23 熔断丝测量电阻为无穷大，说明熔断丝损坏，熔断丝损坏可能是由于线路过载，检测 SB23 插座输出端对搭铁电阻，电阻为无穷大，说明 SB23 下游线路没有对搭铁短路情况，综上所述，故障 SB23 熔断丝自身损坏。

（5）故障排除。更换 SB23，故障排除。

（6）回顾分析总结。SB23 熔断丝、启动机 50 端子电路、启动机电源、启动机自身损坏，都会报"启动机卡死—电气故障"的故障码。诊断 SB23 熔断丝之后的电路或元件故障时，注意诊断步骤。

任务准备

(1) 通过链接，查看迈腾 B8L 启动系统的故障验证实训。

(2) 通过链接，查看迈腾 B8L 启动系统故障诊断排除实训。

任务实施

实训 3.3.1　启动系统故障验证及排故实训

1. 实训要求

根据配置的实训条件，按表 3-3-4 设置故障点，实施"启动系统故障验证实训"和"启动系统故障诊断排除实训"。

表 3-3-4　启动系统故障诊断实训故障点设置表

设置故障点
1. 启动控制电路 (1) 启动信号电路：断路/搭铁。 (2) 制动灯开关电路：信号线断路/搭铁、信号反馈线断路/搭铁。 (3) 挡位信号电路：断路/搭铁。 2. 启动电源电路 (1) J906：J906 线圈断、J906 触点烧蚀。 (2) J907：J907 线圈断、J907 触点烧蚀。 (3) SC49 熔断。 (4) SB23 熔断。 3. 启动信号反馈电路 SB22 熔断

2. 实训条件

(1) 设备场地：迈腾 B8L 整车/迈腾 B8L 整车台架、仿真实训软件。

(2) 仪器工具：解码器、示波器、万用表、工具车、零件盒。

(3)实训资料：维修手册(电路图)、电子资料。

3. 实训步骤

(1)故障验证实训步骤。

1)自设置一个故障点。

2)观察故障现象。

3)读取故障码/数据流。

4)使用万用表或示波器测量关键点电信号。

根据上述故障现象数据，分析验证工作原理(故障机理/故障逻辑关系)。

(2)故障诊断排除实训步骤。

1)预先设定一个或多个故障点。

2)观察故障现象。

3)读取故障码/数据流。

4)分析可能原因。

5)根据可能原因，按步检测确诊故障点。

6)排除故障并验证。

7)分析总结相关故障机理及检测方法。

(3)完成任务工单。根据实训内容，查阅资料，填写任务工单。

任务工单 3.3.1 启动系统故障验证

1. 明设故障点，填写表单(故障点选自表 3-3-4)

序号	明设故障点	故障现象	故障信息检测				原因分析
			检测仪检测		万用表检测		
			读取故障码	数据流	检测点结果	检测条件	

2. 成绩评定标准

任务工单 3.3.2　启动系统故障诊断排除实训

1. 暗设故障点，填写表单

(1)故障现象观察	观察故障现象
(2)故障分析	
(3)故障信息检测	读取故障码/数据并做分析 故障码： 数据： 分析：
(4)故障原因分析	根据故障现象、故障码/数据，结合维修手册，分析原因
(5)故障检测判断	检测内容　　　　　　检测结果　　　　　分析判断
(6)故障确认排除	
(7)分析总结	

2. 成绩评定标准

练习与思考

(1) 通过链接，查看练习与思考习题。

(2) 通过链接，查看练习与思考答案。

项目3　拓展园地

　　汽车早期的启动依靠人力——手摇启动，后来发展成用电启动，现在启动电路中又加了启动继电器、挡位开关、启动防盗控制等，启动控制技术越来越完美。技术的发展离不开人类的大胆创新，学生在学习过程中要敢于质疑，不仅满足于去想"这个问题原来是这样的"，而且要想"这个问题为什么不可以是那样的"。古人云："于不疑处生疑方为进。"许多科学家、发明家的创造和发明，就是因为他们有自己独特而敏捷的，甚至是反传统的思维触角，才有了各种伟大发明的创造。

项目 4
汽车雨刮系统检修

项目描述

汽车雨刮系统属于车辆的标准配置,可起到清洁前风窗玻璃及清除前风窗玻璃雨水的作用,改善驾驶员的能见度,增加行车安全。本项目从雨刮系统性能检查、雨刮系统检测维修、雨刮系统故障诊断三个任务展开,通过以上三个任务的学习和实施,学生会操作使用雨刮,熟悉雨刮系统的控制逻辑,并能对雨刮系统部件及电路进行检测维修,具备诊断和排除雨刮系统相关故障的能力。

任务 4.1 雨刮系统性能检查

任务描述

赵先生有一辆 2019 款大众迈腾 B8L 汽车,行驶里程 9.8 万千米,开车的时候发现雨刮不能工作,他把汽车开到汽车 4S 店检查。假如你是刚到这家 4S 店工作的实习生,师傅让你对雨刮系统做初步的检查,请问你该如何做呢?

任务分析

要完成客户车辆雨刮系统的性能检查,首先需要查阅使用手册,操作雨刮开关,完成功能检查,明确故障现象;其次对雨刮主要部件及插接器进行初步检查,判断有无松动或烧蚀现象;最后还可以利用诊断仪进行雨刮系统故障码和数据流的读取,为接下去雨刮的检测维修及故障诊断提供初始数据。

学习目标

知识目标

1. 掌握汽车雨刮系统的功用、结构组成;

2. 掌握汽车雨刮系统的类型；
3. 了解汽车雨刮系统各挡位的工作。

技能目标

1. 能对雨刮进行功能操作及检查；
2. 能规范安全更换雨刮片；
3. 能找到雨刮系统各部件实车位置；
4. 能用诊断仪进行雨刮系统故障码和数据流的读取。

素质目标

1. 通过线上学习、小组探究，学生锻炼自主学习的能力；
2. 通过企业 7S 标准规范管理操作，培养学生规范、安全意识；
3. 通过实践操作、清洁整理整顿等要求，培养学生崇尚劳动、热爱劳动、辛勤劳动、诚实劳动的劳动精神。

相关知识

4.1.1 雨刮系统的认识

1. 雨刮系统的作用

汽车雨刮系统的主要作用是喷水、刮水。利用雨刮片刮除附着于车辆挡风玻璃上的雨点；向风窗表面喷洒清洗液，利用雨刮片刮除清洗液，保持风窗表面洁净，从而改善驾驶员的能见度，增加行车安全。

雨刮一般有快挡、慢挡、间歇挡、点动挡、喷水挡、复位挡几个不同挡位。大雨可使用雨刮快挡，雨刮可快速来回摆动，刮除前挡风玻璃处的雨水；小雨使用雨刮慢挡，雨刮慢速来回摆动，刮除雨水；毛毛细雨时可使用间歇挡，雨刮间歇摆动，既可清除前挡风玻璃雨水又不会影响驾驶员视线；使用点动挡时，雨刮片只来回摆动一次，刮除前挡风玻璃雨水后即停止；前挡风玻璃较脏时，可使用喷水挡，喷水电动机向风窗表面喷洒清洗液，再利用雨刮片刮除清洗液，保持风窗表面洁净；复位挡即关闭挡，雨刮开关打到关闭挡时，雨刮片运转到初始位置才停止，所以一般把关闭挡称为复位挡。

2. 雨刮系统的组成

汽车雨刮系统主要由雨刮电气系统、雨刮传动机构及喷水系统组成。图 4-1-1 所示为雨刮电动机及传动机构。电动机轴端的蜗杆驱动涡轮 4，涡轮 4 带动摇臂 6 旋转，摇臂 6 使拉杆 7 往复运动，从而带动刮水片左右摆动。

图 4-1-2 所示为雨刮系统中的喷水电动机、储液罐、输液导管以及喷嘴等组成。

雨刮电气系统主要由雨刮开关、雨刮电动机、雨刮继电器、控制单元、喷水电动机等组成，如图 4-1-3 所示。雨刮控制模块在接收到驾驶员操作雨刮开关或者雨量传感器的指令后开始控制喷水电动机及雨刮继电器工作，进而控制雨刮电动机工作。

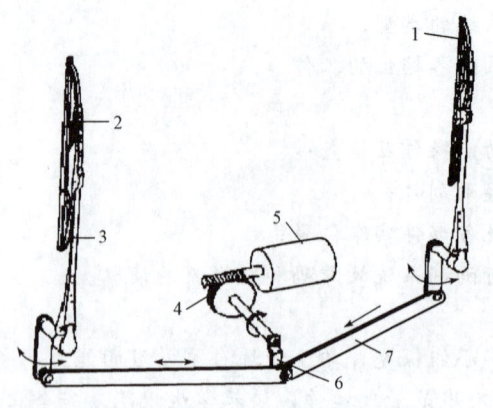

图 4-1-1　雨刮电动机及传动机构

1—刮水片；2—刮水片架；3—雨刮臂；4—涡轮；5—电动机；6—摇臂；7—拉杆总成

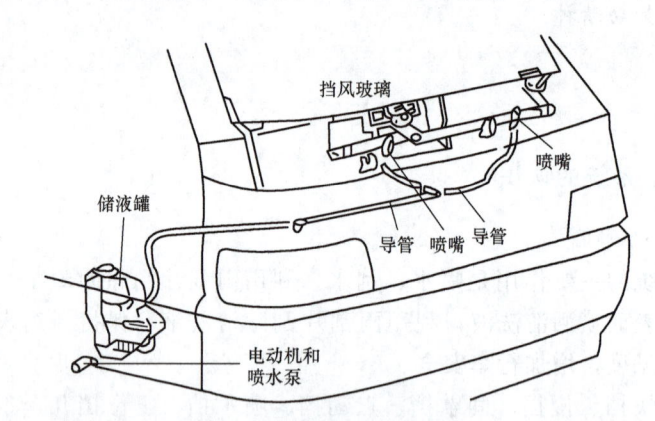

图 4-1-2　喷水系统的组成

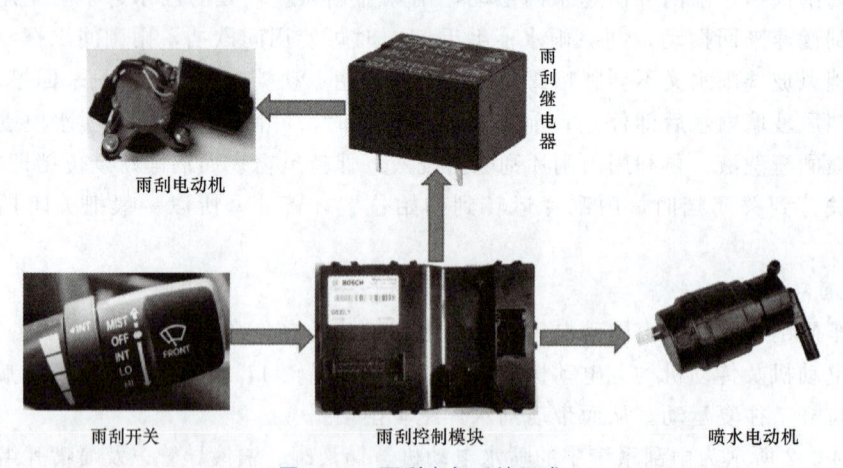

图 4-1-3　雨刮电气系统组成

(1) 雨刮开关。雨刮开关主要是接通和断开雨刮电路，从而控制雨刮电动机与喷水电动机的工作。雨刮开关一般安装在方向盘右下方，与变光开关共用一个拨杆。雨刮开关一般设置有快挡、慢挡、间歇挡、复位挡、点动挡和喷水挡，有些高档汽车还设置有自动挡。

(2)雨刮电动机。雨刮电动机为雨刮的工作提供动力,通过雨刮传动机构可以把雨刮电动机的旋转运动转变为雨刮片的往复运动,从而实现雨刮动作。

雨刮电动机是雨刮片来回摆动的动力源,实物如图 4-1-4 所示。一般雨刮电动机有永磁式和绕线式两种。绕线式雨刮电动机的磁极绕有励磁绕组,通电流时产生磁场,而永磁式雨刮电动机的磁极用永久磁铁制成。

图 4-1-5 所示为永磁式雨刮电动机,电动机主要由外壳及永久磁铁、电枢、电刷及复位器(铜环、触点臂)、蜗轮及蜗杆组成的减速器、输出轴等组成。当电动机通电时电枢转动,经蜗轮、蜗杆和输出轴后,把动力传给传动机构。

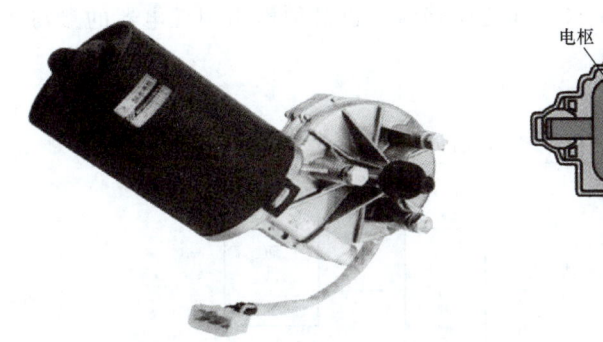

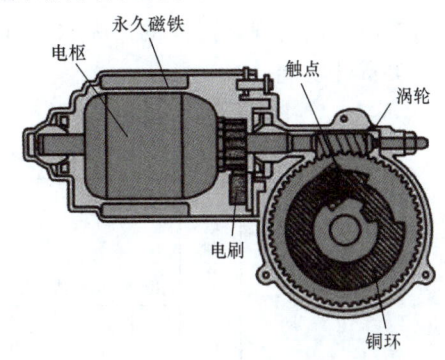

图 4-1-4 雨刮电动机　　　　图 4-1-5 雨刮电动机的结构图

(3)雨刮继电器。早期汽车没有雨刮控制模块,往往利用雨刮继电器实现雨刮的间歇控制。安装有雨刮控制模块的汽车可以不用雨刮继电器,所有功能都由雨刮控制模块实现;也有汽车安装了雨刮控制模块,但是在雨刮电路中仍然安装了低速雨刮继电器、高速雨刮继电器,这些继电器主要起到安全保护以及转换电路的作用。

(4)雨刮控制模块。雨刮控制模块主要是接收雨刮各挡位开关及相应传感器信号,通过控制模块内部电路处理之后,控制雨刮电动机或喷水电动机工作。有些汽车雨刮控制模块是独立的,例如帕萨特 B5,有些汽车雨刮控制模块的功能集成车身控制模块内部。

(5)喷水电动机。喷水电动机主要作用是喷出清洗液到挡风玻璃上进行清洗,一般和玻璃清洗液箱装在一起,便于泵出玻璃清洗液,如图 4-1-6 所示。

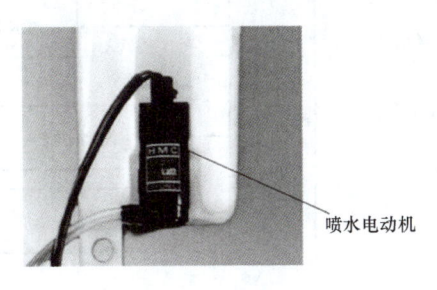

图 4-1-6 喷水电动机实物

项目 4　汽车雨刮系统检修

111

4.1.2 雨刮系统的类型

汽车雨刮系统的工作按控制方式不同，大致可以分为三种类型：继电器控制的雨刮系统、模块控制的雨刮系统、模块和网络控制的雨刮系统。

1. 继电器控制的雨刮系统

早期的汽车，雨刮系统的工作往往由雨刮开关和雨刮继电器控制，如图 4-1-7 所示，雨刮电动机快慢挡的实现由雨刮开关直接控制；其他几个挡位，由开关控制继电器实现相应功能。雨刮间歇挡时，雨刮电动机间歇工作，必须由带有电子电路的雨刮继电器控制才能实现，同样的，喷水挡和复位挡时，也必须由雨刮继电器的参与才能实现此类特殊功能。

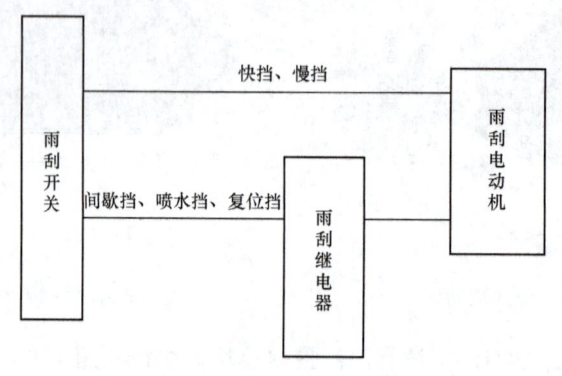

图 4-1-7 继电器控制的雨刮系统

2. 模块控制的雨刮系统

随着技术的发展，雨刮系统增加了许多新的功能，如增加了点动挡、间歇时间可以调整，还可以根据雨量的大小自动调整雨刮运转速度等，传统的雨刮继电器无法满足这么多新功能，因此，现代汽车的雨刮系统中引入了雨刮控制模块，如图 4-1-8 所示。控制模块接收雨刮开关送过来的各挡位信号，通过控制模块内部电路识别处理后在相应端子输出控制电压，控制高低速继电器工作，以此来控制雨刮的工作。还有些汽车的雨刮控制模块可直接控制雨刮的工作，不再经过继电器的控制。

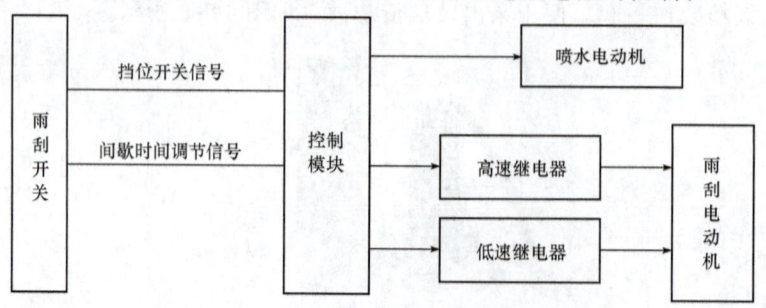

图 4-1-8 模块控制继电器工作的雨刮系统

3. 模块和网络控制的雨刮系统

现代汽车的电控功能越来越强大，为了实现强大的控制功能及布线方便，汽车上采用了越来越多的控制模块，如图 4-1-9 所示，雨刮电动机和控制器集成在一起称为雨刮电动机模块，控制模块 1 和控制模块 2 用 CAN 线连接，控制模块 2 和雨刮电动机模块用 LIN 线连接。雨刮开关把挡位开关信号送给控制模块 1，控制模块 1 通过 CAN 线把雨刮开关信号送给控制模块 2，通过 LIN 线控制雨刮电动机模块的工作。

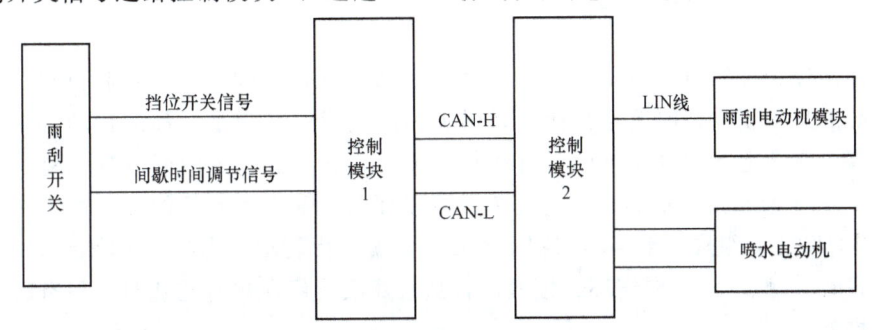

图 4-1-9 模块及网络控制的雨刮系统

4.1.3 雨刮系统的工作过程

1. 雨刮的变速原理

如图 4-1-10 所示，雨刮电动机是利用三个电刷来改变正、负电刷之间串联线圈的个数以实现高低速变速运转。其工作原理：雨刮电动机工作时，在电枢内同时产生反电动势，其方向与电枢电流的方向相反。如要使电枢旋转，外加电压必须克服反电动势的作用。当电动机转速升高时，反电动势增高，只有当外加电压等于反电动势时，电枢的转速才能稳定。

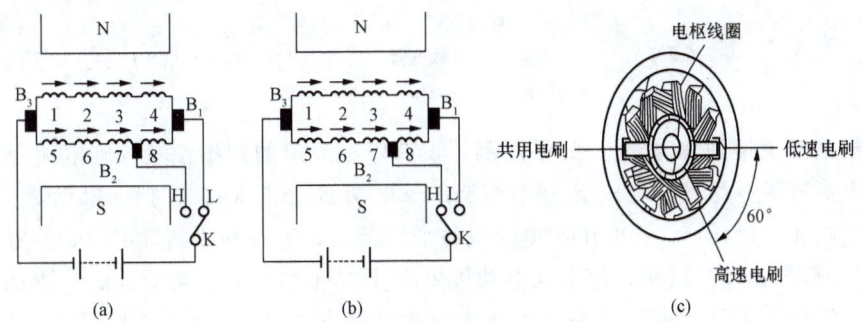

图 4-1-10 雨刮的变速原理
(a)低速旋转；(b)高速旋转；(c)电刷的布置

(1)当雨刮电动机工作时，电枢绕组产生的反电动势的方向如图 4-1-10(a)中箭头所示。当将雨刮开关 K 拨向 L（低速）时，电源电压 U 加在电刷 B_1 和 B_3 之间。在电刷 B_1 和 B_3 之间的两条并联支路中，每条支路各有四个串联绕组，反电动势的大小与支路中反电动势的大小相等。由于外加电压需要平衡四个绕组产生的反电动势，故电动机转速较低。

(2)当将雨刮开关 K 拨向 H（高速）时，如图 4-1-10(b)所示，电源电压 U 加在电刷 B_2 和 B_3 之间。在两个电刷 B_2、B_3 之间也有两条并联支路，一条支路有三个绕组串联，另一条支路有五个绕组串联,但其中一个绕组的反电动势方向与另四个绕组的反电动势方向相反。雨刮电动机内部的磁场方向和电枢的旋转方向没有变化,所以各绕组内反电动势的方向与低速时相同。但是外加电压只需平衡三个绕组所产生的反电动势,因此,雨刮电动机的转速增高。

2. 雨刮的复位原理

当雨刮停止工作时,为了避免刮水片停在风窗玻璃中间,影响驾驶员视线,要求雨刮系统能自动复位,即无论在什么时候关闭雨刮开关,刮水片都能自动停在风窗玻璃的下部。汽车上雨刮电动机设有自动复位装置,它由涡轮上的回位盘和复位开关组成。图 4-1-11 所示为刮水器自动复位装置的原理图。刮水器的复位开关内主要由触点 4、6 和铜环 7、9 组成,铜环随着刮水电动机的旋转而转动。当刮水片停在风窗玻璃的最低位置时,触点 4、6 和铜环 7 接触;若刮水片没有停在规定位置时,只有触点 6 和铜环 9 接触。

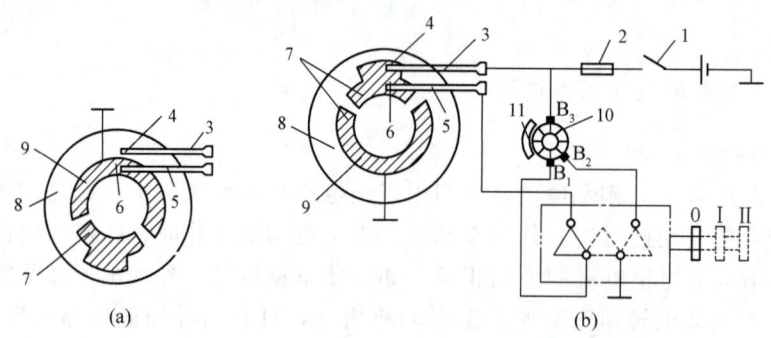

图 4-1-11 雨刮电动机总成自动复位装置原理图
(a)雨刮在初始位置;(b)雨刮在初始位置
1—电源开关;2—熔丝;3、5—触电臂;4、6—触点;7、9—铜环;
8—涡轮;10—电枢;11—永久磁铁

当雨刮开关推到"0"挡时,如果雨刮片没有停在规定的初始位置,则电流经蓄电池正极→电源开关→熔丝→电刷 B_2→电枢绕组→电刷 B_1→刮水器"0"挡→触点臂 5→铜环 9→搭铁[图 4-1-11(a)],这时雨刮电动机将继续转动,当雨刮片到规定初始位置时,触点臂 3、5 都与铜环 7 接触,使雨刮电动机短路[图 4-1-11(b)]。与此同时,雨刮电动机电枢由于惯性而不能立刻停下来,电枢绕组通过触点 3、5 与铜环 7 接触而构成回路,电枢绕组产生感应电流,因而产生制动扭矩,电动机迅速停止转动,使刮水器的刮水片停在规定的初始位置。

3. 雨刮系统的智能控制

雨刮系统的智能控制一般是指雨刮开关置于 AUTO 挡时,雨刮电动机会根据雨量的大小自动调节雨刮的运转速度,核心部件是雨量与光线传感器。

雨量与光线传感器可根据光线折射率的不同感应前风挡玻璃的沾水湿润程度,实现刮水器的自动接通和关闭,同时该传感器也能感受光线的亮度,从而自动接通前照灯。

雨量与光线传感器内集成有环形的发光二极管和光电二极管,发光二极管在乘员舱内透过前风挡玻璃发射出红外线光，图 4-1-12 所示为雨量与光线传感器的工作原理图。

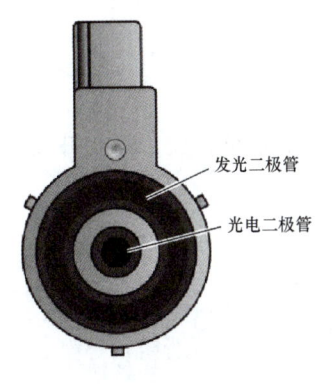

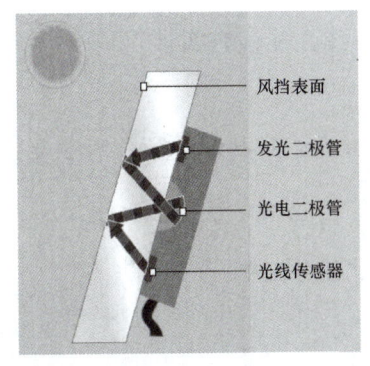

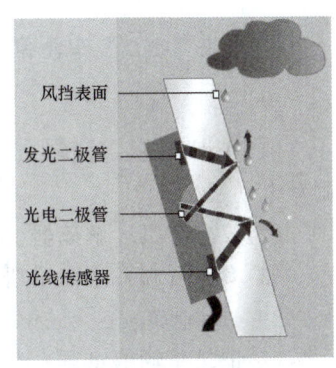

图 4-1-12　雨量与光线传感器的工作原理

如果玻璃处于干燥状态，则发光二极管发出的红外线按照全反射原理进行反射，红外线光由玻璃的表面反射回来，则集成在该传感器中央的光电二极管能接收到较多的光，记录了高的光的强度。

如果玻璃浸湿了，玻璃表面的光学特性就发生了变化，玻璃表面因水滴的作用会发生散射，则光线发生折射，反射的光量将会减少了，这样光电二极管接收到的光也就减少了，于是信号电压就发生了改变，光电二极管记录了低的光的强度。

任务准备

（1）通过链接，查看迈腾 B8L 雨刮系统的操作。

（2）通过链接，查看迈腾 B8L 雨刮系统的实车部件认知。

（3）通过链接，查看迈腾 B8L 雨刮系统数据流的读取。

任务实施

实训 4.1.1　汽车雨刮系统性能检查实训

1. 实训条件

(1) 实训设备：迈腾 B8L 整车，吉利帝豪 EV300 整车，雨刮系统台架、雨刮开关、雨刮电动机。

(2) 仪器工具：解码器、万用表、工具车。

(3) 实训资料：维修手册、任务工单。

2. 实训步骤

(1) 记录车辆信息。

(2) 读取故障码/数据流。

(3) 就车观察认知雨刮系统：查询维修手册，就车观察雨刮系统各部件安装布置；分析各部件电气连接方式。

(4) 检查雨刮系统的工作情况：操作雨刮开关各挡位并进行功能检查；汽车雨刮系统数据流读取。

3. 任务工单

根据实训内容，查阅资料，填写任务工单。

任务工单 4.1.1　汽车雨刮系统认知检查实训

1. 迈腾 B8L 雨刮系统部件认知（根据原车电路图及安装位置图查找）

序号	名称	代号	实车位置	作用
1	雨刮开关			
2	雨刮电动机模块			
3	喷水电动机			
4	大灯制动装置清洗泵			
5	雨量与光照识别传感器			
6	车窗玻璃清洗液液位传感器			
7	发动机舱盖开关			
8	转向柱控制单元			
9	车载电网控制单元			

2. 功能操作及检查

查阅使用手册，操作雨刮开关，在实车或者台架上完成功能操作
(1)该车型雨刮系统工作条件
点火开关 ON□　　　　发动机舱盖打开□　　　　发动机运行□
(2)开关操作
1)点动挡：正常□　异常□　　　　2)低速挡：正常□　异常□
3)高速挡：正常□　异常□　　　　4)间歇挡：正常□　异常□
5)关闭挡：正常□　异常□　　　　6)喷水挡：正常□　异常□
(3)实车操作是否具备自动刮水功能
1)具备□
将开关挡位打至自动挡位，使用喷水壶对准雨量与光线传感器喷洒，观察雨刮电动机动作。
正常□　异常□
2)不具备□

3. 数据流读取

信息读取	故障码清除与读取		
	模块（系统）	故障码	故障码含义
	数据流读取		
	参数名称	显示值	读取条件

4. 成绩评定标准

练习与思考

(1)通过链接，查看练习与思考习题。

(2)通过链接,查看练习与思考答案。

任务 4.2　雨刮系统检测维修

任务描述

赵先生的 2019 款大众迈腾 B8L 1.8TSI 轿车,行驶里程 9.8 万千米,经初步检查,雨刮在各个挡位下均不能工作,并且仪表上显示有雨刮器故障。你在这家 4S 店的机电维修岗位上刚过实习期,师傅对你的实习表现很是满意,现在他让你对雨刮电动机模块、雨刮开关进行检测,请问你该如何做呢?

任务分析

要完成客户车辆雨刮系统的检测维修,首先需要查阅电路图及维修手册,掌握雨刮系统电路,并能利用万用表、示波器等进行雨刮系统的电路测量及部件检测并判断好坏,并能更换相关零部件。

学习目标

知识目标

1. 掌握汽车雨刮系统的控制逻辑;
2. 熟悉典型汽车雨刮系统的电路。

技能目标

1. 能对雨刮电路进行检查、测试、维修或更换;
2. 能对雨刮电气部件进行检查、测试、维修或更换。

素质目标

1. 通过维修资料的查阅分析、检测数据的有效选取分析,培养学生自身的信息处理能力;
2. 通过小组探究、方案制定,学生锻炼沟通表达、合作、自主学习的能力;
3. 通过企业 7S 标准规范管理操作,培养学生规范、安全意识;
4. 通过实践操作、清洁整理整顿等要求,培养学生崇尚劳动、热爱劳动、辛勤劳动、诚实劳动的劳动精神。

相关知识

4.2.1 雨刮系统的控制原理

雨刮电动机是汽车雨刮系统的核心部件,雨刮电动机不仅要实现变速,还要具备复位功能,目前汽车上的雨刮电动机按照结构不同分为五线式、四线式、三线式。

1. 五线式雨刮电动机控制

图 4-2-1 所示为五线式雨刮电动机电路图,主要由电机及复位开关组成。雨刮电动机有 5 个插脚:CA21/1、CA21/4、CA21/5 脚分别连接雨刮电动机的偏置电刷、正电刷和负电刷。根据雨刮电动机变速原理可知,从偏置电刷供电给雨刮电动机可以快速运转,从正电刷供电给雨刮电动机慢速运转,所以 CA21/1 脚为快挡供电脚,CA21/4 脚为慢挡供电脚,CA21/5 脚为雨刮电动机搭铁脚。CA21/3 和 CA21/2 脚和复位开关相连。当雨刮片位于前风挡玻璃初始位置时,复位开关 CA21/3 脚和 CA21/5 脚导通;当雨刮片在前风挡玻璃的中间位置时,复位开关 CA21/3 脚和 CA21/2 脚导通。吉利帝豪 EV300、福克斯等车型的雨刮采用该类型电动机。

2. 四线式雨刮电动机控制

图 4-2-2 所示为四线式雨刮电动机电路图,内部由电动机及复位开关组成。雨刮电动机有四个插脚:CA18a/1、CA18a/2、CA18a/3、CA18a/4。其中,CA18a/1 脚连接雨刮电动机负电刷,为雨刮电动机的搭铁脚;CA18a/3 连接雨刮电动机正电刷,为雨刮电动机的慢挡供电脚;CA18a/4 脚连接雨刮电动机偏置电刷,为雨刮电动机快挡供电脚。CA18a/2 和复位开关相连,当雨刮片位于前风挡玻璃初始位置时,复位开关 CA18a/2 脚和 CA18a/1 脚导通;当雨刮片在前风挡玻璃的中间位置时,复位开关 CA18a/2 脚和 CA18a/1 脚断开。吉利帝豪 EV450、帕萨特等车型的雨刮采用该类型电动机。

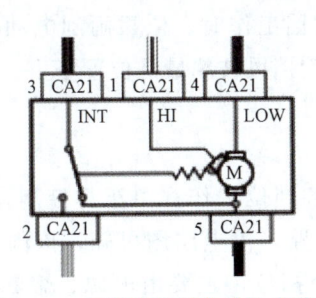

图 4-2-1 五线式雨刮电动机电路图

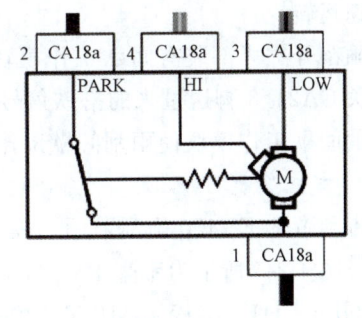

图 4-2-2 四线式雨刮电动机电路图

3. 三线式雨刮电动机控制

图 4-2-3 所示为三线式雨刮电动机模块电路图,内部由雨刮电动机及控制单元集成而成。该雨刮电动机模块有 3 个插脚。T4gu/1 插脚是供电脚,T4gu/2 插脚是搭铁脚,分别给雨刮电动机模块供电。还有一个插脚 T4gu/4 通过 LIN 线和雨刮控制模块连接,雨刮控制模块通过这条 LIN 线控制雨刮的工作,雨刮的位置信号也通过 LIN 线反馈给

雨刮控制模块。大多数高端汽车采用这种雨刮电动机模块进行控制。

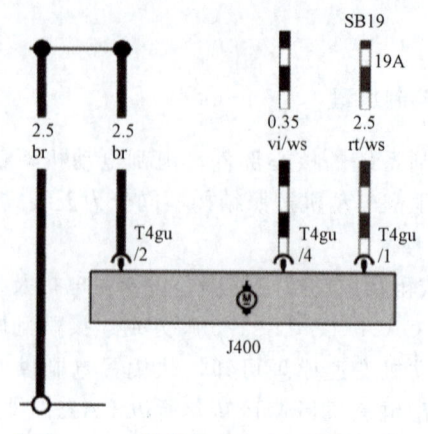

图 4-2-3　三线式雨刮电动机模块电路图

4.2.2　雨刮系统电路分析

不同车辆雨刮的功能略有差异，但雨刮电路的控制逻辑基本是相似的，熟悉雨刮的电路，对后续快速检测、维修、诊断雨刮系统故障有很大帮助。下面以吉利帝豪EV300、EV450和迈腾B8L为例，分析其电路。

1. 吉利帝豪EV300雨刮系统电路分析

图4-2-4所示为吉利帝豪EV300雨刮电路图，由电路图可知，该雨刮系统主要由电源、熔断丝IF27、雨刮洗涤器组合开关、前雨刮电动机、前洗涤电动机等组成。该电路主要由雨刮开关直接控制前雨刮电动机及前洗涤电动机的工作。

雨刮的快慢挡由雨刮开关直接控制，电流从雨刮电动机正电刷CA21/1脚流入雨刮电动机时，雨刮快速运转，电流从雨刮电动机正电刷CA21/4脚流入雨刮电动机时，雨刮慢速运转。

雨刮开关内部装有间歇工作模块，雨刮在间歇挡工作时，依靠雨刮电动机内部复位开关CA21/3脚送过来的搭铁信号保证雨刮片在前挡风玻璃最低位置停止。雨刮开关内部的间歇工作模块使雨刮间歇工作。

2. 吉利帝豪EV450雨刮系统电路分析

吉利帝豪EV450雨刮采用了模块控制，雨刮各挡位工作都由车身控制模块BCM控制。图4-2-5所示为帝豪EV450雨刮系统工作电路，由电路图可知，该雨刮系统总共有OFF、HI、LOW、MIST、间歇、前洗涤六个挡位，主要由电源、熔断丝IF04、EF28、EF02、低速雨刮继电器ER15、高速雨刮继电器ER14、车身控制模块BCM、雨刮组合开关、前雨刮电动机和前洗涤电动机等组成，各挡位工作由BCM集中控制。

（1）雨刮低速挡（LOW）工作电路。雨刮组合开关位于低速挡（LOW）时，开关的10号端子和3号端子接通，此时，BCM的IP20a/16号端子得到一个搭铁信号，此信号为低速挡信号。BCM接收该信号后，低速继电器线圈电路导通，触点吸合，雨刮低速运转，具体电路分析如下：

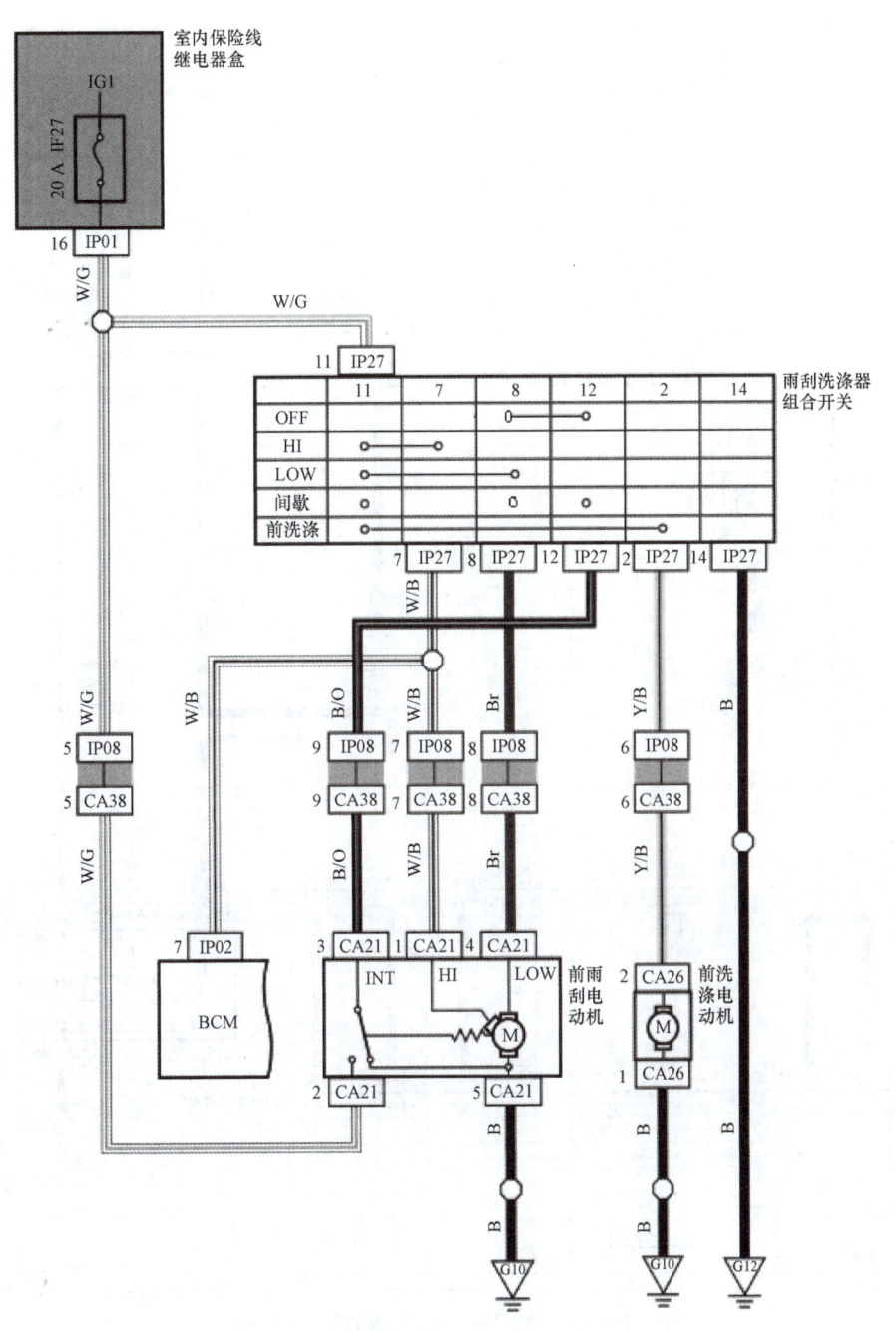

图 4-2-4　吉利帝豪 EV300 雨刮电路

1) BCM 接收雨刮低速挡信号电路。

G28→雨刮开关(IP42/10—IP42/3)→BCM(IP20a/16)。

2) 低速雨刮继电器工作电路。

电源 B+→熔断丝 EF02→低速雨刮继电器(1—2)→BCM(IP21a/17)，当 BCM 通过 IP20a/16 得到一个搭铁信号，低速雨刮继电器线圈电路导通，触点闭合。

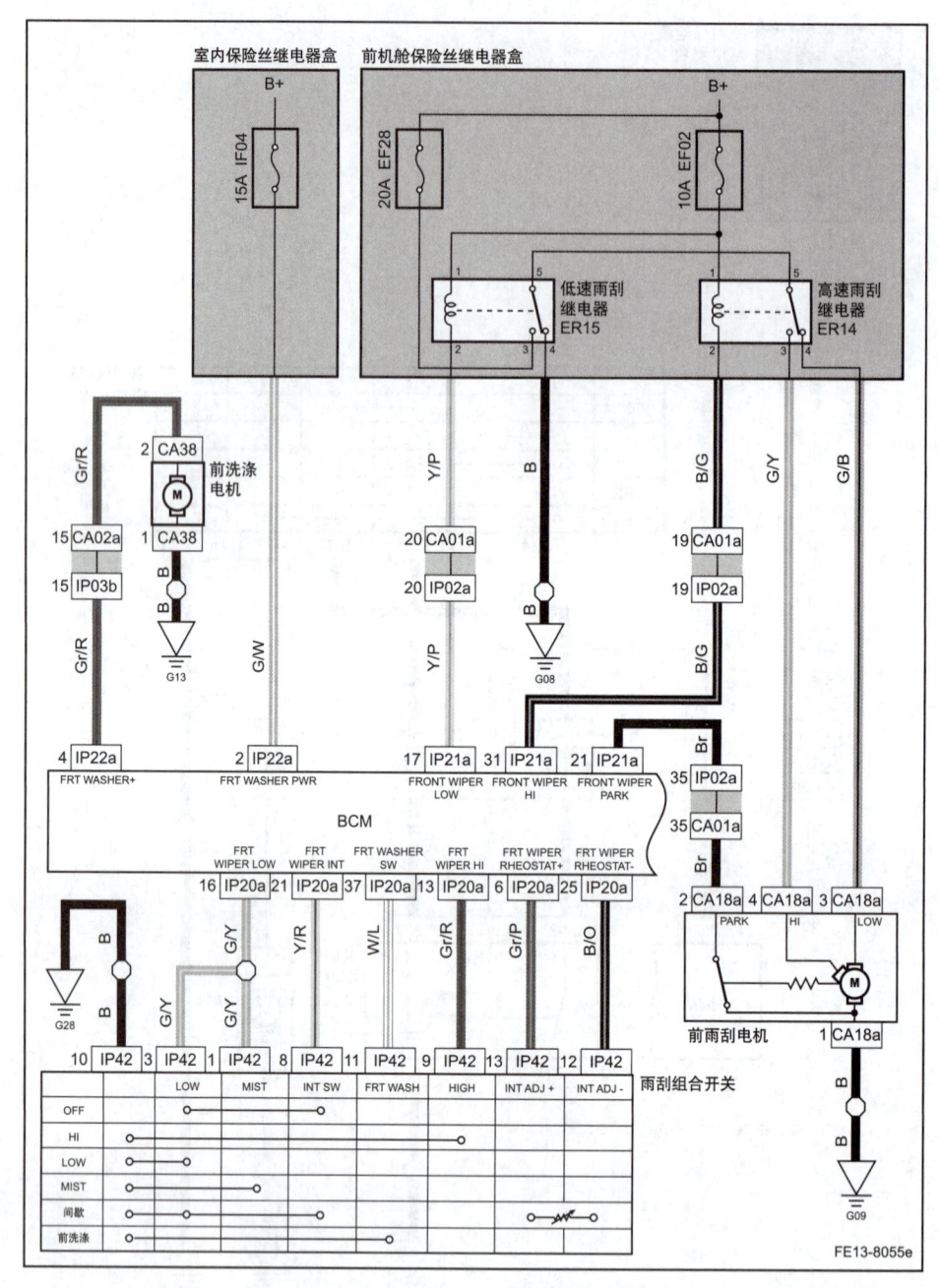

图 4-2-5 吉利帝豪 EV450 雨刮系统工作电路

3)雨刮电动机低速工作电路。

电源 B+→EF28→低速雨刮继电器 ER15(3—5)→高速继电器 ER14(5—4)→雨刮电动机(CA18a/3—CA18a/1)→G09 搭铁，此时电流经前雨刮电动机正电刷进入，前雨刮电动机低速运行。

(2)雨刮高速挡的电路。雨刮组合开关位于高速挡(HI)时，开关的 10 号端子和 9 号端子接通，此时，BCM 的 IP20a/13 号端子得到一个搭铁信号，此信号为高速挡信号。BCM 接收该信号后，高速继电器 ER14 及低速继电器 ER15 线圈电路导通，触点吸合，雨刮高速运转，具体电路分析如下：

1）BCM 接收雨刮高速挡信号电路。

G28→雨刮组合开关(IP42/10—IP42/9)→BCM(IP20a/13)；当雨刮组合开关拨至 HI 挡，BCM 的 IP20a/13 端子接收搭铁信号后，控制低速继电器及高速继电器线圈搭铁。

2）雨刮继电器工作电路。当 BCM 通过 IP20a/13 得到一个搭铁信号（高速挡信号），会将 IP21a/17 及 IP21a/31 脚由高电平拉低至低电平，此时低速雨刮继电器 ER15 及高速雨刮继电器 ER14 线圈通电，继电器触点闭合，低速雨刮继电器的 5 脚与 3 脚导通，高速雨刮继电器的 3 脚与 5 脚导通。低速雨刮线圈控制电路与低速挡相同，高速雨刮继电器线圈电路如下：电源 B+→熔断丝 EF02→高速雨刮继电器 ER14(1—2)→BCM(IP21a/31)，线圈电路导通，触点闭合。

3）雨刮电动机高速工作电路。电源 B+→EF28→高速继电器 ER15(3—5)→高速继电器 ER14(5—3)→雨刮电动机(CA18a/4—CA18a/1)→G09 搭铁，此时电流经前雨刮电动机偏置电刷进入，前雨刮电动机高速运行。

(3)雨刮点动挡(MIST)工作电路。雨刮组合开关的点动挡(MIST)是一个无法定位的挡位，当驾驶员拨至点动挡(MIST)时，开关的 10 号端子和 1 号端子接通，此时，BCM 的 IP20a/16 端子得到一个搭铁信号，BCM 接收该信号后，低速继电器线圈电路导通，触点吸合，雨刮低速运转。驾驶员松手后，雨刮组合开关恢复到 OFF 挡，雨刮停止工作。

(4)雨刮间歇挡的工作电路。雨刮组合开关位于间歇挡时，开关的 10 号端子、3 号端子、8 号端子接通，此时，BCM 的 IP20a/16、IP20a/21 号端子分别接收到搭铁信号，BCM 控制雨刮间歇工作，具体电路分析如下：

1）模块 BCM 接收信号电路。

G28→雨刮开关(IP42/10—IP42/3)→BCM(IP20a/16)；

G28→雨刮开关(IP42/10—IP42/8)→BCM(IP20a/21)。

雨刮组合开关拨至间歇挡时，开关中的 10 号端子和 3 号端子、8 号端子接通，此时，BCM 通过 IP20a/16 号端子和 IP20a/21 号端子分别得到搭铁信号，BCM 判断雨刮需要间歇工作。

2）雨刮电动机工作电路。间歇挡时，低速雨刮继电器线圈通电，触点吸合，雨刮电动机也是低速运转，该工作过程和雨刮低速挡电路相同，不再赘述。

3）雨刮间歇运行电路。间歇挡时，雨刮能间歇工作，主要依靠前雨刮电动机复位开关送给 BCM(IP21a/21)的信号。当雨刮片位于初始位置，BCM(IP21a/21)接收到复位开关送过来的搭铁信号，BCM 就控制低速雨刮继电器线圈断电，雨刮电动机停止工作。间歇一段时间后，BCM 又控制低速雨刮继电器线圈通电，雨刮电动机继续工作。间歇时间取决于间歇调节开关送过来的信号，间歇调节开关的信号送至 BCM 的 IP20a/6 号端子和 IP20a/25 号端子，BCM 根据该信号调节间歇时间。

(5)雨刮复位挡(OFF)的工作过程。OFF 挡时，只有在 BCM 的 IP21a/21 号端子接收到复位开关送过来的搭铁信号，雨刮才会停止工作。

(6)雨刮前洗涤挡的工作。雨刮电动机和喷水电动机的联动配合实现前挡风玻璃的清洁工作，雨刮组合开关位于喷水挡时，开关的 10 号端子和 11 号端子接通，此时，BCM 的 IP20a/37 号端子接收到喷水挡信号，BCM 一方面给前洗涤电动机供电，使其往前风窗玻璃喷玻璃清洗液。随后，BCM 控制前雨刮电动机低速运转，雨刮片刮除前风窗玻璃的玻璃清洗液，当复位开关的初始位置信号送给 BCM，BCM 控制前雨刮电动机停止工作。前雨刮电动机的工作电路和间歇挡的工作类似，这里不再赘述。

3. 迈腾 B8L 雨刮系统电路分析

迈腾 B8L 雨刮系统采用了 LIN 线传输信号，主要由雨刮开关(E22)、转向柱控制单元(J527)、车载电网控制单元(J519)、雨刮电动机控制单元(J400)、喷水电动机(V5)、雨量与光照识别传感器(G397)、发动机舱盖开关(F266)等组成，如图 4-2-6 所示。

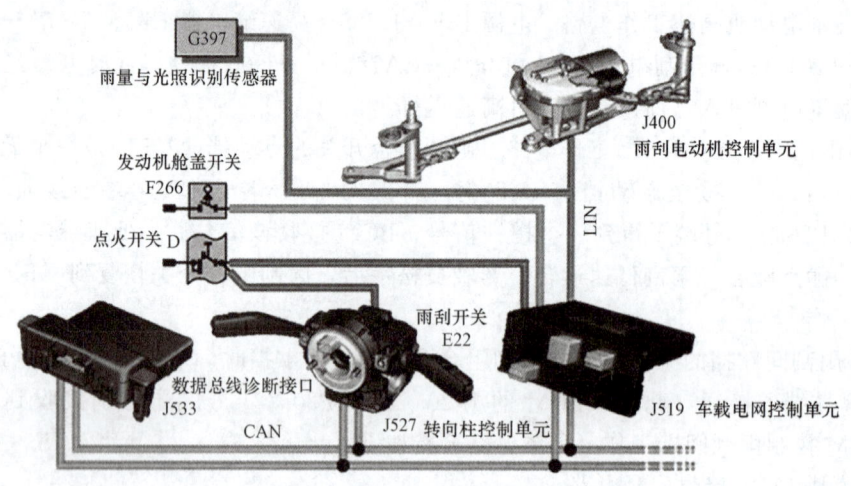

图 4-2-6　迈腾 B8L 雨刮系统组成

雨刮电动机控制单元 J400 与雨刮电动机集成在同一个元件，车载电网控制单元 J519 通过 LIN 总线和雨刮电动机控制单元 J400 连接。雨量与光照识别传感器(G397)安装在车内后视镜底座上，用于雨刮自动挡和前照灯的自动控制。发动机舱盖开关(F266)信号送给 J519，J519 通过该信号判断发动机舱盖是否打开，当发动机舱盖打开时，雨刮不能工作。当雨刮电动机不工作，系统会储存故障码，此时喷水电动机也停止工作。

图 4-2-7 所示为迈腾 B8L 雨刮系统电路图。从该电路图可知，转向柱控制单元 J527 和车载电网控制单元 J519 采用 CAN 连接，车载电网控制单元 J519 和雨刮控制单元 J400、雨量与光照识别传感器 G397 之间用 LIN 连接。

雨刮开关各挡位信号由雨刮开关 E22 送给转向柱控制单元 J527，然后经过 CAN 线传送至车载电网控制单元 J519，J519 对雨刮开关的信号处理后，通过 LIN 总线将信息继续传送到雨刮控制单元 J400，控制雨刮电动机工作。J400 同时把雨刮电动机的工作状态信号通过 LIN 线反馈给 J519，J519 内可以储存雨刮工作相关信息。

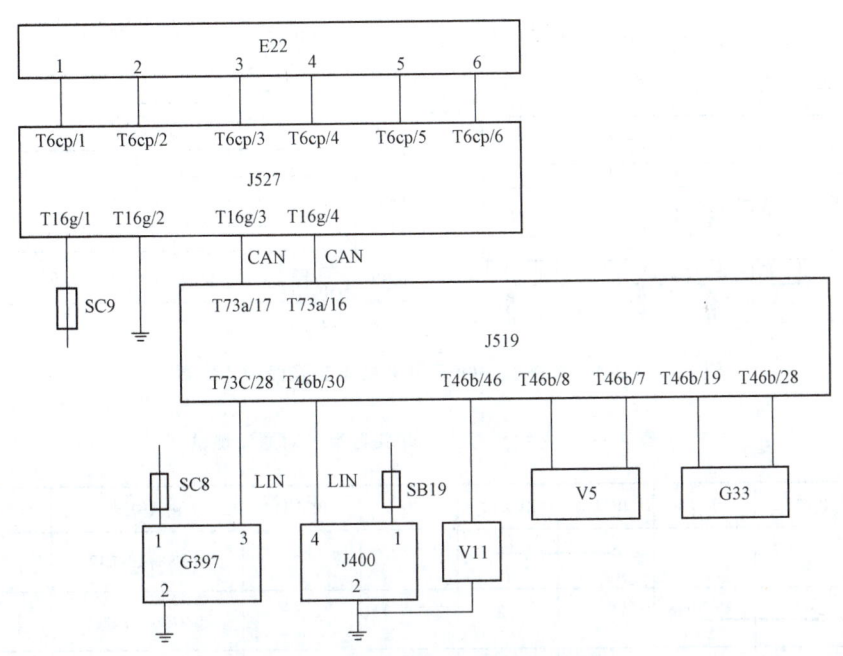

图 4-2-7 迈腾 B8L 雨刮系统电路图

E22—雨刮开关；J527—转向柱控制单元；J519—车载电网控制单元；J400—雨刮电动机模块；
V5—喷水电动机；G397—雨量与光线传感器；V11—大灯清洗装置泵；G33—车窗玻璃清洗液液位传感器

另外，在迈腾 B8L 雨刮电路中，还可以看到大灯清洗装置泵 V11 及车窗玻璃清洗液液位传感器 G33，也就是在此款车型配备了大灯自动清洗功能及车窗玻璃清洗液液位提醒功能。当前照灯处于开启状态，雨刮开关位于喷水挡，大灯自动清洗装置泵 V11 工作，喷出清洗液清洗前大灯。当车窗玻璃清洗液低于最低位置时，车窗玻璃清洗液液位传感器 G33 把信号传给 J519，J519 把信号送给仪表控制单元 J285，仪表上显示液位过低报警灯提醒驾驶员注意。

当发动机舱盖打开时，雨刮也不能工作，发动机舱盖开关的信号送给车载电网控制单元 J519，J519 接收该信号后控制雨刮电动机的工作。

迈腾 B8L 雨刮系统具有自动雨刮功能，根据雨量与光照识别传感器 G397 检测到的雨量信号控制雨刮电动机自动工作。

自动雨刮控制逻辑：点火开关 ON，雨刮开关位于 AUTO 挡时，当接收到雨量与光照识别传感器 G397 发送的信息为小雨时，J519 控制雨刮低速刮水；当接收到雨量与光照识别传感器 G397 发送的信息为大雨时，J519 控制雨刮高速刮水；当接收到雨量与光照识别传感器 G397 发送的信息为毛毛细雨时，J519 控制雨刮间歇刮水；当接收到雨量光线传感器发送的信息为无雨时，J519 控制雨刮停止工作。

4.2.3 雨刮系统检测维修

1. 雨刮开关检测

图 4-2-8 所示为帝豪 EV300 雨刮开关电路及线束连接器，当雨刮开关打到相关挡位时，用万用表测量雨刮开关各挡位(快挡、慢挡、喷水挡)对应的插脚之间的导通情

况，能确定开关是否有故障，具体可以参照表 4-2-1 的方法进行检测维修。

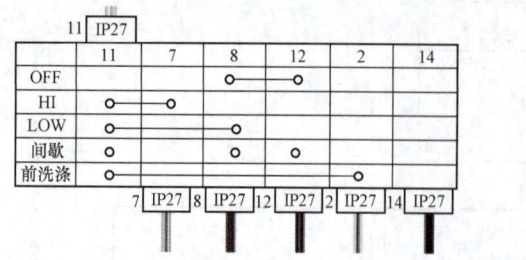

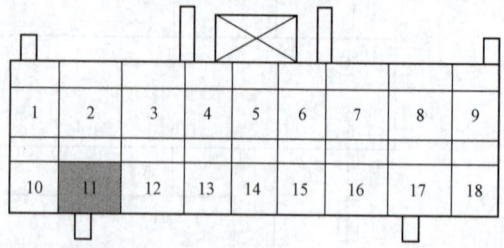

图 4-2-8　帝豪 EV300 雨刮开关电路及线束连接器

表 4-2-1　雨刮洗涤组合开关各端子对通断测试

挡位	IP27/11	IP27/7	IP27/8	IP27/12	IP27/2	IP27/14	测试端子	导通状态
OFF			○────	────○			IP27/8−IP27/12	导通
LOW	○────	────○					IP27/11−IP27/7	导通
HI	○──────────○						IP27/11−IP27/8	导通
喷水	○──────────────────────○						IP27/11−IP27/2	导通

图 4-2-9 所示为迈腾 B8L 雨刮开关电路图，驾驶员操作雨刮开关至目标挡位后，会接通和断开开关内部相应挡位触点，转向柱电子装置控制单元（J527）通过接收不同电信号来识别雨刮开关目前所在的挡位，并把电信号以特定方式处理后，通过 CAN 线传送到车载电网控制单元（J519）。

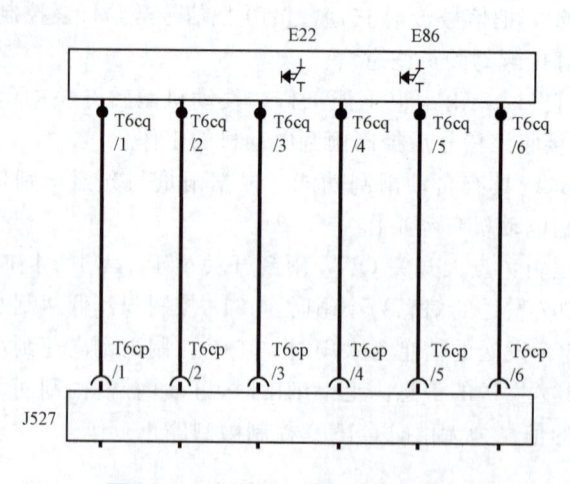

图 4-2-9　迈腾 B8L 雨刮开关电路图

（1）电压信号的检测。打开点火开关将雨刮开关拨至相应挡位，用万用表测量雨刮开关在不同挡位（快挡、慢挡、间歇、点动、前洗涤挡、空挡）工作时各插脚对地电压，具体数值参照表 4-2-2。

表 4-2-2　迈腾 B8L 雨刮开关各端子对地电压测试

部件	插脚	电压/V	作用	备注
E22 雨刮开关	T6cq/1	空脚	无	
	T6cq/2	0	搭铁脚	
	T6cq/3	0.33～0.88	间歇运行调节信号脚	雨刮间歇挡时调节间歇时间时测量
	T6cq/4	0.33～1.08	雨刮各挡位运行信号脚	雨刮开关分别位于不同挡位时测量
	T6cq/5	0	搭铁脚	
	T6cq/6	0.88/0.53	车窗玻璃清洗信号脚	雨刮位于空挡/喷水挡时测量

（2）利用诊断仪进行检查。连接解码器，打开点火开关，进入 J527，操作雨刮开关，读取对应数据流，可判断开关工作状况和信号传递情况。

2. 前雨刮电动机及前洗涤电动机检测

图 4-2-10 所示为帝豪 EV300 前雨刮电动机及线束连接器 CA21，图 4-2-11 所示为帝豪 EV300 前洗涤电动机及线束连接器 CA25。可用万用表测量前雨刮电动机及前洗涤电动机对应的插脚之间阻值判断电动机的好坏。前雨刮电动机及前洗涤电动机各端子间电阻值见表 4-2-3。

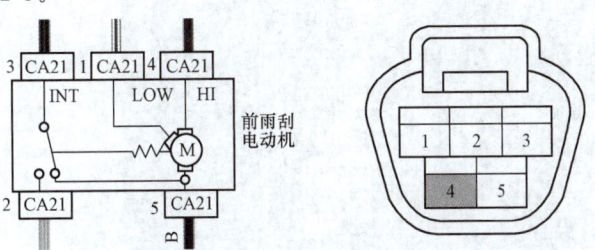

图 4-2-10　帝豪 EV300 前雨刮电动机及线束连接器 CA21

图 4-2-11　帝豪 EV300 前洗涤电动机及线束连接器 CA25

表 4-2-3　前雨刮电动机及前洗涤电动机各端子间电阻值

端子	CA21/5—CA21/1	CA21/5—CA21/4	CA21/5—CA21/3
电阻/Ω	9.5	1.2	0 或无穷大

3. 雨刮电动机控制器 J400 检测

图 4-2-12 所示为迈腾 B8L 雨刮电动机控制器 J400 电路原理图，T4gu/2 插脚为 J400 的搭铁脚，对地电压为 0 V；T4gu/1 插脚为 J400 的供电脚，点火开关 ON 时，该插脚电压为 12 V；T4gu/4 插脚所在的导线为 LIN 线，J519 通过该 LIN 线控制雨刮电动机的工作。雨刮电动机控制器 LIN 线的波形如图 4-2-13 所示，显性电平接近 0 V，隐性电平接近 12 V。

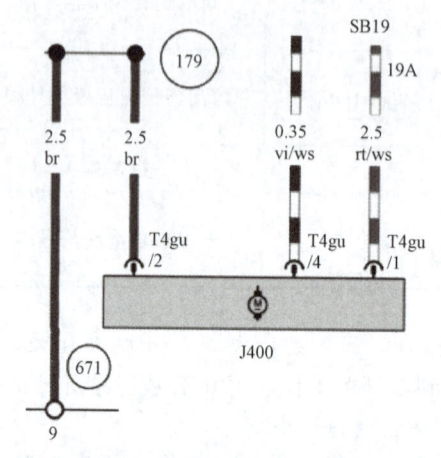

图 4-2-12　迈腾 B8L 雨刮电动机控制器 J400 电路原理图

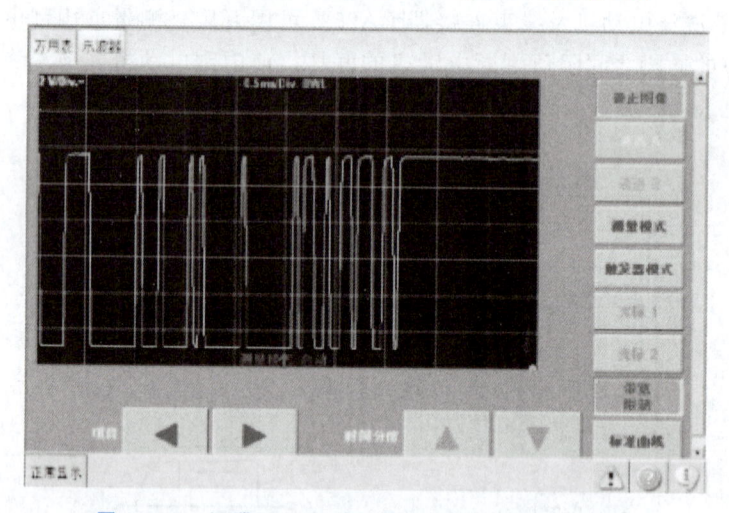

图 4-2-13　迈腾 B8L 雨刮电动机控制器 LIN 线波形图

任务准备

通过链接，查看迈腾 B8L 雨刮电路关键插脚检测。

实训 4.2.1　汽车雨刮系统检测维修

1. 实训条件

(1)实训设备：迈腾 B8L 雨刮系统台架、迈腾 B8L 整车、帝豪 EV300 整车、汽车雨刮部件。

(2)仪器工具：解码器、万用表、工具车。

(3)实训资料：维修手册、任务工单。

2. 实训步骤

(1)汽车雨刮部件检测。

(2)汽车雨刮系统电路检测：按任务工单要求测量各个插脚信号并分析各插脚作用。

3. 任务工单

根据实训内容，查阅资料，填写任务工单。

任务工单 4.2.1　雨刮系统检测维修

1. 汽车雨刮部件检测

查阅电路图及维修手册，进行帝豪 EV450 雨刮开关、电动机的检测
(1)雨刮开关的检测

挡位/插脚	IP42/10	IP42/3	IP42/1	IP42/8	IP42/11	IP42/9	IP42/13	IP42/12	判断
OFF									正常□ 异常□
HI									正常□ 异常□
LOW									正常□ 异常□
MIST									正常□ 异常□
间歇									正常□ 异常□
前洗涤									正常□ 异常□

(2)雨刮电动机检测(测电阻)

2. 迈腾 B8L 雨刮系统电路测量

插脚		电压/V	检测条件	作用
J527	T6cp/1			
	T6cp/2			
	T6cp/3			
	T6cp/4			
	T6cp/5			
	T6cp/6			
	T46b/30			
J400	T4gu/1			
	T4gu/2			
	T4gu/4			

3. 成绩评定标准

练习与思考

(1) 通过链接，查看练习与思考习题。

(2) 通过链接，查看练习与思考答案。

任务 4.3 雨刮系统故障诊断

任务描述

赵先生的 2019 款大众迈腾 B8L 1.8TSI 轿车，行驶里程 9.8 万千米，经初步检查，雨刮在各个挡位下均不能工作，并且仪表上显示有雨刮器故障。假如你是这家 4S 店的维修技师，请问你对此故障应如何进行诊断与排除？

任务分析

要完成客户车辆雨刮不工作的故障诊断，首先需要熟悉雨刮系统的控制原理，然后根据电路图及控制原理对雨刮不工作的原因进行深入分析，最后结合诊断仪器、维修手册对故障进行诊断和排除。

学习目标

知识目标

1. 掌握汽车雨刮系统常见故障机理分析方法；
2. 掌握汽车雨刮系统常见故障诊断分析策略。

技能目标

1. 能制定汽车雨刮系统故障的检修方案；
2. 能规范操作，诊断和排除汽车雨刮系统相关故障。

素质目标

1. 通过自主分析雨刮系统的控制原理、故障机理，培养学生逻辑分析的能力；
2. 通过小组探究、方案制定，学生锻炼沟通表达、合作、自主学习的能力；
3. 通过企业 7S 标准规范管理操作，培养学生规范、安全意识；
4. 通过大师示范操作，培养学生执着专注、精益求精、一丝不苟、追求卓越的工匠精神。

相关知识

4.3.1 雨刮系统常见故障类型

雨刮系统常见的故障主要有雨刮各挡位均不工作、雨刮个别挡位不工作、雨刮不能复位、喷水电动机不工作等。

(1) 雨刮各挡位均不工作。雨刮各挡位均不工作重点考虑各挡位工作电路的公共部分。如雨刮开关、雨刮电动机和喷水电动机、雨刮控制模块、熔断器等，以及以上部件的电源线、搭铁线和网络线等。

(2)雨刮个别挡位不工作。雨刮个别挡位不工作一般是相关部件及电路局部有故障,如雨刮开关、雨刮电动机、雨刮控制模块等部件局部有故障,以及以上部件的相关线路故障或接触不良故障。

(3)雨刮不能复位。雨刮不能复位是指雨刮开关位于 OFF 挡时,雨刮片不能回到初始位置。一般出现这种故障现象都是因为复位开关信号缺失或不准确引起的。引起该故障现象的主要原因有复位开关故障、雨刮控制模块、雨刮开关的局部故障,以及以上部件的相关线路故障或接触不良故障。

(4)喷水电动机不工作。喷水电动机不工作主要原因有喷水电动机及相关线路故障。

雨刮系统常见故障类型及可能原因可见表 4-3-1。

表 4-3-1 雨刮系统常见故障

序号	现象	可能原因
1	雨刮各挡位都不工作	熔断器、雨刮开关、雨刮电动机和喷水电动机、雨刮控制单元等;相关线路或接触不良故障
2	雨刮个别挡位不工作	雨刮开关、雨刮电动机、雨刮控制模块局部故障,相关线路或接触不良故障
3	雨刮慢挡、间歇挡、喷水挡不工作,喷水电动机能工作	主要是控制慢挡工作的部件及相关线路故障。雨刮开关(慢挡)、雨刮电动机(偏置电刷)及相关线路或接触不良故障
4	雨刮不能复位	复位开关、雨刮控制模块、雨刮开关的局部故障,相关线路及接触不良故障
5	雨刮电动机各挡位均不工作,喷水电动机能工作	雨刮开关、雨刮电动机、雨刮控制模块以及相关线路或接触不良故障
6	喷水电动机不工作	喷水电动机及相关线路故障

4.3.2 雨刮系统常见故障原因分析

雨刮系统工作异常的原因多种多样,必须结合雨刮系统的控制原理及控制电路才能正确分析故障原因。现以吉利帝豪 EV300、迈腾 B8L 为例分析雨刮系统常见故障。

1. 吉利帝豪 EV300 雨刮工作异常故障原因分析

吉利帝豪 EV300 雨刮电路如图 4-3-1 所示。从图中可知,帝豪 EV300 雨刮系统由雨刮开关直接控制雨刮各挡位,同时雨刮电动机与喷水电动机共用搭铁点。

(1)雨刮各挡位都不工作。点火开关 ON,拨动雨刮洗涤器组合开关,雨刮电动机和喷水电动机都不工作,造成该故障现象的可能原因如下:

1)雨刮洗涤器组合开关或线路故障;

2)保险丝 IF27 及雨刮洗涤器组合开关供电电路故障;

3)搭铁点 G10 故障,如图 4-3-1 所示,G10 为前雨刮电动机和前洗涤电动机的共用

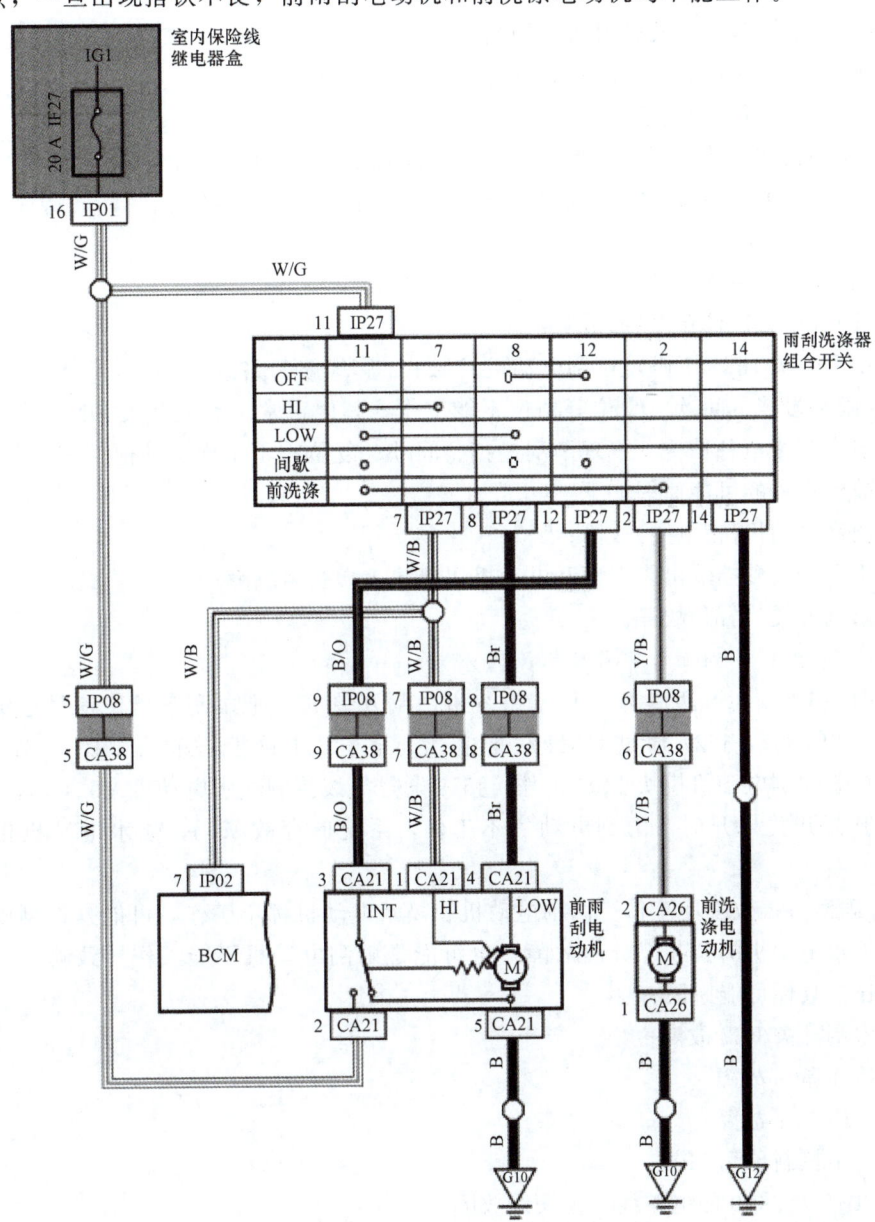

搭铁点，一旦出现搭铁不良，前雨刮电动机和前洗涤电动机均不能工作。

图 4-3-1　吉利帝豪 EV300 雨刮电路图

(2)雨刮电动机不工作但是能喷水。点火开关 ON，拨动雨刮洗涤器组合开关，雨刮电动机各挡位都不工作但是喷水电动机能喷水，造成该故障现象的可能原因如下：

1)雨刮电动机或线路故障；

2)雨刮电动机 CA21/5 搭铁线断路；

3)雨刮开关(局部)故障。

(3)雨刮不能复位。雨刮洗涤器组合开关至 OFF 挡，雨刮不能回到初始位置，造成该故障现象的可能原因如下：

1）雨刮电动机故障（复位开关故障）；

2）雨刮电动机复位开关相关线路故障；

3）雨刮开关（局部）故障。

(4) 雨刮快挡不能工作，其他正常，造成该故障现象的可能原因如下：

点火开关 ON，拨动雨刮洗涤器组合开关至快挡，雨刮电动机不工作，造成该故障现象的可能原因如下：

1）雨刮开关（快挡）故障；

2）雨刮电动机（偏置电刷）故障；

3）雨刮开关 IP27/7 脚至雨刮电动机 CA21/1 脚线路断路。

(5) 雨刮慢挡、间歇、复位等挡位不能工作，其他正常。点火开关 ON，拨动雨刮洗涤器组合开关至各挡位，发现雨刮慢挡、间歇、复位挡不工作，其他挡位工作正常，造成该故障现象的可能原因如下：

1）雨刮电动机（正电刷）故障；

2）雨刮开关慢挡输出脚至雨刮电动机快挡输入脚线路故障；

3）雨刮开关（局部）故障。

2. 迈腾 B8L 雨刮工作异常故障原因分析

如图 4-3-2 所示，迈腾 B8L 雨刮系统由雨刮开关 E22 把雨刮各挡位信号送给转向柱控制模块 J527，J527 通过 CAN 线把信号送至车载电网控制单元 J519，J519 通过 LIN 线控制雨刮电动机模块 J400 工作，J519 通过导线控制喷水电动机 V5 工作，另外，发动机舱盖开关打开时，雨刮电动机不工作，系统储存故障码，喷水电动机也停止工作。

(1) 雨刮各挡位都不工作。雨刮电动机和喷水电动机都不工作，可能是控制雨刮电动机和喷水电动机的公共部分出故障，也可能是雨刮电动机不能工作导致喷水电动机也不工作，具体可能原因有：

1）雨刮开关 E22 故障；

2）J527 局部故障；

3）J519 局部故障；

4）雨刮控制单元 J400；

5）SB19 及 J400 的电源线、搭铁线故障；

6）J519 至雨刮电动机之间的 LIN 线故障；

7）发动机舱盖开关及相关线路故障。

(2) 喷水电动机不工作。将雨刮开关打至各挡位，雨刮电动机都工作，但是喷水电动机不能喷水，说明雨刮开关的信号已经由 J527 经 CAN 线送至 J519，可能原因如下：

1）J519 局部故障；

2）喷水电动机 V5 故障；

3）喷水电动机 V5 控制线故障。

图 4-3-2 迈腾 B8L 雨刮电路图

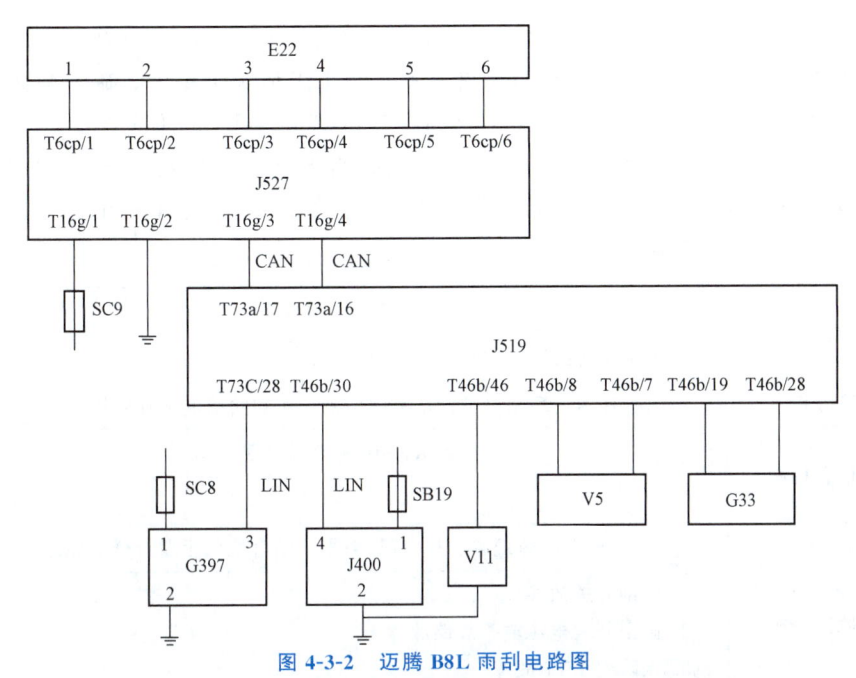

E22—雨刮开关；J527—转向柱控制单元；J519—车载电网控制单元；
J400—雨刮电动机模块；V5—喷水电动机；G397—雨量与光线传感器；
V11—大灯清洗装置泵；G33—车窗玻璃清洗液液位传感器

4.3.3 雨刮系统故障案例分析

1. 吉利帝豪 EV300 雨刮所有挡位都不工作

(1) 故障现象。一辆累计行驶里程 2.1 万千米的 2018 款帝豪 EV300 汽车，雨刮在任何挡位（包括喷水挡）都不工作。

(2) 故障原因分析。如图 4-3-1 所示，结合故障现象，对雨刮洗涤系统的电路分析发现，该车的雨刮系统由雨刮开关直接通过回路控制雨刮的每个挡位，同时雨刮电动机与喷水电动机共用搭铁点。由此，造成故障现象的可能原因如下：

1) 雨刮开关故障；
2) 雨刮开关电源输入线路故障；
3) 保险丝 IF27 故障；
4) 搭铁点 G10 故障。

(3) 故障诊断。打开点火开关，将雨刮组合开关置于任何挡位，用万用表电压挡测量雨刮开关电源输入脚 IP27/11 的电压，若有 12 V 电压，则故障在于雨刮开关。通过检测雨刮开关各个挡位通断情况确定开关故障位置，然后对雨刮开关进行更换；若为 0 V，则故障原因有可能为搭铁点故障、保险丝 IF27 故障或 IP01/16 至 IP27/11 线路故障，通过检测保险丝两端电压确定故障是保险丝还是 IP01/16 至 IP27/11 线路故障，通过检测搭铁点与车身的电阻值确定搭铁点是否有故障。

(4) 故障排除。经测量，雨刮开关电源输入脚 IP27/11 的电压为 0 V，保险丝两端电压都为 12 V，排除保险丝故障及雨刮开关故障，找到搭铁点 G10，检测搭铁点与车身的电阻值为 0Ω，排除搭铁点 G10 故障，最后将雨刮开关打至 OFF 挡，用万用表电阻挡测量 IP01/16 至 IP27/11 之间的线路电阻，结果阻值为无穷大，确定故障为线路 IP01/16 至 IP27/11 断路。更换 IP01/16 至 IP27/11 线路，雨刮功能正常。

（5）回顾分析总结。雨刮开关电源输入线路断路导致雨刮开关在任何挡位（包括喷水挡）都无电源输出，造成所有挡位都不工作。具体故障诊断工单填写见表 4-3-2。

表 4-3-2　雨刮所有挡位都不工作故障诊断工单

1. 故障现象观察	观察故障现象
	雨刮在任何挡位（包括喷水挡）都不工作
2. 故障分析	雨刮所有挡位都无法工作，考虑雨刮工作的共用电路及部件
3. 故障信息检测	读取故障码/数据并做分析
	—
4. 故障原因分析	根据故障现象、故障码/数据，结合维修手册，分析原因
	1. 雨刮开关故障 2. 雨刮开关电源输入线路故障 3. 保险丝 IF27 故障 4. 搭铁点 G10 故障
5. 故障检测判断	检测内容 / 检测结果 / 分析判断
	点火开关 ON，测雨刮开关 IP27/11 脚电压 / 0 V / 不正常（电源输入异常）
	点火开关 ON，测保险丝 IF27 下端电压 / 12 V / 正常（说明保险丝 IF27 及之前的供电线正常）
	点火开关 OFF，拔下开关线束插头，测量室内保险丝继电器盒线束插脚 IP01/16 脚至雨刮开关 IP27/11 脚之间的线路电阻 / 无穷大 / 不正常（导线断路）
6. 故障确认排除及维修方案	室内保险丝继电器盒线束插脚 IP01/16 脚至雨刮开关 IP27/11 脚之间的线路断路，维修线束
7. 分析总结	雨刮开关电源输入线路断路导致雨刮开关在任何挡位（包括喷水挡）都无电源输出，造成所有挡位都不工作

2. 吉利帝豪 EV300 雨刮喷水电动机无法工作

（1）故障现象。一辆累计行驶里程约为 2.6 万千米的 2018 款帝豪 EV300 汽车，喷水电动机不工作。

（2）故障原因分析。查阅帝豪 EV300 的维修手册及电路图，结合故障现象，对雨刮洗涤系统的电路分析发现，喷水电动机和雨刮电动机是不同线路独立控制的，但是雨刮电动机与喷水电动机共用搭铁点。由此，造成故障现象的主要原因就是喷水电动机及相关线路，相关电路如图 4-3-1 所示。

（3）故障诊断。打开点火开关，将雨刮组合开关置于喷水挡，用万用表电压挡测量雨刮开关 IP27/2 脚的输出脚电压，若电压为 0 V，则故障为雨刮开关（局部故障），需要对雨刮开关进行更换；若电压为 12 V，则故障可能在喷水电动机、雨刮开关 IP27/2 至喷水电动机 CA26/2 脚线路、喷水电动机 CA26/1 脚至搭铁点，通过检测喷水电动机 CA26/1 脚与车身之间的电阻及 CA26/2 脚电位来确定故障为雨刮电动机还是搭铁线或者雨刮开关 IP27/2 至喷水电动机 CA26/2 脚线路。

（4）故障排除。用万用表电压挡测量喷水挡雨刮开关 IP27/2 脚电压为 12 V，测量喷水电动机 CA26/2 脚电压为 12 V，排除雨刮开关及雨刮开关 IP27/2 至喷水电动机 CA26/2 脚线路故障，用万用表电阻挡测量喷水电动机 CA26/1 脚与车身之间的电阻值为 0Ω，排除雨刮电动机搭铁线故障，最后测量喷水电动机电阻，结果阻值为无穷大，说明喷水电动机故障。更换喷水电动机，雨刮功能正常。

（5）分析总结。喷水电动机故障导致喷水挡不能工作，但不影响其他挡位的工作。具体故障诊断工单填写见表 4-3-3。

表 4-3-3　雨刮喷水电动机无法工作故障诊断工单

1. 故障现象观察	观察故障现象		
	喷水电动机不工作，其他正常		
2. 故障分析	只有喷水挡无法工作，考虑喷水挡电路		
3. 故障信息检测	读取故障码/数据并做分析		
	—		
4. 故障原因分析	根据故障现象、故障码/数据，结合维修手册，分析原因		
	1. 喷水电动机故障 2. 雨刮开关 IP27/2 至喷水电动机 CA26/2 脚线路故障 3. 雨刮开关（局部）故障 4. 喷水电动机 CA26/1 脚至搭铁点故障		
5. 故障检测判断	检测内容	检测结果	分析判断
	点火开关 ON，雨刮开关打至喷水挡，测雨刮开关 IP27/2 脚电压	12 V	正常（雨刮开关正常）
	点火开关 ON，雨刮开关打至喷水挡，测喷水电动机 CA26/2 脚电压	12 V	正常（喷水电动机供电正常）
	点火开关 OFF，测量喷水电动机 CA26/1 脚与车身之间的电阻值	0 Ω	正常（喷水电动机搭铁正常）
	拆下喷水电动机，测喷水电动机 CA26/2 脚和 CA26/1 脚之间的电阻	无穷大	不正常（喷水电动机故障）
6. 故障确认排除及维修方案	喷水电动机元件损坏，需更换元件		
7. 分析总结	喷水电动机断路导致喷水挡不能工作，但不影响其他挡位的工作		

3. 迈腾 B8L 雨刮电动机无法正常工作

(1) 故障现象。一辆累计行驶里程约为 5.1 万千米的 2021 款的迈腾 B8L 汽车，打开点火开关，操作雨刮开关，雨刮电动机不工作，喷水电动机也不喷水。

(2) 故障分析。雨刮电动机及喷水电动机均不工作，如图 4-3-2 所示，故障可能原因：雨刮开关 E22 故障；雨刮电动机模块 J400 及相关线故障；保险丝 SB19 故障；车载电网控制单元 J527 及 J519 局部故障；发动机舱盖开关及相关线路故障。

(3) 故障诊断。

1) 故障码及数据流读取。用故障诊断仪进入一汽大众→普通模式→系统选择→09 (J519)→读取静态故障码，故障码显示雨刮电动机控制单元无通信。读取雨刮开关各挡位数据流均正常，使用诊断仪进行雨刮电动机动作测试时，雨刮电动机不动作。通过以上测试，可知故障主要集中在 J400 及相关线路。

2) 电压测量(图 4-3-3)。打开点火开关，背插测量 J400，T4gu/1 端子和 T4gu/2 端子间电压为 12 V，数据正常，说明 J400 供电和搭铁正常。转下一步测量，打开点火开关，背插测量 J400，T4gu/4 端子对地电压为 1 V，该插脚连接的是 J400 的 LIN 线，标准电压为 9.1 V，测试结果不正常；继续测量 J519，T46b/30 端子对地电压为 9.15 V，J400 和 J519 连接 LIN 线两端有电压差，说明 LIN 线有断路故障或接触不良故障，拔下两端线束插头，测 J400 线束插头 T4gu/4 端子与 J519 线束插头 T46b/30 端之间导线电阻，阻值无穷大，说明 J400 与 J519 间 LIN 线断路。

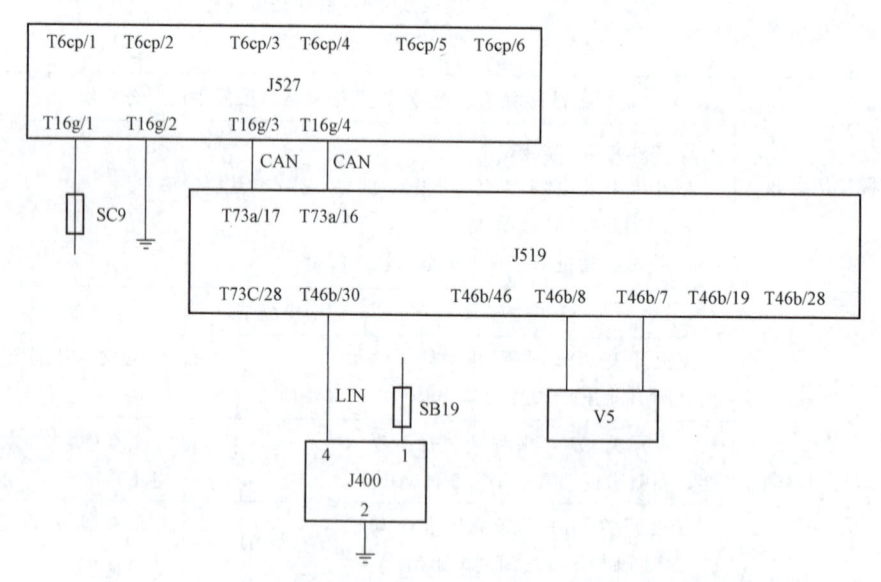

图 4-3-3 雨刮电动机无法工作故障相关电路原理图

(4) 故障排除。重新连接 J400 与 J519 间 LIN 线，再次检查雨刮状况，雨刮所有功能恢复正常。

(5) 分析总结。J400 与 J519 间 LIN 线断路，使得 J519 无法与 J400 通信，无法控制雨刮电动机工作。具体故障诊断工单填写见表 4-3-4。

表 4-3-4 迈腾 B8L 雨刮电动机无法正常工作故障诊断工单

1. 故障现象观察	观察故障现象		
	雨刮各挡位都不工作，喷水电动机也不喷水		
2. 故障分析	雨刮开关 E22 故障；J400 及相关线路故障；保险丝 SB19 故障；J527 及 J519 局部故障；发动机舱盖开关及相关线路故障		
3. 故障信息检测	读取故障码/数据并做分析		
	故障码：雨刮电动机控制单元无通信 数据：雨刮开关、发动机舱盖开关数据流正常 分析：说明开关及相关线路正常		
4. 故障原因分析	根据故障现象、故障码/数据，结合维修手册，分析原因		
	1. J400 故障 2. J400 电源线及搭铁路故障 3. J400 的 LIN 线故障 4. 保险丝 SB19 故障		
5. 故障检测判断	检测内容	检测结果	分析判断
	点火开关 ON，测量 J400 中 T4gu/1 端子和 T4gu/2 端子间电压	12 V	正常（说明 J400 的供电和搭铁正常）
	点火开关 ON，测量 J400 中 T4gu/4 端子对地电压	1 V	异常（说明 J400 侧 LIN 的标准电压不符合）
	点火开关 ON，测量 J519 中 T46b/30 端子对地电压	9.1 V	正常（说明 J519 侧 LIN 线电压正常）
	点火开关 OFF，拔下线束插头，测量 J400 线束插头 T4gu/4 脚和 J519 线束插头 T46b/30 脚之间线路阻值	无穷大	不正常（说明有断路）
6. 故障确认排除及维修方案	J400 中 T4gu/4 与 J519 中 T46b/30 线路断，维修线束		
7. 分析总结	J400 与 J519 间 LIN 线断路，使得 J519 无法与 J400 通信，无法控制雨刮电动机工作，系统储存故障码，导致喷水电动机工作		

4. 迈腾 B8L 喷水电动机无法正常工作

(1) 故障现象。一辆累计行驶里程约为 5.1 万千米的 2021 款的迈腾 B8L 汽车，打开点火开关，操作雨刮喷水挡出现风窗玻璃喷水功能不工作的故障现象，但是前照灯清洗功能正常，操作雨刮开关其他挡位时，都能正常工作。

(2) 故障原因分析。根据挡风玻璃清洗泵 V5 的工作原理(图 4-3-4)可知：驾驶员操纵雨刮喷水开关，该喷水信号传递到转向柱控制单元 J527 中，转向柱控制单元 J527 通过 CAN 总线将信号传递给车载电网控制单元 J519 中；由 J519 控制挡风玻璃清洗泵 V5 工作。

连接诊断仪检测，在 J519 中有故障码存在：00897 挡风玻璃清洗器泵 V5 电路电气故障，静态。读取数据流，确认挡风玻璃喷水开关信号可以传递到 J519，说明雨刮开关、转向柱控制单元 J527、CAN 总线工作正常。根据以上分析故障可能原因如下：

1) 喷水电动机 V5 故障；
2) 车载电网控制单元 519 局部故障；
3) J519 与 V5 之间线路故障。

(3) 故障诊断。点火开关 ON，雨刮开关到喷水挡，使用万用表测量挡风玻璃清洗泵 V5 插接器上的供电电压，检测过程中发现挡风玻璃清洗泵 V5 的插脚 T2 s/1 和 T2 s/2 的电位均为 0；说明 J519 没有电源输出到挡风玻璃清洗泵 V5。

拆下 J519 插接器，使用跨接的方法，将 J519 线束插头 T46b/7 端子和 T46b/8 端子分别与正负极相连，此时挡风玻璃清洗泵 V5 开始正常运转，说明挡风玻璃清洗泵 V5 及连线线路正常。判定 J519 故障：有可能是 J519 的供电/搭铁线路故障，也有可能是 J519 本身故障。

遵循由易到难的检查方法，首先检查 J519 的供电/搭铁线路，经检查供电线路正常，搭铁良好。然后更换 J519，故障排除。

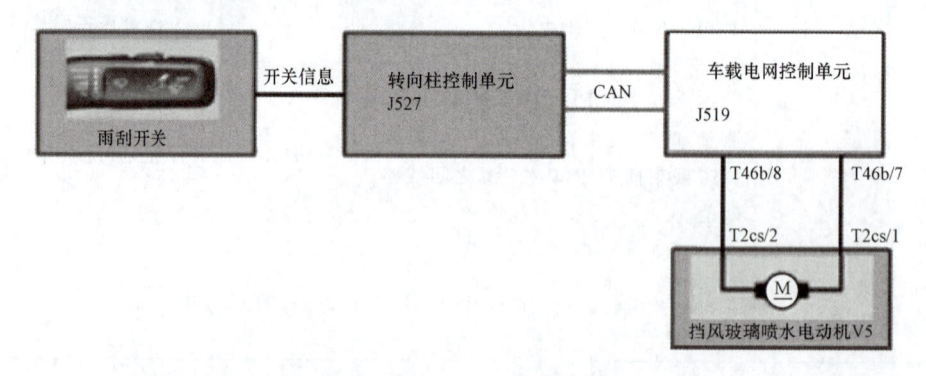

图 4-3-4 喷水电动机工作原理图

(4) 分析总结。J519 有多个供电保险丝，未明确标注供电保险丝是给哪些电器部件供电的。本着先易后难的原则，先检查 J519 的供电搭铁线路是否正常，之后考虑 J519 本身。

任务准备

(1)通过链接,查看迈腾 B8L 雨刮系统的故障验证实训。

(2)通过链接,查看迈腾 B8L 雨刮系统故障诊断排除实训。

任务实施

实训 4.3.1　雨刮系统故障验证及排故实训

1. 实训要求

根据配置的实训条件,按表 4-3-5 设置故障点,实施"雨刮系统故障验证实训"和"雨刮系统故障诊断排除实训"。

表 4-3-5　雨刮系统故障诊断实训故障点设置表

设置故障点
1. 雨刮开关电路 (1)雨刮开关供电线:电源线断路、搭铁线断路。 (2)雨刮开关信号线:各挡位信号线断路/搭铁。 2. 模块电路 (1)J527:J527 电源线、J527 搭铁线。 (2)J519:J519 电源线、J519 搭铁线。 (3)CAN 线:CAN-H、CAN-L 断路及断路。 3. 雨刮电动机及喷水电动机电路 (1)J400 电路:T46b/30—T4gu/4 线路故障、SB19 故障、搭铁故障、J400 本身故障。 (2)喷水电动机 V5 电路:控制线路故障、V5 本身故障

2. 实训条件

(1)设备场地:迈腾 B8L 整车/迈腾 B8L 整车台架、仿真实训软件。

(2)仪器工具:解码器、示波器、万用表、工具车、零件盒。

(3)实训资料:维修手册(电路图)、电子资料。

3. 实训步骤

(1)故障验证实训步骤。

1)自设置一个故障点。

2)观察故障现象。

3)读取故障码/数据流。

4)使用万用表或示波器测量关键点电信号。

根据上述故障现象数据，分析验证工作原理(故障机理/故障逻辑关系)。

(2)故障诊断排除实训步骤。

1)预先设定一个或多个故障点。

2)观察故障现象。

3)读取故障码/数据流。

4)分析可能原因。

5)根据可能原因，按步检测确诊故障点。

6)排除故障并验证。

7)分析总结相关故障机理及检测方法。

4. 任务工单

根据实训内容，查阅资料，填写任务工单。

任务工单 4.3.1　雨刮系统故障验证

1. 明设故障点，填写表单(故障点选自表 4-3-4)

序号	明设故障点	故障现象	故障信息检测				原因分析
			检测仪检测		万用表检测		
			读取故障码	数据流	检测点结果	检测条件	

2. 成绩评定标准

任务工单 4.3.2 雨刮系统故障诊断排除

1. 暗设故障点，填写表单

	观察故障现象
(1)故障现象观察	
(2)故障分析	
(3)故障信息检测	读取故障码/数据并做分析 故障码： 数据流： 分析：
(4)故障原因分析	根据故障现象、故障码/数据，结合维修手册，分析原因
(5)故障检测判断	检测内容 / 检测结果 / 分析判断
(6)故障确认排除及维修方案	
(7)分析总结	

2. 成绩评定标准

练习与思考

(1)通过链接，查看练习与思考习题。

(2)通过链接，查看练习与思考答案。

项目4　拓展园地

　　1995年，王传福下海创业，成立比亚迪公司。初期，公司规模小，王传福通过技术创新，逐渐带领比亚迪发展成为国内第一、全球第二的充电电池制造商。2003年，王传福进入汽车行业，领导比亚迪在汽车领域取得了一系列成绩。2022年，比亚迪成为全球最大的电动汽车制造商。在不到30年的时间，王传福为什么能带领比亚迪创造一个又一个奇迹？最好的答案应该是他在采访中说的：人生像攀登一座山，而找山寻路是一种学习的过程，我们应当在这过程中学习笃定、冷静，学习如何从慌乱中找到生机。正是不断地学习，使得王传福有了看透人生和掌握经济运行法则的能力，带领团队取得了一个又一个的胜利。

项目 5
汽车门窗系统检修

项目描述

汽车门窗系统属于车辆的标准配置,是汽车舒适系统的重要电气配置。本项目融合《汽车电子电气与空调舒适系统技术》职业技能等级标准内容,设置了门窗系统性能检查、门窗系统检测维修、门窗系统故障诊断三个任务。通过以上三个任务的学习和实施,学生能操作使用门窗系统,熟悉门窗系统的控制原理和控制逻辑,并能对门窗系统部件及电路进行检测维修,具备诊断和排除门窗系统实际故障的能力。

任务 5.1 门窗系统性能检查

任务描述

一辆行驶里程约 3.9 万千米的大众迈腾 B8L 轿车,客户反映操作左后玻璃升降器开关,发现左后门窗升降功能失效,但操作驾驶员侧玻璃升降器开关,左后门窗功能正常。假如你是刚到这家 4S 店工作的实习生,师傅让你对该车的门窗系统做初步的检查,请问你该如何做呢?

任务分析

现代汽车的门窗、门锁、后视镜一般都是由控制器统一控制,要完成客户车辆门窗系统的性能检查,首先应结合门锁、后视镜等舒适系统配置进行统一检查,明确故障现象;其次对门窗系统主要部件及插接器进行初步检查,判断部件插头有无松脱、损坏等现象;最后利用诊断仪对门窗系统进行故障码和数据流的读取,为接下来门窗系统的检测维修及故障诊断提供初始数据。

学习目标

知识目标

1. 掌握汽车门窗系统的功能、结构组成及类型；
2. 掌握汽车门窗系统的工作原理。

技能目标

1. 能正确进行汽车门窗系统的结构认识；
2. 能正确进行汽车门窗系统的功能操作及检查；
3. 能正确利用仪器对汽车门窗系统进行故障码及数据流读取。

素质目标

1. 通过企业 7S 标准规范管理操作，培养学生规范、安全意识；
2. 通过实践操作、清洁整理整顿等要求，培养学生崇尚劳动、热爱劳动、辛勤劳动的劳动精神。

相关知识

5.1.1 门窗系统的认识

1. 电动门窗的作用

汽车门窗一般采用电动门窗，以电为动力使门窗玻璃自动升降。它是由驾驶员或乘客操纵开关接通门窗升降电动机的电路，电动机产生动力通过一系列的机械传动，使门窗玻璃按要求进行升降。其优点是操作简便，有利于行车安全。电动门窗、中控锁、电动天窗、电动后视镜等组成汽车舒适系统(德系车有舒适系统的概念)。

2. 电动门窗的类型

所有门窗系统都装有两套控制开关：一套装在驾驶员侧车门或仪表板上，称为主控开关，驾驶员可以通过主控开关控制四个门窗的工作；另一套分别装在每个乘客门窗侧，称为独立开关，可由乘客控制。按照门窗控制原理的不同，可分为开关直接控制的电动门窗和模块控制的电动门窗。

如图 5-1-1 所示为开关直接控制的电动门窗工作原理图。装在驾驶员侧车门的左前门窗开关不仅可以控制左前门窗电动机工作，还可以控制右前、左后、右后门窗电动机工作；各独立开关可以单独控制各自门窗电动机工作。右前、左后、右后门窗电动机的电源由左前门窗开关内的安全锁止开关控制。

当驾驶员操纵主控开关上的左前门窗开关时，电源电经主控开关到左前门窗电动机，控制左前门窗工作；当驾驶员操纵主控开关上的右前门窗开关时，电源电经主控开关到右前门上的独立开关送给右前门窗电动机，控制右前门窗工作；当乘客操纵左后门的独立开关，电源电经主控开关内的安全锁止开关到左后门上的独立开关送给左后门窗电动机，控制左后门窗工作。当把主控开关上的安全锁止开关按下，即可切断送给乘客侧门窗电动机的电源，乘客不能再控制门窗工作。

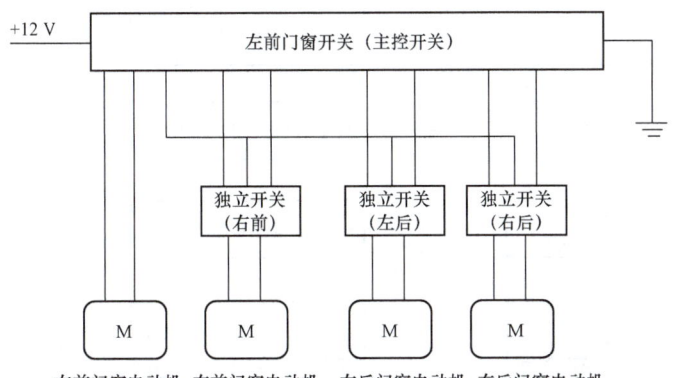

图 5-1-1　开关直接控制的电动门窗工作原理图

电动门窗若要实现延时、一键升降等特殊功能，就需要在电路中增设继电器或控制模块，如图 5-1-2 所示为模块控制电动门窗工作的原理框图，门窗电动机的工作由模块控制，开关信号送给模块，模块控制门窗电动机工作。现代汽车的门窗控制模块往往还控制着中控门锁、后视镜、天窗等工作。

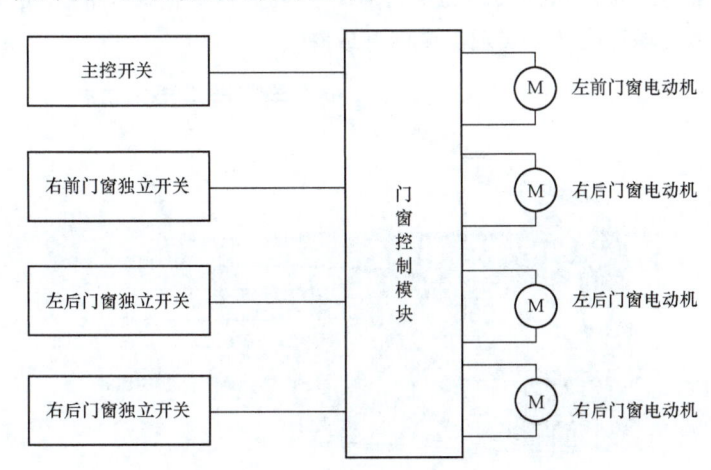

图 5-1-2　模块控制电动门窗工作的原理框图

为了工作可靠，布线方便，很多汽车每个车门的门窗电动机都由单独的门窗控制模块控制，还有些汽车的门窗控制模块和门窗电动机集成在一起。各个门窗控制模块之间用网络线连接，信息可以通过网络线在各个控制模块之间共享。如图 5-1-3 所示，当驾驶员按下主控开关的左前门窗开关时，开关信号送给左前门窗控制模块，左前门窗控制模块控制左前电动机工作，带动左前门窗玻璃上升或下降。

当驾驶员按下主控开关的右前门窗开关时，该信号先送给左前门窗控制模块，左前门窗控制模块通过 CAN 线把开关信号送给右前门窗控制模块，右前门窗模块接收到该信号，就会控制右前门窗电动机工作。

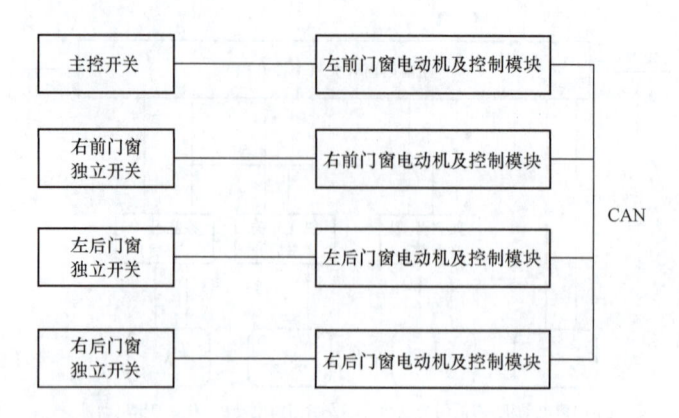

图 5-1-3　模块网络控制的电动门窗原理框图

3. 电动门窗的结构组成

门窗系统主要包含以下元器件：门窗电动机（四个车门分别一个）、门窗开关、玻璃升降器、车门控制单元、遥控钥匙。

（1）玻璃升降器。玻璃升降器由门窗电动机、传动装置组成，如图 5-1-4 所示。门窗电动机是用来为门窗升降提供动力的装置，一般采用双向转动的永磁电动机，通过改变电流方向来实现正反转以实现门窗的升或降。

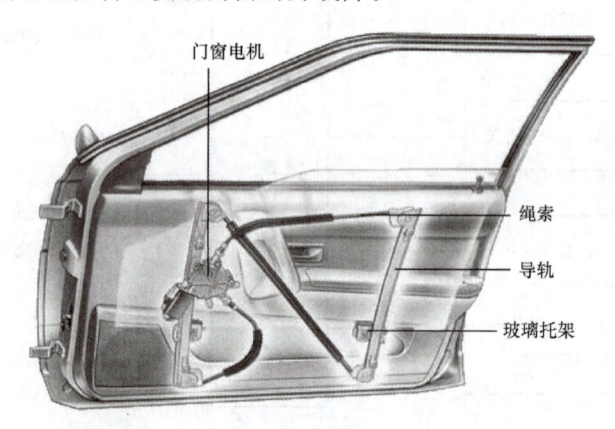

图 5-1-4　玻璃升降器

如图 5-1-5 所示为门窗电动机实物，一般采用直流电动机。电动机的定子上安装有固定的主磁极和电刷，转子上安装有电枢绕组和换向器。直流电源的电通过电刷和换向器进入电枢绕组，产生电枢电流，电枢电流产生的磁场与主磁场相互作用产生电磁转矩，使电动机旋转带动负载。运行时转动的部分称为转子，其主要作用是产生电磁转矩和感应电动势，是直流电动机进行能量转换的枢纽，所以通常又称为电枢，由转轴、电枢铁心、电枢绕组、换向器、磁极等组成，如图 5-1-6 所示。

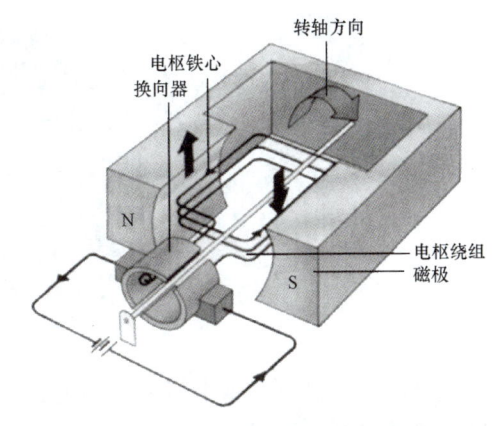

图 5-1-5　门窗电动机实物　　　　图 5-1-6　直流电动机结构原理图

传动装置按传动方式可分为齿扇式、齿条式、钢丝滚筒式等多种类型。齿扇式升降器如图 5-1-7 所示。齿扇上连有螺旋弹簧,当车窗下降时螺旋弹簧收缩吸收能量;当车窗上升时螺旋弹簧伸展而释放能量,以减轻电动机的负荷。无论门窗上升或下降,电动机的负荷基本相同。当电动机传动时,通过蜗轮蜗杆减速并改变旋转方向,使齿扇转动,并带着门窗玻璃上下运动。

齿条式升降器如图 5-1-8 所示,传动装置采用柔性齿条和小齿轮。当电动机转动时,通过蜗轮蜗杆减速机构将动力传给小齿轮,小齿轮又使齿条移动,齿条通过拉绳带着车窗玻璃进行升降。

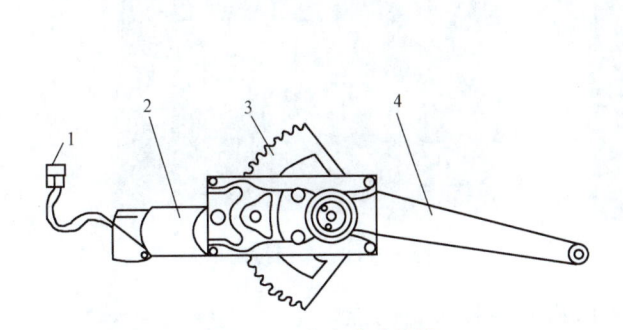

图 5-1-7　齿扇式升降器
1—电源接头；2—电动机；3—齿扇；4—推力杆

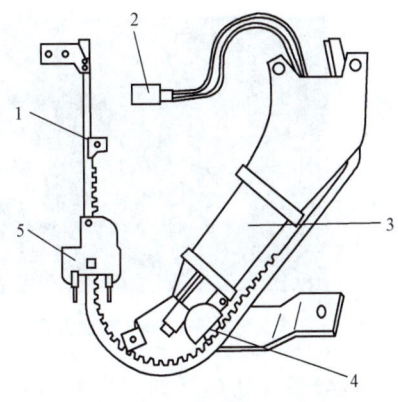

图 5-1-8　齿条式升降器
1—齿条；2—电源接头；3—电动机；
4—小齿轮；5—凸片

(2)门窗开关。门窗开关一般有两套:一套为主控开关,也称主开关,安装在仪表板或驾驶员侧的车门上;另一套为分控开关,也称分开关,分别安装在乘客车门上,这样乘客也可以对各个门窗进行升降控制。

如图 5-1-9 所示为驾驶员侧主控开关。它主要包含以下开关元件:驾驶员侧门窗开关、前排乘客侧门窗开关、左后侧门窗开关、右后侧门窗开关、安全开关、后视镜调节转换开关。

图 5-1-9 主控开关

驾驶员不仅可以控制每个门窗玻璃的升降,而且通过安全开关可以控制后排乘客对门窗玻璃的控制。当驾驶员按下安全开关,后排门窗就不再受乘客处开关控制。

前排乘客侧、左后侧、右后侧车门上分别安装有只能控制自身侧门窗的独立开关,如图 5-1-10 所示。

(3) 车门控制单元。如图 5-1-11 所示为车门控制单元。其主要功能是根据各种输入信号控制门窗电动机等执行器的工作。有些车型上每个车门都有控制单元,都由各自门上的模块进行控制。每个控制单元都具有网络通信的功能。每个控制单元接收来自开关的请求信号或网络上其他模块的信号,控制电动机的上升与下降。还可以通过位置传感器检测电动机的旋转方向并决定是否激活防夹功能。有些汽车上把车门控制单元和门窗电动机集成一个整体。

图 5-1-10 独立开关

图 5-1-11 车门控制单元

(4) 遥控钥匙。如今大多数汽车的门窗有遥控关窗功能,车辆熄火锁门后若门窗忘记关闭,长按遥控钥匙的闭锁键,所有门窗均可关闭(图 5-1-12)。

4. 迈腾 B8L 门窗系统的认识

如图 5-1-13 所示为大众迈腾 B8L 门窗系统结构组成图,主要由驾驶员侧车门控制单元 J386、前排乘客侧车门控制单元 J387、左后侧车门控制单元 J388、右后侧车门控制单元 J389 及相应门窗电动机,门窗电动机和车门控制单元均装在各自车门内部,另外还有驾驶员侧玻璃升降器开关 E512(主控开关),装在乘客处车门上的独立开关 E107、E52、E54 等组成。

图 5-1-12 遥控钥匙

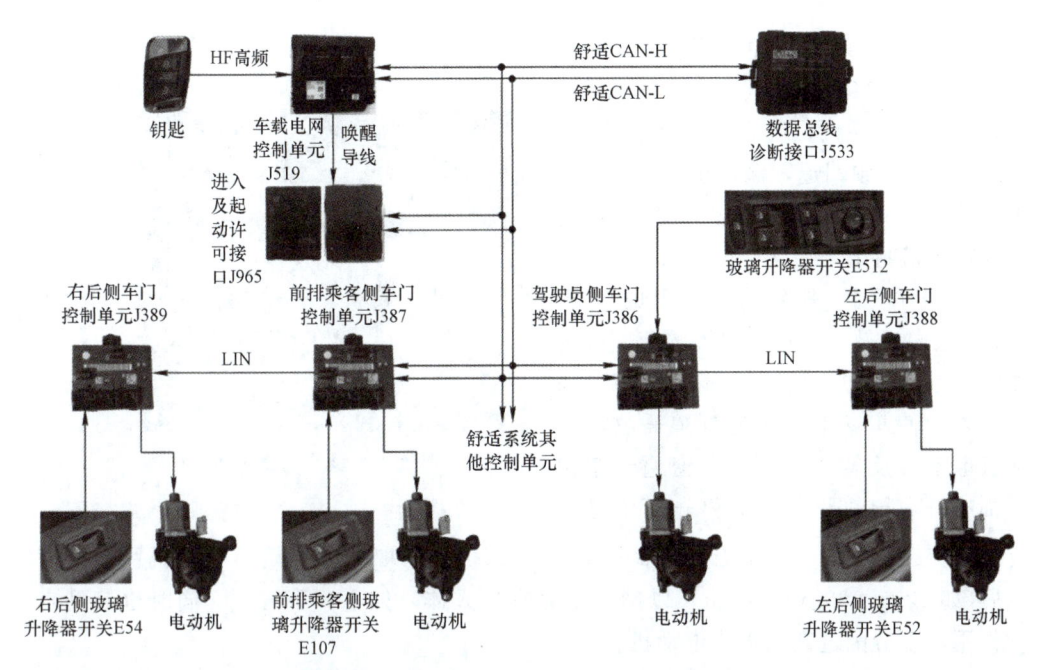

图 5-1-13 迈腾 B8L 门窗系统结构组成图

5.1.2 门窗系统的工作原理

1. 门窗工作原理

以迈腾 B8L 门窗系统为例分析门窗的工作原理。

若驾驶员控制自身侧门窗玻璃工作,驾驶员操纵玻璃升降器开关 E512,开关信号送给控制单元 J386,J386 控制其电动机工作。

若驾驶员控制左后侧玻璃工作,驾驶员操纵玻璃升降器开关 E512,开关信号送给控制单元 J386,J386 通过 LIN 线将开关信号送给左后侧车门控制单元 J388,J388 控制其电动机工作。

若驾驶员控制右前门窗玻璃工作,驾驶员操纵玻璃升降器开关 E512,开关信号送给控制单元 J386,J386 通过 CAN 线将开关信号送给前排乘客侧车门控制单元 J387,J387 控制其电动机工作。

若驾驶员控制左后侧门窗玻璃工作,驾驶员操纵玻璃升降器开关 E512,开关信号送给控制单元 J386,J386 通过 CAN 线将开关信号送给前排乘客侧车门控制单元 J387,J387 通过 LIN 线将开关信号送给 J389,J389 控制其电动机工作。

若乘客控制自身侧门窗玻璃工作,以控制左后侧门窗玻璃为例。若乘客控制左后侧玻璃升降器开关 E52,开关信号送给控制单元 J388,J388 控制其电动机工作。

2. 门窗玻璃升降器的防夹原理

车窗防夹是汽车人性化的一个重要组成部分,其主要功能是在车窗上升夹持到障碍物后,可以识别出车窗处于夹持状态,并令车窗回退释放夹持物,防止电动机长时间堵转导致烧毁以及车辆乘员被夹伤。车窗进行防夹时要满足两个条件:第一,是否在防夹区域；第二，是否遇到障碍物。

如图 5-1-14 所示为门窗防夹区域示意图，仅在该区域内，防夹功能才会启动，以防止车窗触顶回退，保证正常关窗。在美国以及欧洲的安全性法规中，防夹区为车窗顶部密封条下沿 4～200 mm 处，即图 5-1-14 中的防夹区域。车窗的顶部 4 mm 之内以及 200 mm 之外的范围称为非防夹区域，即无防夹功能的区域。该区域内即使车窗上升时遇到障碍物，电动机也不会反转，以保证车窗遇到车窗顶部的玻璃导轨胶条时会停止而不是反转。在防夹区域内车窗上升时遇到障碍物，系统会采取防夹措施，电动机反转一段距离后(如 120～150 mm)停止，以确保不会夹伤人体，如手、手臂等。同时也起到自保护作用，不会因过载而损伤电动机。

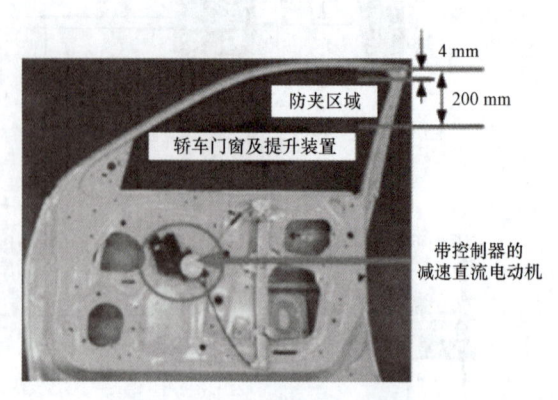

图 5-1-14 门窗的防夹区域

按防夹原理不同，汽车门窗防夹类型可分为智能无接触防夹玻璃和接触式防夹玻璃。

智能无接触防夹玻璃主要配备了红外线发射器和接收器，能连续精确地扫描指定区域，一旦检测到有异物，门窗玻璃会立即停止上升，这种防夹系统在少量高端汽车上配备。

接触式防夹玻璃只有当门窗机构感触到有异物在玻璃上，才会自动停止玻璃上升。接触式防夹类型又可分为霍尔式防夹和纹波防夹两类。当前主流的门窗防夹基本原理是在电动机轴上安装磁性圈，在磁性圈附近安装有霍尔传感器，如图 5-1-15 所示。电动机轴每转动一周，霍尔传感器将产生固定数量的方波，在车窗上升过程中遇到障碍物时，阻力增大，电动机转速变小，电流增大，而电动机转速变小会使霍尔信号方波的脉宽增大，如图 5-1-16 所示。

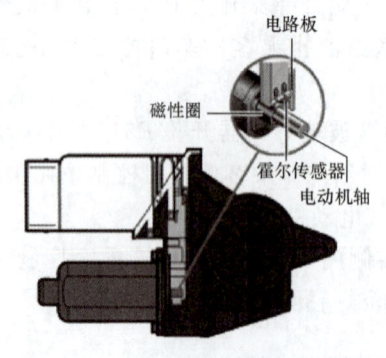

图 5-1-15 门窗电动机的霍尔传感器

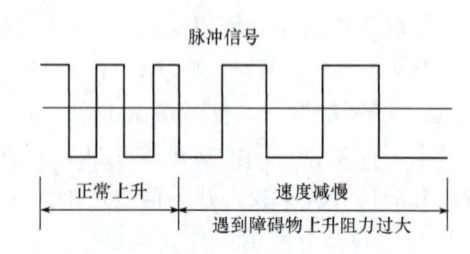

图 5-1-16 霍尔传感器脉冲信号示意

霍尔传感器的信号送给防夹控制模块，防夹控制模块可通过霍尔信号脉宽或电动机电流的变化来判断车窗是否遇到障碍物(一般超过 100 N 被认为遇到障碍物)；通过计算每次上升过程中的累计脉冲数量,可判断电动车窗是否处于防夹区域(一般离车窗顶端 4~200 mm 位置),进而最终确定是否需要产生防夹作用。如果模块判定需要防夹,则发出指令使电动机反转,电动机下降一段距离后(一般下降 120 mm 左右)停止。

汽车上的防夹控制模块一般安装在车门控制模块上,如图 5-1-17 所示,门窗电动机和车门模块集成一体,霍尔传感器把信号直接送给车门控制模块,判断是否需要实施防夹功能;也有装在 BCM 或门窗开关内。如图 5-1-18 所示,门窗电动机的工作由 BCM 控制,霍尔传感器把信号送给 BCM,判断是否需要实施防夹功能;如图 5-1-19 所示,门窗电动机的工作直接由门窗开关控制,门窗开关内集成有防夹控制模块及继电器,霍尔传感器把信号直接送给门窗开关,判断是否需要实施防夹功能。

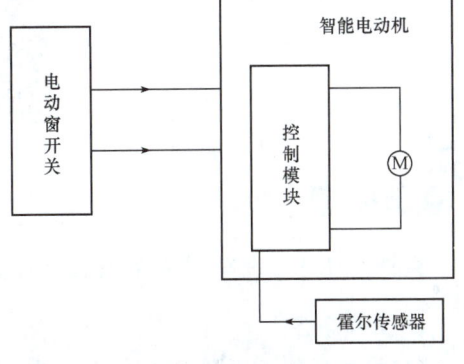

图 5-1-17 防夹控制模块和电动机集成一体

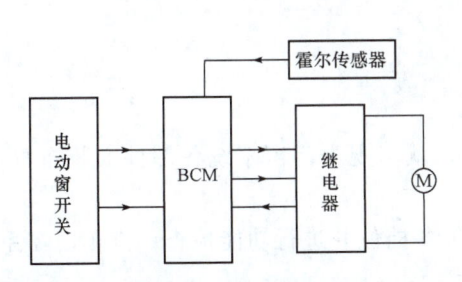

图 5-1-18 防夹控制模块集成在 BCM 内部

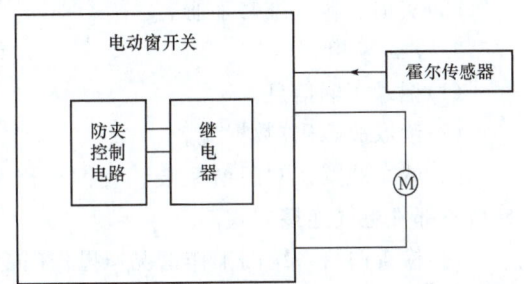

图 5-1-19 防夹控制模块集成在门窗开关内部

任务准备

(1)通过链接,查看迈腾 B8L 门窗系统的操作使用。

(2)通过链接,查看迈腾 B8L 门窗系统的实车部件认知。

(3)通过链接，查看迈腾 B8L 门窗系统数据流的读取。

任务实施

实训 5.1.1 汽车门窗系统性能检查实训

1. 实训条件

(1)设备场地：迈腾 B8L 整车，吉利帝豪 EV300 整车，迈腾 B8L 门窗系统台架、门窗开关、门窗电动机。

(2)仪器工具：解码器、万用表、工具车。

(3)实训资料：维修手册。

2. 实训步骤

(1)记录车辆信息。

(2)读取故障码/数据流。

(3)就车观察认知门窗系统。查询维修手册，就车观察门窗系统各部件安装布置；分析各部件电气连接方式。

(4)检查门窗系统的工作情况：操作门窗开关各挡位并进行功能检查；汽车门窗系统数据流读取及功能测试。

3. 任务工单

根据实训内容，查阅资料，填写任务工单。

任务工单 5.1.1 汽车门窗系统认知检查实训

1. 门窗系统部件认知（根据安装位置图查找）

序号	代号	名称	实车位置	作用
1	E512			
2	E52			
3	E107			
4	E54			
5	V14/V15/V26/V27			
6	J386			
7	J387			
8	J388			
9	J389			

2. 功能操作及检查

查阅使用手册，分别使用主控开关、分控开关在实车或者台架上完成功能操作。
(1)该车型门窗系统手动操作条件　打开点火开关即可□
(2)主控开关操作
1)驾驶员侧门窗控制开关：正常□　异常□
2)右前控制开关：正常□　异常□
3)右后控制开关：正常□　异常□
4)左后控制开关：正常□　异常□
5)安全开关：正常□　异常□
(3)独立开关操作
1)右前分控开关：正常□　异常□
2)右后分控开关：正常□　异常□
3)左后分控开关：正常□　异常□
(4)实操车型是否具备防夹功能
1)具备□　2)不具备□
(5)实操车型四个门窗是否均具有自动升降功能？
1)左前：一键上升□　一键下降□
2)右前：一键上升□　一键下降□
3)左后：一键上升□　一键下降□
4)右后：一键上升□　一键下降□
(6)如果该车型具有自动升降功能，如何进行初始化

3. 数据流读取及功能测试

信息读取	故障码清除与读取		
^	模块(系统)	故障码	故障码含义
^			
^			
^	数据流读取		
^	参数名称	显示值	读取条件
^			
^			

4. 成绩评定标准

练习与思考

（1）通过链接，查看练习与思考习题。

（2）通过链接，查看练习与思考答案。

任务 5.2　门窗系统检测维修

任务描述

一辆行驶里程约 3.9 万千米的大众迈腾 B8L 轿车，客户反映操作左后玻璃升降器开关时，发现左后门窗升降功能失效，但操作驾驶员侧玻璃升降器开关，左后门窗功能正常。假如你在这家 4S 店的机电维修岗位上刚过实习期，师傅对你的实习表现很是满意，现在他让你对汽车门窗系统的部件及电路进行检测维修，请问你该如何做呢？

任务分析

要完成客户车辆门窗系统的检测维修，首先需要查阅电路图及维修手册，掌握门窗系统电路及部件电路，学会利用检测仪器设备对部件检测及电路测量，并能对检测数据进行分析判断，从而完成汽车门窗系统的检测维修。

学习目标

知识目标

1. 掌握汽车门窗系统的电路分析方法；
2. 掌握汽车门窗系统的电路原理；
3. 掌握汽车门窗系统的控制逻辑。

技能目标

1. 能正确利用仪器进行汽车门窗电路测量及判断；
2. 能正确利用仪器进行汽车门窗电气部件检测。

素质目标

1. 通过小组探究、方案制定，学生锻炼沟通表达、合作、自主学习的能力；
2. 通过汽车门窗系统的检测与维修，培养学生分析问题、解决问题的能力；
3. 通过按照规范流程进行检测及测量，培养学生职业能力、工匠精神、劳动精神。

相关知识

5.2.1 门窗系统控制原理

最初传统的电动门窗完全由开关控制，按下车窗升降开关时，电动机电流需要通过车窗开关触点，在门窗玻璃升降到顶部或下降到底部若未及时松开开关时，电动机堵转，通过升降开关的电流突然猛增，会导致开关的提前损毁、开关故障率较高，甚至损坏升降器电动机。为了解决这个问题，在升降器导轨上安装一个行程开关，当升降器降到底部时，将该行程开关顶开，立即断开开关和电动机电流。但是行程开关工作不是很可靠，而且因为到达底部瞬间电流过大，该行程开关触点容易烧蚀，所以后来在门窗系统增加了电流保护器。

后来随着技术更新，为降低成本，提高稳定性，门窗控制电路全部采用由继电器控制的方案，如图 5-2-1 所示。该种控制方式中车窗升降开关只提供控制信号，开关不存在损坏，但升降器电动机无过载保护功能。

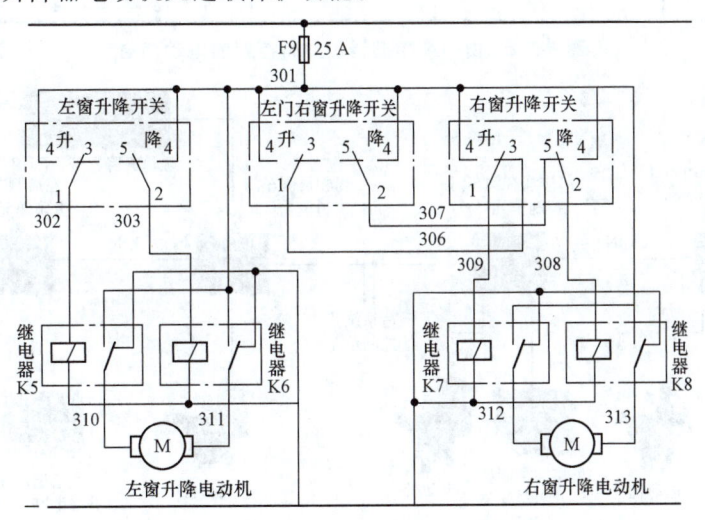

图 5-2-1　由继电器控制的电动门窗

如今电动门窗通常是将上述电气控制电路集成到门窗控制器或车身控制器（BCM）中。图 5-2-2 所示为由门窗控制器（J330）控制的电动门窗。利用控制器控制门窗时控制内容相对较多，门窗控制器除控制门窗玻璃升降、中央门锁外，还可以控制车内灯的工作，接收控制开关、车速信号等。

电动门窗的数据采用总线通信的车型也具有一定的代表性，如图 5-2-3 所示，其升降器及中控锁是采用前 CAN 后 LIN 控制。前 CAN 后 LIN 控制是指驾驶员侧及前排乘客侧车门控制单元通过舒适系统 CAN 总线与 BCM 车身控制单元连接，左后车门控制单元通过 LIN 总线与驾驶员侧车门控制单元连接，右后车门控制单元通过 LIN 总线与前排乘客侧车门控制单元连接。

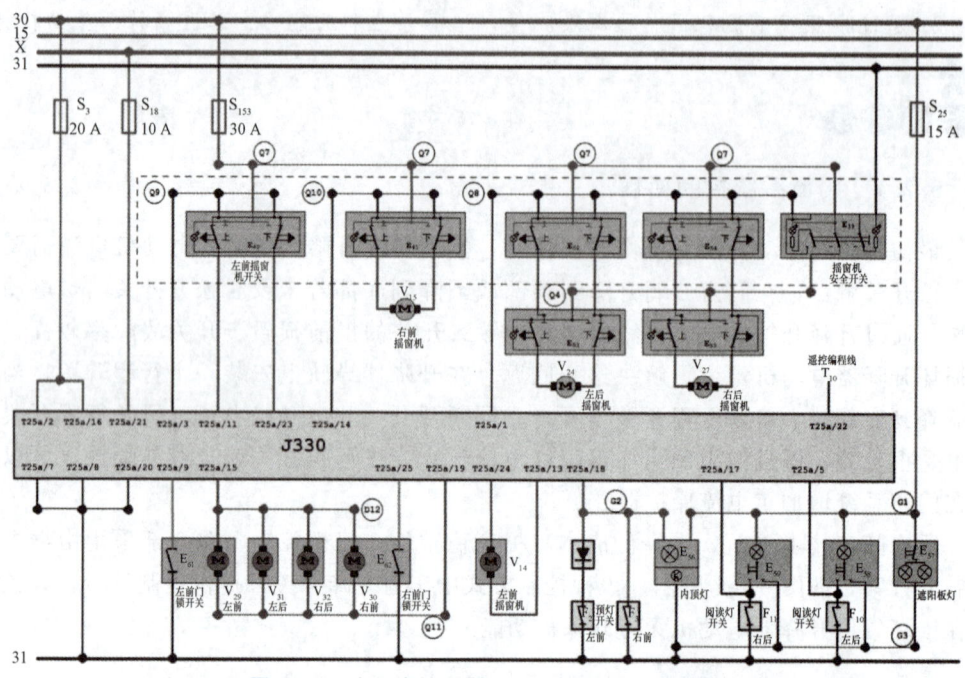

图 5-2-2 由门窗控制器(J330)控制的电动门窗

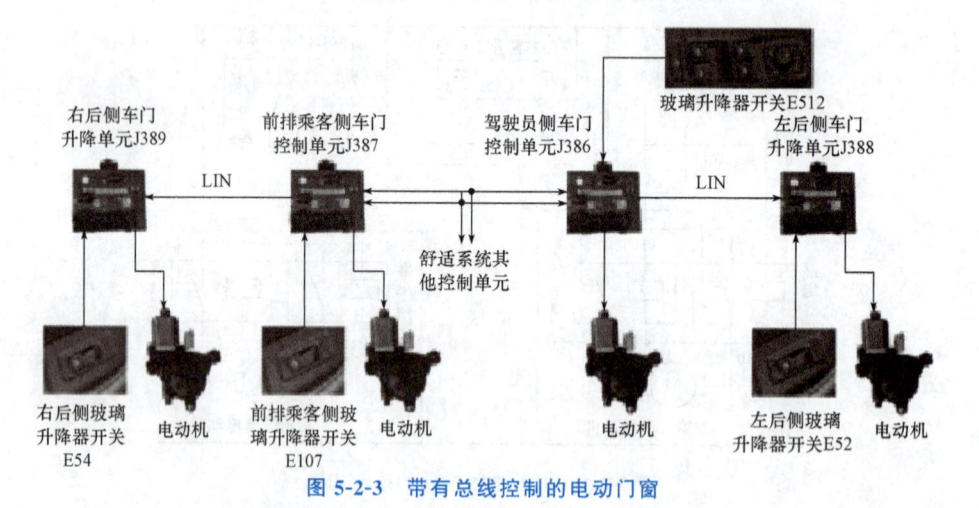

图 5-2-3 带有总线控制的电动门窗

5.2.2 门窗系统电路分析

1. 吉利帝豪 EV450 门窗系统电路分析

图 5-2-4、图 5-2-5 所示为吉利帝豪 EV450 带有防夹功能的门窗电路图，门窗系统主要由驾驶员侧门玻璃升降开关、3 个乘客侧门玻璃升降器开关、4 个门窗玻璃升降器电动机组成。

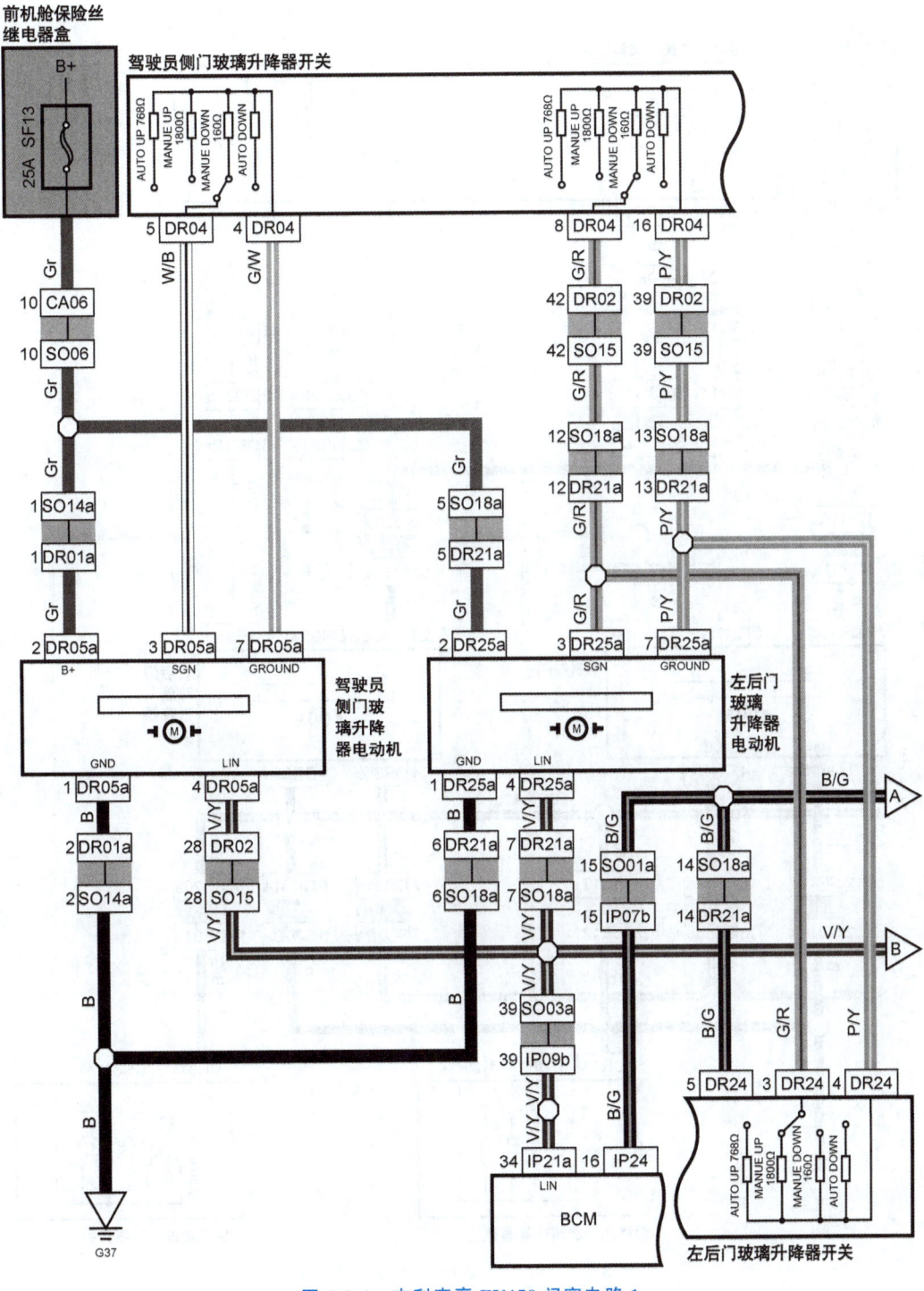

图 5-2-4　吉利帝豪 EV450 门窗电路 1

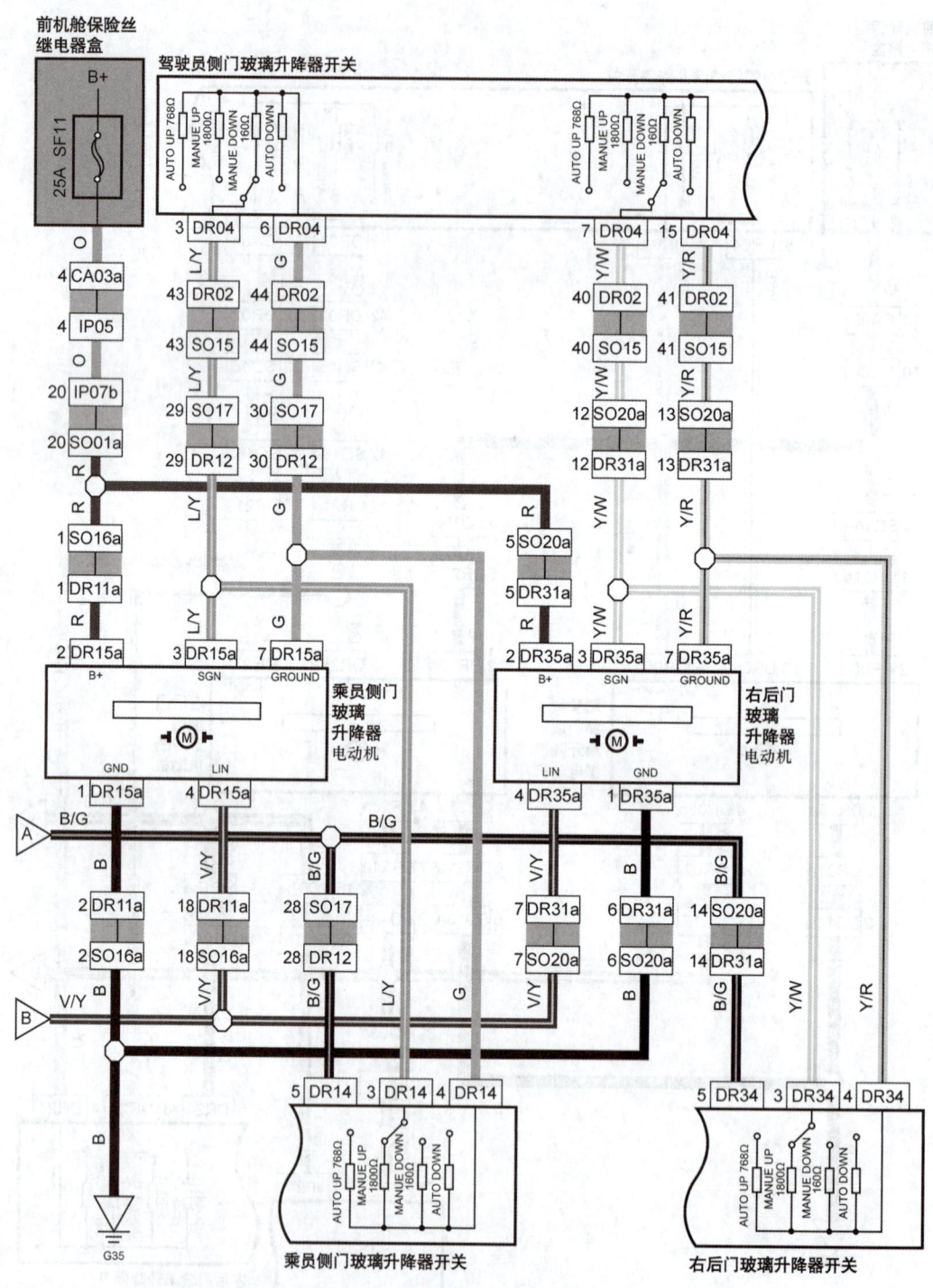

图 5-2-5 吉利帝豪 EV450 门窗电路 2

每个玻璃升降开关有 4 对触点，分别串入不同电阻，对应一键上升、一键下降、点动上升、点动下降 4 个挡位。

玻璃升降器电动机内部装有霍尔传感器，可以实现防夹功能，如图 5-2-6 所示。该电动机内部还有控制模块集成在一起，共有 5 个插脚，由电路图可知，DR05a/1 脚为电动机搭铁脚，DR05a/2 脚为电动机供电脚、DR05a/3 脚为开关信号输入脚、DR05a/7 脚为门窗开关的搭铁脚。玻璃升降器电动机通过 DR05a/4 脚处的 LIN 线和 BCM 相连。

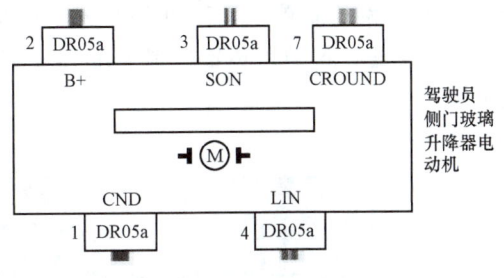

图 5-2-6 驾驶员侧门玻璃升降器电动机

（1）驾驶员侧车窗电动机升降电路。当驾驶员拨动驾驶员侧左前门窗开关一键上升挡时，驾驶员侧左前门窗开关 DR04/5 脚给电信号到驾驶员侧门玻璃升降器电动机，驾驶员侧门玻璃升降器电动机接收一键上升挡信号后，触发电动机内部电路，使电动机一直转动到门窗玻璃完全关闭才停止；当驾驶员侧门玻璃升降器电动机接收一键下降挡信号后，触发电动机内部电路，使电动机一直转动到门窗玻璃完全打开才停止；点动升降的工作原理和一键升降的工作原理相同，这里不再赘述。

（2）乘客侧车窗电动机升降电路。乘客侧车窗的升降既可以由驾驶员控制，也可以由乘客侧开关控制，控制电路和驾驶员侧车窗电动机的升降基本相同。

（3）遥控钥匙控制门窗电路。驾驶员长按遥控钥匙的车门闭锁按钮，该信号传递给 BCM，BCM 通过 LIN 线将信号送给 4 个门窗电动机模块，触发其内部电路，使电动机通电转动到门窗玻璃完全关闭才停止工作。

2. 迈腾 B8L 门窗系统电路分析

如图 5-2-7 所示为迈腾 B8L 电动门窗电路原理图，主要有 J386 驾驶员侧控制单元、J387 副驾驶员侧控制单元、J388 左后控制单元、J389 右后控制单元、J519 载电网控制单元、J533 网关、J965 进入及启动系统控制单元、V14 驾驶员侧车窗升降器电动机、V15 副驾驶员侧车窗升降器电动机、V26 左后车窗升降器电动机、V27 右后门窗升降器电动机；装在驾驶员侧车门的 E512 主控开关（设有 E710 驾驶员侧门窗升降器开关、E716 驾驶员侧上的右前门窗升降器开关、E711 驾驶员侧上的左后窗升降器开关、E713 驾驶员侧上的右后窗升降器开关、E318 儿童安全装置按钮），另外还有装在前排乘客处的 E107 独立开关，装在左后车门上的独立开关 E52，装在右后车门上的独立开关 E54。

（1）电动门窗升降器开关控制门窗升降动作。以驾驶员侧车门电动门窗开关 E512 为例，若操作此处的四个门窗开关，则会将开关输入信号传给控制单元 J386，通过 J386 将驱动指令传给 V14 驾驶员侧电动门窗玻璃升降器电动机；通过 LIN 总线将输入信号传给控制单元 J388，再驱动左后玻璃升降器电动机 V26；通过 CAN 总线将开关信号传给控制单元 J387，再驱动副驾驶员侧车门玻璃升降器电动机 V15，通过 LIN 总线将开关信号传给控制单元 J389，再驱动右后车门玻璃升降器 V27。

(2) 遥控钥匙控制门窗升降动作。通过按压遥控钥匙上面的闭锁和开锁按钮保持 2 s 以上，可以实现电动门窗上升和下降控制。遥控钥匙门窗升降信息通过无线信号传给 J519 载电网控制单元，J519 将车窗升降信息通过 CAN 总线传给控制单元 J386 和 J387，再通过 LIN 总线传给控制单元 J388 和 J389，从而控制四个门窗玻璃升降器电动机工作。

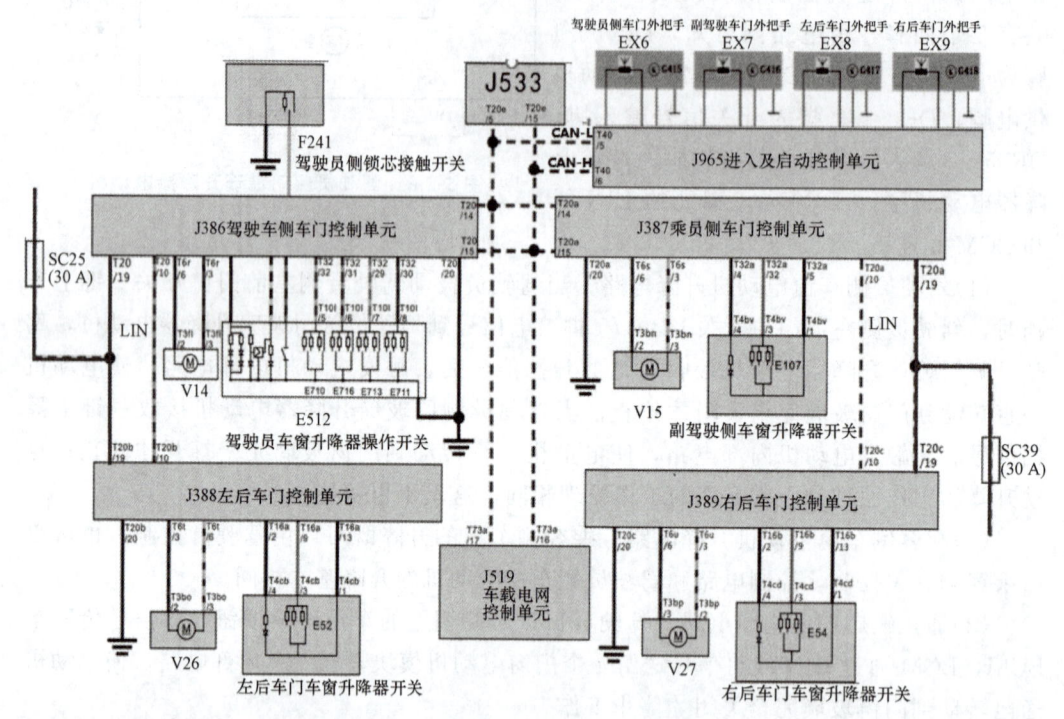

图 5-2-7　迈腾 B8L 电动门窗电路原理图

(3) 应急钥匙控制门窗升降动作。通过操作应急钥匙 F241（驾驶员侧锁芯中的接触开关）开锁或者闭锁保持 2 s 以上，则 F241 将门窗升降信息传给控制单元 J386，通过 J386 将驱动指令传给 V14 驾驶员侧电动门窗玻璃升降器电动机；通过 J386 和 J388 之间的 LIN 总线将输入信号传给控制单元 J388，再驱动左后门窗玻璃升降器电动机 V26；通过 CAN 总线将开关信号传给控制单元 J387，再驱动副驾驶员侧门窗玻璃升降器电动机 V15；通过 J387 和 J389 之间的 LIN 总线将开关信号传给控制单元 J389，再驱动右后玻璃升降器 V27。

(4) 门把手控制门窗升降动作。带门把手控制门窗升降动作的车辆只适用于带有无钥匙进入功能的车辆。门把手控制门窗动作只预留锁车功能，按压门把手上面的小按钮保持 2 s 以上，即可实现门窗上升功能。通过操作驾驶员车门外把手 EX6，副驾驶员车门外把手 EX7，左后车门外把手 EX8，右后车门外把手 EX9 中的任何一个按钮保持 2 s 以上，则会将门窗控制单元信息传给控制单元 J965，J965 将信息通过 CAN 总线传给控制单元 J386 和 J387，再通过 LIN 总线传给控制单元 J388 和 J389，从而控制四个门窗玻璃升降器电动机工作（详细控制过程请参考后续仪表防盗系统）。

5.2.3 门窗系统检测维修

1. 吉利帝豪 EV300 门窗开关检测

如图 5-2-8 所示为吉利帝豪 EV300 门窗主控开关电路图,图 5-2-9 所示为吉利帝豪 EV300 门窗主控开关线束连接器 DR05 各插脚的排列序号。该门窗主控开关包括 4 个门窗开关,还有一个安全开关,当安全开关闭合时,用万用表测量相关开关各挡位(左前、左后、右前、右后)对应上升下降触点通断情况,正常情况下闭合应为导通,断开应为不导通,具体检测结果可参照表 5-2-1 的方法进行。

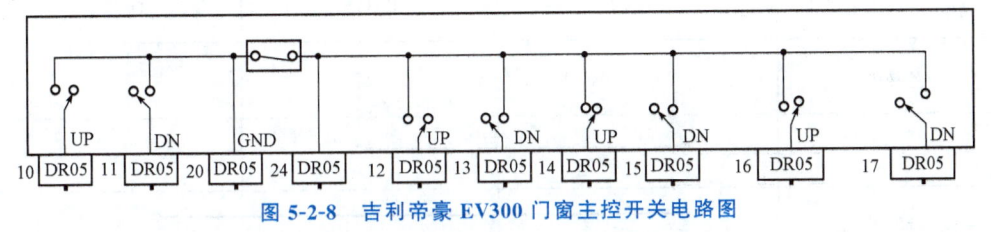

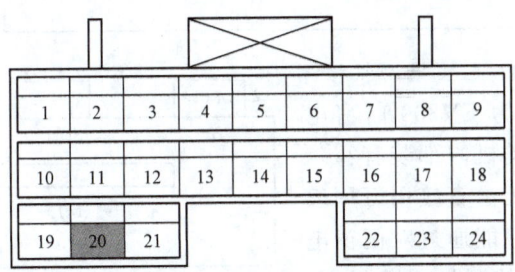

图 5-2-8 吉利帝豪 EV300 门窗主控开关电路图

图 5-2-9 吉利帝豪 EV300 门窗主控开关线束连接器 DR05 各插脚的排列序号

表 5-2-1 门窗主控开关通断情况

主控开关	插脚	DR05/20	DR05/24	DR05/10	DR05/11	DR05/12	DR05/13	DR05/14	DR05/15	DR05/16	DR05/17
左前开关	UP	o——————o									
	DOWN	o——————————o									
右前开关	UP	o——————————————o									
	DOWN	o——————————————————o									
左后开关	UP	o——————————————————————o									
	DOWN	o——————————————————————————o									
右后开关	UP	o——————————————————————————————o									
	DOWN	o——————————————————————————————————o									
安全开关	未动作	o——————o									
	按下										

如图 5-2-10 所示为吉利帝豪 EV300 独立开关电路及线束连接器 DR14。该开关的线束连接器 DR14 有 5 个插脚,用万用表测量上升下降触点通断情况,正常情况下闭合应为导通,断开应为不导通,可以参照表 5-2-2 的方法进行检测维修。

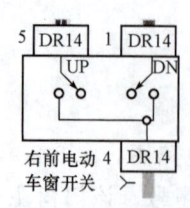

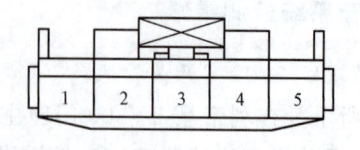

图 5-2-10 吉利帝豪 EV300 独立开关电路及线束连接器 DR14

表 5-2-2 右前门窗独立开关通断情况

动作 \ 插脚	DR14/4	DR14/5	DR14/1
不动作			
UP	●――――――●		
DOWN	●――――――――――――――●		

2. 吉利帝豪 EV300 门窗电动机检测

如图 5-2-11 所示为 EV300 门窗电动机模块电路。该电动机内部装有霍尔传感器及模块，所以无法直接用万用表测量电动机的电阻，只能通过对门窗电动机各插脚的电信号的测量判断好坏。若该电动机模块各插脚电信号都正常，但是电动机不工作，则判断电动机模块损坏。各插脚功能及电信号正常值见表 5-2-3。

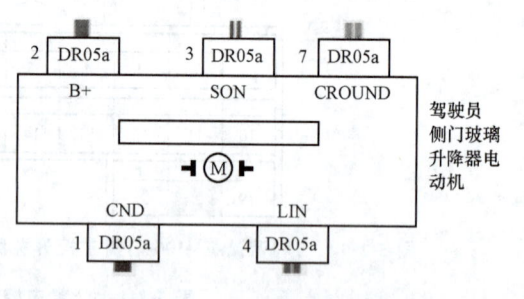

图 5-2-11 门窗电动机模块电路

表 5-2-3 门窗电动机电信号测试

插脚	电压值	测量条件	功能
DR05a/1	0 V	点火开关 ON	门窗电动机的搭铁脚
DR05a/2	12 V	点火开关 ON	门窗电动机的供电脚
DR05a/3	变化	左前门窗开关点动上升/点动下降/一键上升/一键下降	左前门窗开关的信号输入脚
DR05a/4	9.2 V	点火开关 ON	和 BCM 相连的 LIN 线
DR05a/7	0 V	点火开关 ON	左前门窗开关的搭铁脚

3. 迈腾 B8L 门窗开关检测

如图 5-2-12 所示为迈腾 B8L 玻璃升降器开关控制电路。从图 5-2-12 中可以看出，玻璃升降器开关 E710 内部为电阻分压结构，开关处于不同的挡位时，信号电路上就会产生一个对应的电压。

驾驶员侧车门控制单元 J386 通过 T32/32 端子输出一个 0 V～＋B 的方波参考电压给驾驶员侧玻璃升降器控制按钮 E710 的 T101/5 端子，同时通过 T101/10 端子为开关提供接地回路。操作开关至点动上升/一键上升/点动下降/一键下降时，T101/5 端子侧的信号电压会产生相应的变化，J386 监测电路上的信号幅值变化，根据此电压确认开关处于哪种状态（点动上升、一键上升、点动下降、一键下降），从而控制升降器电动机做相应的运转。

图 5-2-12　迈腾 B8L 玻璃升降器开关控制电路

该门窗开关可以通过测量各个不同挡位下电阻阻值判断开关的好坏，也可以在保证开关的供电电压及搭铁良好的情况下，通过测量开关输出信号值判断开关的好坏。E710 开关电压标准值见表 5-2-4，E710 开关各挡位电阻标准值见表 5-2-5。

表 5-2-4　E710 开关电信号测量值

插脚	电压	检测条件	作用
T101/5	12 V/5.2 V/1.2 V/2.2 V/0 V	点火开关 ON，左前门窗开关点动上升/点动下降/一键上升/一键下降	左前门窗开关的信号输出脚
T101/10	12 V	点火开关 ON	驾驶员侧门窗开关的搭铁脚

表 5-2-5　E710 开关各挡位电阻值

操作状态	T101/5－T101/10 阻值	备注
点动上升	820 Ω	拔下开关线束，测量开关处插脚的阻值
一键上升	270 Ω	
点动下降	100 Ω	
一键下降	0 Ω	

4. 迈腾 B8L 门窗电动机检测

如图 5-2-13 所示为迈腾 B8L 玻璃升降器电动机控制电路。该车型的玻璃升降器电动机采用直流电动机，通过改变电动机的两个供电电路电流方向，实现电动机的正反转。

图 5-2-13　迈腾 B8L 玻璃升降器电动机控制电路图

驾驶员侧车门控制单元 J386 通过其 T6r/6 端子至玻璃升降器电动机的 T3f 1/2 端子之间的电路连接至电动机的一端碳刷，同时其 T6r/3 端子至玻璃升降器电动机的 T3f 1/3 端子之间的电路连接至电动机的另一端碳刷。操作开关至点动上升、一键上升、点动下降、一键下降时，两条电路输出电压相反，驱动电动机正向或反向运转。

(1)测量电动机端的 T3f 1/2 端子和 T3f 1/3 端子之间电压。打开点火开关，上、下操作驾驶员侧玻璃升降器开关，测量电动机端的 T3f 1/2 端子和 T3f 1/3 端子之间电压，正常情况下应测得正或负的 +B 电压，否则说明 J386 或相关导线存在故障。

(2)测量车门控制单元端的 T6r/6 端子和 T6r/3 端子之间电压。打开点火开关，上、下操作驾驶员侧玻璃升降器开关，测量车门控制单元端的 T6r/6 端子和 T6r/3 端子之间电压，正常情况下应测得正或负的 +B 电压，否则说明 J386 或输入 J386 的开关信号存在故障。

(3)进行电路导通性检查。检查车门控制单元端的 T6r/6 端子与玻璃升降器电动机端的 T3f 1/2 端子间电路的导通性。

(4)检测玻璃升降器电动机电阻。

关闭点火开关，断开玻璃升降器电动机的 T3f1 插接器，测试电动机两端之间的电阻值，应为 1.3 Ω，否则说明电动机存在故障。

任务准备

(1)通过链接，查看迈腾 B8L 门窗电路关键插脚检测。

(2)通过链接，查看迈腾 B8L 门窗主要部件检测。

任务实施

实训 5.2.1　汽车门窗系统检测维修

1. 实训条件

(1)实训设备：迈腾 B8L 门窗系统台架、迈腾 B8L 整车、门窗开关、门窗电动机等。

(2)仪器工具：解码器、万用表、工具车。

(3)实训资料：维修手册、任务工单。

2. 实训步骤

(1)汽车门窗部件检测。

(2)汽车门窗系统电路检测：按任务工单要求测量各种信号；分析各插脚的作用。

3. 任务工单

根据实训内容，查阅资料，填写任务工单。

任务工单 5.2.1　迈腾 B8L 门窗系统检测维修

1. 迈腾 B8L 汽车门窗开关检测

测量部件	阻值	测量脚	测量条件
E710			
E716			
E711			
E713			

2. 门窗系统电路测量

部件	插脚	电压/V	检测条件	作用
主控开关	T10I/10			
	T10I/5			
	T10I/6			
	T10I/7			
	T10I/8			
	T10I/2			
	T10I/1			
	T10I/3			
右后开关	T4d/1			
	T4d/3			
	T4d/4			
J386	T20/20			
	T20/19			
	T20/15			
	T20/14			
	T20/10			

续表

部件	插脚	电压/V	检测条件	作用
J387	T20a/20			
	T20a/19			
	T20a/15			
	T20a/14			
	T20a/10			
J388	T20b/20			
	T20b/19			
	T20b/10			
J389	T20c/20			
	T20c/19			
	T20c/10			

3. 成绩评定标准

练习与思考

(1) 通过链接，查看练习与思考习题。

(2) 通过链接，查看练习与思考答案。

任务 5.3 门窗系统故障诊断

任务描述

一辆行驶里程约 3.9 万千米的大众迈腾 B8L 轿车，客户反映操作左后车门上的玻璃升降器开关，发现左后门窗升降功能失效，但操作驾驶员侧玻璃升降器开关，左后门窗功能正常，作为专业的维修技师，应如何对此故障进行诊断与排除？

任务分析

要完成客户车辆左后门窗升降功能失效的故障诊断，首先需要熟悉门窗系统的控制原理，然后根据电路图及控制原理对雨刮不工作的原因进行深入分析，最后结合诊断仪器、维修手册对故障进行诊断和排除。

学习目标

知识目标

1. 掌握汽车门窗系统常见故障机理分析方法；
2. 掌握汽车门窗系统常见故障诊断分析策略。

技能目标

1. 能制定汽车门窗系统故障的检修方案；
2. 能规范操作，诊断和排除汽车门窗系统相关故障。

素质目标

1. 通过自主分析门窗系统的控制原理、故障机理，培养学生逻辑分析的能力；
2. 通过小组探究、方案制定，学生锻炼沟通表达、合作、自主学习的能力；
3. 通过企业 7S 标准规范管理操作，培养学生规范、安全意识；
4. 通过大师示范操作，培养学生执着专注、精益求精、一丝不苟、追求卓越的工匠精神。

相关知识

5.3.1 门窗系统常见故障类型

电动门窗是由驾驶员或乘客操纵开关接通门窗升降电动机的电路，门窗电动机产生动力通过一系列的机械传动，使门窗玻璃按要求进行升降。相关的故障现象主要有驾驶员侧门窗无法升降、乘客侧门窗无法升降。

（1）驾驶员侧门窗无法升降故障。如果门窗只能上升无法下降或者只能下降无法上升，基本上是因为开关内部挡位故障引起；如果门窗既不能上升也不能下降，除了开关引起的故障，还有可能是因为门窗电动机或者门窗电动机相关电路故障引起。如果是模块控制的门窗系统，还需要考虑因模块损坏引起的该故障现象。

（2）乘客侧门窗无法升降故障。乘客侧门窗无法升降故障包括驾驶员无法控制门窗升降、乘客无法控制自身侧门窗升降以及驾驶员和乘客都不能控制门窗升降三种情况。对于只有驾驶员无法控制门窗升降的情况，更多考虑的是主控开关及其信号输出电路故障问题；只有乘客无法控制自身侧门窗升降的情况，考虑乘客侧开关及其信号输出电路故障；如果是驾驶员和乘客都不能控制门窗升降的情况，考虑驾驶员和乘客侧对电动机控制的共同电路部分，也就是电动机及电动机控制电路故障。同样的，如果是模块控制的门窗系统，还需要考虑因模块损坏也会引起相关故障现象。

5.3.2　门窗系统常见故障原因分析

现以吉利帝豪 EV300、迈腾 B8L 为例分析门窗系统常见故障原因。

1. 吉利帝豪 EV300 门窗系统工作异常故障原因分析

如图 5-3-1、图 5-3-2 所示为吉利帝豪 EV300 门窗系统电路，此电路主要由门窗开关控制 4 个门窗电动机模块的工作。

（1）驾驶员侧门窗不能动作。如图 5-3-1 所示，驾驶员侧门窗电动机只能由左前电动门窗开关控制，可能原因如下：

1）左前电动门窗开关故障；

2）左前门窗升降器电动机故障；

3）左前门窗升降器电动机搭铁线及电源线故障。

（2）乘客侧门窗不能动作。以左后门窗升降为例，若驾驶员不能控制左后门窗，乘客可以控制左后门窗，如图 5-3-2 所示，可能原因主要有：

1）驾驶员侧左后门窗开关损坏；

2）驾驶员侧左后门窗开关 DR05/14 到 DR19/13 所在的导线断路或接触不良。

若乘客能控制左后门窗，驾驶员不能控制左后门窗，如图 5-3-2 所示，可能原因如下：

1）乘客侧左后门窗开关损坏；

2）乘客侧左后门窗开关插脚接触不良；

3）乘客侧左后门窗开关搭铁线 DR19/14 到 SO/14 之间的导线断路或接触不良。

若驾驶员和乘客都不能控制左后门窗的工作，如图 5-3-1、图 5-3-2 所示，可能原因如下：

1）左后门窗升降器电动机损坏；

2）左后门窗升降器电动机电源线及搭铁线故障；

3）左后门窗升降器电动机 DR29/7、DR29/3 所在两条控制线同时断路。

（3）右前右后门窗均不能动作。如果驾驶员不能控制右前右后门窗工作，乘客也不能控制右前右后门窗工作，根据电路图可知，右侧门窗电动机共用电源线和搭铁线，引起此种故障现象的主要原因有 SF11 熔断器及相关供电线，G36 共用搭铁线。

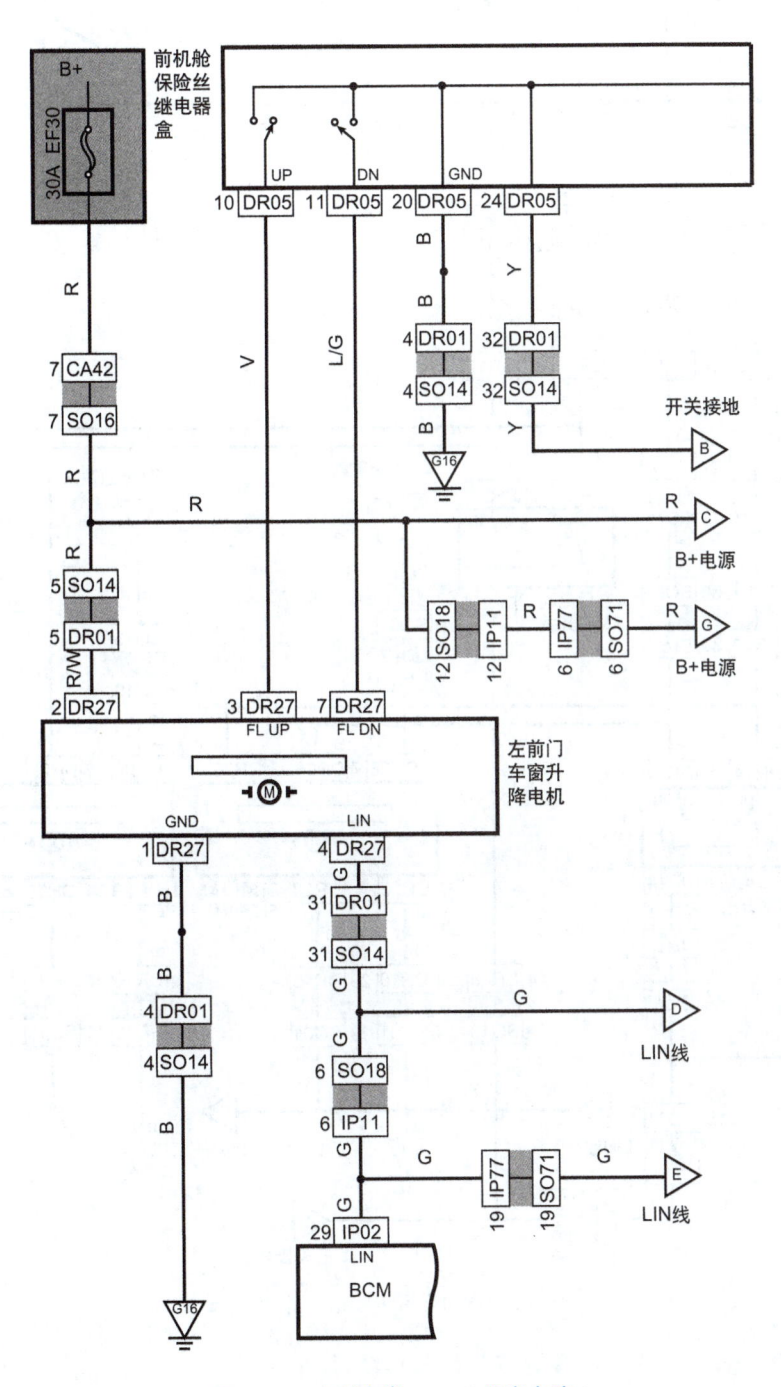

图 5-3-1 吉利帝豪 EV300 门窗电路 1

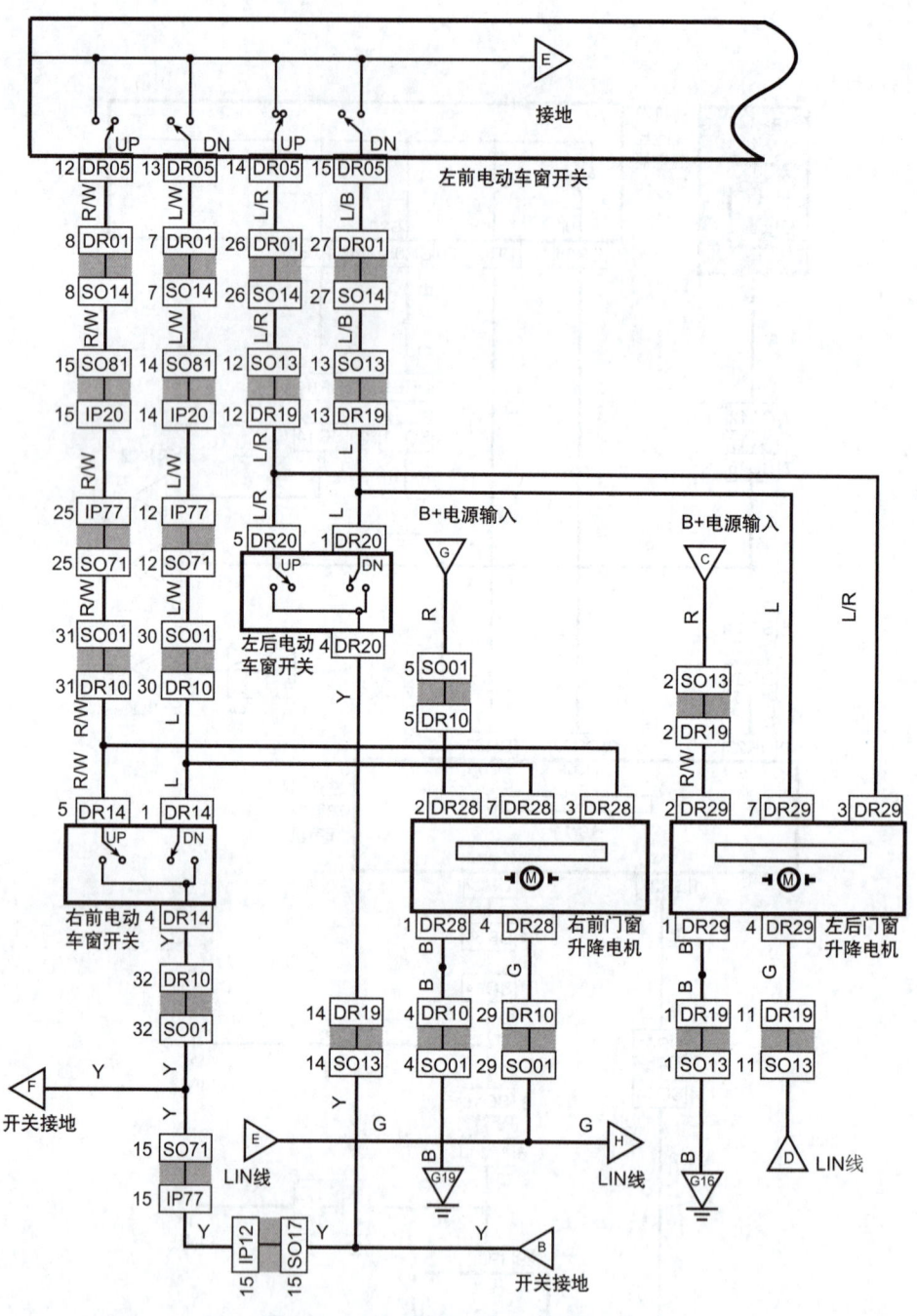

图 5-3-2 吉利帝豪 EV300 门窗电路 2

2. 迈腾 B8L 门窗系统工作异常故障原因分析

如图 5-3-3 所示,迈腾 B8L 门窗的 4 个模块之间用网络线连接,左前门窗控制模块 J386 和右前门窗控制模块 J388 之间用 CAN 线连接;左前门窗控制模块 J386 和左后门窗控制模块 J387 之间用 LIN 线连接;右前门窗控制模块 J388 和右后门窗控制模块 J389 之间用 LIN 线连接;J386 是门窗系统中主要控制模块。

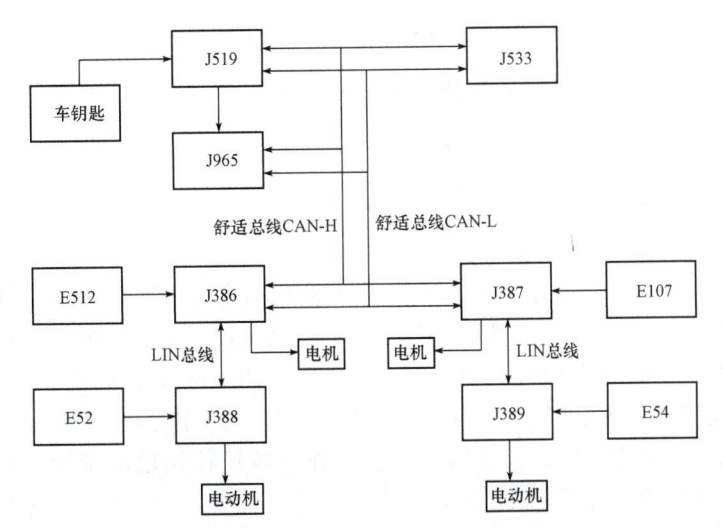

图 5-3-3　迈腾 B8L 门窗控制原理图

E512、E107、E52、E54—车窗玻璃开关；J386—驾驶员侧车门控制单元；J387—前排乘客侧车门控制单元；J388—左后乘客侧车门控制单元；J389—右后乘客侧车门控制单元；J519—车载电网控制单元；J533—网关；J965—进入及启动许可单元

(1) J386 和 J387 之间 CAN 线故障分析。迈腾 B8L 门窗模块 J386 和 J387 之间的 CAN 线采用高速 CAN，无论 CAN 高位线还是低位线出现故障，都会导致信号传输停止，引起相应故障。

若 J386 侧 CAN 线断路，驾驶员无法操控左前门窗、左后门窗、右前门窗、右后门窗工作，乘客无法操控左后门窗工作。如图 5-3-3 所示，J386 和 J387 由 J519 唤醒，若 J386 侧 CAN 线断，J519 无法唤醒 J386，J386 无法唤醒 J388。也就意味着 J386、J388 处于休眠状态，无法接收开关信号，左前门窗和左后门窗不能工作。J387 和 J389 虽然处于唤醒状态，但是因为 J386 和 J387 的 CAN 线断路，主控开关信号无法传递给 J387、J389，因此驾驶员无法操控右前、右后门窗，但是乘客可以操控右前右后门窗工作。

若 J387 侧 CAN 线断路，右前、右后门窗无法主控也无法自控，左前、左后门窗工作正常。

(2) J386 和 J388 之间 LIN 线故障分析。若 J386 和 J388 之间 LIN 线断路，左后门窗无法主控也无法自控。J388 由 J386 通过 LIN 线唤醒，当 LIN 线断路，J388 无法正常工作，因此该侧门窗电动机无法工作。

(3) J387 和 J389 之间 LIN 线故障分析。若 J387 和 J389 之间 LIN 线断路，右后门窗无法主控也无法自控。J389 由 J387 通过 LIN 线唤醒，当 LIN 线断路，J389 无法正常工作，因此该侧门窗电动机无法工作。

(4) 模块故障分析。若 J386 损坏，左前、左后、右前、右后门窗均无法主控，乘客无法操控左后门窗工作。右前右后门窗可以自控。

若 J387 损坏，右前、右后门窗无法主控也无法自控，左前、左后门窗工作正常。

若 J388 损坏，左后门窗无法主控也无法自控，其他正常。

若 J389 损坏，右后门窗无法主控也无法自控，其他正常。

值得注意的是，模块的供电线和搭铁线故障也会导致模块不工作，引起相同的故障现象。

5.3.3 门窗系统故障案例分析

1. 迈腾 B8L 左前电动门窗无法升降故障诊断

（1）故障现象。一辆 2018 款 2.0T 一汽大众迈腾教学实训轿车，车辆识别代码：LFV3A23C4J3111252，发动机型号：CUG，学生反映左前电动门窗无法升降。

（2）初步检查。接到车后进行初步检查，现象验证：打开点火开关，操作主控开关 E512 上的左前门窗开关 E710，左前门窗玻璃无动作；操作主控开关 E512 上的其他开关，其余车窗玻璃动作正常；关上车门，在车外长按遥控钥匙闭锁健及解锁健，四车窗玻璃均能正常远程操控升降（图 5-3-4）。

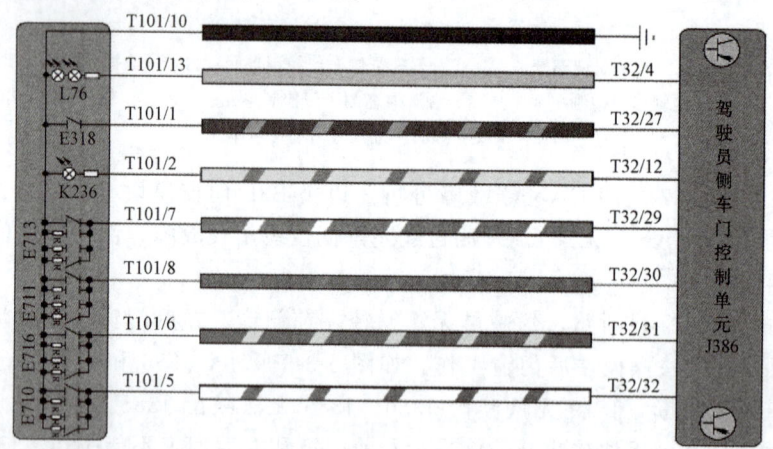

图 5-3-4　左前电动门窗无法升降故障相关电路原理图

（3）故障原因分析。利用遥控钥匙远程操控时，驾驶员侧车窗动作正常，说明左前车门控制单元、左前门窗电动机及其门窗电动机线路均正常；操作主控开关上其余车窗开关，其余车窗动作正常，由于主控开关上四个开关共用搭铁线路，所以排除主控开关 E512 搭铁线故障。如上分析，故障原因有 E710 开关故障；E710 至左前车门控制单元 J386 之间信号线故障；J386 局部故障。

（4）故障诊断。

1）读取数据流。连接诊断仪，读取左前开关 E710 数据流，操作左前开关，数据流显示 E710 始终无变化，说明 J386 未接收到 E710 开关信号。

2）测量相关数据。点火开关 ON，用万用表测量左前开关线束 T10I/5 脚电压为 0 V，不正常；测 J386 端子 T32/32 电压为 12 V，正常。关闭点火开关，拔下两端插接器，测量 E710 端 T101/5 端子至 J386 端 T32/32 端子线路阻值，阻值为无穷大，说明线路断路。

（5）分析总结。E710 端 T101/5 端子至 J386 端 T32/32 端子线路断路，使 J386 无法接收到开关 E710 信号，无法控制门窗电动机工作。具体故障诊断工单填写见表 5-3-1。

表 5-3-1　迈腾 B8L 左前电动门窗无法升降故障诊断工单

1. 故障现象观察	观察故障现象
	左前门窗玻璃无法升降，其他正常
2. 故障分析	只有左前门窗玻璃无法升降，考虑左前开关及相关线路
3. 故障信息检测	读取故障码/数据并做分析
	故障码：无 数据流：操控 E710 开关，E710 开关数据没有变化 分析：E710 开关数据没有变化，说明 E710 及相关线路异常
4. 故障原因分析	根据故障现象、故障码/数据，结合维修手册，分析原因
	1. E710 开关故障 2. J386 局部故障 3. E710 至 J386 之间信号线故障

5. 故障检测判断	检测内容	检测结果	分析判断
	点火开关 ON，测量 E710 端子 T10I/5 电压	0 V	异常（J386 没有送出参考电压）
	点火开关 ON，测量 J386 端子 T32/32 电压	12 V	正常（说明 J386 正常）
	点火开关 OFF，拔下 E710 及 J386 的线束插头，测量 E710 线束插头 T101/5 端子至 J386 线束插头 T32/32 端子导线阻值	无穷大	异常（说明导线断路）

6. 故障确认排除及维修方案	E710 端 T101/5 端子至 J386 端 T32/32 端子线路断路，维修线束，重新连接导线
7. 分析总结	E710 端 T101/5 端子至 J386 端 T32/32 端子线路断路，使 J386 无法接收到开关 E710 信号，无法控制门窗电动机工作

2. 迈腾 B8L 右侧电动门窗不工作故障诊断

（1）故障现象。一辆 2018 款一汽大众迈腾 380TSI 汽车，配备 DQ380 型双离合变速器，车主在行驶过程中发现右前右后门窗均无法升降。

（2）初步检查。接到车后进行初步检查，现象验证：发现右侧车门所有功能失效，右侧车门无法上锁，右侧玻璃升降器、右侧后视镜功能均失效，但右侧车门把手触摸传感器功能正常。

（3）故障原因分析。通过故障现象初步判断为迈腾 B8L 舒适系统故障，迈腾 B8L 舒适系统包括门窗玻璃升降系统、车门锁系统、电动后视镜系统等，迈腾 B8L 车型每个车门都由独立的控制单元通过车载网络接收相关信息，从而实现各车门的功能控制。两个前门 J386、J387 通过 CAN 总线通信，两个后门 J388、J389 则通过 LIN 总线独立与

J386、J387 通信，后门各功能只受控于前门传递的指令，其控制原理如图 5-3-2 所示。

操作各功能开关，发现右侧车门功能均失效，但左侧车门各功能无异常，根据迈腾 B8L 相关电路和控制逻辑，初步判断故障可能原因有 J387 自身及其供电搭铁故障；J387 通信故障；舒适 CAN 总线局部故障。

(4) 故障诊断与排除。

1) 读取故障码。连接汽车专用诊断仪对车辆读取故障代码，系统显示 131659－乘客侧车门控制单元，无通信(主动的/静态的)。如上分析，故障原因有：车门控制单元 J387 损坏；J387 供电搭铁故障；J387 通信故障。

2) 测车门控制单元供电搭铁。查看原车电路图 5-3-5，发现 J387、J389 共用熔断器 SC39。利用万用表测量熔断器 SC39 两端电压，发现 SC39 输入端电压为 13.04 V，输出端电压为 0 V；关闭点火开关并拔下熔断器 SC39 测量其两端电阻值，测量其阻值为 ∞，同时发现保险丝有烧蚀痕迹，更换 SC39 保险后，故障仍旧存在。

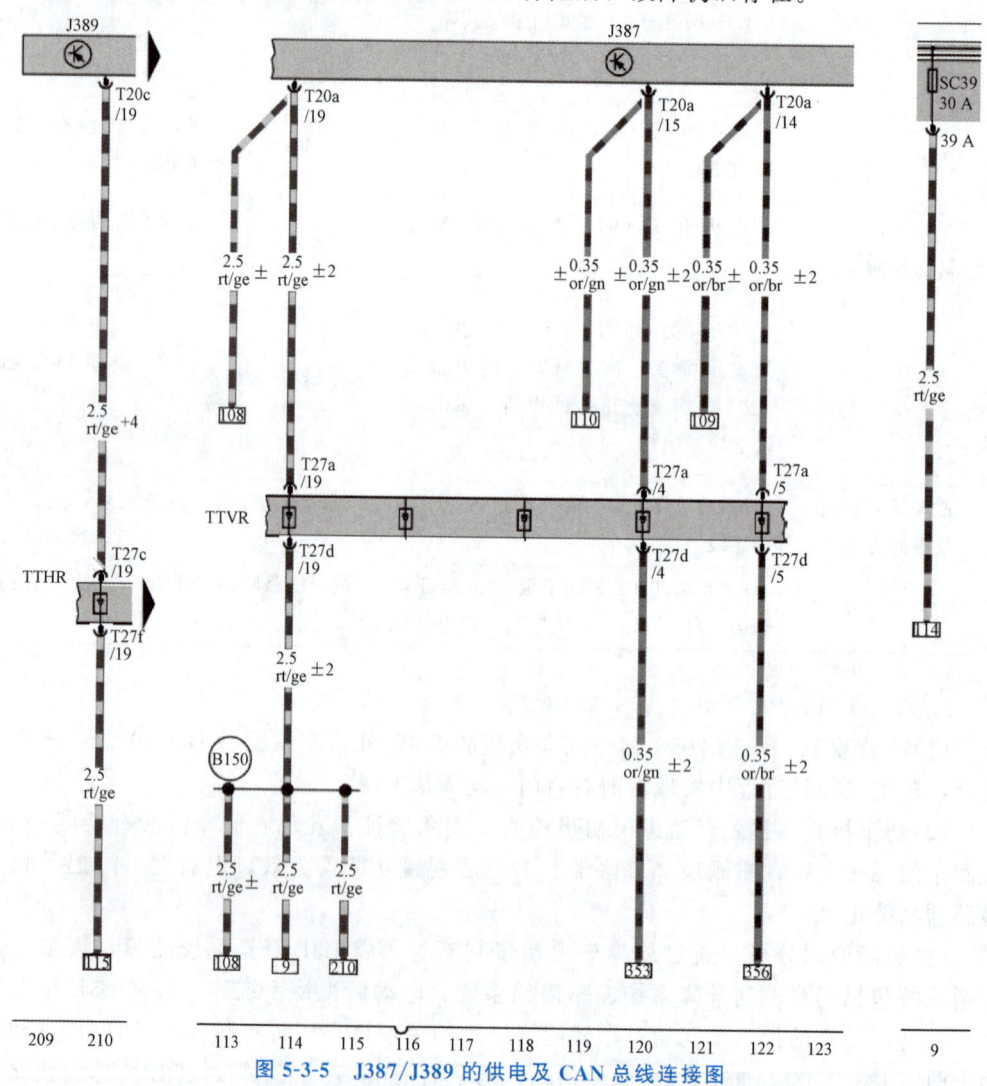

图 5-3-5　J387/J389 的供电及 CAN 总线连接图

3)读 J387 的 CAN 线波形。更换 SC39 后,右侧车门门锁电动机、玻璃升降器、后视镜功能仍失效,利用诊断仪再次读取故障码,故障码依旧。利用示波器测量 J387 端 CAN 线端子 T20a/15、T20a/14 的波形,波形异常,所测波形如图 5-3-6 所示。进一步测量右前车门连接位置 TT VR 端 T27a/4、T27a/5 两端波形,波形正常,如图 5-3-7 所示。

图 5-3-6　J387 端 CAN 总线异常波形　　　　图 5-3-7　TVVR 端 CAN 总线正常波形

4)测量阻值。关闭电源,断开 TT VR 连接器与 J387 的 T20a 端子,如图 5-3-5 所示,测量 T27a/4—T20a/15 与 T27a/5—T20a/14 两端阻值,经测量,T27a/4—T20a/15 两端阻值为∞,进一步检查发现车门连接处 TT VR 至 J387 端线路折断。

5)故障排除。修复损坏线束后,右侧车门功能恢复正常,利用诊断仪读取车辆无故障代码,故障排除。

(5)分析总结。J387 与 J389 公共电源保险 SC39 烧蚀造成右侧车门控制单元无电源,控制电源无法正常工作。T27a/4—T20a/15 线路由于车门频繁开关造成线路折断,J387 无法通过 CAN 总线与其他控制单元通信,右侧车门功能仍失效,恢复 CAN 总线故障后右侧功能恢复正常。

任务准备

(1)通过链接,查看迈腾 B8L 门窗系统的故障验证实训。

(2)通过链接,查看迈腾 B8L 门窗系统故障诊断排除实训。

任务实施

实训 5.3.1　门窗系统故障验证及排故实训

1. 实训要求

根据配置的实训条件,按表 5-3-2 设置故障点,实施"门窗系统故障验证实训"和

"门窗系统故障诊断排除实训"。

表 5-3-2　门窗系统故障诊断实训故障点设置表

设置故障点
1. 门窗开关电路 (1)主控开关：E710、E716、E711、E713、E318 信号线断路/搭铁；K236、L76 供电线断路；主控开关 E512 搭铁线断路。 (2)独立开关：各开关信号线断路/搭铁、搭铁线断路、开关照明指示灯供电线断路。 2. 模块电路 (1)J386：J386 电源线断路、J386 搭铁线断路、J386 通信线断路/搭铁/虚接。 (2)J387：J387 电源线断路、J387 搭铁线断路、J387 通信线断路/搭铁/虚接。 (3)J388：J388 电源线断路、J388 搭铁线断路、J388 通信线断路/搭铁/虚接。 (4)J389：J389 电源线断路、J389 搭铁线断路、J388 通信线断路/搭铁/虚接。 3. 门窗电动机电路 门窗电动机电路：V14 线路故障、V15 线路故障、V26 线路故障、V27 线路故障

2．门窗系统故障验证实训

(1)故障验证实训条件。

1)实训设备：迈腾 B8L 整车/迈腾 B8L 整车台架、仿真实训软件。

2)仪器工具：解码器、示波器、万用表、工具车、零件盒。

3)实训资料：维修手册(电路图)、电子资料。

(2)故障验证实训步骤。

1)自设置一个故障点。

2)观察故障现象。

3)读取故障码/数据流。

4)使用万用表或示波器测量关键点电信号。

根据上述故障现象数据，分析验证工作原理(故障机理/故障逻辑关系)。

(3)完成任务工单。根据实训内容，查阅资料，填写任务工单。

3．门窗系统故障诊断排除实训

(1)故障诊断排除实训条件。同故障验证实训。

(2)故障诊断排除实训步骤。

1)预先设定一个或多个故障点。

2)观察故障现象。

3)读取故障码/数据流。

4)分析故障原因。

5)根据故障原因，按步检测确诊故障点。

6)排除故障并验证。

7)分析总结相关故障机理及检测方法。

(3)完成任务工单。根据实训内容，查阅资料，填写任务工单。

任务工单 5.3.1　门窗系统故障验证

1. 明设故障点，填写表单（故障点选自表 5-3-2）

序号	明设故障点	故障现象	故障信息检测				原因分析
^	^	^	检测仪检测		万用表检测		^
^	^	^	读取故障码	数据流	检测点结果	检测条件	^

2. 成绩评定标准

任务工单 5.3.2　门窗系统故障诊断排除实训

1. 暗设故障点，填写表单

(1)故障现象观察	观察故障现象		
(2)故障分析			
(3)故障信息检测	读取故障码/数据并做分析		
^	故障码： 数据： 分析：		
(4)故障原因分析	根据故障现象、故障码/数据，结合维修手册，分析原因		
^			
(5)故障检测判断	检测内容	检测结果	分析判断
^			
^			
^			

续表

（6）故障确认排除	
（7）分析总结	

2. 成绩评定标准

(1) 通过链接，查看练习与思考习题。

(2) 通过链接，查看练习与思考答案。

项目 5　拓展园地

吉利汽车提出了"敢为，做时代的中国星！"敢，是一种勇气，更是一种底气，敢于打破传统、敢于面对挑战、敢于自我突破。要想"敢为"，首先要做到"想为""能为"。"想为"，就是要有积极向上的自发的内生力量；"能为"，就是不仅要有想法，还要有能力。中国汽车从无到有、从小到大、从弱到强，靠的不是想，而是做。正是有了"想为"的自我驱动，有了"能为"的实力积淀，才有了今天的"敢为"宣言。它不仅体现了中国汽车的民族自信，更是当今中国年轻人的精神写照。

项目 6
汽车照明与信号系统检修

项目描述

为了确保汽车行驶的安全性,减少交通事故的发生,汽车上都装有照明与信号系统。如果照明与信号系统出现故障,汽车行驶会产生严重安全隐患。为了快速准确掌握汽车照明与信号系统的检测、维修和诊断方法,必须了解汽车照明与信号系统的功能、组成,掌握汽车照明与信号系统的工作原理、控制电路和检测维修方法。

本项目融合《汽车电子电气与空调舒适系统技术》职业技能等级标准内容,介绍了汽车照明与信号系统的功能、组成、工作原理、检测方法及故障诊断。通过照明与信号系统性能检查、照明与信号系统检测维修、照明与信号系统故障诊断三个任务的训练,培养学生解决汽车照明与信号系统实际故障的能力。

任务 6.1 照明与信号系统性能检查

任务描述

一辆行驶里程约 10.8 万千米的 2018 款大众迈腾 1.8TSI 轿车,客户反映汽车夜间行驶时,大灯亮度不够且灯光照射位置也偏低,恰逢近期需要对车进行年检,作为专业的维修技师,请按年检要求对该车灯光系统进行全面功能和性能检查,并结合工单进行记录,从而完成该车前照灯的检测与调整。

任务分析

要完成客户车辆灯光系统的检查,需要两人配合操作完成车辆灯光功能检查,并通过使用前照灯检测仪完成前照灯照射位置的调整和发光强度的检测。

学习目标

知识目标

1. 熟悉汽车灯光系统的组成、分类及功能;
2. 理解前照灯的光学系统类型及特点;
3. 了解前照灯的检测标准和检测仪使用方法;
4. 掌握前照灯防眩目控制方法。

技能目标

1. 能认识汽车灯光系统的组成部件和安装位置;
2. 能正确进行汽车灯光系统的功能操作及检查;
3. 能规范完成汽车灯光系统的检测与调整。

素质目标

1. 通过企业 7S 标准规范管理操作,培养学生规范、安全意识;
2. 通过实践操作、清洁整理整顿等要求,培养学生崇尚劳动、热爱劳动、辛勤劳动的劳动精神。

相关知识

6.1.1 照明与信号系统的认识

现代汽车为了保证行驶安全,装备了多种灯具,根据灯具的功用可分为照明装置和信号装置,根据灯具安装位置可分为车外灯和车内灯,其分类方法和相应的组成灯具如图 6-1-1 所示。

```
                          汽车灯具
              ┌──────────────┴──────────────┐
            照明装置                      信号装置
        ┌──────┴──────┐              ┌──────┴──────┐
    车外照明装置   车内照明装置    车外信号装置   车内信号装置
      ─前照灯        ─顶棚灯         ─转向灯       ─前照灯远光工作指示灯
      ─前雾灯        ─阅读灯         ─位置灯       ─转向信号指示灯
      ─倒车灯        ─行李箱灯       ─行车灯       ─冷却液温度报警灯
      ─牌照灯        ─发动机舱灯     ─驻车灯       ─机油温度报警灯
                     ─杂物箱灯       ─示宽灯       ─制动液位报警灯
                     ─烟灰盒灯       ─制动灯       ─ABS故障警报灯
                     ─门灯           ─后雾灯       ─发动机故障警报灯
                     ─仪表灯         ─危险警报灯    ─……
                                     ─倒车灯
                                     ─电喇叭
```

图 6-1-1 汽车灯具分类和组成

1. 照明系统

作用：主要是夜间(雨雾天)道路照明、车厢内部照明、车辆宽度标示、仪表与夜间检修等。

分类：车内照明灯和车外照明灯两部分。

电路组成：主要由电源、照明灯具、控制装置、连接导线、电路保护装置等组成，每个照明灯具基本是并联状态。

(1)车外照明。车外照明主要由前照灯(又称大灯、头灯，为夜间行驶照明道路，功率为40~60 W。灯光为白色，包括远光灯和近光灯两种)、前雾灯(雨、雾天气用来照明，灯光为黄色，功率为35~55 W)、倒车灯(照明灯和信号灯)和牌照灯(安装在汽车尾部的牌照上方，灯光为白色，夜间照亮汽车牌照，功率为5~15 W)等组成。

1)汽车前照灯结构。汽车前照灯一般由光源、反射镜和配光镜(散光镜)三部分组成，如图6-1-2所示。

①光源。汽车前照灯用的光源有普通灯泡(白炽灯)、卤素灯、氙气灯、LED灯和激光灯。其光源对比如图6-1-3所示。

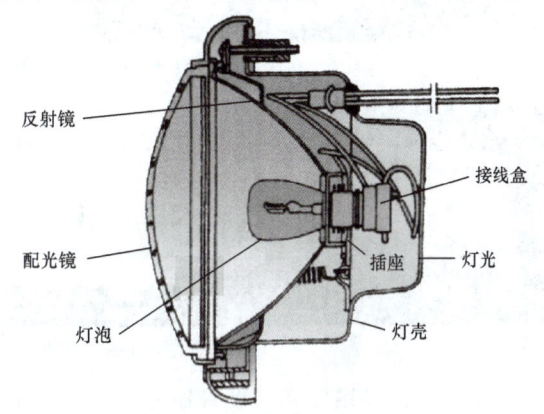

图 6-1-2 汽车前照灯结构示意

图 6-1-3 汽车光源对比图

白炽灯：采用钨丝作灯丝，灯泡内充满氩和氮的混合惰性气体，利用灯丝通电加热到白炽状态而发出可见光。灯泡易发黑，亮度低、寿命短，很少采用。

卤素灯：采用钨丝作灯丝，灯泡内渗入少量的卤素气体(如氟、氯、溴、碘等)，利用高温下升华的钨丝与卤素进行化学作用，冷却后的钨重新凝固在钨丝上。相比传统白炽灯寿命更长，亮度更高，白炽灯和卤素灯结构效果如图6-1-4所示。

氙气灯(High Intensity Discharge Lamp, HID)：没有灯丝，高强度放电，其结构效果如图6-1-5所示。它所发出的光照亮度是普通卤素灯的2倍，能耗仅为其2/3，使用寿命可达普通卤素灯的10倍，但开启响应性差。法律规定采用氙气灯作为前照灯车辆，必须加装前照灯清洗装置和照明距离调节装置，以防止其他交通参与者产生眩目。

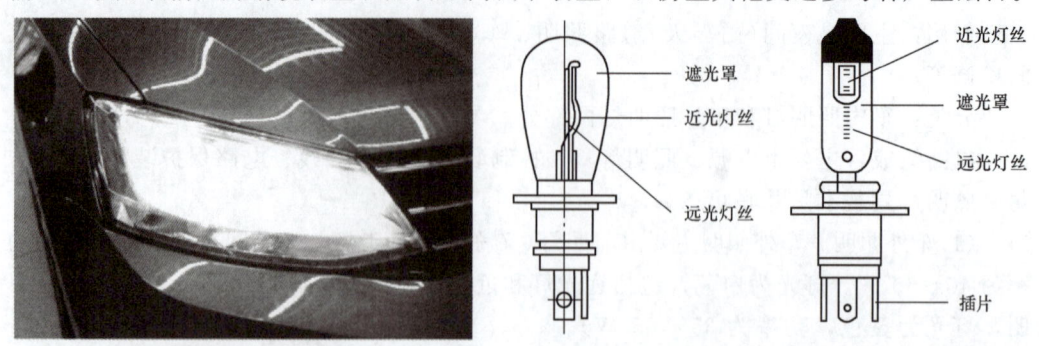

图 6-1-4　白炽灯和卤素灯结构效果图

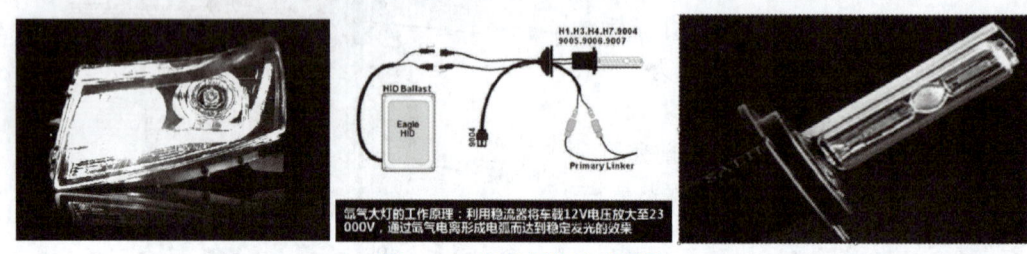

图 6-1-5　氙气灯结构效果图

LED灯：采用发光二极管作光源，主要用于装饰灯（内外美化）和功能灯（数字仪表总成的指示灯背光显示），如图6-1-6所示。它体积小、能耗低、照射均匀、寿命长、美观、可塑性强、节能环保、造型丰富、几乎没有光衰、瞬间启动、没有延迟、不易产生视觉疲劳，但亮度低、穿透性相对较弱、成本高，一旦线路板受损只能整体更换。

图 6-1-6　LED灯效果图

激光灯：采用激光二极管作光源，宝马7系、i8和X5已采用，照射原理（图6-1-7）是"一射、一透、两反射"。一射：是指激光器射出蓝色激光；一透：是指经过反射的激光通过黄磷滤镜产生白光；两反射：是指激光先经过框架上的激光反射镜反射，然后透过的光再通过反射碗反射，最终形成圆锥形光束射出车外。它寿命长、能耗低、照射范围远（可达600m），对眼睛更加友好，不会出现刺眼情况，响应速度快，也很灵敏，亮度衰减度较低，体积比传统LED灯小。但价格、维修成本高，不容易普及。

②反射镜。反射镜（图6-1-8）的作用就是将灯泡的光线聚合并导向前方，灯丝位于焦点 F 上，灯丝的绝大部分光线经反射镜反射后变成平行光束射向远方，亮度增强几百倍甚至上千倍，使车前150 m，甚至400 m内的路面照得足够清楚，其余少部分光线向两侧和上、下方散射。

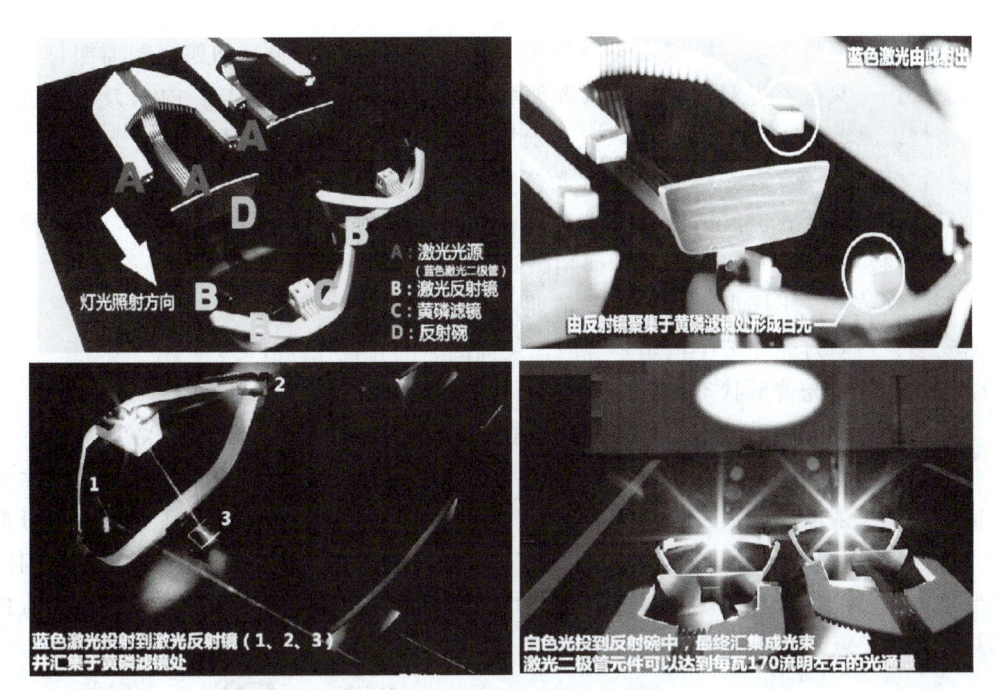

图 6-1-7　激光灯工作原理

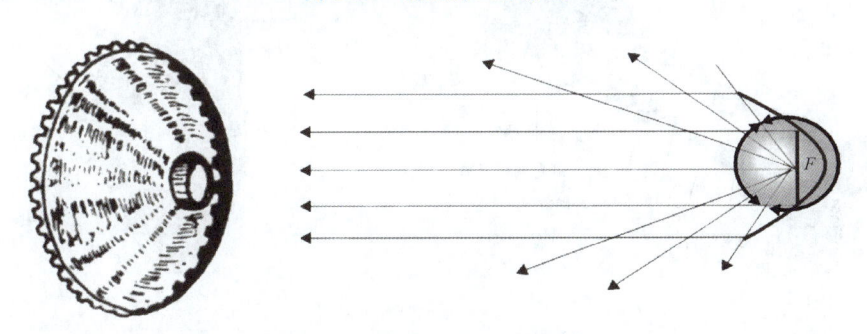

图 6-1-8　反射镜结构和聚光作用

③配光镜。配光镜又称散光镜，是用透光玻璃压制而成，是很多特殊棱镜和透镜的组合体，外形一般为圆形或矩形，如图 6-1-9 所示。配光镜的作用是将反射镜反射出的平行光束进行折射，使汽车前方路面和路缘都有良好而均匀的照明。

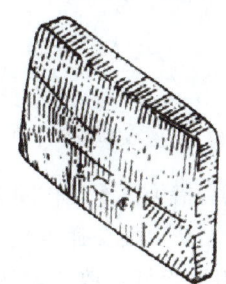

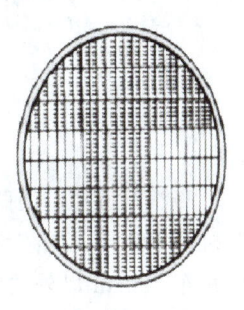

图 6-1-9　配光镜结构示意

2)汽车前照灯类型。按照安装数量不同可分为两灯制前照灯和四灯制前照灯。前者每侧采用一只远、近双光束灯;后者外侧为一对远、近双光束灯,内侧为一对远光单光束灯。有些车型采用四灯制双氙气前照灯,有两种形式:一种是远近光分体式双氙气灯,分别将一支近光灯和一支远光灯装在各自透镜中,全车共四只氙气灯;另一种是远、近光组合式氙气前照灯,其利用在同一个发射系统中的氙气灯泡,通过机械快门(遮光板)的切换来实现近光、远光照明,另外两只采用卤素灯作为远光灯。

按照安装方式不同可分为外装式前照灯和内装式前照灯。前者整个灯具在汽车上外露安装;后者灯壳嵌装于汽车车身内,装饰圈、配光镜裸露在外。

按照灯的配光镜形状不同可分为圆形、矩形和异形前照灯。

按照发射的光照类型不同可分为远光前照灯、近光前照灯和远、近光前照灯。

按照前照灯光学组件的结构不同可分为可拆式前照灯(气密性差、易受湿气和尘埃污染而降低反射能力,很少采用)、半封闭式前照灯(配光镜与反射镜粘在一起不可拆开,灯泡只能从反射镜后端位置装入)、封闭式前照灯(反射镜和配光镜焊接为一个整体,形成整个外壳,灯丝焊在反射镜底座上)和投射式前照灯(有两个焦点,第一焦点放置卤钨灯泡,第二焦点由光线反射形成,设有遮光板),它们的结构如图 6-1-10 所示。

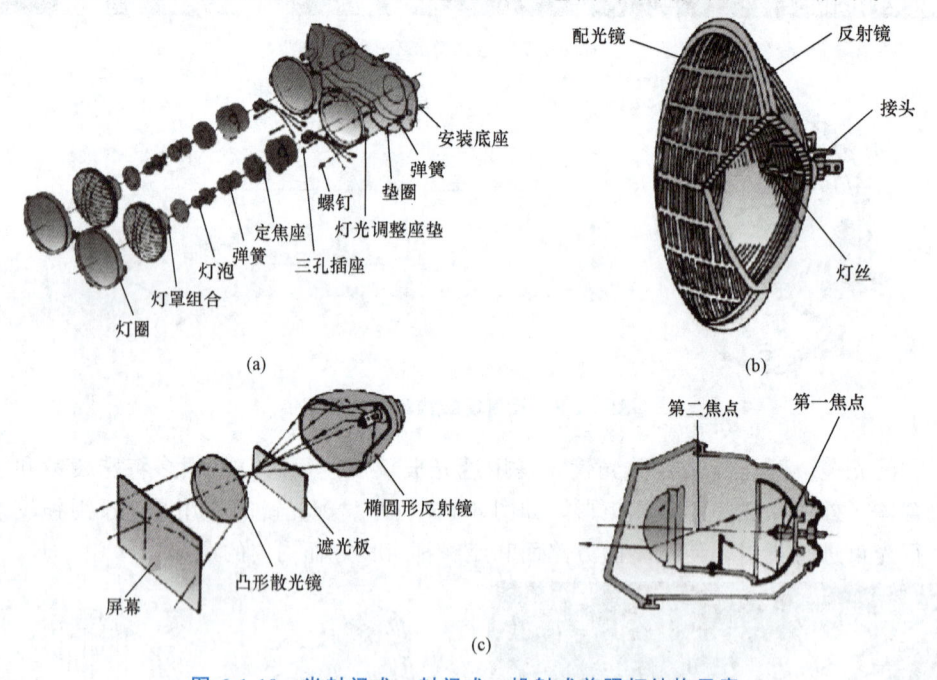

图 6-1-10 半封闭式、封闭式、投射式前照灯结构示意
(a)半封闭式前照灯;(b)封闭式前照灯;(c)投射式前照灯

3)汽车前照灯防眩目措施。车辆夜间会车时,前照灯强烈的灯光容易造成对面车辆、非机动车和行人的眩目,易引发交通事故。我国交通法规规定,夜间会车时,必须距对面来车 150 m 以外关闭远光灯,改用防眩目的近光灯。目前,前照灯防眩目的措施有采用双丝灯泡、采用带遮光罩的双丝灯泡、采用非对称光形或 Z 形光形(图 6-1-11、图 6-1-12)和具有光敏电阻的自动变光器。

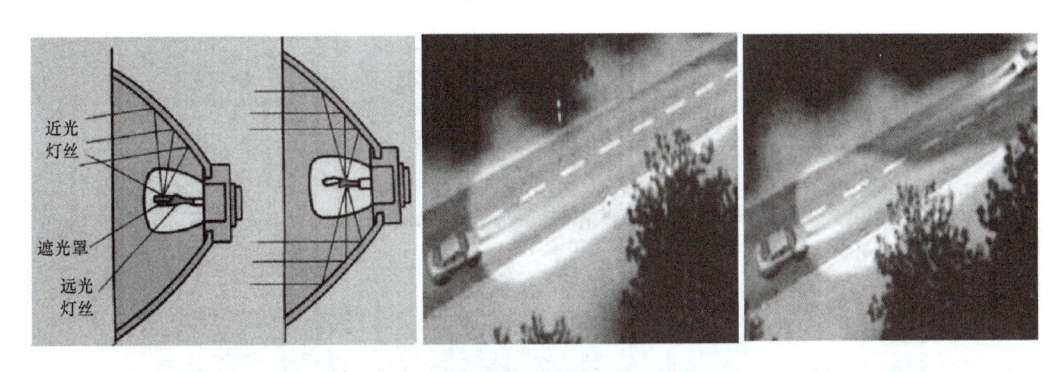

图 6-1-11 带遮光罩的双丝灯结构效果图

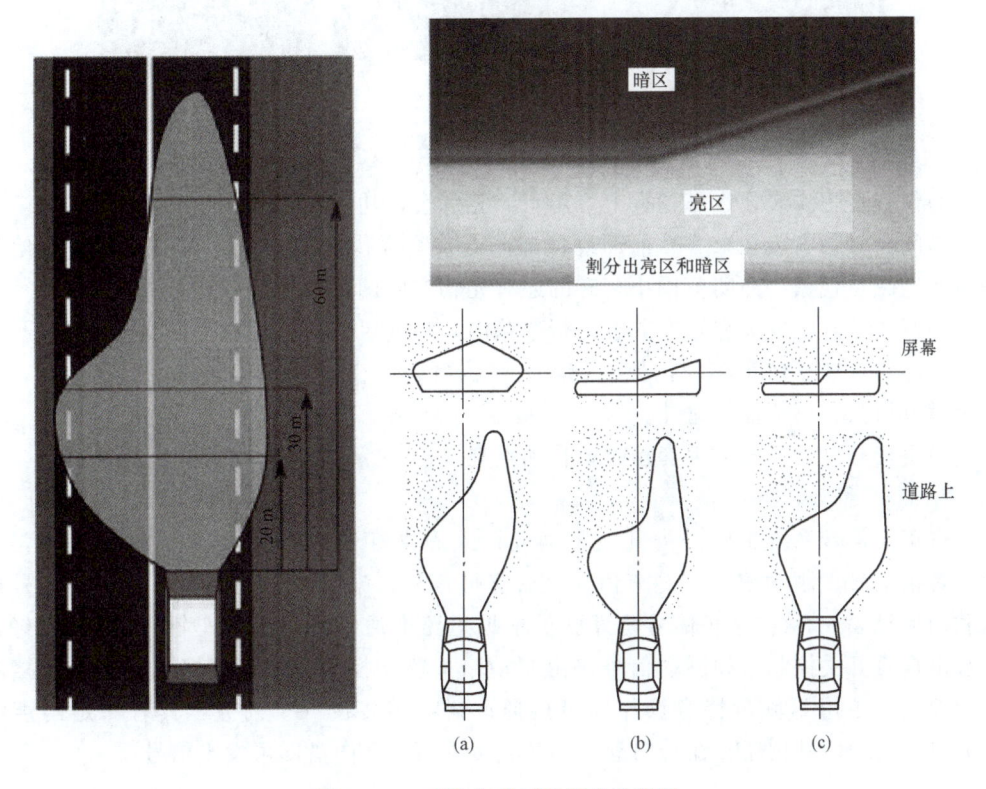

图 6-1-12 对称和非对称配光效果图

(2)车内照明。车内照明主要有顶灯、仪表灯、门灯、阅读灯、行李箱灯、踏步灯和功能按键指示灯等,主要提供车内照明、方便驾驶员出入和观察仪表状态等,其在车上的位置如图 6-1-13 所示。

1)顶灯:安装在驾驶室顶部,为驾驶室内部提供照明,灯光为白色,功率为 5~8 W。

2)指示灯:指示某一系统是否处于工作状态,灯光为红色,功率为 2 W。例如,远、近光指示灯,转向指示灯,雾灯工作指示灯,空调工作指示灯,驻车制动指示灯,发动机工作指示灯,自动变速器挡位指示灯等。

| 顶灯 | 仪表灯 | 门灯 |
| 阅读灯 | 行李箱灯 | 踏步灯 |

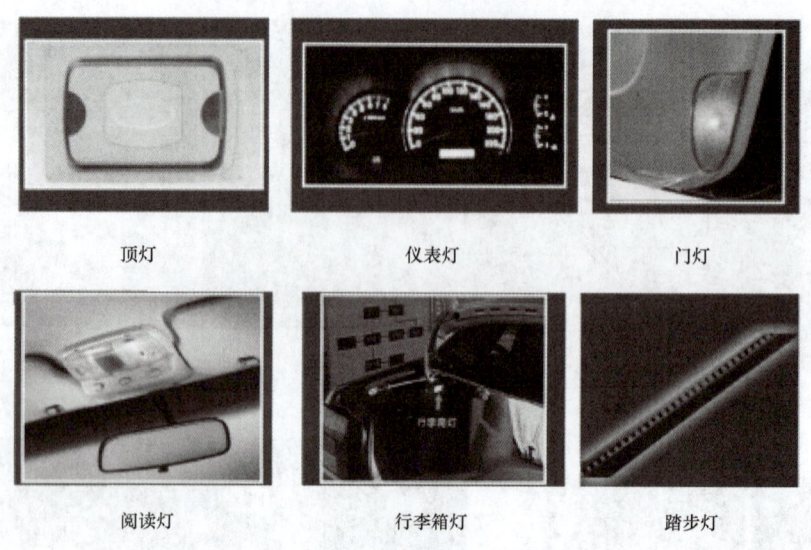

图 6-1-13　车内照明安装位置

3）仪表灯：安装在汽车仪表上，用于照亮仪表，功率为 2～8 W。

4）阅读灯：安装在乘客席前部或顶部，给乘客提供照明，便于车内阅读且不给驾驶员产生眩目现象，照明范围小，有的还有光轴方向调节机构。

5）行李箱灯：安装在轿车或客车行李箱内，当开启行李箱盖时，自动点亮。

6）门灯：装于轿车车门内侧底部，光色为红色。夜间开启车门时，门灯点亮，以告示后方行人、车辆注意避让。

7）手套箱灯：当开启手套箱时，自动点亮。

2. 信号系统

汽车上信号系统主要是为其他车辆或行人提供灯光信号标志，主要有转向信号、危险警报信号、制动信号、倒车信号、后雾灯信号、喇叭和日间行车灯等，其信号特点和用途见表 6-1-1。这些信号是驾驶员根据道路交通情况向别的车辆和行人发出的，一般由自身开关控制。如制动信号多由制动踏板联动控制；倒车灯多由变速杆倒挡轴联动控制，不用驾驶员特意操作即可接通；喇叭多装在汽车前方，具有一定的声级（90～110 dB），其按钮多在转向盘上，驾驶员手不离转向盘即可发出信号。

表 6-1-1　信号灯的特点和用途

种类	外信号灯					内信号灯	
	转向灯	示廓灯	停车灯	制动灯	倒车灯	转向指示灯	其他指示灯
工作时特点	琥珀色交替闪亮	白色或黄色常亮	白色或红色常亮	红色常亮	白色常亮	白色闪亮	白色闪亮
用途	告知行人或其他车辆将转弯	标志汽车宽度轮廓	标明汽车已经停驶	表示已减速或将停车	告知行人或其他车辆将倒车	提示驾驶员车辆的行驶方向	提示驾驶员车辆状况

前位灯，又称小灯、驻车灯、示廓灯、示宽灯，功率为 5～10 W。前位灯装于汽车前后两侧，以示意其轮廓的存在，如图 6-1-14 所示。其作用是汽车夜间行车或停车时，标示其轮廓或存在。前小灯一般为白色或黄色，后小灯又称尾灯，一般为红色。

图 6-1-14 小灯位置状态图
(a)小灯开关开启标识；(b)前小灯开启状态；(c)后小灯开启状态

(1)日间行车灯：也称昼间行车灯，一般采用 LED 灯，为了让车辆更容易被前方车辆辨识，属于信号灯范畴。发动机启动，日间行车灯自动开启，发动机熄火或夜间近光灯打开，日间行车灯才会关闭。目前很多车前示宽灯和日间行车灯使用的是同一个灯，只是在打开示宽灯的时候要比日间行车灯模式暗一些而已。日间行车灯从 2011 年起被欧盟委员会列为汽车强制安装灯具；在我国，目前属于选装灯具。

(2)转向灯：功率为 20 W，需要转向时，开启转向灯，转向灯闪烁是由闪光器控制电流通断实现的，闪光频率规定为(1.5±0.5)Hz，要求信号效果要好，而且亮暗时间比(通电率)在 3∶2 为佳。

(3)危险报警灯：当接通危险报警信号开关时，所有转向信号灯同时闪烁，表示车辆遇紧急情况，请求其他车辆避让，危险报警指示灯的操纵装置不受点火开关和灯光总开关的控制，如图 6-1-15 所示。

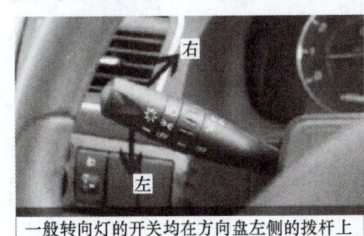

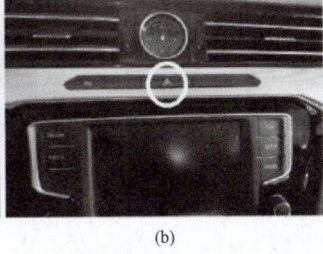

图 6-1-15 转向、报警灯位置状态图
(a)转向灯开关开启拨动示意；(b)报警开关示意；(c)报警灯开启后部示意

(4)制动灯：又称刹车灯，功率为 20W，安装于汽车后面，其作用是在汽车制动停车或制动减速行驶时，向后车发出警告，灯光为红色，如图 6-1-16 所示。

(5)倒车灯：其作用有两个，一个是向其他的车辆和行人发出倒车信号，另一个是夜间倒车照明，灯光为白色，功率为 20 W，如图 6-1-17 所示。

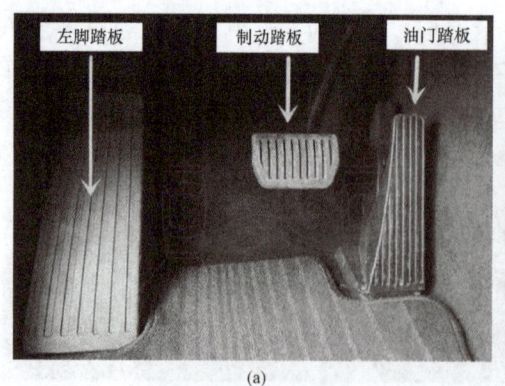

图 6-1-16　制动踏板位置及开启状态图
（a）制动踏板位置；（b）制动灯开启示意

图 6-1-17　倒车灯标识符号和开启状态
（a）倒车挡指示标识；（b）倒车灯开启状态

6.1.2　照明与信号系统的性能检查

1. 前照灯性能检测

通常采用汽车前照灯配光性能的法规有两个：欧洲经济共同体 ECE 和美国 SAE 法规，ECE 法规标准比 SAE 法规标准更为全面、合理。我国采用类似于 ECE 前照灯配光性能标准，根据《机动车运行安全技术条件》(GB 7258—2017)规定，汽车前照灯的检测指标为前照灯远光光束的发光强度和光束照射位置。

（1）前照灯光束照射位置。按照国家有关标准要求，前照灯光束照射位置应达到表 6-1-2 的要求。

表 6-1-2　前照灯光束照射位置要求

前照灯类型	幕墙距离/m	光束中心高度	数据		
近光	10	0.6～0.8 H	左灯	左侧	≤100
				右侧	≤100
			右灯	左侧	≤100
				右侧	≤100

续表

前照灯类型	幕墙距离/m	光束中心高度	数据		
远光	10	0.85～0.90 H	左灯	左侧	≤100
				右侧	≤170
			右灯	左侧	≤170
				右侧	≤170

1）机动车（运输用拖拉机除外）在检验前照灯的近光光束照射位置时，前照灯在距离屏幕 10 cm 处，光束明暗截止线转角或中心高度应为 $0.6～0.8\,H$（H 为前照灯基准中心高度）；在水平方向上，向左向右偏不能超过 100 mm。

2）对四灯制前照灯远光单光束灯进行调整时，要求在屏幕上光束中心离地高度应为 $0.85～0.90\,H$。水平位置要求左灯向左偏不得大于 100 mm，向右偏不得大于 170 mm；右灯向右向左偏均不得大于 170 mm。

3）机动车装用远光和近光双光束灯时以调整近光光束为主，对于只能调整远光单光束的灯，调整远光单光束。

（2）前照灯发光强度。机动车每只前照灯的远光光束发光强度，应达到表 6-1-3 的要求。测试时，其电源系统应处于充电状态，采用四灯制的机动车，其中两只对称的灯达到两灯制的要求时视为合格。

表 6-1-3　前照灯远光光束发光强度要求　　　　　　　　　　　　　　cd

机动车类型	新车注册		在用车	
	两灯制	四灯制	两灯制	四灯制
最高设计时速小于 70 km/h 的汽车	10 000	8 000	8 000	6 000
其他汽车	18 000	15 000	15 000	12 000

2. 前照灯检查与调整

（1）前照灯检查。为了保证测量调整精度，在调整或校准前照灯之前，需要进行如下检查：

1）如果汽车轮胎或前照灯配光镜上有冰雪或泥浆，应该予以清除；

2）确保油箱是半满状态；

3）检查减震弹簧和减震器，如果受损，会影响调整结果；

4）将所有轮胎气压调整到规定值；

5）检测前照灯之前，双手用力按下左右前翼子板，震动汽车以稳定悬架状态；

6）有大灯高度手工调节的车辆，应将大灯高度调节按钮调到"0"位置。

（2）前照灯调整。前照灯光束调整，一般调节近光灯，可以采用屏幕检验法，检查照射位置。调整方法有自动调整（部分车型大灯高度能根据车辆载荷、车身高度进行自动调节）和手动调整（通过调节大灯背后相应位置的调节旋钮来调节高度、角度），下面介绍手动调整方法。

1)将汽车停在水平地面上,并且按规定充足轮胎气压,从车上卸下所有负载。

把车开到离墙或距汽车前照灯 $s(m)$ 处竖一个屏幕(不同车型要求的值不同,具体参照维修手册,以本车为例,$s=7.6\ m$,$D=5\ cm$)。在屏幕上画两条垂线(各线通过前照灯的中心)和一条水平线(与前照灯的离地高度等高),如图 6-1-18 所示。再画一条比 C 低 $D(mm)$ 的水平线与两条前照灯的垂直中心线分别交于 a、b 两点。

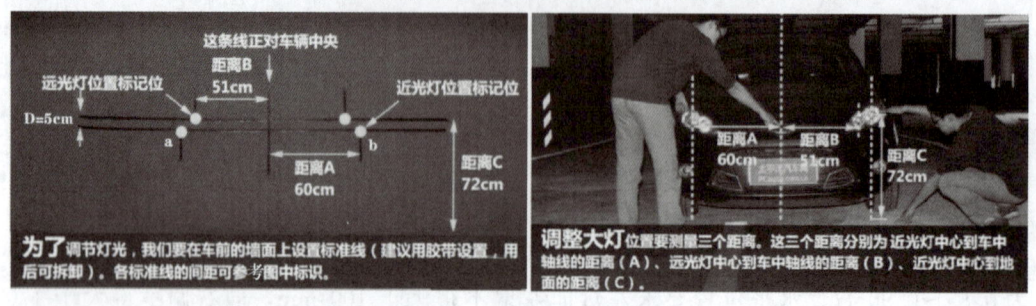

图 6-1-18　前照灯灯光检查

2)启动发动机,接通远光灯开关,保持发动机转速 2 000 r/min 运转(有些车按近光调整)。

3)遮住一只灯,将大灯高度调节开关滚轮旋至中间位置(图 6-1-19),检查另一只灯的光束是否对准 a 或 b 点(同一侧的光照中心)。若不符合要求,调整其光束,拧动上下及左右光束调整螺钉,使光束中心对准 a 或 b 点。

图 6-1-19　大灯高度调节开关

4)当远光灯调整好后,应该打开近光灯,检查屏幕上是否有明显的明暗截止线,如图 6-1-20 所示,其高度是否符合规定。

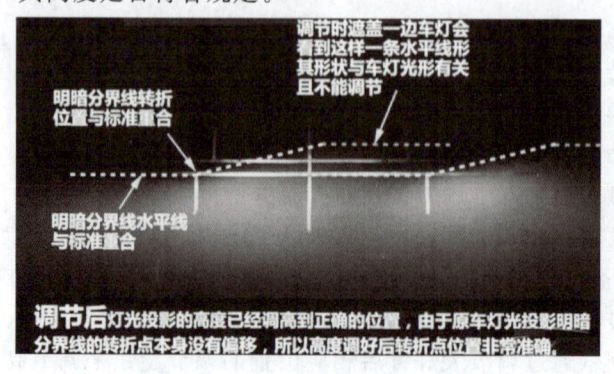

图 6-1-20　近光灯明暗分界线

对于按近光灯调整的四灯制前照灯，当调整好外侧两只前照灯的近光后，还应打开远光束，分别调整内侧两只前照灯(仅有远光)，使其光形最亮点落在近光切断面上方。

3. 前照灯测量

当前照灯光束调整好后，还应通过检测仪对其发光强度与光轴偏斜量进行检测，检测仪按结构形式分为聚光式、屏幕式、投影式和自动跟踪光轴式。下面以聚光式检测仪(其结构如图 6-1-21 所示)为例，介绍其测量方法。

(1)检测仪垂直放置，汽车和检测仪的相对位置应保证检测仪聚光凸透镜与前照灯配光镜之间的距离为 1 m。

(2)调整检测仪，使对正校准器对准被测汽车的纵向中心线。

(3)利用前照灯对正校准器，通过上下、左右调整检测仪，使前照灯中心与检测仪聚光凸透镜中心对中，然后将测试仪固定在支柱上。

(4)接通前照灯，将光度-光轴转换开关转到光轴位置上。左右、上下偏移指示计，转动左右、上下调整旋钮，使左右、上下偏移指示计的指针指示中央位置。

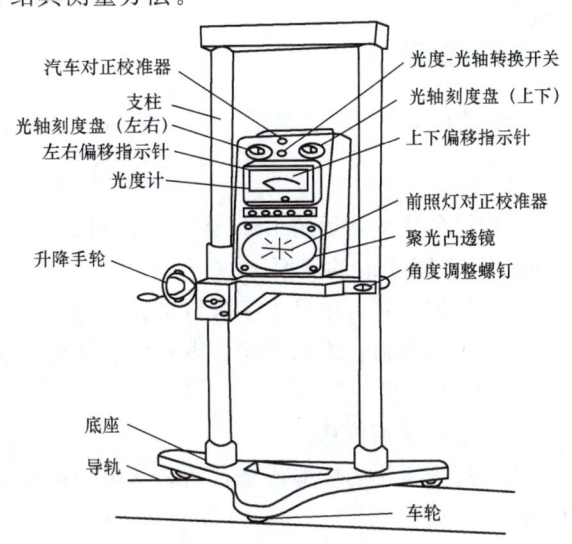

图 6-1-21 聚光式检测仪

(5)将光度-光轴转换开关转到光度位置上，光度计开始工作，读取此时光度计指示值和左右、上下调整旋钮转动时的刻度值，即测出发光强度，光轴的左右、上下偏移量。

(6)调节前照灯的左右、上下调整螺钉，使检测仪调整旋钮的刻度恢复到零，即调整好。

任务准备

(1)通过链接，查看迈腾 B8L 灯光系统的操作使用。

(2)通过链接，查看迈腾 B8L 灯光系统数据流的读取。

(3)通过链接,查看前照灯的检查与调整。

任务实施

实训 6.1.1 照明与信号系统的认知与检查实训

1. 实训条件

(1)设备场地:迈腾 B8L 整车、吉利帝豪 EV300 整车、B8L 灯光系统台架、平整地面、具有宽 3 m 的墙面。

(2)仪器工具:中号十字螺钉旋具、卷尺、黑胶带、记号笔、手电筒、工具车。

(3)实训资料:维修手册、电路图、使用手册、任务工单。

2. 实训步骤

(1)记录车辆信息。

(2)灯光系统的性能检查:两名学生一组配合检查灯光性能,并就车观察认知灯光位置。

(3)读取并记录和灯光系统相关的故障码和数据流。

(4)前照灯调整。

3. 任务工单

根据现场车辆灯光情况,记录灯光状况,提出维修建议,查阅资料,完成任务工单。

任务工单 6.1.1 照明与信号系统的认知检查

1. 灯光性能检查

车辆位置	检查项目	左前	右前	维修措施
前部	示宽灯	异常☐ 正常☐	异常☐ 正常☐	维修☐ 调整☐ 更换☐
	近光灯	异常☐ 正常☐	异常☐ 正常☐	维修☐ 调整☐ 更换☐
	远光灯	异常☐ 正常☐	异常☐ 正常☐	维修☐ 调整☐ 更换☐
	闪光灯	异常☐ 正常☐	异常☐ 正常☐	维修☐ 调整☐ 更换☐
	转向灯(前)	异常☐ 正常☐	异常☐ 正常☐	维修☐ 调整☐ 更换☐
	危险警告灯	异常☐ 正常☐	异常☐ 正常☐	维修☐ 调整☐ 更换☐
	前雾灯	异常☐ 正常☐	异常☐ 正常☐	维修☐ 调整☐ 更换☐

续表

车辆位置	检查项目	左前	右前	维修措施
后部	检查项目	左后	右后	维修措施
	尾灯	异常□ 正常□	异常□ 正常□	维修□ 调整□ 更换□
	牌照灯	异常□ 正常□	异常□ 正常□	维修□ 调整□ 更换□
	转向灯（后）	异常□ 正常□	异常□ 正常□	维修□ 调整□ 更换□
	危险警告灯	异常□ 正常□	异常□ 正常□	维修□ 调整□ 更换□
	后雾灯	异常□ 正常□	异常□ 正常□	维修□ 调整□ 更换□
	刹车灯	异常□ 正常□	异常□正常□	维修□ 调整□ 更换□
	倒车灯	异常□ 正常□	异常□ 正常□	维修□ 调整□ 更换□

2. 前照灯的调整

部件位置	作业项目	光束宽度	光束高度	维修措施
左侧	左前近光灯	异常□ 正常□	异常□ 正常□	维修□ 调整□ 更换□
	左前远光灯	异常□ 正常□	异常□ 正常□	维修□ 调整□ 更换□
右侧	右前近光灯	异常□ 正常□	异常□ 正常□	维修□ 调整□ 更换□
	右前远光灯	异常□ 正常□	异常□ 正常□	维修□ 调整□ 更换□

3. 查阅电路图或维修手册，结合实物，勾选前照灯和转向灯类型。

序号	部件名称	控制类型	章节及页码
1	前照灯	卤素灯□ LED灯□ 氙气灯□ 激光灯□	第 章 页
2	转向灯	钨丝灯□ 卤钨灯□ LED灯□	第 章 页

4. 信息读取

信息读取	故障码清除与读取		
	模块（系统）	故障码	故障码含义
	数据流读取		
	参数名称	显示值	读取条件

5. 成绩评定标准

练习与思考

(1)通过链接，查看练习与思考习题。

(2)通过链接，查看练习与思考答案。

任务 6.2　照明与信号系统检测维修

任务描述

　　一辆行驶里程约 8.6 万千米的 2019 款大众迈腾 1.8TSI 轿车，其灯光配备的是 LED 光源搭配 LED 反射镜。客户反映汽车开启大灯时，灯光照射散光，照射距离也不远，想升级为激光灯，作为专业的维修技师，请结合该车灯光电路的特点，并结合任务工单进行检查记录，从而完成该车大灯的改装。

任务分析

　　要完成客户车辆灯光的改装，需要结合维修手册和电路图，查找该车灯光插头每个针脚的含义，并对照激光灯安装说明书，弄清楚其接线端子的含义，按照规范进行电路连接和密封固定，通过诊断仪进行读码、清码，完成任务工单。

学习目标

知识目标

1. 熟悉前照灯的控制方式；

2. 掌握前照灯电路的组成及控制原理；
3. 掌握其他灯光电路的组成及控制原理。

技能目标

1. 会规范拆装、检测灯光系统组成部件；
2. 能识读灯光系统控制电路并画出其控制电路简图；
3. 会用万用表、示波器对灯光电路进行电压、波形测试。

素质目标

1. 通过小组探究、方案制定，学生锻炼沟通表达、合作、自主学习的能力；
2. 通过汽车灯光系统的检测与维修，培养学生分析问题、解决问题的能力；
3. 通过按照规范流程进行检测及测量，培养学生职业能力、工匠精神、劳动精神。

相关知识

6.2.1 前照灯控制

汽车照明控制系统主要包括远近光控制（点亮切换、自动远光）、自适应前照灯系统（包含灯光高度自动调整）和大灯随动转向调节（高配：大灯随动转向；低配：弯道辅助照明）。前照灯控制主要采用继电器控制（应用于中低档车型）或模块直接控制（应用于中高档车型），由模块直接控制的灯光系统往往带有灯光监控功能。

1. 继电器控制灯光

继电器控制灯光是指由继电器线圈（控制端）工作，继电器触点（负载端）闭合，实现灯光系统工作，属于小电流控制大电流的控制方式。对于继电器控制，主要有两种控制模式，即开关直接控制继电器和模块控制继电器。

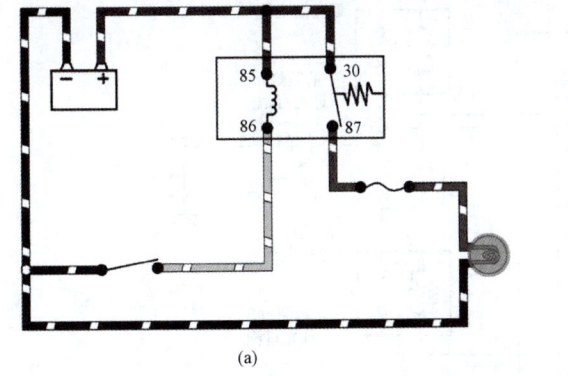

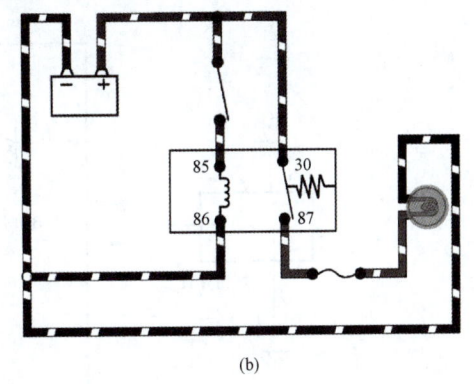

(1) 开关直接控制继电器。开关直接控制继电器的灯光控制系统有火线端（控制继电器线圈电源）控制和地线端（控制继电器线圈搭铁）控制两种类型，如图 6-2-1 所示。其主要应用于老款或电气配置较低的低档车辆上。

图 6-2-1 开关直接控制继电器
(a) 继电器地线端控制；(b) 继电器火线端控制

(2) 模块控制继电器。模块控制继电器是指继电器工作与否取决于控制模块，控制模块根据相关的输入请求信号（开关信号）或网络上其他模块的请求信号去控制继电器的工作，如图 6-2-2 所示。

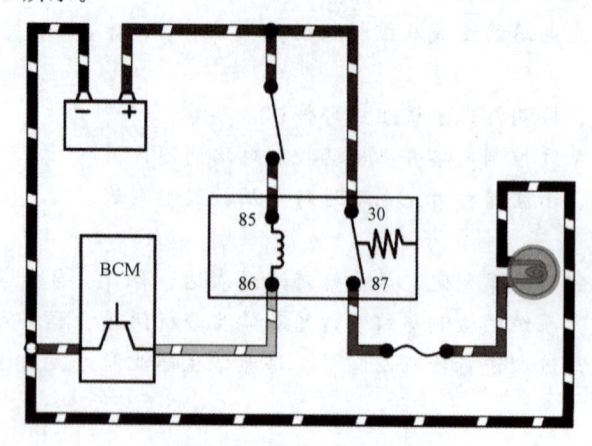

图 6-2-2　模块控制继电器

目前，模块控制继电器的车型应用较多，其主要由输入元件（照明开关、调光开关、底盘高度传感器、大灯高度传感器、阳光强度传感器等）、控制模块（BCM、前照灯模块）和输出元件（卤素灯、氙气灯、LED 灯、大灯高度调节电动机和大灯随动转向调节电动机）组成。

当驾驶员操作灯光开关，灯光开关通过不同位置的电压信号或 LIN 信号传递给车身控制模块，实现灯光开启。不同车型，灯光开关设计位置不同，信号传递方式、路径不同，但控制机理相同。

1）近光灯控制。如图 6-2-3 所示，灯光开关提供近光灯上拉信号，灯光开关（电压变化）给车身控制模块（BCM）发送近光灯开关开启信号（0 V→12 V），BCM 控制近光继电器线圈搭铁，近光继电器触点闭合，近光灯点亮。

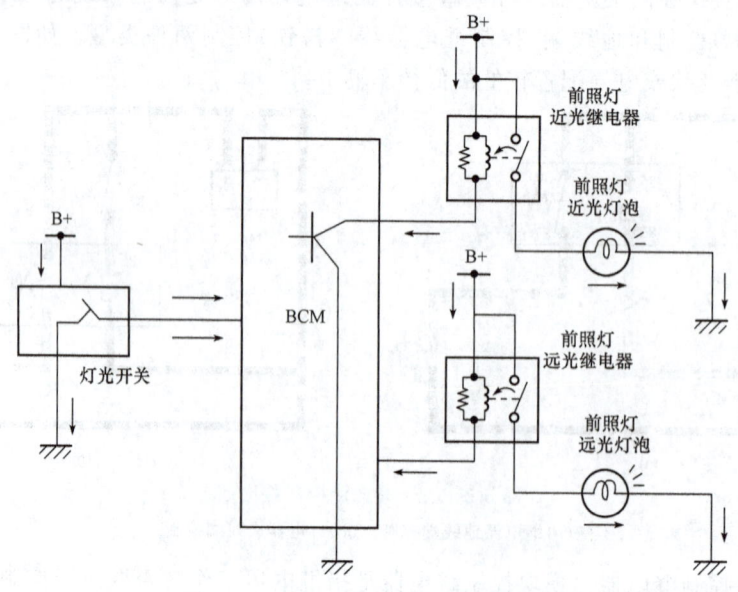

图 6-2-3　模块控制近光灯继电器开启

2)远光灯控制。如图 6-2-4 所示,当灯光开关位于近光挡位,接通变光开关。此时,近光灯开关提供下拉信号,变光开关提供上拉信号,车身控制模块(BCM)通过其相应针脚接收到对应信号变化(12 V→0 V,0 V→12 V),BCM 控制远光继电器线圈搭铁,远光继电器触点闭合,远光灯点亮。

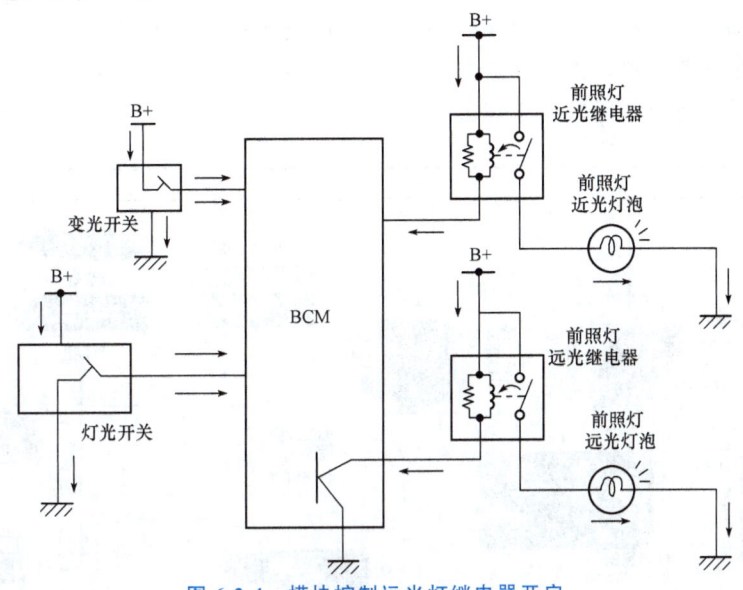

图 6-2-4 模块控制远光灯继电器开启

3)其他灯光控制。转向灯、雾灯及倒车灯控制方式与近、远光灯控制方式相同,只是传递的开关信号或信号路径不同,在此不再赘述。

2. 模块直接控制灯光

模块直接控制灯光是指由控制模块直接控制灯光的工作,有两种控制方式:一种是将继电器集成在 BCM 内部进行控制,其原理与继电器控制相同;另一种是通过 BCM 内部的场效应管直接输出控制。

(1)集成继电器控制。如图 6-2-5 所示为集成继电器的 BCM 控制的雾灯,灯光开关将雾灯请求信息通过 LIN 信号传递给 BCM 模块,BCM 通过解析 LIN 报文信息,判断雾灯开启条件满足,促发 BCM 模块内部雾灯继电器线圈搭铁,继电器吸合,两个前雾灯点亮。

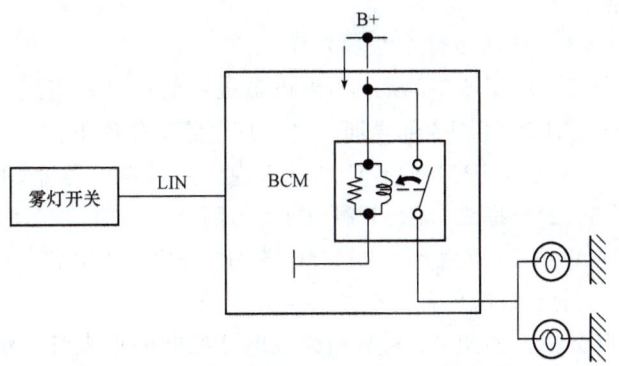

图 6-2-5 继电器集成的模块控制雾灯

(2)集成场效应管控制。如图6-2-6所示为集成场效应管的车载电网控制单元J519控制迈腾B8L灯光系统。J519通过自身或网络采集的不同开关信号,识别处理后在相应端子输出控制电压,控制相应的灯具点亮。灯光开关、双跳灯开关向J519提供信号,变光开关、转向灯开关向转向柱控制单元(J527)提供电压信号,通过舒适CAN传递给J519,J519通过网关接口J533从驱动CAN获取倒车信号和制动信号,再通过内部定义、比较判断开关挡位,识别相应灯光指令,从而发出电压信号促发内部场效应管的栅极(G极),场效应导通,相应灯具点亮。

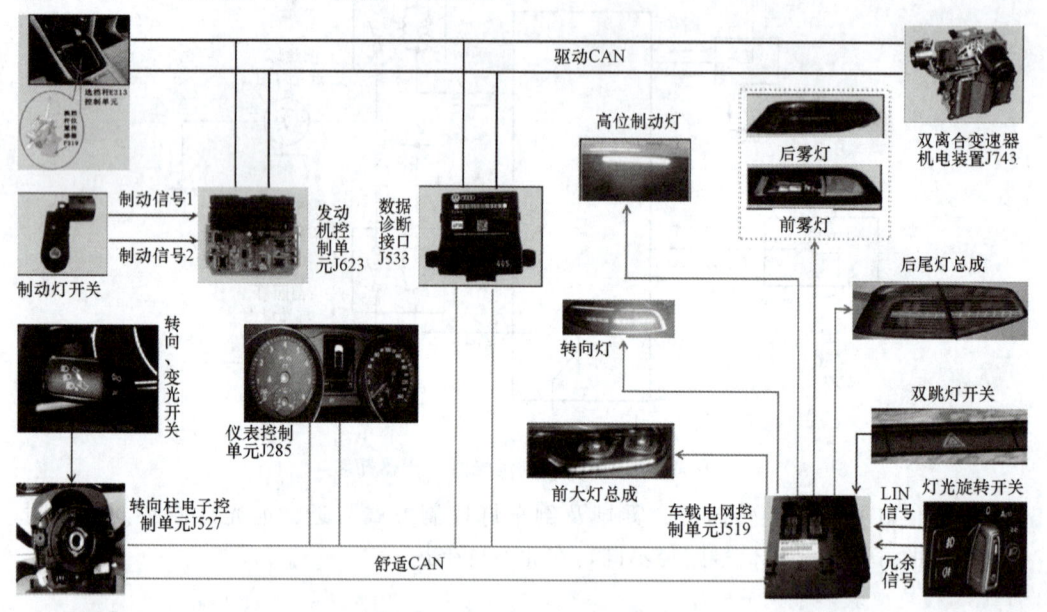

图6-2-6 场效应管集成的模块控制灯光

6.2.2 灯光系统电路分析

不同车辆,其灯光操作形式和控制方式可能不同,但灯光电路的控制逻辑基本是相同的,因而弄懂灯光信号输入特点和促发机理,对后续快速检测、维修、诊断灯光系统故障有很大帮助。下面以2017款吉利帝豪EV300和2018款迈腾B8L为例,分析其照明与信号电路。

1. 吉利帝豪EV300照明与信号电路分析

(1)小灯电路分析。如图6-2-7所示为继电器控制的小灯,当组合开关拨至小灯位置时,16/IP26与14/IP26针脚内部导通,其小灯电路工作如下:

B+→IF22(10 A)→16/IP26→14/IP26→室内保险丝继电器盒(34/IP01)→位置灯继电器IR05(线圈3、2)→搭铁,IR05(触点1、4)闭合。

B+→IF23(10 A)→IR05(触点1、4)→C/SO15分成若干电路:使左后、右后位置灯和牌照灯点亮;左前、右前位置灯点亮;组合仪表点亮。

(2)近光灯电路分析。如图6-2-8所示为继电器控制的近光灯,组合开关拨至近光灯位置(HEAD)时,16/IP26与13/IP26针脚内部导通,其近光灯工作电路如下:

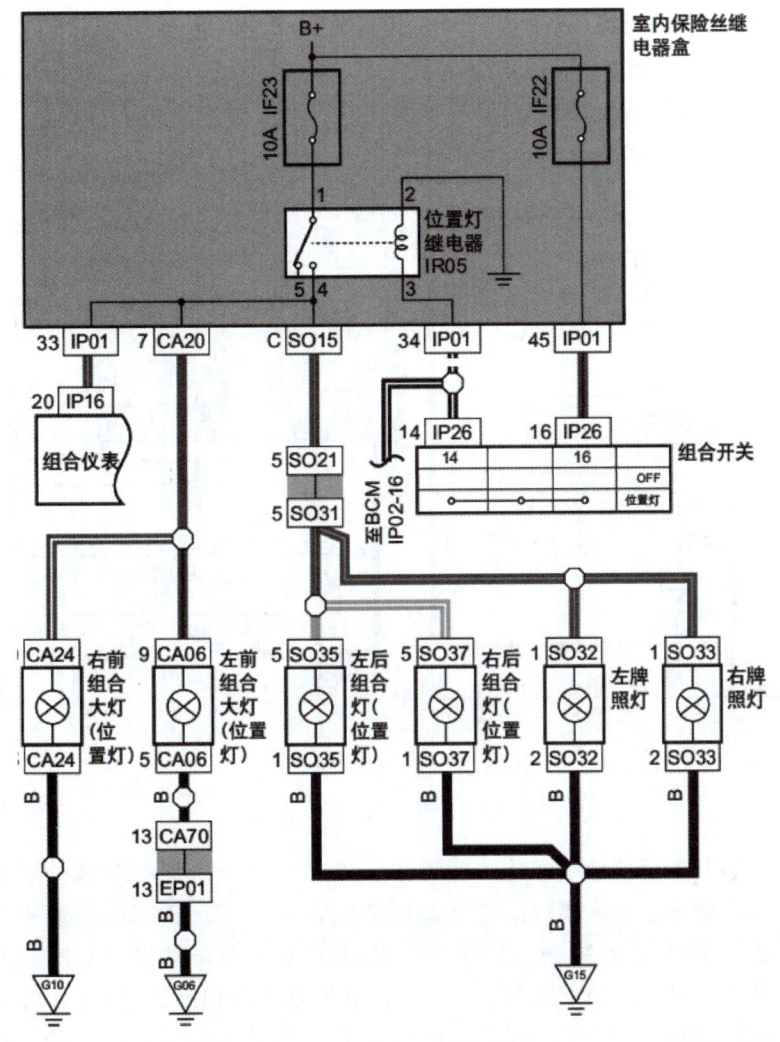

图 6-2-7 小灯工作电路图

ER02 继电器线圈：B+→IF22(10 A)→16/IP26→13/IP26→ER02(85、86)→G06，ER02 触点(30、87)闭合。

右前近光灯回路：B+→ER02(触点 30、87)分成两路，一路经 EF11(10 A)→右前近光灯→G10，另一路经 EF10(10 A)→左前近光灯→G06；左右近光灯点亮。

1)大灯自动控制。如图 6-2-8 所示，组合开关位于"AUTO"位置，16/IP26 与 6/IP26 针脚内部相通，其工作路径如下：

B+→IF22(10 A)→16/IP26→6/IP26→BCM(31/IP02)，BCM 获知灯光开关处于"AUTO"挡位。

若环境光线变暗，阳光传感器 2/IP17 产生一个变化电压信号，BCM 通过针脚 6/IP02 获知该电压变化，控制 17/IP02 供电，ER02 继电器通电工作，近光灯自动点亮；若环境光线变亮，阳光传感器 2/IP17 产生一个变化电压信号，BCM 通过针脚 6/IP02 获知该电压变化，控制 17/IP02 断电，近光灯自动熄灭。

2)大灯高度调节。大灯高度调节时需要近光灯开启,主要通过前照灯调节开关切换挡位,通过其内部滑动变阻器调节电流大小来控制不同挡位,前组合大灯内通过电动机控制反光罩位置,进行前照灯高度调节。其控制电路如图6-2-8所示,组合开关位于近光挡位置,ER02继电器触点(30、87)闭合。

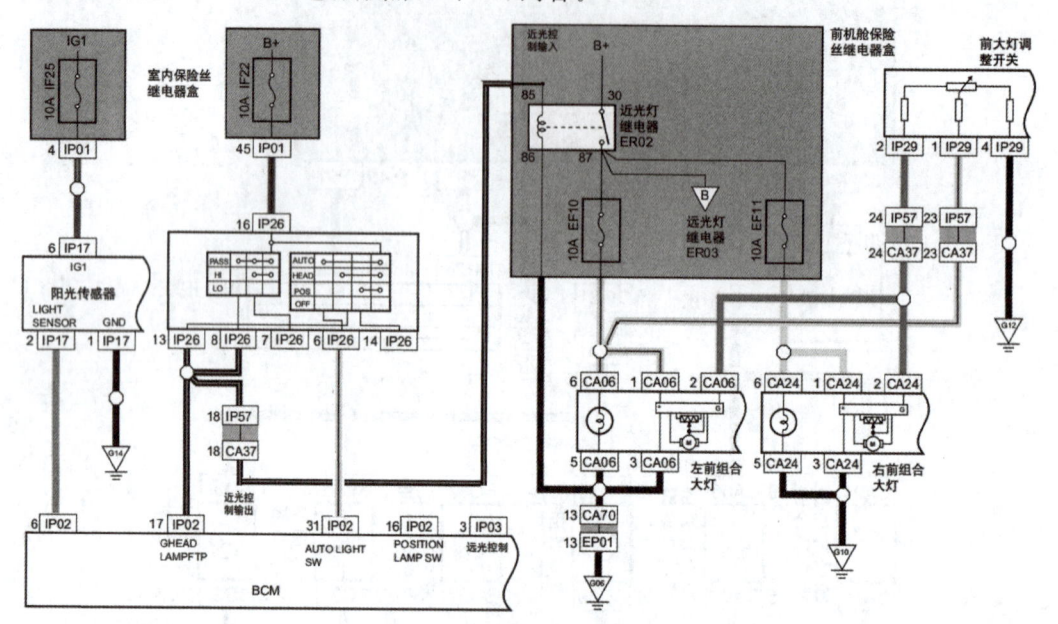

图 6-2-8 近光灯工作电路图

前大灯调整开关可变信号经前大灯调整开关1/IP29和2/IP29针脚分别送至左右组合大灯2/CA06和2/CA24针脚,组合大灯接收信号后,B+→ER02(触点30、87)分成两路:一路经EF10(10 A)→左前组合大灯(1/CA06)至电动机,使其工作,带动左前大灯高度调整;另一路经EF11(10 A)→右前组合大灯(1/CA24)至电动机工作,带动右前大灯高度调整。

(3)远光灯电路分析。吉利帝豪EV300远光灯开启需组合开关拨至近光挡,再切换至远光挡,如图6-2-9所示为远光灯控制的工作电路图。近光灯挡位接通时,ER02继电器线圈通电,触点闭合。

近光灯状态下,接通远光挡(HI)时,工作路径如下:

B+→IF22(10 A)→16/IP26→7/IP26→远光灯继电器ER03(线圈1、2)→BCM(3/IP03)→搭铁,ER03触点闭合(3、5)。此时,远光灯工作回路如下:

B+→ER02(触点30、87)→ER03(触点3、5)分成三路,一路经EF09(10 A)→右前远光灯→G10,右前远光灯亮;一路经→EF08(10 A)→左前远光灯→G16,左前远光灯亮;还有一路经EF08(10 A)→组合仪表(7/IP16),仪表上的远光指示灯点亮。

(4)超车灯电路分析。超车灯电路如图6-2-9所示,当组合开关从OFF挡切换至超车挡(PASS),开关内部16/IP26与7/IP26、8/IP26相通,其工作路径如下:

B+→IF22(10 A)→16/IP26→8/IP26→ER02(线圈85、86)→G06,ER02(触点30、87)闭合;

B+→IF22(10 A)→16/IP26→8/IP26→BCM(17/IP02)，BCM 接收信号，控制其针脚 3/IP03 搭铁；超车灯工作电路和远光灯工作电路相同，这里不再赘述。

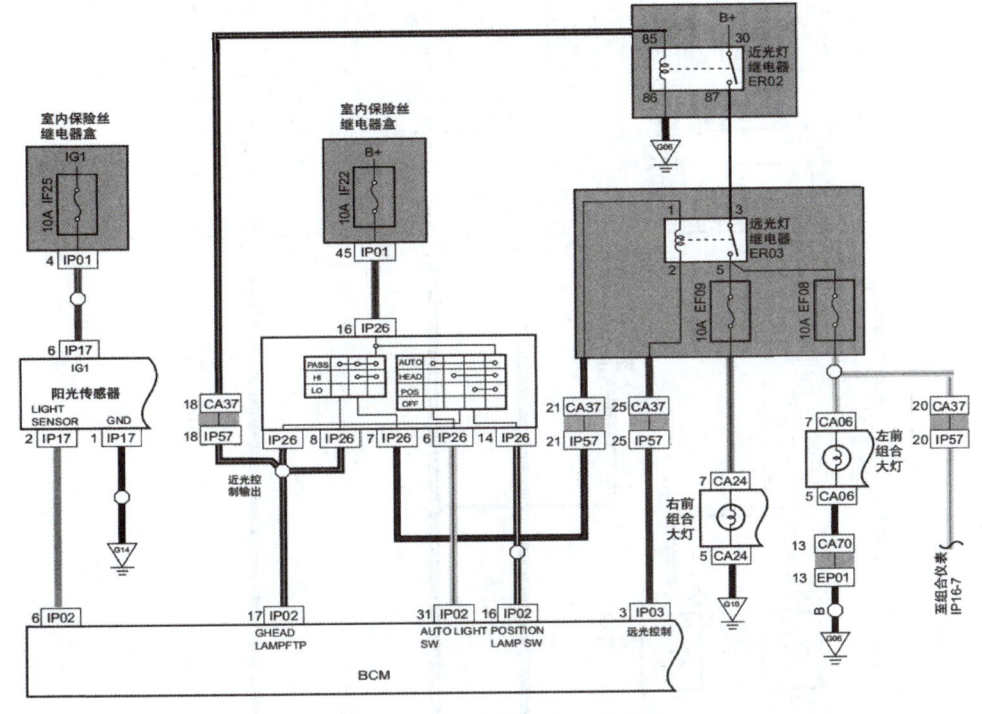

图 6-2-9 远光灯工作电路图

(5)雾灯电路分析。如图 6-2-10 所示为后雾灯工作电路图，后雾灯的开启需在小灯开启的状态下操作后雾灯开关，因此其工作电路分为两块：

位置继电器 IR05 线圈：B+→IF22(10 A)→16/IP26→14/IP26→室内保险丝继电器盒(34/IP01)→位置灯继电器 IR05(线圈 3、2)→搭铁，IR05(触点 1、4)闭合；

B+→IF23(10 A)→IR05(触点 1、4)→室内保险丝继电器盒(33/IP01)→组合开关(10/IP26)。

此时，组合开关拨至后雾灯挡位，其内部针脚 10/IP26 与 12/IP26 相通，给后雾灯继电器 IR01 线圈供电，其工作电路如下：

IR01 线圈电路：B+→IF23(10 A)→IR05(触点 1、4)→室内保险丝继电器盒(33/IP01)→组合开关(10/IP26)→组合开关(12/IP26)→IR01(线圈 2、3)→搭铁，IR01(触点 4、1)闭合；

后雾灯工作电路：B+→IF01(10 A)→IR01(触点 4、1)→左、右后雾灯→G15；

后雾灯指示灯电路：B+→IF01(10 A)→IR01(触点 4、1)→组合仪表(2/IP16)。

(6)日间行车灯电路分析。如图 6-2-11 所示为日间行车灯工作电路图，当 IG 为 ON 挡时，BCM 从针脚 33/IP02 感知 B+，且小灯开关未打开，即 BCM(16/IP02)电压为 0 V，BCM 控制 2/IP03 针脚搭铁，其工作电路如下：

B+→EF16(10 A)→日间继电器 ER06(线圈 1、2)→BCM(16/IP02)→搭铁，ER06 触点(3、5)闭合；

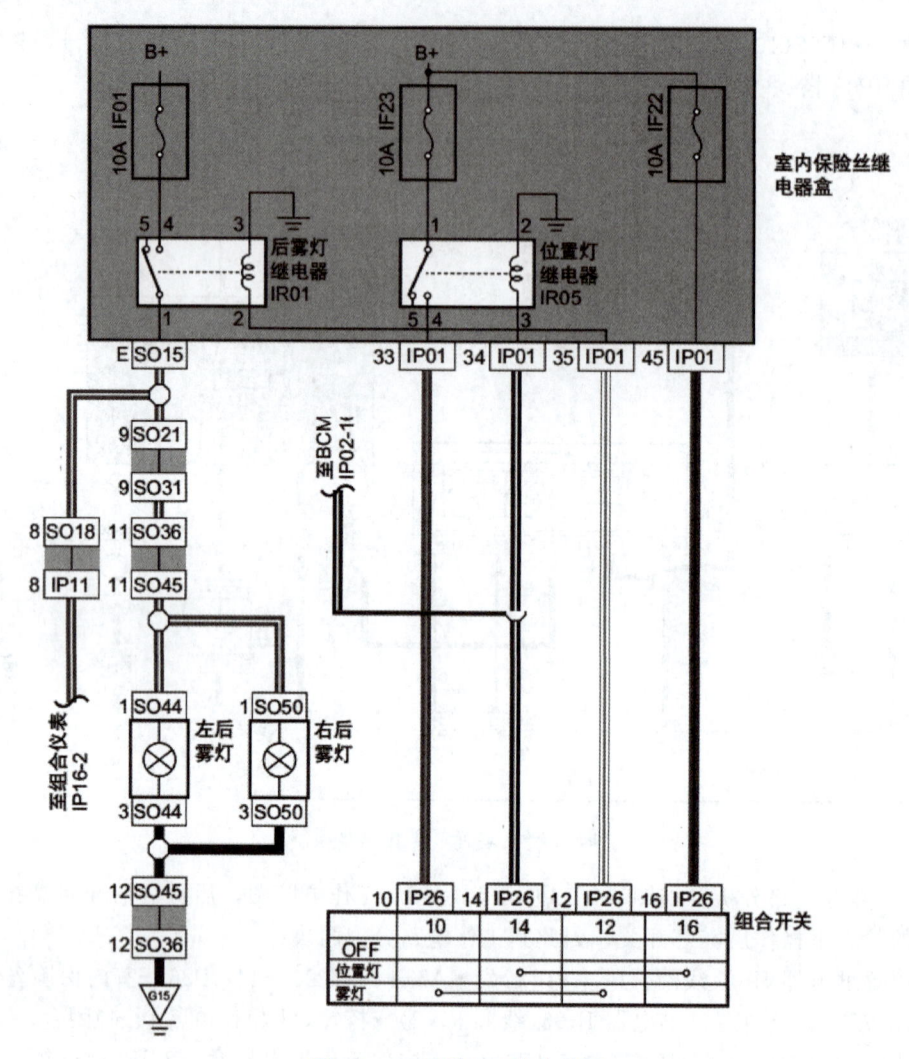

图 6-2-10 后雾灯工作电路图

B+→EF16(10 A)→日间继电器 ER06(触点 3、5)→左、右行车灯→搭铁(G06、G10);

日间行车灯指示灯:B+→EF16(10 A)→日间继电器 ER06(触点 3、5)→组合仪表(6/IP16)。

若打开小灯开关,BCM(16/IP02)电压为 12 V,BCM 控制 2/IP03 针脚断开,ER06 线圈断电,日间行车灯熄灭;升级款 BCM 还能根据阳光传感器信号强度控制日间行车灯亮度,主要通过 BCM(6/IP02)感知电压变化,通过 BCM(2/IP03)占空比控制日间行车灯亮度。

(7)转向报警灯电路分析。如图 6-2-12 所示为转向报警灯工作电路图,IG 为 ON 挡,BCM 从针脚 33/IP02 感知 B+电压而激活,当组合开关拨至右转向时,组合开关内部针脚 3/IP26 和 2/IP26 导通,BCM(9/IP02)电压由高电位变为 0 V,BCM 控制其针脚 13/IP03 为 B+,其右转向工作电路如下:

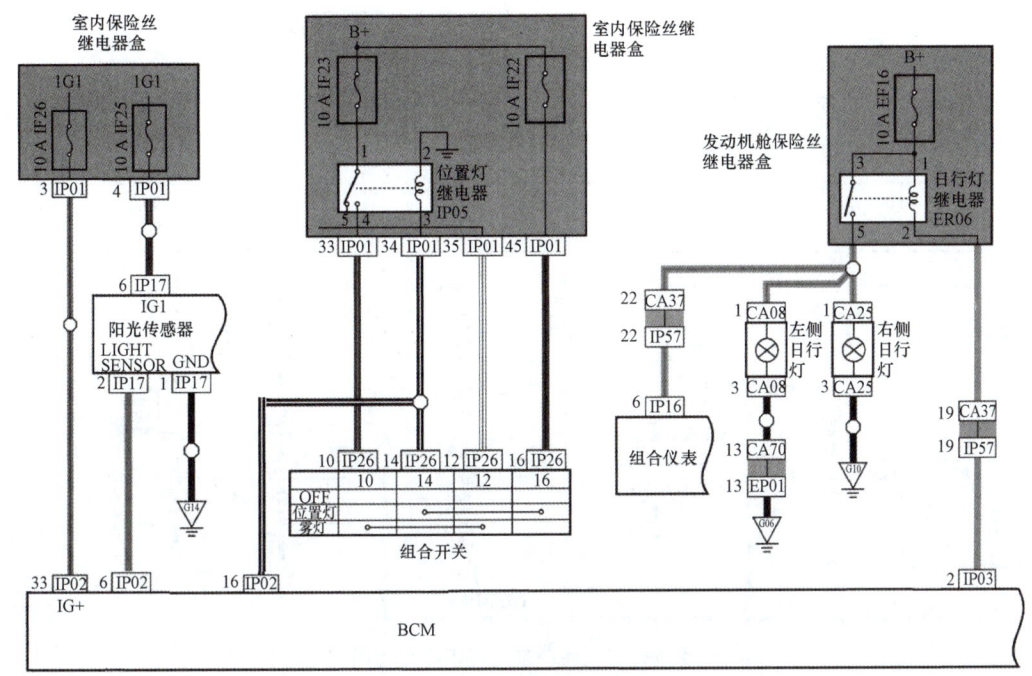

图 6-2-11 日间行车灯工作电路图

　　B+→BCM(13/IP03)→右侧转向灯(右前、乘客侧后视镜、右后)→搭铁(G10、G19、G15);

　　BCM 通过检测针脚(21/IP02)工作电流,判断右前转向灯工作状况;

　　BCM 通过检测针脚(35/IP02)工作电流,判断右后转向灯工作状况。

　　同理,当组合开关拨至左转向时,组合开关内部针脚 1/IP26 和 1/IP26 导通,BCM(27/IP02)电压由高电位变为 0 V,BCM 控制其针脚 4/IP03 为 B+,其左转向工作电路如下:

　　B+→BCM(4/IP03)→左侧转向灯(左前、驾驶员侧后视镜、左后)→搭铁(G06、G16、G15);

　　BCM 通过检测针脚(21/IP02)工作电流,判断左前转向灯工作状况;

　　BCM 通过检测针脚(35/IP02)工作电流,判断左后转向灯工作状况。

　　危险报警灯工作电路:按下危险报警灯开关,开关闭合,BCM 针脚(28/IP02)电压由高电位变成 0 V,BCM 控制 13/IP03、4/IP03 均输出 B+,控制左侧、右侧转向灯同时工作,并通过检测 21/IP02、35/IP02 电流,监测转向灯工作状况。

　　2. 迈腾 B8L 照明与信号电路分析

　　(1)示宽灯电路分析。

　　1)示宽灯控制系统组成。迈腾 B8L 示宽灯控制系统通过车载电网控制单元 J519 集中控制,如图 6-2-13 所示,系统主要包含灯光旋转开关 EX1,车载电网控制单元 J519,左、右前照灯总成中的示宽灯,左、右后尾灯总成中的示宽灯,数据总线诊断接口 J533,组合仪表控制单元 J285,车内各操作开关指示灯。

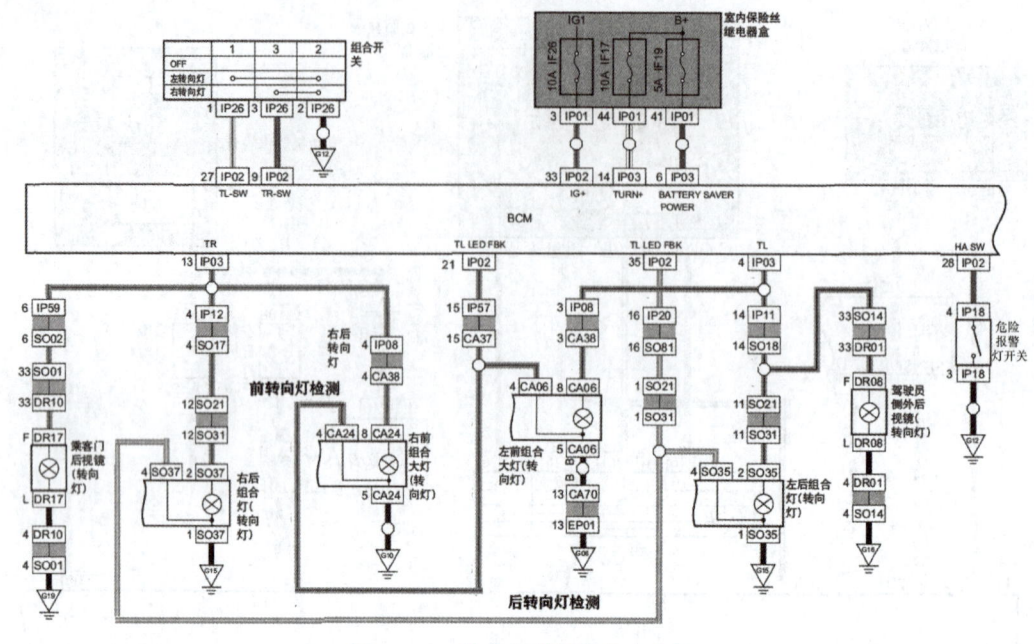

图 6-2-12　转向报警灯工作电路图

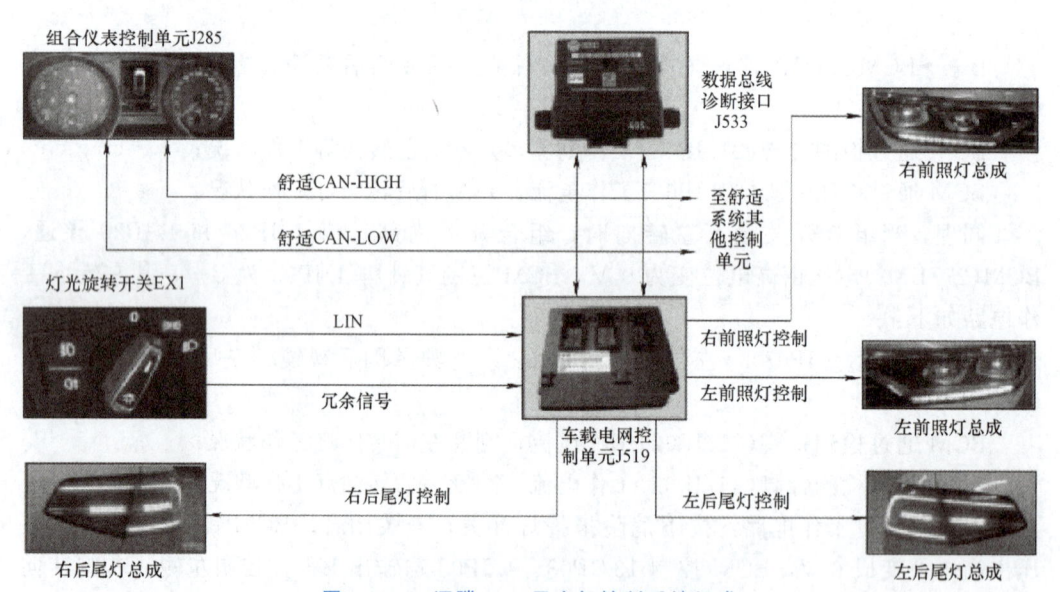

图 6-2-13　迈腾 B8L 示宽灯控制系统组成

2）示宽灯工作电路分析。迈腾 B8L 外部示宽灯控制线路原理如图 6-2-14 所示，当灯光旋转开关旋至示宽灯位置时，灯光旋转开关单元接收到示宽灯开启信号，单元将接收到的模拟电压信号转换为数字信号，通过 LIN 总线将此信号发送至车载电网控制单元 J519。J519 接收到此信号后，进行以下操作：

① 分别接通左前、右前、左后、右后示宽灯控制信号，所有示宽灯点亮。

② J519 将此信号通过舒适 CAN 总线发送至组合仪表控制单元 J285、左侧车门控制单元 J386、右侧车门控制单元 J387、空调控制单元 J255，这些控制单元接收到此信

号后接通开关或面板上的照明灯。J386、J387 通过各自的 LIN 总线将示宽灯开启信号传至左后车门控制单元 J388、右后车门控制单元 J389，分别接通各自开关上的照明指示灯。

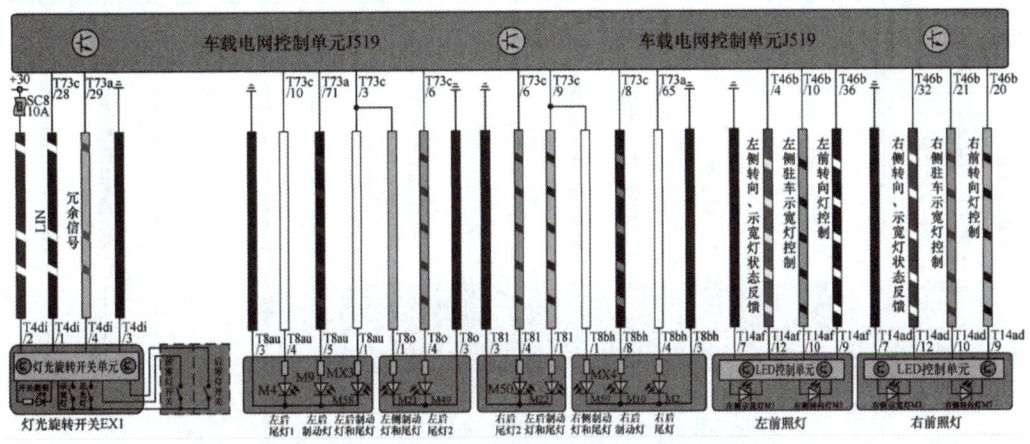

图 6-2-14　迈腾 B8L 外部示宽灯控制线路原理图

③J519 将信号通过舒适 CAN 总线发送至数据总线诊断接口 J533，经数据处理后，通过信息娱乐系统 CAN 总线发送至前部信息系统显示和操纵控制单元 J685，从而点亮其面板上的照明灯。

④J519 将信号通过舒适 CAN 总线发送至数据总线诊断接口 J533，经其数据处理后，通过驱动系统 CAN 总线发送至变速杆 E313 控制单元，点亮其面板上的照明灯。

(2) 近光灯电路分析。

1) 近光灯控制系统组成。迈腾 B8L 近光灯控制系统通过车载电网控制单元 J519 集中控制，主要元器件有灯光旋转开关 EX1、车载电网控制单元 J519、左前照灯总成、右前照灯总成、数据总线诊断接口 J533、组合仪表控制单元 J285，如图 6-2-15 所示。

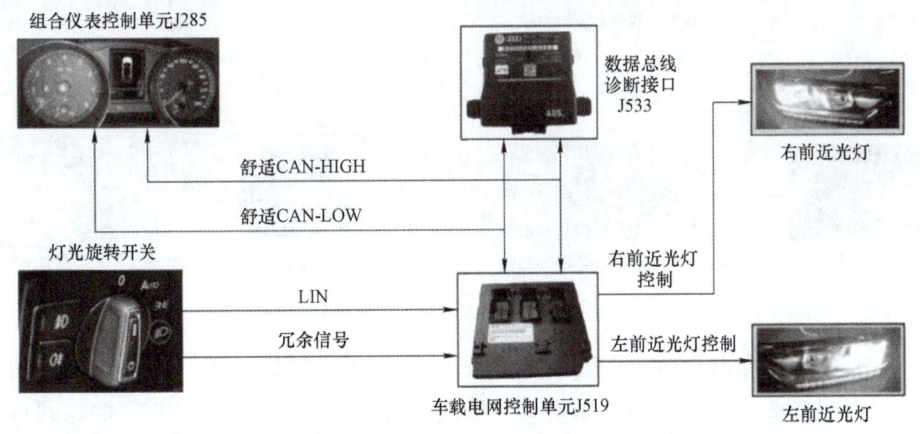

图 6-2-15　迈腾 B8L 近光灯控制系统组成

2) 近光灯工作电路分析。从迈腾 B8L 近光灯控制线路图 (图 6-2-16) 上可以看出，灯光旋转开关旋至近光灯位置时，灯光旋转开关单元接收到近光灯开启信号，单元将接收到的模拟电压信号转换为数字信号，通过开关 LIN 总线将此信号发送至车载电网控制单元 J519，从而分别接通左前、右前近光灯控制信号，点亮近光灯。

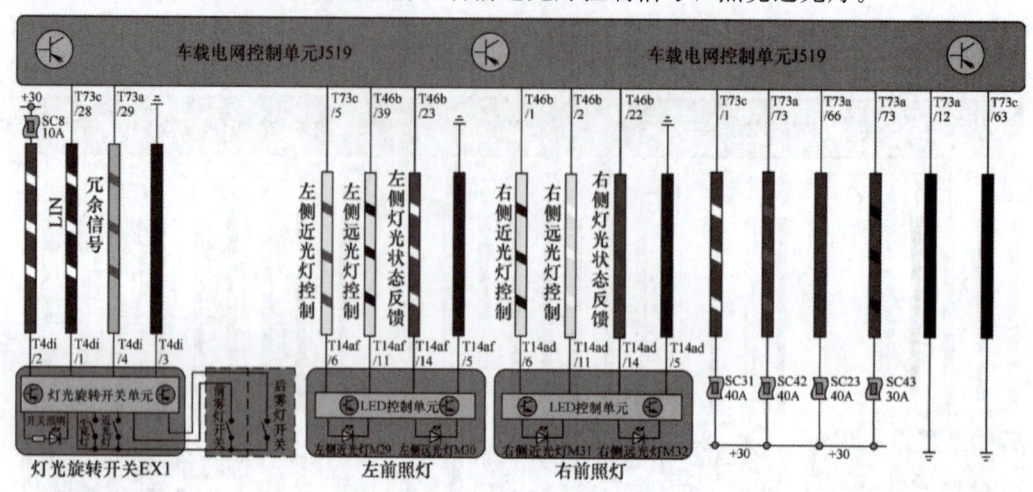

图 6-2-16　迈腾 B8L 近光灯控制线路图

(3) 远光/超车灯电路分析。

1) 远光灯控制系统组成。如图 6-2-17 所示为迈腾 B8L 远光灯控制系统组成。从图 6-2-17 中可以看出，整个系统由车载电网控制单元 J519 集中控制，系统包含灯光旋转开关 EX1、车灯变光开关、左前照灯总成、右前照灯总成、转向柱电子装置控制单元 J527、数据总线诊断接口 J533、组合仪表控制单元 J285、车载电网控制单元 J519 等元器件。

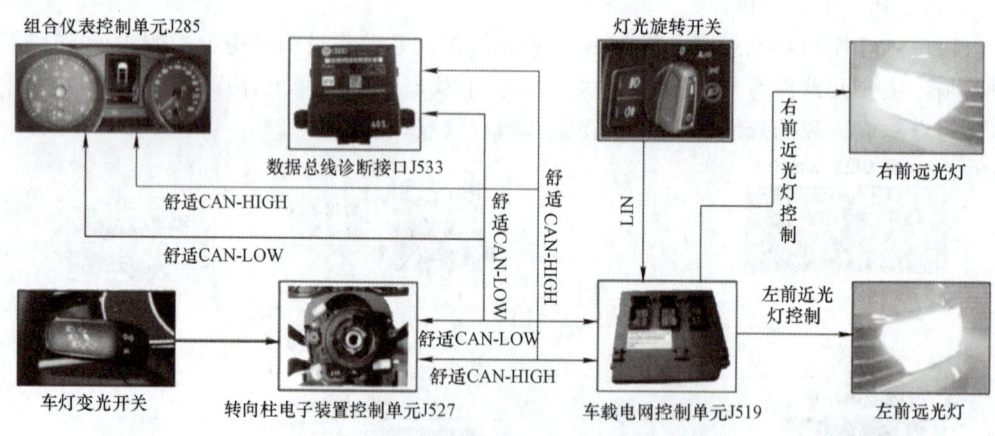

图 6-2-17　迈腾 B8 远光灯控制系统组成

2) 远光灯工作电路分析。灯光旋转开关 EX1 旋至近光灯位置时，变光开关向下按动，开关内部接通远光灯控制触点，随即转向柱电子装置控制单元 J527 接收到远光灯开启的模拟信号，并将这一模拟信号转换为数字信号，通过舒适 CAN 总线将数据发给 J519 和 J285，如图 6-2-18 所示。

J519 接收到此信号后，分别接通左前、右前远光灯控制信号，点亮远光灯。

J285 接收到此信号后，点亮仪表上的远光指示灯，提示驾驶员灯光状态。

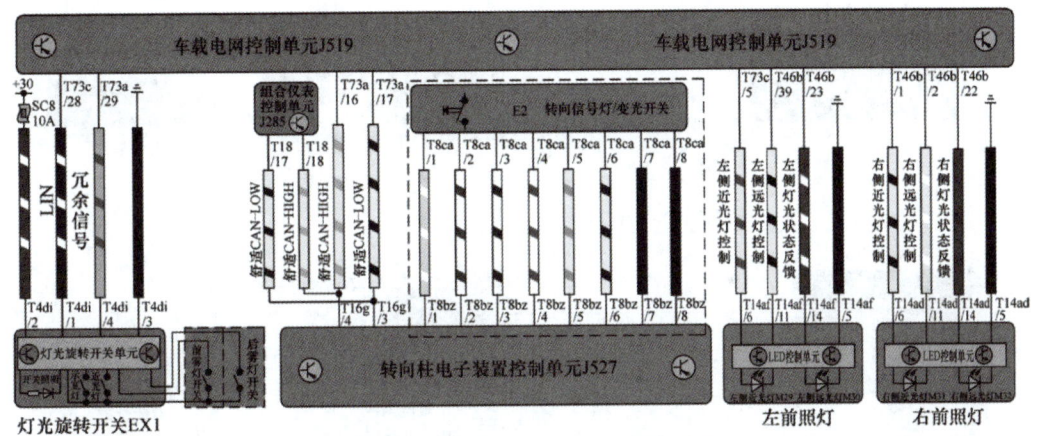

图 6-2-18 迈腾 B8L 远光灯控制线路图

3)超车灯工作电路分析。任何时候变光开关向上拉动,开关内部接通超车灯控制触点,随即 J527 将接收到超车灯开启的模拟信号转换为数字信号,通过舒适系统 CAN 总线将数据发送给 J519 和 J285,如图 6-2-19 所示,松开变光开关,左前、右前远光灯和仪表上的远光指示灯熄灭。

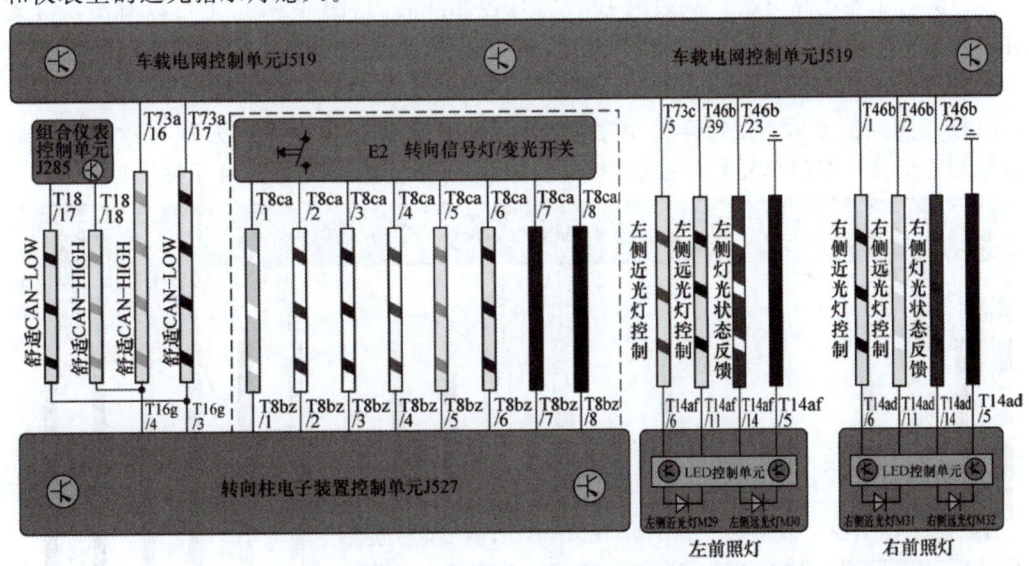

图 6-2-19 迈腾 B8L 超车灯控制线路图

J519 接收到此信号后,分别接通左前、右前远光灯控制信号,点亮远光灯。

J285 接收到此信号后,点亮仪表上的远光指示灯,提示驾驶员灯光状态。

(4)雾灯电路分析。

1)雾灯控制系统组成。迈腾 B8L 雾灯控制系统通过 J519 集中控制,系统主要包含灯光旋转开关、前雾灯开关、后雾灯开关、左前雾灯总成、右前雾灯总成、左后尾灯总成(含后雾灯)、数据总线诊断接口 J533、组合仪表控制单元 J285、车载电网控制单元 J519 等元器件,如图 6-2-20 所示。

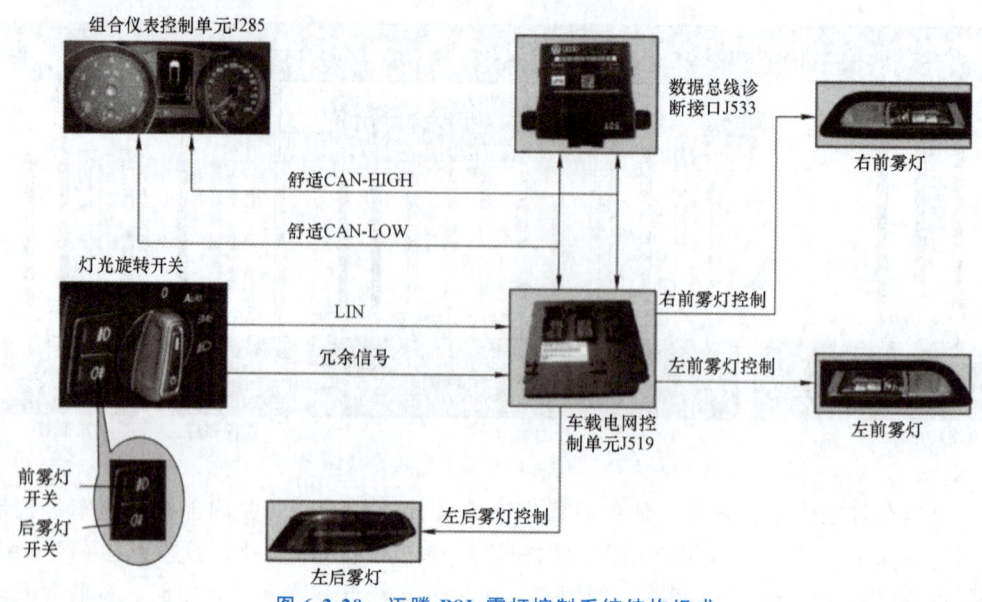

图 6-2-20　迈腾 B8L 雾灯控制系统结构组成

2)雾灯工作电路分析。从迈腾 B8L 雾灯控制线路图(图 6-2-21)上可以看出,灯光旋转开关旋至示宽灯或近光灯位置时,灯光旋转开关单元接收到示宽灯或近光灯开启信号,将接收到的模拟电压信号转换为数字信号,通过 LIN 总线将此信号发送至 J519。J519 接收到此信号后,接通车外示宽灯或近光灯线路,并通过数据总线将示宽灯开启信号发送至其他控制单元,各控制单元接收此信号后开启对应的室内开关照明。

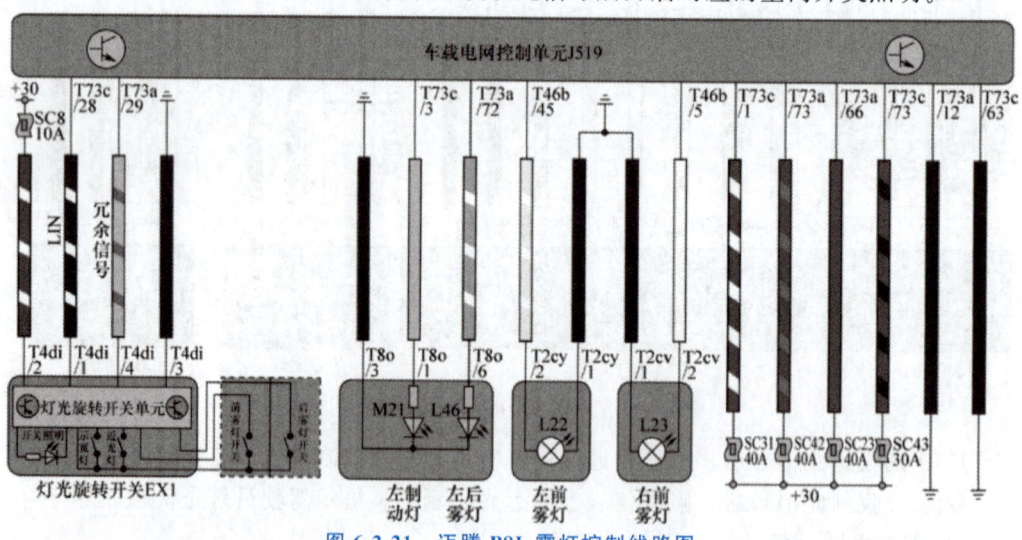

图 6-2-21　迈腾 B8L 雾灯控制线路图

①按下前雾灯开关,前雾灯开关信号接通,灯光旋转开关单元接收到前雾灯开启信号,将接收到的模拟电压信号转换为数字信号,通过 LIN 总线将此信号发送至 J519。J519 接收到此信号后,接通车外前雾灯线路,前雾灯点亮。

②此时再按下后雾灯开关,后雾灯开关信号接通,灯光旋转开关单元接收到后雾灯开启信号,将接收到的模拟电压信号转换为数字信号,通过 LIN 总线将此信号发送

至 J519。J519 接收到此信号后，接通车外左后雾灯线路，左后雾灯点亮。

③J285 接收雾灯开启信号，点亮仪表相应雾灯指示灯，提示驾驶员灯光状态。

(5)转向警告灯电路分析。

1)转向警告灯控制系统组成。迈腾 B8L 转向灯、警告灯控制系统通过 J519 进行控制，系统包含转向/变光开关、警告灯开关、J527、J519、J285、J386、J387、J533 及左、右前照灯总成，左、右后尾灯总成，左、右侧后视镜总成，如图 6-2-22、图 6-2-23 所示。

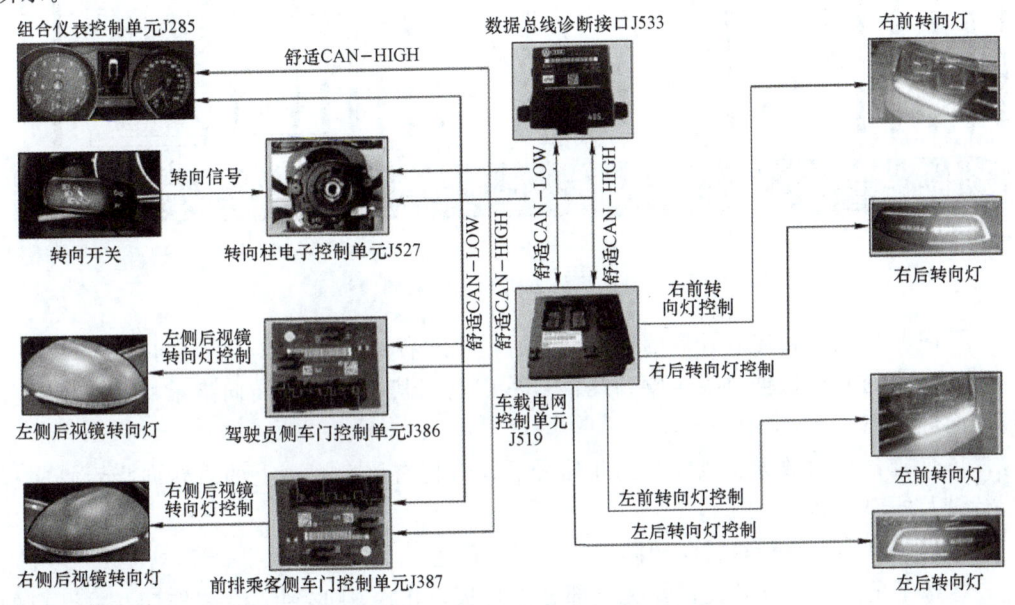

图 6-2-22　迈腾 B8L 转向灯结构组成

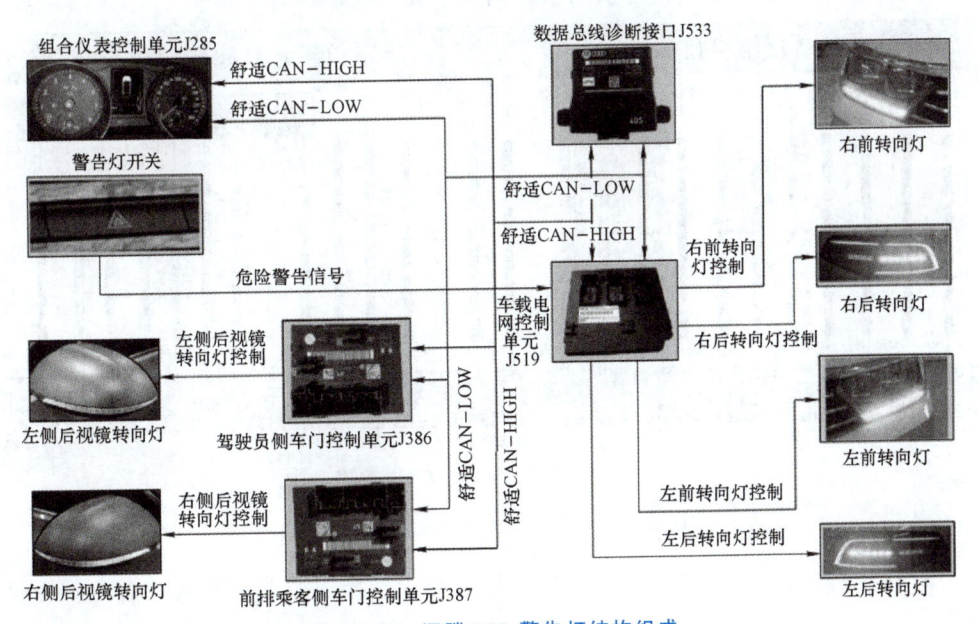

图 6-2-23　迈腾 B8L 警告灯结构组成

2)转向警告灯工作电路分析。

①打开点火开关,操控转向开关至右转向处,J527 接收到转向开关的信号,通过舒适 CAN 总线将数据发送给 J519、J285、J387,如图 6-2-24 所示。

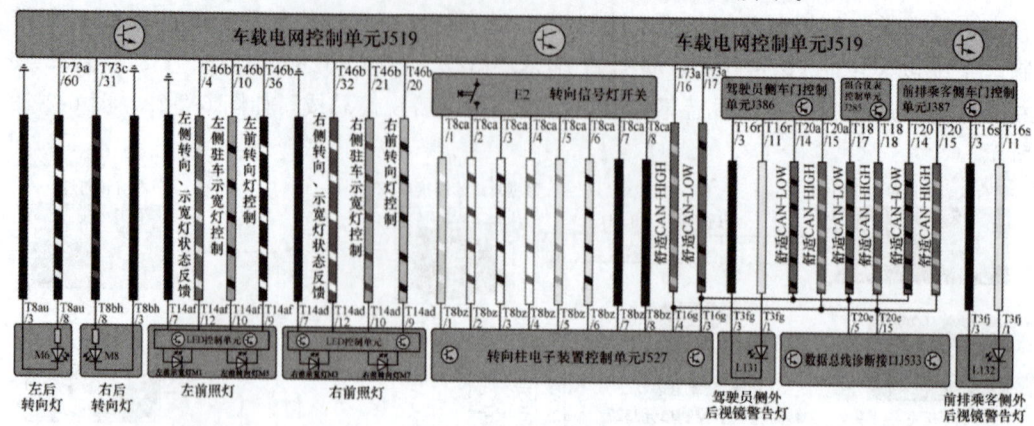

图 6-2-24　迈腾 B8L 转向灯控制线路图

J519 接收到右转向灯开启的模拟信号后,接通前转向灯和右后转向灯。

J285 通过舒适数据总线接收到此信号后,点亮其内部的右转向指示灯,提示驾驶员转向灯状态。

J387 通过舒适数据总线接收到此信号后,点亮右侧后视镜上的右转向指示灯来提醒行员及外部车辆。

左转向灯的工作和右转向相同,这里不再赘述。

②按下危险警告灯开关,开关内部触点接通,J519 接收到危险警告灯开关开启的模拟信号,控制车辆上相关信号及指示灯闪烁,如图 6-2-25 所示。

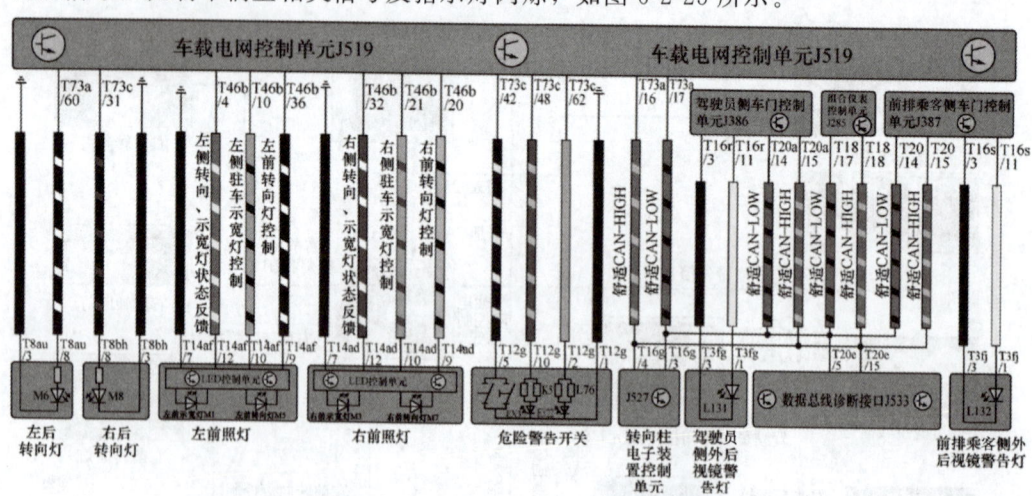

图 6-2-25　迈腾 B8L 警告灯控制线路图

J519 接收到危险警告灯开关开启的模拟信号后,接通左前、左后、右前、右后转向灯。

J285通过舒适数据总线接收到此信号后，点亮其内部的左转、右转向指示灯，提示驾驶员危险警告灯状态。

J386、J387通过舒适数据总线接收到此信号后，点亮左、右两侧后视镜上的转向指示灯来提醒行人及外部车辆。

(6)灯光旋转开关电路分析。灯光选择开关由外壳、机械旋钮及按钮（主要用来识别驾驶员操作灯光开关的目标挡位）、挡位触点（转动机械旋钮及按钮形成电信号传输到信号处理及通信模块）、信号处理及通信模块（把接收到的挡位信号通过相关电路传输到车载电网控制单元）组成，如图6-2-26所示。

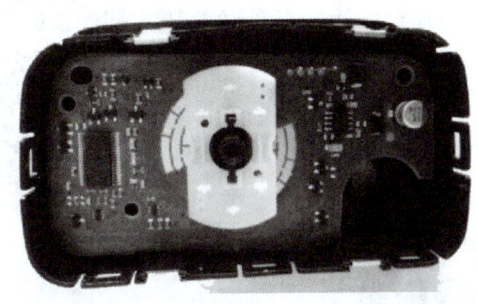

图6-2-26　迈腾B8L灯光旋转开关结构图

迈腾B8L灯光旋转开关工作原理，如图6-2-27所示，有电源线、地线、LIN和冗余线四根线。通过LIN信号传输灯光旋转开关所有挡位信号给J519，通过冗余信号（监测反馈EX1位置）传输关闭挡、自动挡、小灯挡、近光灯挡信号给J519，无法传输前后雾灯开关信号。

电路分析：驾驶员操作EX1或按钮至目标挡位后，旋钮或按钮会接通和断开相应挡位触点，信号处理模块通过判断所有挡位触点的电位来识别EX1目前所在的挡位，并把该挡位信号以特定方式处理后，转变成LIN信号传输到车载电网控制单元（J519）。在驾驶员操作EX1至目标挡位后，旋钮接通和断开相应挡位触点的同时也会通过不同阻值的电阻把冗余信号拉低到相应的幅值，车载电网控制单元（J519）通过判断冗余信号的幅值来识别灯光开关旋钮目前所在的挡位。当驾驶员操作EX1旋钮后，只有车载电网控制单元（J519）接收到LIN线传输挡位信号和冗余线路传输挡位信号（不同电压），车载电网控制单元（J519）才会点亮相应的灯光，否则J519会认为接收到错误的灯光开关信号，并让灯光系统进入应急状态，进而点亮小灯和近光灯。

图6-2-27　迈腾B8L灯光旋转开关工作原理图

任务准备

(1) 通过链接，查看迈腾 B8L 灯光电路关键插脚检测。

(2) 通过链接，查看迈腾 B8L 灯光系统电路主要波形测试。

任务实施

实训 6.2.1　灯光系统电路检测实训

1. 实训条件

(1) 设备场地：迈腾 B8L 整车/灯光系统台架 2 台、灯光系统相关元器件。
(2) 仪器工具：万用表、解码器、示波器、工具车、零件盒。
(3) 实训资料：维修手册、电路图、任务工单。

2. 实训步骤

(1) 记录车辆信息。
(2) 灯光系统电路检测：按任务工单要求测量电信号；分析各插脚的作用。
(3) 波形检测。

3. 任务工单

根据现场车辆检测数据和检测波形，提出维修建议，查阅资料，完成任务工单。

任务工单 6.2.1　灯光系统电路检测维修

1. 灯光系统电路检查

(1) 根据迈腾 B8L 灯光电路图填写下表，并测出在不同状态时的电压

部件	针脚	IG OFF	IG ON	小灯	近光	远光	前雾	后雾	左转向	右转向	作用
J519											常电，经 SC26
											舒适 CAN-H
											舒适 CAN-L
											车灯旋转开关冗余信号脚

续表

部件	针脚	IG OFF	IG ON	小灯	近光	远光	前雾	后雾	左转向	右转向	作用
J519											X4 左侧牌照灯、X5 右侧牌照灯供电
											左后转向信号灯灯泡供电
											M2 右侧尾灯灯泡供电
											常电，经 SC24
											L46 左侧后雾灯灯泡供电
											常电，经 SC42
											M3 右侧近光灯灯泡供电
											M32 右侧远光灯灯泡供电
											左侧转向、示宽灯状态反馈
											L23 右侧前雾灯灯泡供电
											M1 左侧驻车示宽灯灯泡供电
											104 搭铁脚
											M7 右前转向信号灯灯泡供电
											M3 右侧驻车示宽灯灯泡
											右侧灯光状态反馈
											左侧灯光状态反馈
											右侧转向、示宽灯状态反馈
											M5 左前转向信号灯灯泡供电
											M30 左侧远光灯灯泡供电

续表

部件	针脚	IG OFF	IG ON	小灯	近光	远光	前雾	后雾	左转向	右转向	作用
J519											L22 左侧前雾灯灯泡供电
											常电，经 SC11
											M58 左侧制动灯和尾灯灯泡 2、M21 左侧制动灯和尾灯灯泡供电
											M29 左侧近光灯灯泡供电
											M49 左侧尾灯灯泡 2、M50 右侧尾灯灯泡 2 供电
											M10 右侧制动信号灯灯泡供电
											M59 右侧制动灯和尾灯灯泡 2、M22 右侧制动灯和尾灯灯泡供电
											M4 左侧尾灯灯泡供电
											M86 左侧制动信号灯灯泡 2 供电
											车灯旋转开关 LIN 信号输入脚
											M8 右侧转向信号灯灯泡供电
											报警灯开关的信号输入脚
											开关指示灯供电脚
											接地
											常电，经 SC27

（2）根据维修手册或电路图，结合 2018 迈腾实车或教学台架，完成其波形测试

1）车辆 IG 挡，开关置于小灯挡位，测试并绘制 EX1 开关端 T4di/1 的波形。

设置故障：T4di/1－T73c/28 线路断路

2）车辆 IG 挡，开关置于小灯挡位，测试并绘制 J519 端 T73c/28 的波形。

设置故障：T4di/1－T73c/28 线路断路

3）车辆 IG 挡，开关置于小灯挡位，测试并绘制 EX1 开关端 T4di/4 的波形。

设置故障：T4di/4－T73c/29 线路断路

4)车辆 IG 挡，开关置于小灯挡位，测试并绘制 519 端 T73c/29 的波形。

设置故障：T4di/4－T73c/29 线路断路

3. 成绩评定标准

练习与思考

(1)通过链接，查看练习与思考习题。

(2)通过链接，查看练习与思考答案。

任务 6.3　照明与信号系统故障诊断

任务描述

一辆 2021 款的一汽大众迈腾 B8L 轿车，搭载 2.0T 发动机和 7 挡湿式双离合变速器，行驶里程为 36 300 km。客户反映打开点火开关后，没有操作车灯旋转开关，车辆的近光灯和示廓灯亮起，仪表上有"车辆照明"的故障提示。作为专业的维修技师，请结合该车的故障现象和仪表提示，进行检测、诊断，并完成工单记录。

任务分析

根据该车的故障现象，很明显车辆灯光进入应急模式，需要利用诊断仪进行读码、动作测试，结合维修手册及电路图，利用万用表或示波器进行电压、波形测试，从而缩小故障范围，精准找到故障点。

学习目标

知识目标

1. 掌握汽车灯光系统常见故障类型；
2. 掌握汽车灯光系统常见故障诊断分析策略。

技能目标

1. 能根据灯光系统故障现象制定故障诊断方案；
2. 能够对汽车灯光系统典型故障进行诊断排除。

素质目标

1. 通过自主分析灯光系统的控制原理、故障机理，培养学生逻辑分析的能力；
2. 通过小组探究、方案制定，学生锻炼沟通表达、合作、自主学习的能力；
3. 通过企业 7S 标准规范管理操作，培养学生规范、安全意识；
4. 通过大师示范操作，培养学生执着专注、精益求精、一丝不苟、追求卓越的工匠精神。

相关知识

6.3.1　灯光系统常见故障类型

1. 汽车照明系统常见故障

汽车照明系统常见故障现象有车灯不亮故障、车灯灯光亮度低故障、车灯灯丝频繁烧坏等故障。

（1）车灯不亮故障。故障原因主要有继电器损坏（采用继电器控制或开关＋继电器)、BCM或其他模块(采用模块直接控制)、线路故障,灯光开关损坏,灯泡损坏、熔断丝熔断等。进行故障诊断时可先观察现象,然后进行检查(诊断仪确认故障方向),通过数据流、动作测试缩小范围,最后利用电路图结合电压降、示波器测试、电阻对车灯电路进行查找判断故障点。

1)继电器、线路及灯光开关的检查。

检查灯光继电器:通过静态测线圈电阻和动态给继电器线圈供电,查看继电器的动触点工作情况,若工作情况异常,应更换继电器。

检查灯光控制开关:对于传输模拟电压式灯光开关,通过万用表的蜂鸣挡检查开关各挡位的通断情况;对于传输数字信号式灯光开关,采用数据流+电压/波形检测。若与理论通断或信号不符,则应更换灯开关。

检查灯光线路:用万用表检查灯光线路的短路、断路或搭铁故障点,也可以用试灯检查线路的通断情况。

2)灯泡或熔断器损坏故障。如果不亮的灯同时有好几只,则考虑是总熔断器熔断故障;根据电路原理图查看是否不亮的灯同属一个熔断丝控制,若是则可能是熔断丝被熔断;如果不亮的灯只有一只,则考虑是灯丝烧断故障,拆下灯泡进行检查,若灯丝烧断,则更换新灯泡。在处理这两类故障时应先查找线路超负荷的原因,再换新的熔断丝或将总熔断器复位。检查方法:将熔断丝控制的各灯具接线从灯座拔掉,利用万用表电阻挡测量搭铁端与灯具端之间的电阻值是否为无穷大,若所测电阻值为零或较小,则线路中有搭铁故障,应把搭铁故障排除,再更换新的熔断丝或把熔断器复位。

3)模块硬件/软件故障。模块内部驱动芯片损坏、内部场效应烧毁或更换灯光系统相关控制模块,灯光控制模块软件编码错误等能引起灯光不亮,此时需要结合诊断,查看模块编码是否一致,测试其输入、输出信号来判断。更换控制模块后,需要编码或编程。

(2)车灯灯光亮度低故障。若车灯灯光亮度低,原因可能是电池电量不足、发电机故障、发电机电压调节器故障。另外,车灯线路接触不良引起附加电阻、灯泡玻璃表面脏污,灯泡功率低于额定功率,前照灯灯丝没有位于反射镜焦点上,反射镜或散光镜有尘垢,也会导致灯光亮度不够无法满足使用要求。进行故障排除时,应首先检查电源系统的发电机和蓄电池的供电情况是否正常。若不符,应对电源系统进行修理。在电源系统正常供电的状态下,用万用表结合车灯系统电路图查找车灯系统线路的连接情况,若有故障,应及时排除。检查灯具是否良好,如有损坏,更换新的灯具。

(3)车灯灯丝频繁烧坏故障。若车灯灯丝反复被烧断,通常是发电机电压调节器调节电压过高故障或发电机本身故障使发电机输出电压过高,进而使车灯端电压高于其额定电压造成的,检测电压调节器和发电机,进行必要的修理或更换。另外,灯具的接触不良、线路有短路故障也会致使灯泡的频繁损坏。

2. 汽车信号系统常见故障

汽车信号系统常见故障表现有两种:一是信号灯不亮;二是信号灯不能正常工作。对于信号灯不亮的故障,可能原因有灯泡、继电器、灯光开关、刹车开关(4线开关)或制动传感器(4线霍尔式)等,检查时按上述故障排除方法进行。汽车灯光信号系统中,转向灯应用比较频繁,因而故障率也会提高,下面针对转向报警灯故障形式进行分析。

(1)打开左右转向灯及危险灯时,无正常的滴滴响,且转向灯不亮。这种现象一般分为两种原因,闪光继电器损坏或转向灯熔断丝已熔断。前者可自行更换,后者需仔细检查转向灯线路是否有短路后,再更换转向灯熔断丝即可。

(2)单边开启左右转向灯时,左右转向灯闪动的频率不一,一边快一慢。这种现象主要是左右转向灯泡的功率不同(检查灯泡型号),或者在转向灯的电路某处接触不良(大多数为插头处)所致。

(3)单边开启左右转向灯时正常,但开启危险灯时,有一边不亮。这种现象主要原因为危险灯开关损坏,更换危险灯开关即可。

(4)开启任何一边转向灯,只听到吱吱吱吱的刺耳声音,且灯不亮,随即关闭即不响。这种现象主要是闪光器继电器损坏,或者闪光器继电器与插座接触不良或转向灯熔断丝接触不良或闪光器继电器主导线松动导致。

6.3.2 灯光系统常见故障原因分析

现以迈腾 B8L 轿车为例重点分析灯光开关故障及前照灯故障。迈腾 B8L 轿车车载电网控制单元 J519 对车辆外部灯光工作状态实施监测,如果外部灯光工作状态发生异常,车载电网控制单元 J519、转向柱电子装置控制单元 J527 会根据检测到信号的状态产生一个相对应的故障代码,同时将这个信息通过舒适 CAN 总线发送至组合仪表控制单元 J285,仪表控制单元通过文字提醒警告驾驶员灯光系统异常,注意行车安全,分析仪表上的故障信息就可以基本确定故障部位。

图 6-3-1 所示为迈腾 B8L 前照灯电路图,该电路主要分为灯光旋转开关电路、转向灯/变光开关电路、前照灯控制电路、仪表指示灯电路四部分。

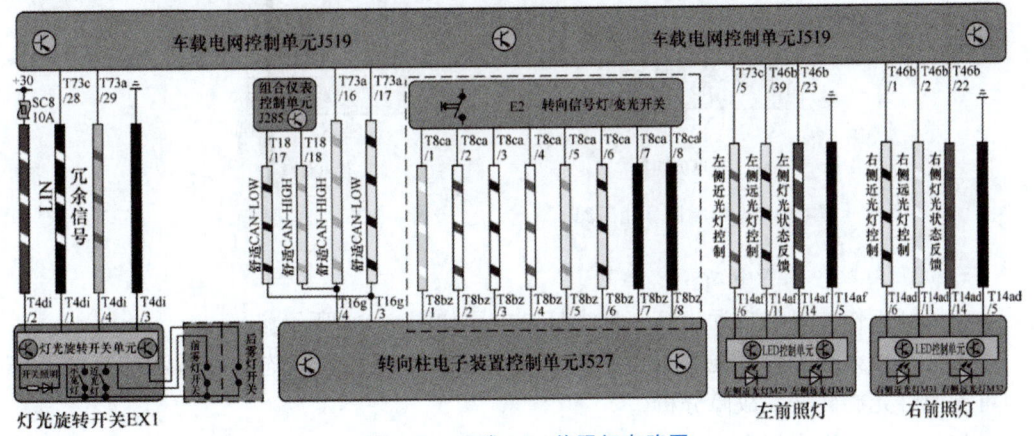

图 6-3-1 迈腾 B8L 前照灯电路图

1. 灯光旋转开关故障分析

(1)灯光旋转开关 LIN 线故障。灯光旋转开关 LIN 线主要传递示宽灯、AUTO、近光灯、雾灯开关信号,由灯光旋转开关 T4di 端子传送给车载电网控制单元 J519 T73c/28 端子,如图 6-3-2 所示。如果该信号线断开,J519 T73c/28 端子信号不正常,系统无法准确判断此时驾驶员的意图,为安全起见,系统开启小灯和近光灯,此种情况下，前后雾灯均无法正常开启，且车灯开关指示灯均不亮。这就是迈腾 B8L 轿车灯光系统的应急模式。此时，仪表提示"故障：车辆照明"。

当诊断出 T4di/1 与 T73c/28 之间线路异常时，可以分步进行故障点定位，如图 6-3-2 所示，按照由简到难的原则检查 T4di/1 与 T73c/28 电路连接情况，再检查 J519 或 EX1 是否存在故障。

灯光旋转开关 EX1 的电源线和搭铁线出现故障也会出现同上故障。

(2) 灯光旋转开关冗余线故障分析。灯光旋转开关冗余线由灯光旋转开关 T4d4 端子传送给车载电网控制单元 J519 T73a/29 端子，如图 6-3-3 所示。如果该线断开，J519 T73a/29 端子信号不正常，此时，由关闭挡旋入 AUTO 挡时小灯、前照灯均延迟点亮，且各挡位雾灯均不亮，开关指示灯有电，仪表提示"故障：车辆照明"。

根据灯光旋转开关 LIN 线故障测试结果可知，当 LIN 信号线故障时，灯光系统即进入应急模式，冗余线传输的挡位信号对测试结果没有任何影响。因此，冗余线的作用仅是在 LIN 信号线正常传输信号时，给 J519 再提供一个车灯开关挡位信号。

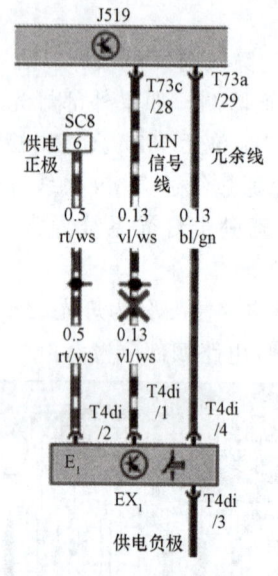

图 6-3-2　LIN 信号线断路　　　　图 6-3-3　冗余线断路

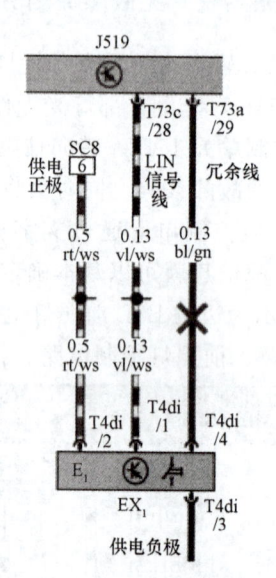

2. 前照灯故障原因分析

前照灯工作主要包括远光灯、近光灯，电路如图 6-3-1 所示。

若打开点火开关，近光灯异常点亮，说明进入灯光应急状态，具体故障现象及原因可参照灯光旋转开关故障分析。

如果左、右近光灯全未点亮，可能原因为：J519 本身、J519 供电线路故障，左右近光灯同时损坏。灯光旋转开关故障会使灯光进入应急状态，故不在该故障原因内。

若只是某一侧近光灯未点亮，则可能存在以下故障：

(1) J519 局部故障。

(2) J519 至某前近光灯控制信号线路故障。

(3) 某前照灯自身故障。

(4)某前照灯接地线路故障。

按下变光开关，若左右远光灯及远光指示灯不亮，则可能存在以下故障：

(1)变光开关及线路故障。

(2)J527局部故障及线路故障。

(3)J519局部故障及线路故障。

(4)左、右远光灯及远光指示灯控制信号线路故障。

(5)左、右远光灯接地线路故障。

(6)仪表及仪表内部远光指示灯故障。

6.3.3 灯光系统故障案例分析

1. 迈腾B8L部分灯光失效故障诊断

(1)故障现象。一辆2018款2.0T一汽大众迈腾教学实训轿车，车辆识别代码：LFV3A23C4J3111252，发动机型号：CUG，车辆在学生上课实训结束后部分灯光失效。

(2)初步检查。接到车后进行初步检查，现象验证：点火开关打到OFF挡，右侧灯点亮，操作超车灯左侧点亮，右侧不亮；点火开关在ON挡，仪表显示"故障：车辆照明"；EX1在"0"挡时，左侧灯正常，右侧灯正常，左侧大灯异常点亮；EX1在"1"挡（侧灯挡）时，左侧灯不亮，右侧灯点亮，前、后雾灯无法打开；EX1在"2"（近光灯）挡时，右侧灯正常，大灯不亮，左侧大灯点亮，前、后雾灯无法打开，车辆蓄电池电压为12.5 V。

(3)故障原因分析。如图6-3-4所示，因为灯光故障存在于左右侧，故障可能原因为J519部分功能故障或J519自身故障，又根据保险丝设置特点和灯光开关冗余线与LIN线工作特点，推断为灯光开关或J519控制异常。

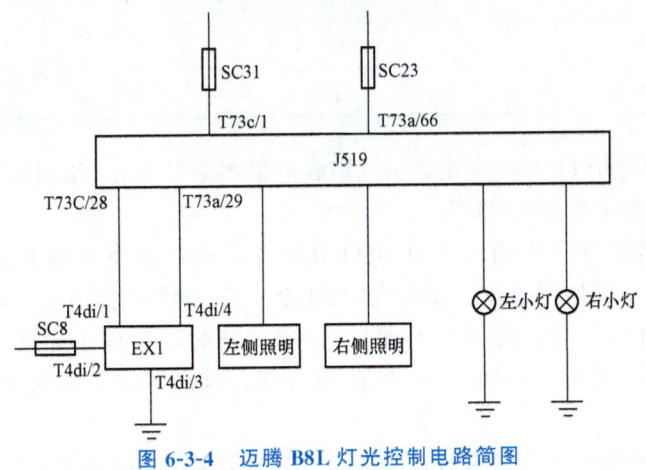

图6-3-4 迈腾B8L灯光控制电路简图

(4)故障诊断。

1)读取故障码。用故障诊断仪进入一汽大众→普通模式→系统选择→09(J519)→读取静态故障码；U10300本地数据总线电气故障；B149 B01右侧LED电源模块电气故障；B140D13右侧端子30供电电压断路。清除故障码，再次读取故障码依然存在。

2)读取 J519 供电数据流。点火开关在 ON 挡，用故障诊断仪读取 J519 控制单元内左侧端子 30 供电电压数据组，见表 6-3-1。分析该表数据组结果，右侧端子数据组异常，进一步检查 J519 的右侧 30 端子电压。

表 6-3-1　诊断仪读取 J519 左侧端子电压

测试参数	左侧端子 30 电压	右侧端子 30 电压	供电电压
标准描述	+B	+B	+B
测试结果	12.5 V	+5 V	12.5 V
测试结论	正常	异常	正常

3)电压测量。

①点火开关置于 ON 挡，用数字万用表测量 J519 的右侧 30 端子电压，测试结果见表 6-3-2，根据测试结果进一步测量上游 SC23 保险丝。

表 6-3-2　万用表测试 J519 针脚 T73a/66 电压

测试参数	T73a/66 对地电压	测试结果	0 V
标准描述	+B	测试结论	异常

②点火开关置于 ON 挡，用数字万用表测量 SC23 两端的电压，根据表 6-3-3 的测试结果，保险丝 SC23 两端存在明显的 12 V 电压降。

表 6-3-3　万用表测试 J519 针脚 T73a/66 电压

测试参数	输入端	输出端
标准描述	+B	+B
测试结果	12.5 V	0 V
测试结论	正常	异常

③点火开关置于 OFF 挡，用数字万用表电阻挡测量 SC23 输出端对地电阻，结果显示无穷大，判断 SC23 存在断路。

更换 SC23 保险丝，右侧端子 30 电恢复正常。再次检查车辆状况，打开点火开关，仪表显示：车辆照明故障。操作 EX1 灯光开关，在"0"挡时，大灯异常点亮；在"1"挡时，侧灯正常，无法打开前后雾灯；在"2"挡时，大灯正常点亮，无法打开前后雾灯。根据故障现象结合图 6-3-4 控制原理图，判断可能原因为 EX1 开关自身或线路故障。

4)重新读取故障码。用故障诊断仪进入 J519 读取静态故障码：U10300 本地数据总线电气故障。

5)读取 EX1 开关数据流。点火开关置于 ON 挡，诊断仪进入 J519，灯光开关 EX1 先后由"0"挡→1 挡→2 挡依次变换，读取 EX1 灯光开关数据组，根据测试结果见表 6-3-4，进一步检测 LIN 线状态。

表 6-3-4　灯光旋转开关数据流测试

测试参数	"0"(关闭)挡	"1"(侧灯)挡	"2"(近光)挡	冗余信号线
标准描述	已按下→未激活→未激活	未激活→已按下→未激活	未激活→未激活→已按下	断开→侧灯→近光灯
测试结果	未激活(不变)	未激活(不变)	未激活(不变)	断开→侧灯→近光灯
测试结论	异常	异常	异常	无异常

6)读取灯光旋转开关 LIN 波形。

①检测 EX1 端 LIN 线波形。点火开关置于 ON 挡,用示波器检测 EX1 端针脚 T4di1,检测结果显示波形约为 13 V 的一条直线,如图 6-3-5 所示,判断 LIN 线对正极断路或断路。进一步检测 J519 端针脚 T73c28 的波形,检测波形为 13 V 的一条直线,需拔下 EX1 插头,进一步检测 J519 端 LIN 波形。

②拔下 EX1 插头,检测 J519 端 LIN 波形。拔下 EX1 插头,点火开关置于 ON 挡,用示波器检测 519 端针脚 T73c/28 的波形,检测波形如图 6-3-6 所示,波形正常。推断原因为 EX1 的 LIN 线在开关内部出现对正极短路。

③拔下 J519 插头,检测 EX1 端 LIN 波形。拔下 J519 插头,点火开关置于 ON 挡,用示波器检测 EX1 端针脚 T4di1 的波形,波形正常。推断原因为 EX1 的 LIN 线在开关内部出现对正极短路。

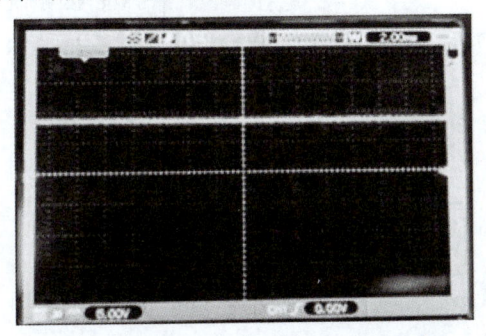

图 6-3-5　检测 EX1 端 T4di1 波形(异常)

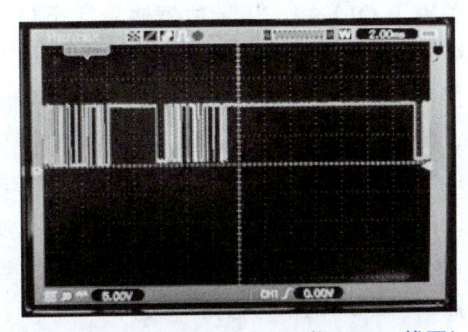

图 6-3-6　检测 J519 端 LIN 波形(EX1 拔下)

(5)故障排除。更换灯光开关 EX1,再次检查车辆状况,所有灯光恢复正常。

(6)分析总结。SC23 保险丝断路,导致车辆右侧端子 30 电压都无法供电,使部分灯光失效;由于灯光旋转开关 LIN 线对正极短路,使灯光开关 EX1 无法将准确的灯光信号传递给 J519,也使部分灯光失效。

2. 迈腾 B8L 前、后雾灯无法开启故障诊断

(1)故障现象。一辆 2017 年迈腾 B8L 轿车,搭载 2.0T 发动机,累计行驶里程约为 7 万千米。车主反映,车辆夜间行车时,前、后雾灯无法开启。

(2)初步检查。接车后首先试车验证故障现象,将灯光开关从 OFF 挡分别拨至小灯挡、大灯挡,相应车灯均延迟 3 s 才能点亮;将灯光开关从小灯挡直接拨至大灯挡,不存在上述故障现象;在小灯挡或者大灯挡,接通前、后雾灯开关,前、后雾灯开关指示灯点亮后随即熄灭,并伴随有前、后雾灯无法点亮的故障现象。

结合该车的故障现象分析,可以初步排除灯光开关供电、搭铁、LIN 总线故障的可能。认为造成故障的原因有前、后雾灯故障;J519 至雾灯之间线路故障;前、后雾灯开关故障;J519 本身故障。

(3)故障诊断。

1)读取故障码。本着由简入繁的诊断原则,维修人员首先利用故障检测仪进入 J519,读取故障代码为 E3108 灯光开关,不可信信号。

2)动作测试。利用诊断仪对前、后雾灯分别进行"执行元件诊断",发现前、后雾灯均能正常点亮,排除前、后雾灯及其至 J519 之间线路故障的可能。

3)数据流测试。将灯光旋转开关从 OFF 挡拨至小灯挡,读取 J519 实际测量值信息(表 6-3-5),"侧灯"的值显示为"已按下","冗余信号线"的值显示为"断开",不正常(正常情况下应显示为"侧灯")。

表 6-3-5　小灯挡位下数据流

测量值名称	灯光旋转开关位置					
	断开	侧灯	自动大灯控制	近光灯	雾灯	后雾灯	冗余信号线
ID	MAS00063	MAS03835	MAS02462	IDE02515	IDE05323	MAS03836	IDE07956
值	未按下	已按下	未按下	未按下	未按下	未按下	断开

根据 EX1 相关电路(图 6-3-7),将灯光开关置于 OFF 挡,用示波器测量冗余信号线(J519 导线连接器 T73a/29 至 EX1 导线连接器 T4di/4 之间的线路)端子的信号波形,测量 J519 导线连接器 T73a/29 的信号波形如图 6-3-8 所示,正常;测量 EX1 导线连接器 T4di/4 的信号波形如图 6-3-9 所示,不正常(正常情况下应与 J519 导线连接器 T73a/29 的信号波形一致)。

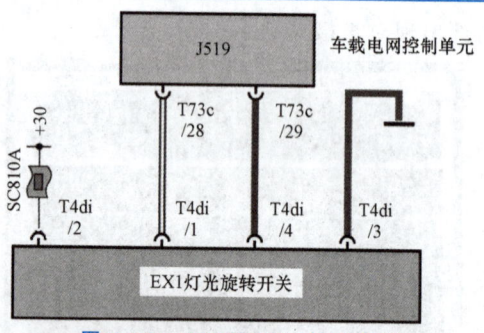

图 6-3-7　EX1 至 J519 控制电路

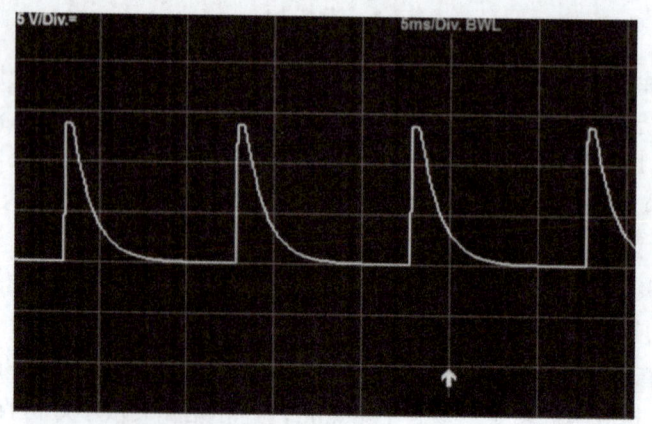

图 6-3-8　测量 J519 导线连接器 T73a/29 的信号波形

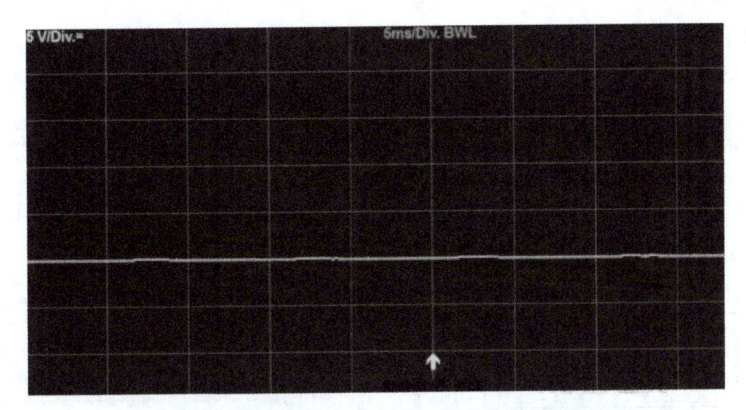

图 6-3-9　测量 EX1 导线连接器 T4di/4 的信号波形

关闭点火开关，断开 J519 导线连接器 T73a 与灯光开关导线连接器 T4di，用万用表电阻挡测量 J519 导线连接器 T73a/29 与 EX1 导线连接器 T4di/4 之间的电阻，为∞，由此判定为冗余信号线存在断路故障。

(4) 故障排除。修复断路的冗余信号线后试车，上述故障现象消失，至此，故障彻底排除。

(5) 分析总结。由于 EX1 至 J519 之间 LIN 线通信正常，J519 能识别 EX1 位置，但由于 EX1 与 J519 之间冗余线断路，导致 J519 无法通过冗余线(反应小灯、大灯位置，不能反映雾灯位置)校验 EX1 开关的位置，导致在小灯挡或大灯挡接通前、后雾灯开关，前、后雾灯开关指示灯点亮后随即熄灭，并伴随有前、后雾灯无法点亮的故障现象。

3. 吉利帝豪 EV300 灯光故障诊断

(1) 手动模式下前照灯能正常工作，自动模式下无法点亮。根据前照灯手动控制模式和自动控制模式电路(图 6-3-10)，首先确认阳光传感器是否正常工作，拔下阳光传感器插接器，用万用表测量插接器的 6/IP17 的引脚是否有 12 V，1/IP17 引脚是否搭铁正常，若正常，测量 BCM 的 6/IP02 上的针脚是否有光电信号(通过紫外线灯照射或用布遮盖)。若阳光传感器正常，检查灯光组合开关中 AUTO 挡是否正常。将开关拨到 AUTO 挡，测量灯光组合开关插接器上 16/IP26 针脚与 6/IP26 针脚是否导通，如导通，测量 6/IP26 针脚与 BCM 端 31/IP02 针脚线路是否正常(无断路、短路和虚接)，若正常，则更换 BCM。

(2) 近光灯能正常点亮，远光灯无法点亮。开启超车灯，观察远光灯是否点亮，若点亮，则组合开关故障；若不点亮，转至下一步。

根据手动控制远光灯电路(图 6-3-11)，IG OFF，拔下远光灯继电器 ER03，检查其线圈电阻是否在 60Ω 左右，并通电测试其触点是否闭合，若异常，更换 ER03，若正常，转至下一步。

拔下远光灯继电器 ER03，开启远光灯，用万用表测量 ER03 的 1 号针脚是否有 12 V，若无，检查 7/IP26 与 ER03 的 1 号脚线路，若线路正常，更换灯光组合开关。

若 ER03 的 1 号针脚有 12 V，检查 BCM 的 3/IP03 和 ER03 的 2 号针脚对电源电

压，若 BCM 的 3/IP03 有 12 V，ER03 的 2 号针脚无电压，则该线路断路，若都无电压，转至下一步。

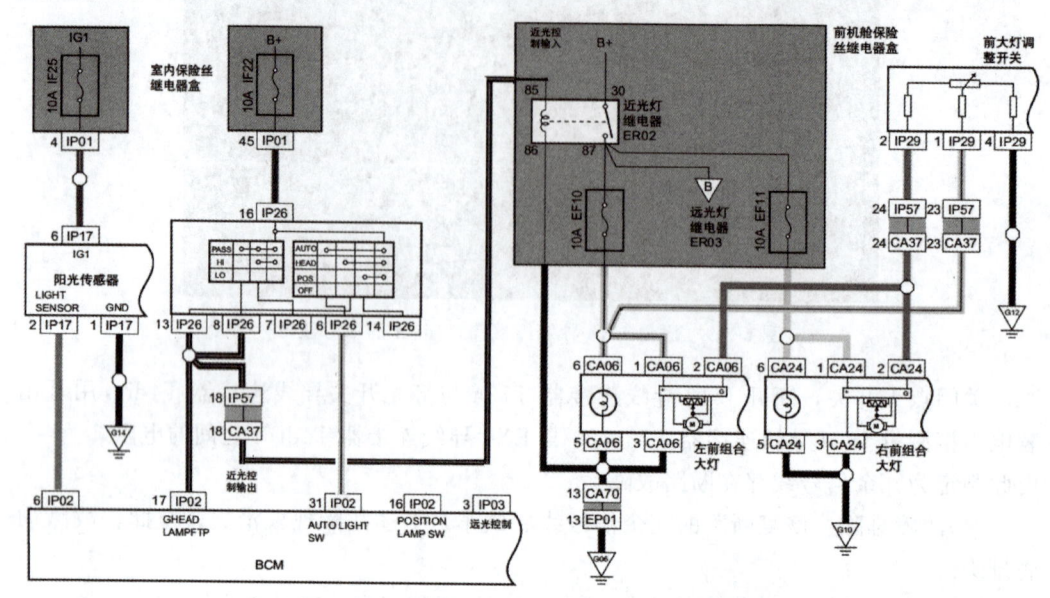

图 6-3-10　前照灯手动和自动模式下工作电路

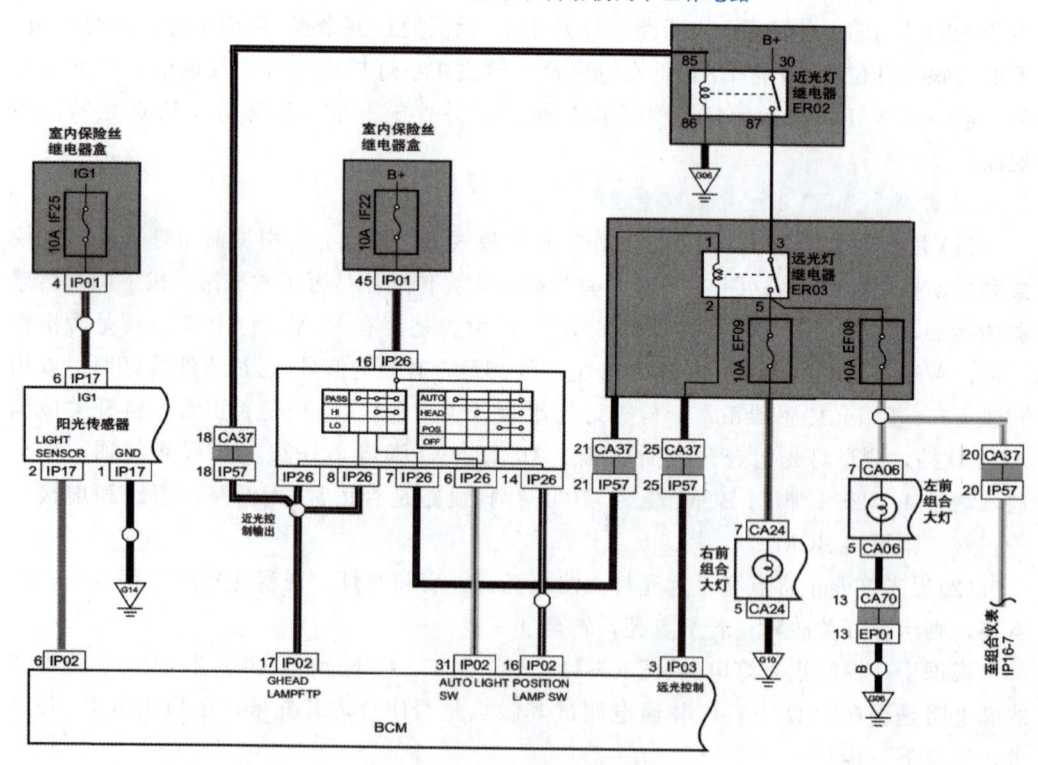

图 6-3-11　远光灯控制电路

IG ON，开启远光灯，用万用表测量 BCM 的 17/IP02 针脚电压，若无 12 V，则 BCM 的 17/IP02 与灯光组合开关 13/IP26 线路异常；若有 12 V，更换 BCM。

（3）位置灯能正常点亮，后雾灯无法点亮。根据吉利帝豪 EV300 汽车雾灯电路（图 6-3-12），将灯光组合开关位置灯打开，并拨至雾灯挡，位置灯能正常点亮，说明位置灯继电器 IR05 和熔断器 IF23 没有故障，可能原因为雾灯继电器 IR01、雾灯继电器控制电路和工作电路、灯光组合开。

IG OFF，拔下雾灯继电器 IR01，用导线短接 IR01 的工作触点（4、1），若雾灯不工作，检查 IF01、G15 及雾灯工作电路；若雾灯工作，检查雾灯继电器 IR01，通过测量线圈电阻和通电测试其好坏；若 IR01 异常，进行更换，若正常，转至下一步。

拔下雾灯继电器，IG ON，打开小灯和雾灯挡，用万用表测量 IR01 的 2 号针脚电压，若有 12 V，则故障为 IR01 接地电路；若无 12 V，用万用表测量灯光组合开关 12/IP26 电压，若有 12 V，则故障为灯光组合开关 12/IP26 与室内保险丝继电器盒 35/IP01 之间线路异常；若无 12 V，用万用表测量灯光组合开关 10/IP26 电压，若无 12 V，则故障为灯光组合开关 10/IP26 与室内保险丝继电器盒 33/IP01 之间线路异常；若有 12 V，则故障为灯光组合开关。

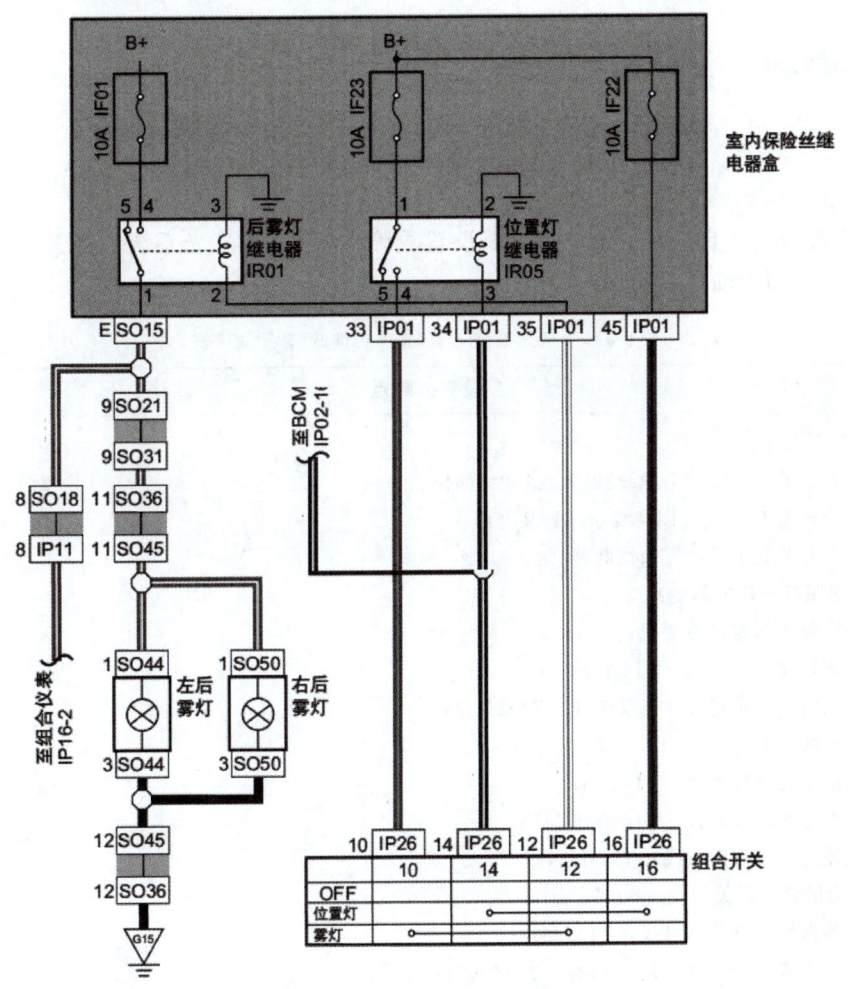

图 6-3-12 吉利帝豪 EV300 汽车雾灯电路

任务准备

(1)通过链接,查看迈腾 B8L 灯光系统的故障验证实训。

(2)通过链接,查看迈腾 B8L 灯光系统故障诊断排除实训。

任务实施

实训 6.3.1　灯光系统故障验证及排故实训

1. 实训要求

根据配置的实训条件,按表 6-3-6 设置故障点,实施"灯光系统故障验证实训"和"灯光系统故障诊断排除实训"。

表 6-3-6　灯光系统故障诊断实训故障点设置表

设置故障点
1. 灯光开关电路 (1)灯光开关供电线:电源线断路、搭铁线断路; (2)灯光开关 LIN 线:LIN 线断/短/高电阻; (3)灯光开关冗余线:冗余线断路/短。 2. 左前照灯模块控制电路 (1)左侧驻车示宽灯控制线:T14af/10; (2)左侧转向灯控制线:T14af/9; (3)左侧转向、示宽灯状态反馈线:T14af/12; (4)搭铁线:T14af/7、T14af/5; (5)左前近光灯控制线:T14af/6; (6)左侧远光灯控制线:T14af/11; (7)左侧灯光状态反馈线:T14af/14。 3. 危险报警灯开关 (1)危险报警灯开关信号线:T12g/5; (2)危险报警灯开关供电线:T12g/5、T12g/2; (3)危险报警灯开关搭铁线:T12g/1

2. 实训条件

(1)设备场地：迈腾 B8L 整车、迈腾 B8L 整车电气台架、灯光台架、仿真实训软件。
(2)仪器工具：解码器、示波器、万用表、工具车、零件盒。
(3)实训资料：维修手册(电路图)、电子资料。

3. 实训步骤

(1)故障验证实训步骤。
1)自设置一个故障点。
2)观察故障现象。
3)读取故障码/数据流。
4)使用万用表或示波器测量关键点电信号。
根据上述故障现象数据，分析验证工作原理(故障机理/故障逻辑关系)。
(2)故障诊断排除实训步骤。
1)预先设定一个或多个故障点。
2)观察故障现象。
3)读取故障码/数据流。
4)分析可能原因。
5)根据可能原因，按步骤检测确诊故障点。
6)排除故障并验证。
7)分析总结相关故障机理及检测方法。
(3)完成任务工单。根据实训内容，查阅资料，填写任务工单。

任务工单 6.3.1　灯光系统故障验证

1. 明设故障点，填写表单(故障点选自表 6-3-6)

序号	明设故障点	故障现象	故障信息检测					原因分析
			检测仪检测		万用表检测		
			读取故障码	数据流	检测点结果	检测条件	

项目 6　汽车照明与信号系统检修

2. 成绩评定标准

任务工单 6.3.2　灯光系统故障诊断排除实训

1. 暗设故障点，填写表单

（1）故障现象观察	观察故障现象
（2）故障分析	
（3）故障信息检测	读取故障码/数据并做分析 故障码： 数据： 分析：
（4）故障原因分析	根据故障现象、故障码/数据，结合维修手册，分析原因
（5）故障检测判断	检测内容　　检测结果　　分析判断
（6）故障确认排除	
（7）分析总结	

2. 成绩评定标准

练习与思考

(1) 通过链接，查看练习与思考习题。

(2) 通过链接，查看练习与思考答案。

项目 6　拓展园地

　　汽车灯光系统为人们日常行车提供了照明和警示，为了保证灯光用电器负载不因电流过大而烧毁，在这些不同灯光或某一支路灯光电路中都串联有不同规格的熔断器，确保灯光电路故障(发电电压过高、线路或模块对电源短路)时，保险丝先熔断，保证灯光用电器安全。这种牺牲小我、保全大我的保险丝精神，实质上也是一种奉献精神，是对自己事业的不求回报的爱和全身心的付出，对每个人而言，就是要在这份爱的召唤之下，把本职工作当成一项事业来热爱和完成，从点点滴滴中寻找乐趣；努力做好每一件事、认真善待每一个人。

项目 7
汽车仪表及防盗系统检修

项目描述

随着汽车的智能化和电子化，仪表显示的信息越来越多，防盗控制越来越先进。如果汽车仪表及防盗系统出现故障，不仅影响人车对话，而且汽车很有可能不能启动。为了快速准确掌握汽车仪表及防盗系统的检测、维修和诊断方法，必须了解汽车仪表及防盗系统的功能、组成，掌握汽车仪表防盗系统的工作原理、控制电路和检测维修方法。

本项目融合《汽车电子电气与空调舒适系统技术》职业技能等级标准内容，介绍了汽车仪表及防盗系统的功能、组成、工作原理、检测方法及故障诊断。通过仪表及防盗系统性能检查、防盗系统检测维修、防盗系统故障诊断三个任务的训练，培养学生解决汽车仪表及防盗系统实际故障的能力。

任务 7.1　仪表及防盗系统性能检查

任务描述

一辆行驶里程约 6.2 万千米的大众迈腾 B8L 汽车，车主反映仪表 EPC 灯不亮，方向盘不解锁，发动机不能启动。作为专业的维修技师，应该如何对这个故障进行诊断和排除呢？

任务分析

该客户的汽车故障很明显是因为防盗系统的原因引起的，要完成该故障的诊断和排除，首先要清楚仪表及防盗系统的结构组成，对汽车进行初步检查，明确故障现象；其次对仪表及防盗系统的主要部件进行初步检查；最后使用诊断仪进行仪表及防盗系统故障码和数据流的读取，为检测维修及故障诊断提供初始数据。

学习目标

知识目标

1. 掌握仪表及防盗系统的结构和功用;
2. 掌握仪表及防盗系统的类型;
3. 掌握仪表及防盗系统的工作原理。

技能目标

1. 能找到仪表及防盗系统的各部件实车位置;
2. 能完成仪表及防盗系统的基本检查;
3. 能使用诊断仪进行仪表及防盗系统故障码和数据流的读取。

素质目标

1. 通过企业7S标准规范管理操作,培养学生规范、安全意识;
2. 通过实践操作、清洁整理整顿等要求,培养学生崇尚劳动、热爱劳动、辛勤劳动的劳动精神。

相关知识

7.1.1 仪表系统的认识

汽车仪表是人和汽车的交互界面,它能集中、直观、迅速地反映汽车在行驶过程中的各种动态指标,以便驾驶员随时掌握车辆的各种状况,并及时发现潜在的故障,是汽车的重要系统之一。

1. 汽车仪表的发展

汽车仪表按工作原理和显示装置划分,可分为5个阶段,或称为经过5代。

第1代汽车仪表称为机械式仪表,它是基于力学转换原理用指针来显示最终测量值。这类仪表主要由机械指针齿轮、双金属片、机械结构数码轮等组成,现在已经基本不使用。

第2代汽车仪表称为电气式仪表,它通过各类传感器将被测的非电量变换成电信号(模拟量),利用电流的热效应或磁效应,或以电和磁的相互作用而产生偏转力矩使得指针偏转显示测量值。这类仪表的基本结构是电磁感应表芯带动指针。

第3代为模拟电子式仪表,如图7-1-1所示。其工作原理与电气式仪表基本相同,只不过用电子器件(分立元件和集成电路)取代原来的电气器件,仍旧以磁电感应表芯带动指针来实现,里程显示为数码管或条形小液晶屏。

图 7-1-1 电子式仪表

第4代为步进电动机式全数字

电子仪表,基本结构实现了数字化,有 3~7 寸(1 寸=3.33 cm)的小型 LCD 显示屏,可以显示报警信号、电子安全装置的故障代码等。

第 5 代为全电子式车载液晶显示屏,如图 7-1-2 所示,仪表的功能由软件和硬件共同来完成。带有微处理器的车载显示屏显示界面多姿多彩(光柱、光条、光指针等),提示符、警示符号等有几十个到上百个,车辆运行信息参数范围涵盖齐全。这类仪表主要由线路板和显示屏组成。

图 7-1-2 全电子式车载液晶显示屏

仅仅从外观很难判断到底是哪种类型的汽车仪表,但是打开仪表,就可以清楚地分辨出,仅有线路板和整体显示屏的是第五代仪表,有小型显示屏和步进电机的是第四代仪表,有磁电式表芯和条形数码显示的是第三代仪表,有电磁表芯及机械数码轮的是第二代仪表,除个别老车型第一代车载仪表基本不用了。

2. 汽车仪表的结构组成

现代汽车大多采用组合仪表,主要起到信息交互、报警和提示的功能。还有部分车型把防盗主控制器集成在组合仪表上,也有部分汽车的网关集成在仪表控制器内。组合仪表一般由面罩、边框、表芯、报警指示灯、印制电路板、插接器等部件组成,有些仪表还带有稳压器和报警蜂鸣器。

从汽车组合仪表的信息显示内容来看,主要有燃油表、冷却液温度表、发动机转速表、车速里程表等,通过仪表可以显示汽车行驶状态;汽车表盘上除了有信息表,还有各种信息指示灯,指示灯一般可分为三种:第一种是日常指示灯。日常指示灯一般呈绿色或蓝色,主要有转向灯指示灯、示宽灯指示灯、远光灯指示灯等。第二种是警示指示灯。警示指示灯一般呈红色或橙色,主要有安全带指示灯、驻车指示灯、车门指示灯等。第三种是故障指示灯。故障指示灯一般呈黄色,主要有发动机指示灯、ABS 指示灯、安全气囊指示灯等。另外,高档汽车仪表根据需要还可以用文字、声音、图形等和驾驶员有更多的信息交互。

(1)燃油表。燃油表的作用是指示燃油箱内燃油的储存量,如图 7-1-3 所示。燃油表主要由燃油指示表和装在燃油箱内的传感器两部分组成。燃油油量传感器安装在油箱中,一般为可变电阻式,如图 7-1-4 所示。根据结构原理的不同,燃油表分为电磁式和电热式两种。电热式燃油表与水温表原理相同。电磁式燃油表内装有左、右两个线圈,转子与指针相连,并位于两个线圈之间,油量传感器也采用可变电阻式传感器。

(2)冷却液温度表。冷却液温度表用来指示发动机水套中冷却水的工作温度,如图 7-1-5 所示。它主要由冷却液温度表和冷却液温度传感器两部分组成。冷却液温度传感器安装在发动机气缸盖的冷却水套上,如图 7-1-6 所示,有热敏电阻式和电热式两种。冷却液温度表按结构原理的不同分为电磁式和电热式两种。

图 7-1-3 燃油表

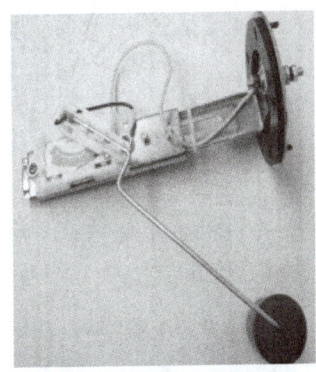

图 7-1-4 燃油油量传感器

图 7-1-5 冷却液温度表

图 7-1-6 冷却液温度传感器

1)电热式水温表与热敏电阻式传感器。热敏电阻式水温传感器,主要元件为负温度系数的热敏电阻,特性是温度升高时,电阻值减小。

当冷却水温度降低时,热敏电阻值增大,电路中电流的有效值减小,水温表的双金属片弯曲变形减小,使指针指向低温。当冷却水温度升高时,热敏电阻值减小,电路中电流的有效值增大,水温表的双金属片弯曲变形增大,使指针指向高温。

2)电磁式水温表与热敏电阻式传感器。温度传感器内装有负温度系数的热敏电阻,其阻值随温度的升高而减小,如图 7-1-7 所示为电磁式水温表与热敏电阻式传感器的工作原理。指示表内有两个线圈,右线圈与传感器串联,左线圈与传感器并联。两个线圈中间装有指针可转动的衔铁。当水温降低时,热敏电阻阻值增大,流经右线圈与左线圈的电流相差不多,但左线圈匝数多,产生磁场强,吸引衔铁使指针偏向 0 ℃。当水温增高时,热敏电阻阻值减小,分流作用增强,流经左线圈的电流减小,磁力减弱,衔铁被右线圈吸引,指针向右偏转指向较高温度。

(3)发动机转速表。发动机转速表用于指示发动机的运转速度。目前汽车多采用电子式发动机转速表,具有结构简单、指示精确、安装方便等特点。根据发动机转速表的信号源不同,可分为脉冲式转速表和磁感应式转速表。

脉冲式转速表通过点火系统的点火次数来计算发动机单位时间内转速;磁感应式转速表通过装在发动机曲轴附近的磁感应传感器来检测发动机的转速,如图 7-1-8 所示。

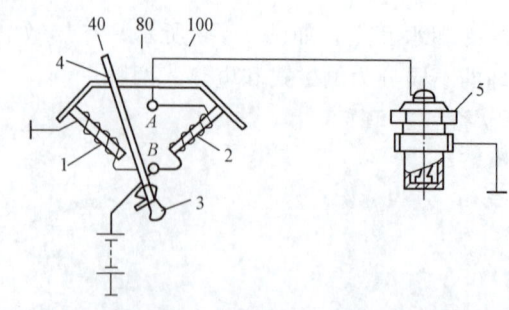

图 7-1-7　电磁式水温表与热敏电阻式传感器的工作原理
1—左线圈；2—右线圈；3—软钢转子；4—指针；5—热敏电阻

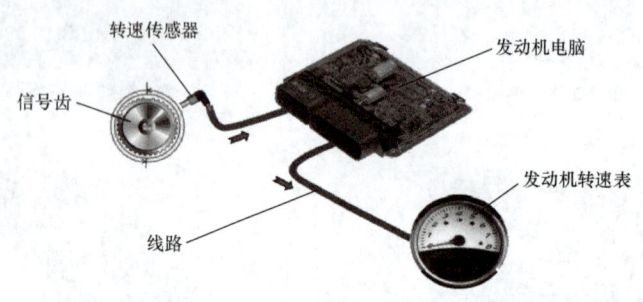

图 7-1-8　磁感应式转速表的工作原理

当飞轮转动时，齿顶与齿底不断地通过心轴，空气隙的大小发生周期性变化，使穿过心轴的磁通也随之发生周期性的变化，于是在感应线圈中感应出交变电动势。该交变电动势的频率与心轴中磁通变化的频率成正比，同时与通过心轴端面的飞轮齿数成正比。

(4) 车速里程表。车速里程表是用来指示汽车行驶速度和累计行驶里程数的仪表，如图 7-1-9 所示。车速里程表有磁感应式与电子式两种。

其中，电子式车速里程表被广泛地应用于现代汽车。它主要由车速传感器、电子电路、车速表和里程表四部分组成。车速里程表的信号由安装在变速器上的车速传感器传送，如图 7-1-10 所示为车速传感器。

图 7-1-9　车速里程表

图 7-1-10　车速传感器

(5) 报警装置。在现代汽车上，为了保证行驶安全和提高车辆的可靠性，安装了许多报警装置。这些报警装置包括充电指示灯、机油压力警告灯、冷却液温度警告灯、燃油液位警告灯、驻车制动警告灯等，常见的报警指示灯，见表7-1-1。

表7-1-1 常见的报警指示灯

序号	图标	名称	作用
1		充电不足报警灯	充电不足报警灯的作用是指示发电机、调节器的工作状况
2		机油压力警告灯	机油压力警告灯的作用是显示发动机内机油的压力状况
3		冷却液温度警告灯	冷却液温度警告灯的作用是显示发动机内冷却液的温度状况
4		燃油液位警告灯	燃油液位警告灯的作用是显示车辆内储油量的状况
5		胎压警告灯	胎压警告灯的作用是显示车辆轮胎的胎压状况
6		车门指示灯	车门指示灯的作用是显示车辆各车门状况
7		安全带指示灯	安全带指示灯的作用是显示安全带是否处于锁止状态
8		玻璃清洗液指示灯	玻璃清洗液指示灯的作用是显示车辆储存玻璃清洗液的状况
9		方向盘锁止警告指示灯	方向盘锁止警告指示灯亮起说明方向盘的助力系统有故障
10		发动机舱盖打开指示灯	发动机舱盖打开指示灯说明发动机舱盖未关上
11		发动机电子防盗指示灯	发动机电子防盗指示灯亮起说明车辆的防盗系统已经触发，车辆处于锁止状态，发动机无法启动
12		制动装置故障指示灯	制动装置故障指示灯说明制动系统有故障，很多车上制动液位不足也会引起该灯亮起
13		制动摩擦片磨损指示灯	制动摩擦片磨损指示灯亮起说明制动摩擦片磨损到极限位置
14		转向系统故障指示灯	转向系统故障指示灯亮起说明电控转向系统有故障
15		发动机故障指示灯	发动机故障指示灯亮起说明发动机电控系统有故障

7.1.2 防盗系统的认识

随着科技的发展，融合电子信息技术、数字信息技术、传感器技术、控制技术、计算机处理技术和汽车网络技术于一身的汽车防盗技术正朝着高度智能化、功能多样化和网络化发展。汽车一般针对车身和发动机两个方面进行防盗。

1. 车身防盗系统

车身防盗系统的主要作用是锁止车门及后备箱等，防止车门被非法打开，防止车辆被盗，保护车内物品，同时起到监控车辆安全，非法入侵报警的功能。它主要由车门未关开关、行李箱盖未关开关、发动机舱盖未关开关、遥控钥匙、防盗线圈、防盗控制模块、挡风玻璃下安全指示灯、仪表上的防盗指示灯等组成，如图 7-1-11 所示。

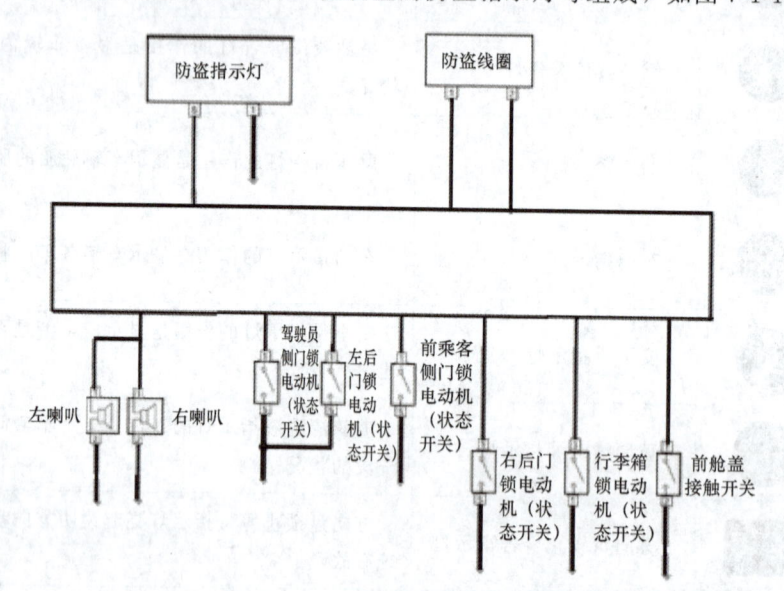

图 7-1-11 车身防盗系统结构简图

点火开关置于 OFF 挡，所有车门均正常关闭，按下遥控钥匙的锁车键即进入锁止状态。此时位于挡风玻璃下的安全指示灯进入闪烁状态，标志着车身防盗系统已经开始工作。如果此时发动机舱、车门或者行李箱舱盖开关检测到意外打开信号，则触发防盗动作：喇叭鸣响、灯光闪烁，并且点亮仪表上的防盗指示灯，如图 7-1-12 所示。

图 7-1-12 仪表上的防盗指示灯

当按下遥控钥匙的解锁按键时，钥匙会发出一组密码信号，遥控门锁接收器模块接收密码信号并送至车身控制单元，车身控制单元进行密码识别之后可开锁。为防止遥控钥匙在开锁的瞬间密码信号被非法截获、复制，钥匙发送的密码采用了滚动编码技术，以保证每次发送的密码均不相同。

2. 发动机防盗系统

发动机防盗系统的主要作用是防止发动机在防盗解除前被非法启动，也称为发动机防盗锁止系统。

(1)发动机防盗系统的结构组成。发动机防盗系统主要由点火开关上的读写线圈(天线)、点火钥匙(带发射器)、防盗器控制单元、发动机控制单元、仪表板上的防盗故障报警灯等组成，如图 7-1-13 所示。

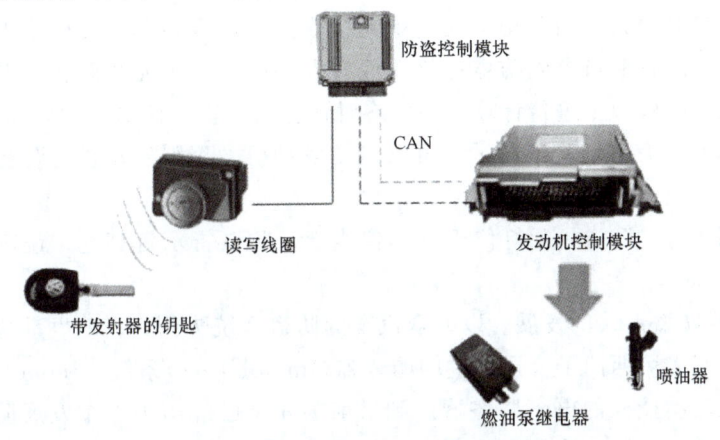

图 7-1-13 发动机防盗系统的结构组成

发动机防盗系统的工作如图 7-1-14 所示，带发射器的钥匙在点火开关读写线圈的作用下，发送信号给防盗控制单元，当防盗控制单元、发动机控制单元和点火钥匙三者信号匹配成功后，防盗控制单元就能解锁发动机控制单元，让发动机启动。

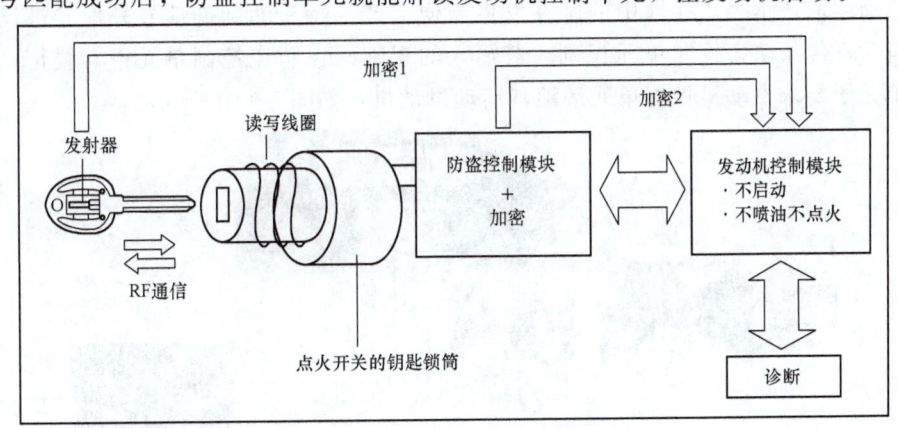

图 7-1-14 发动机防盗系统的工作示意

1)点火钥匙内的发射器。点火钥匙的头部安装有一个带有编码值的无线电频率发射器，注册钥匙时，在发射器内部进行编程，即设定车辆特定信息代码，车辆特定信息代码记录在发射器的永久存储器中。发射器可以发送和接收密码信息。

2)点火开关上的读写线圈。点火开关上的读写线圈起到能源传递及防盗密码转发的作用。当用汽车钥匙打开车门时，读写线圈把防盗控制单元电源能量传送到汽车钥匙内的发射器；然后接收来自发射器的信号，同时可以把发射器信号传送给防盗控制单元。

3）防盗控制单元。防盗控制单元会对获取到的密码信息进行验证，从而判别钥匙的合法性。如果钥匙验证通过，防盗控制单元会发送预解锁密码给发动机控制单元；如果验证钥匙为非法钥匙，则会发送信息给发动机控制单元禁止发动机启动；如果检测不到钥匙，则不会采取任何行动。防盗控制单元可以单独一个，也可以集成在组合仪表或舒适系统内。

4）发动机控制单元。当发动机控制单元接收到从防盗控制单元送来的预解除密码时，也会发送一组校验口令到防盗控制单元，发动机控制单元和防盗控制单元均会采用预制的算法对校验口令进行计算，并最终对计算结果进行比对。如果比对结果相同，发动机控制单元认为密码验证通过，可以启动发动机，否则发动机对防盗控制单元的启动信息不予响应。

5）防盗指示灯。防盗指示灯位于汽车仪表上，防盗指示灯亮起，说明防盗系统发生了故障。

（2）发动机防盗系统的发展。以大众汽车的防盗系统为例，说明发动机防盗系统的发展。大众汽车采用西门子公司提供的防盗器（Immobilizer）系统。Immobilizer 系统属于控制发动机启动授权的电子防盗器。到目前为止，已经历了五个发展阶段，即第一代的固定码传输防盗器、第二代的可变码传输防盗器、第三代的两级可变码传输防盗器、第四代的网络式防盗器、第五代的网络式防盗器。

1）第一代的固定码传输防盗器。当带有芯片的钥匙插入点火开关 ON 时，点火开关处的读写线圈会产生一个电磁波，电磁波的电力促使钥匙发射器产生一个识别码，读写线圈读取该信号，钥匙中的脉冲发生器便会产生特有的脉冲信号，信号被读写线圈感应后，传给防盗控制单元识别。若输入的识别码在防盗控制单元中有登记，防盗控制单元便要求发动机控制单元解锁，启动发动机，如图 7-1-15 所示。

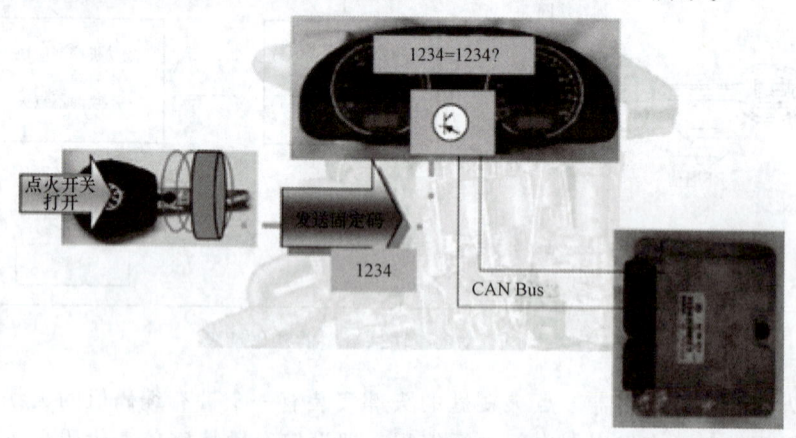

图 7-1-15　第一代防盗器的控制原理图

固定码传输防盗器的密码量少，容易出现重复码，即发生一个遥控器控制多部车辆的现象；遥控钥匙丢失后，需要和防盗器控制单元一同更换；密码易被复印或盗取，安全性差，所以汽车上已经基本不使用。

2)第二代的可变码传输防盗器。可变码传输防盗系统中，钥匙和防盗控制单元内储存有一套公式列表。如图 7-1-16 所示，当钥匙插入点火开关被识别后，防盗控制单元产生一个变码，这个变码经钥匙和防盗控制单元分别计算后，钥匙将计算结果发送给防盗控制单元，防盗控制单元将收到的结果与自己的计算结果进行比较，如果相同，则钥匙确认完成，该钥匙合法，允许发动机启动，否则发动机将不能启动。这种防盗器的可变码由防盗器传送给钥匙，密码的识别在钥匙和防盗控制单元内完成即可，发动机控制单元不属于防盗系统，当发动机控制单元被锁死后可以通过自适应值清除即可启动发动机。

3)第三代的两级可变码传输防盗器。第三代的两级可变码传输防盗器中，在发动机控制单元和防盗器控制单元内部均储存有公式列表，如图 7-1-17 所示。当防盗器控制单元完成和钥匙的可变码匹配后，它还会询问发动机控制单元是否匹配，发动机控制单元随机发送可变码给防盗器控制单元，这个可变码经发动机控制单元和防盗控制单元分别计算后，防盗控制单元将计算结果发送给发动机控制单元，发动机控制单元将收到的结果与自己的计算结果进行比较，如果相同，则匹配成功，发动机启动。

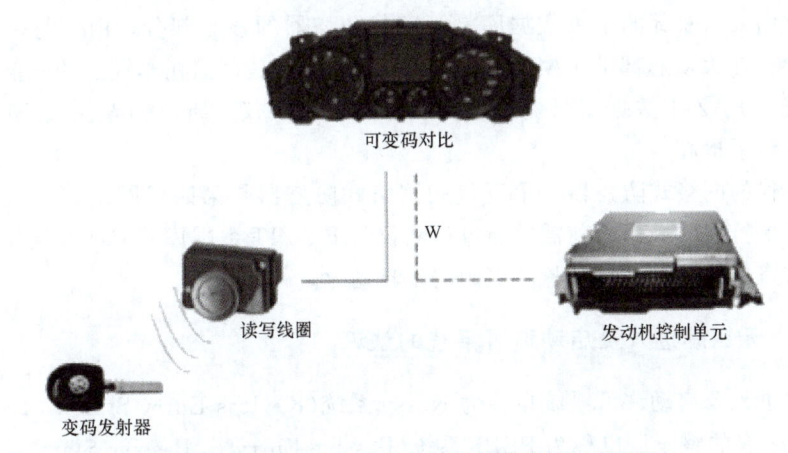

图 7-1-16　第二代可变码传输防盗器的控制原理图

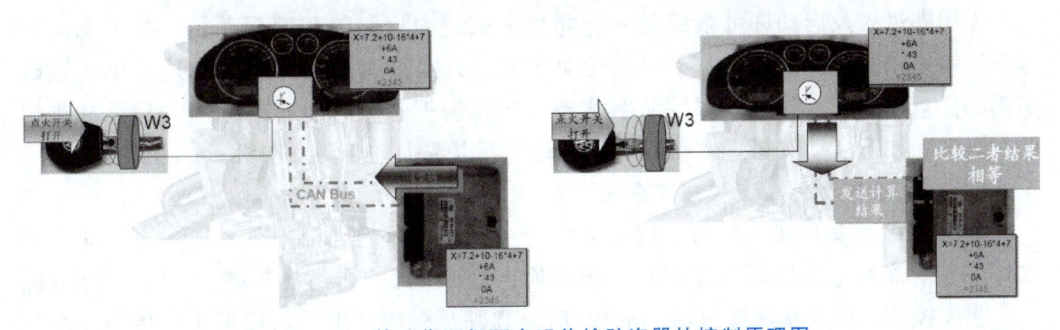

图 7-1-17　第三代两级可变码传输防盗器的控制原理图

第三代的两级可变码传输防盗器中，发动机控制单元是防盗系统的一部分，一旦发动机控制单元被锁止后，必须通过密码 PIN 登录发动机控制单元后才能解除锁止，安全性得到了提高。

4)第四代的网络式防盗器。第四代的网络式防盗器成为舒适系统的一个集成功能，包括位于德国大众集团总部的FAZIT（车辆信息和核心识别工具）中央数据库、无钥匙进入/启动控制单元（集成了防盗器控制单元）J393、发动机控制单元J623、转向柱锁控制单元J764、遥控钥匙等组成，如图7-1-18所示。

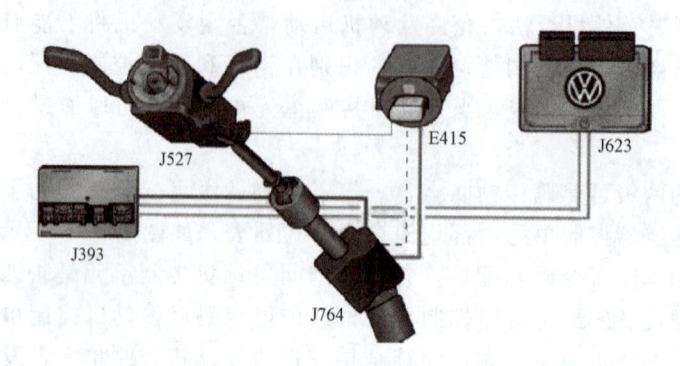

图 7-1-18　带有中央数据库的防盗器的控制原理图

位于德国大众总部的中央数据库是第四代防盗器的核心部分，由于每一辆车的防盗数据是储存在大众总部的FAZIT中央数据库，而不是存储在车辆上的防盗控制单元内，并且进入FAZIT数据库只能通过大众专用的测试仪，所以钥匙供应/更换过程中的安全性得到了提高。

5)第五代的网络式防盗器。第五代的网络式防盗器是第四代网络式防盗器的升级版。防盗器执行任何操作之前需要通过诊断仪与FAZIT数据库建立在线连接。第五代的网络式防盗器的许多操作步骤已更倾向于自动化。

7.1.3　无钥匙进入及启动许可系统的认识

无钥匙进入及启动许可系统也称为Kessy系统（Keyless Entry Start & Exit Security System），有的整车厂也称为PEPS系统（Passive Entry & Passive Start），完整地说应该称为无钥匙进入许可系统及无钥匙启动许可系统。

无钥匙进入及启动许可系统是一种非接触式的中控门锁和警报系统，车主无需操作车辆钥匙按钮，就能够打开车门、发动车辆。只需车钥匙在车主的身边，车主轻碰车辆的任意一门把手就可以解除防盗状态，轻拉门把手就可以打开车门；只要合法钥匙在车内，按下启动按钮，发动机控制单元就可以解锁，启动发动机。

1. 迈腾B8L无钥匙进入许可系统

迈腾B8L无钥匙进入许可系统主要由遥控钥匙、车门外门把手、进入与启动许可接口J965、车载电网控制单元J519、防盗锁止控制单元、车门控制单元、门锁等组成。

当遥控钥匙位于车辆附近（1.5m内）时，驾驶员触摸门把手，门把手的传感器将信号送给J965，同时通过车外天线寻找授权的遥控钥匙，遥控钥匙发送高频信号给车载电网控制单元J519及防盗控制单元，若判断是合法授权钥匙，J519发送解锁指令，车门控制单元解锁各个车门门锁。

(1)车门外拉手。如图7-1-19所示，每个车门外拉手的内表面都是一个电容式触摸传感器，在门拉手的内部集成了天线。在驾驶员侧的车门外拉手上，保留了一个钥匙孔。

触摸传感器是电容式的，集成在车外门把手内，防盗控制单元会对传感器电流进行分析。每个门拉手和支座上都装上了一个电容片，门拉手内表面起介质作用，如果电容片之间插入新的介质，那么就会有一个电流短时流过，控制单元会识别并分析这个电流。

（2）天线。为了保证无钥匙进入及启动系统的顺利工作，除了外门把手内部的天线外，在车身内部还安装有一系列的天线，如图 7-1-20 所示。

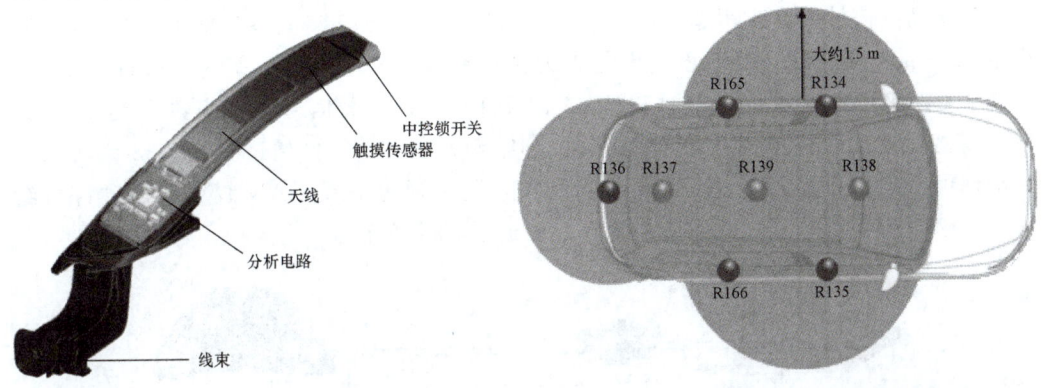

图 7-1-19 车门拉手结构示意　　　　图 7-1-20 车身内、外天线分布示意

外部天线位于车门外拉手和后保险杠内部，用来检测是否有芯片钥匙在车身周围。外部天线对外发射识别信号，如果有一把合法钥匙在识别信号的辐射范围内，就会被触发，对外发射短波反馈信号。

在车厢内部安装有内部天线，内部天线对外发出识别信号时，如果有合法钥匙在车厢内部，接收到识别信号后，对外发射短波反馈信号。

（3）防盗锁止控制单元。防盗控制单元是防盗控制系统的重要组成部分，防盗控制单元的作用是接受和处理防盗控制系统的信号。迈腾汽车的防盗控制单元集成在仪表控制单元内部。

（4）芯片钥匙。芯片钥匙是无钥匙进入及启动系统的组成部分。如果芯片钥匙成功匹配到一辆车，那么将不能够再重复使用到其他车辆上去。芯片钥匙有机械式、遥控式和无钥匙式三种操作模式。

1）机械式：车辆电瓶亏电严重，将无法使用无钥匙进入功能打开车门，此时可以将芯片钥匙开槽钢片插入门拉手的钥匙孔，打开车门。

2）遥控式：按芯片钥匙上的开锁或上锁按键，芯片钥匙主动发出识别信号，防盗控制单元接收到识别信号后，打开或关闭门锁。

3）无钥匙式：芯片钥匙接收到车门外拉手的识别信号后，向外发送反馈信号。

2. 迈腾 B8L 无钥匙启动许可系统

迈腾 B8L 无钥匙启动许可系统采用了大众最新的第五代发动机防盗锁止系统（WFS）。

如图 7-1-21 所示，迈腾 B8L 防盗锁止系统的组成部件包括遥控钥匙、进入及启动控制单元 J965、启动按钮 E378、组合仪表中的控制单元 J285（内设防盗锁止系统控制单元、读写线圈 D1)、电子转向柱锁止装置控制单元 J764、数据总线诊断接口 J533(网关)、车载电网控制单元 J519、发动机控制单元 J623、双离合变速箱机电装置 J743、FAZIT 中心数据库等。

按下启动按钮 E378，启动信号送给 J965，唤醒舒适 CAN 总线，J965 通过舒适 CAN 控制 J285 上电，之后 J285 询问 J965 是否有授权钥匙，J965 收到信号后，控制天线发出 125kHz 的低频信号给钥匙，遥控钥匙识别到该信号后向 J519 返回一个 433MHz 高频信号，此时钥匙红色指示灯会闪烁一次，J519 将应答数据通过 CAN 线发送给 J285 的防盗模块，判断该钥匙是否为授权钥匙。如果是授权钥匙，通过 CAN 线控制 J764 解开方向盘锁，并且由 J965 向 J519 发送上电信号，仪表盘点亮，J623、J743 等控制单元收到 15♯电信号上 15 电，唤醒驱动 CAN，并通过网关 J533 询问 J285 启动许可。J285 则通过舒适 CAN 线给网关，网关通过驱动 CAN 线颁布启动许可给 J623、J743 等控制单元，此时防盗锁止系统通过，准备启动。

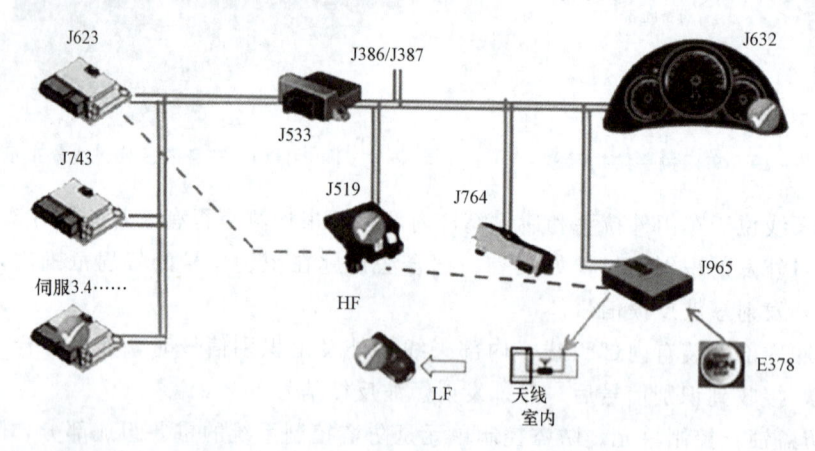

图 7-1-21　迈腾 B8L 防盗锁止系统的结构简图

任务准备

通过链接，查看迈腾 B8L 进入及启动系统实车部件认知。

任务实施

实训 7.1.1　仪表及防盗系统的性能检查实训

1. 实训条件

(1)设备场地：迈腾 B8L 整车、仪表及防盗系统台架。

(2)仪器工具：万用表、解码器、工具车、零件盒。

(3)实训资料：维修手册、电路图、使用手册、任务工单。

2. 实训步骤

(1)记录车辆信息。

(2)读取故障码和数据流。

(3)就车观察仪表及防盗系统。

查询维修手册，就车观察仪表及防盗系统各部件安装位置；分析各部件连接方式。

(4)检查仪表及防盗系统的工作情况：观察仪表指示灯情况；检查仪表及防盗系统相关工作电压。

3. 任务工单

根据实训内容，查阅资料，填写任务工单。

任务工单 7.1.1　仪表及防盗系统的性能检查实训

1. 数据检测

信息读取	数据读取与捕捉			
	参数名称	显示值	参数名称	显示值

2. 迈腾 B8L 仪表及防盗系统部件认知（根据安装位置图查找）

序号	代号	名称	实车位置	作用
1	J285			
2	E378			
3	J965			
4	J519			
5	J764			
6	G415			
7	G416			
8	R138			

3. 成绩评定标准

练习与思考

(1) 通过链接，查看练习与思考习题。

(2) 通过链接，查看练习与思考答案。

任务 7.2 防盗系统检测维修

任务描述

一辆行驶里程约 6.2 万千米的大众迈腾 B8L 汽车，无法启动，经初步检查，该车的防盗系统有故障。作为专业的维修技师，请结合工单进行记录，完成车辆防盗系统的检测。

任务分析

要完成客户车辆防盗系统的检测维修，首先需要查阅电路图及维修手册，掌握防盗系统电路，能使用诊断仪、万用表、示波器等进行防盗系统的电路测量及部件检测，并能更换相关零部件。

学习目标

知识目标

1. 掌握汽车防盗系统的控制逻辑；
2. 熟悉典型汽车防盗系统的电路。

技能目标

1. 能对防盗系统电路进行检查、测试、维修或更换；
2. 能对防盗系统电气部件进行检查、测试、维修或更换。

素质目标

1. 通过小组探究、方案制定，学生锻炼沟通表达、合作、自主学习的能力；

2. 通过汽车防盗系统的检测与维修，培养学生分析问题、解决问题的能力；
3. 通过按照规范流程进行检测及测量，培养学生职业能力、工匠精神、劳动精神。

7.2.1 吉利帝豪 EV450 防盗系统控制电路分析

从系统控制逻辑分析，电动汽车的防盗分为两部分：低压上电的防盗认证和高压上电的动力防盗认证，本任务重点分析低压上电过程的防盗认证。

吉利帝豪 EV450 低压上电的防盗认证包含车身防盗、无钥匙进入、无钥匙启动三个过程。

1. 吉利帝豪 EV450 车身防盗电路分析

车身防盗主要和门锁系统协同工作，如图 7-2-1 所示为吉利帝豪 EV450 车身防盗系统的喇叭控制原理图，汽车门锁开关、门锁电机、喇叭均和 BCM 连接，当门锁开关被非法打开（没有检测到遥控钥匙信号），BCM 控制喇叭鸣响，灯光闪烁，车身防盗系统起作用。

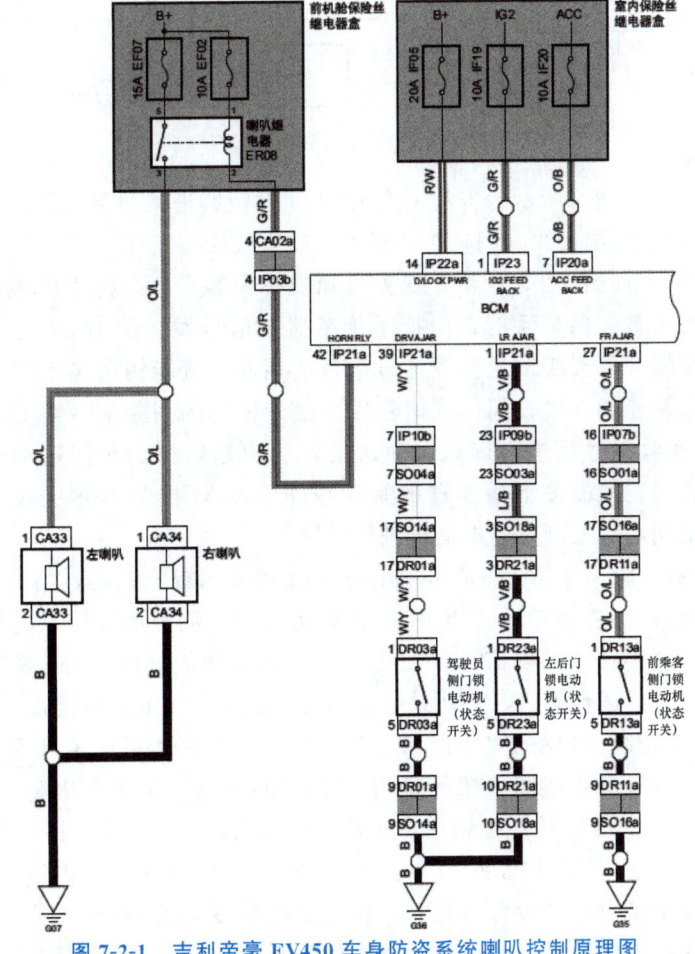

图 7-2-1 吉利帝豪 EV450 车身防盗系统喇叭控制原理图

2. 吉利帝豪 EV450 无钥匙进入与无钥匙启动电路分析

无钥匙进入系统的工作原理如图 7-2-2 所示，当授权智能钥匙靠近车门附近，驾驶员触摸车门把手时，车门把手传感器发送信号给无钥匙控制器，该控制器唤醒 BCM，同时激活车辆外部天线发送低频信号给智能钥匙，智能钥匙接收到低频信号后发送带密码的高频信号给 BCM 控制单元，BCM 控制单元接收信号后进行确认，若是合法钥匙则控制车门电动机进行解锁，同时把解锁信息传送给网关，控制方向盘解锁。

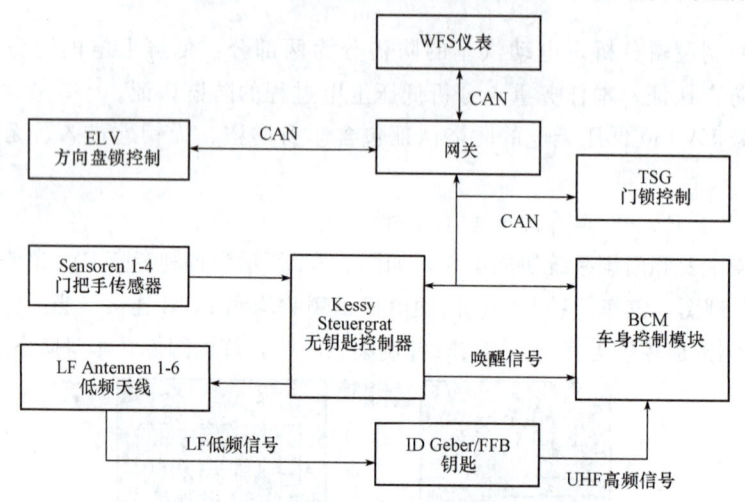

图 7-2-2 无钥匙进入系统的工作原理

如图 7-2-3～图 7-2-5 所示为吉利帝豪 EV450 无钥匙进入与无钥匙启动电路图，该系统主要由 BCM、外部天线、门把手传感器、防盗线圈等组成。

(1) 解锁控制：如图 7-2-5 所示，驾驶员和前排乘客车门门把手内集成有传感器及低频天线，驾驶员触摸门把手时，门把手传感器把信号发送给 BCM 控制单元，BCM 控制单元激活车辆外部天线发送低频信号给智能钥匙，智能钥匙在车附近 1.5 m 左右可接收到信号。智能钥匙接收到低频信号后发送带密码的高频信号给 BCM 控制单元，BCM 控制单元接收信号后进行确认，确认是合法钥匙后控制车门电动机进行解锁功能。若是遥控解锁，只需按下遥控器的解锁按钮，BCM 控制单元接收信号后进行确认，确认是合法钥匙后控制车门电动机进行解锁。

(2) 闭锁控制：距离车门 1.5 m 范围内有一把授权的智能钥匙，当按下锁门键按钮时，信号发送给 BCM 控制单元，BCM 控制单元激活车辆外部天线发送低频信号给智能钥匙，智能钥匙接收到低频信号后发送带密码的高频信号给 BCM 控制单元，BCM 控制单元接收信号后进行确认，确认是合法钥匙后控制车门电动机进行闭锁功能。

(3) 低压上电控制：如图 7-2-4 所示，车内前部、中部和后部装有天线，方向盘右下方转向柱处安装有防盗线圈。按下启动按钮，BCM 首先确定车内是否有授权钥匙，BCM 经车内天线发送信号给遥控钥匙，遥控钥匙识别该信号后再返回一个编码给 BCM 完成防盗认证。同时，BCM 控制 ACC 继电器吸合，上 ACC 电；再按一下启动按钮，BCM 控制 IG1、IG2 继电器吸合，此时，启动按钮至 ON 挡，给整车供 IG 电，仪表点亮，各控制单元被唤醒激活进入工作状态，低压上电完成。若遥控钥匙亏电，可采取应急启动方式，将遥控器贴在方向盘的右下方转向柱上，防盗线圈读取遥控钥匙信息并传送给 BCM 完成防盗认证。

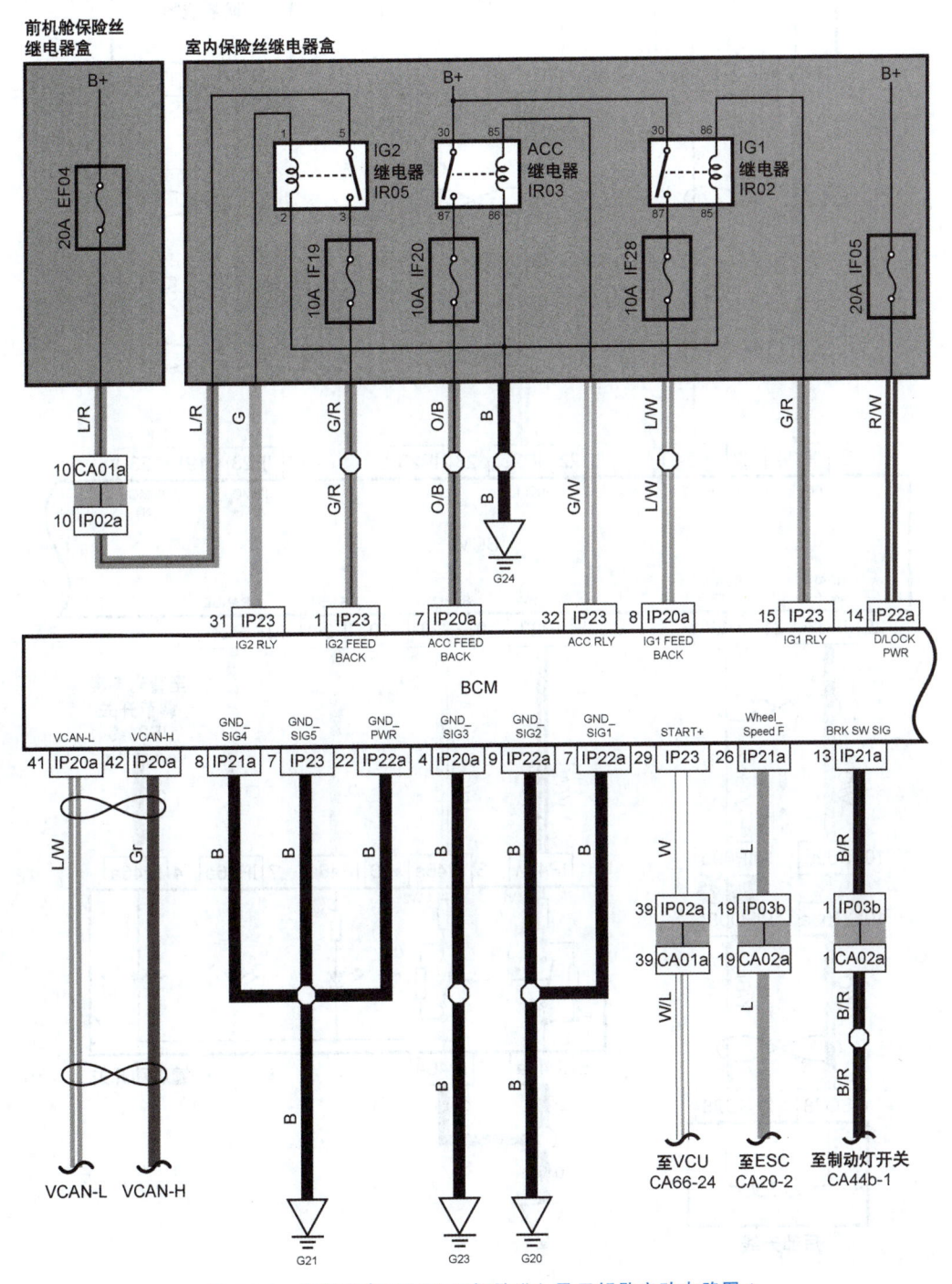

图 7-2-3　吉利帝豪 EV450 无钥匙进入及无钥匙启动电路图 1

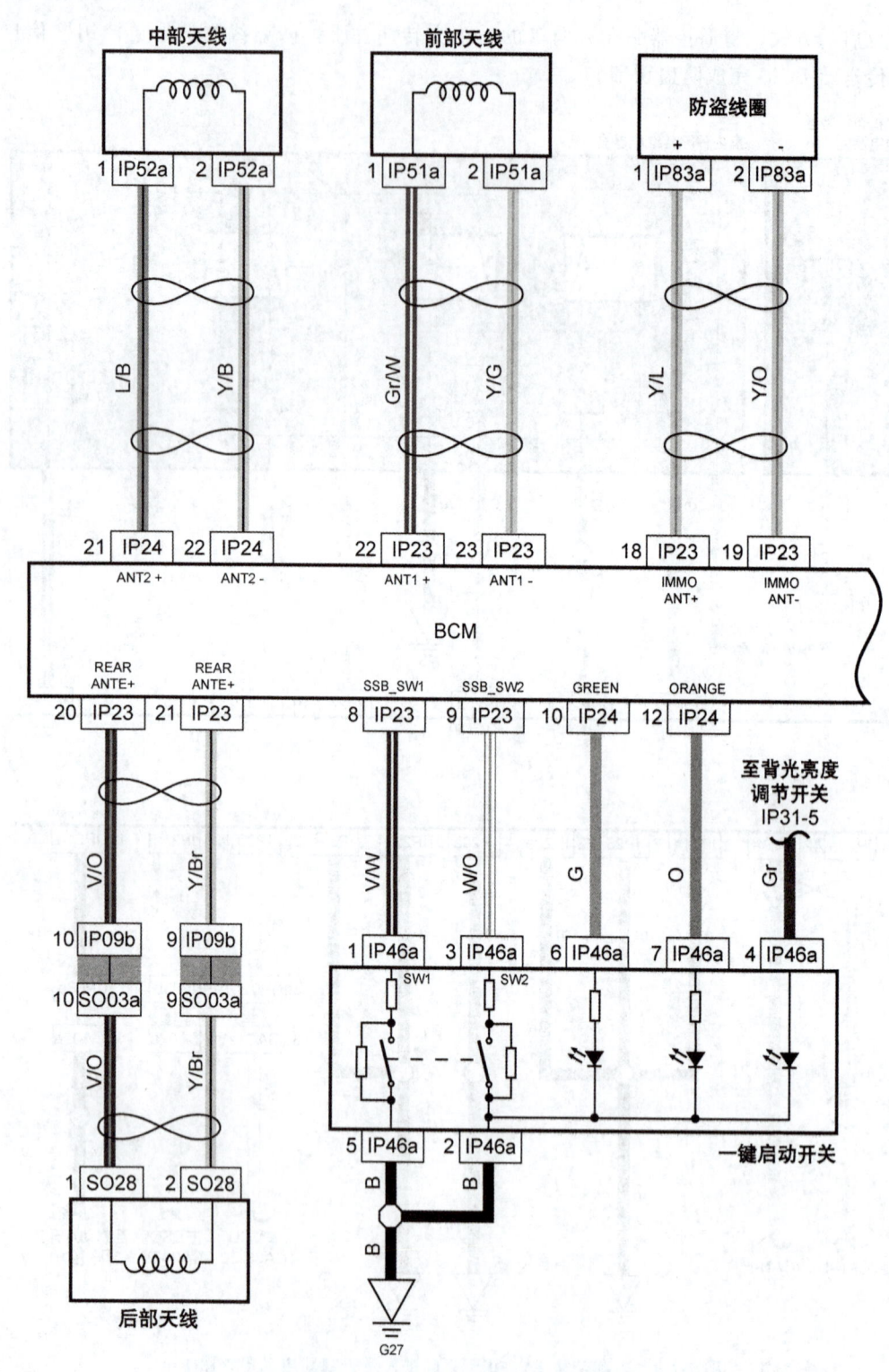

图 7-2-4 吉利帝豪 EV450 无钥匙进入及无钥匙启动电路图 2

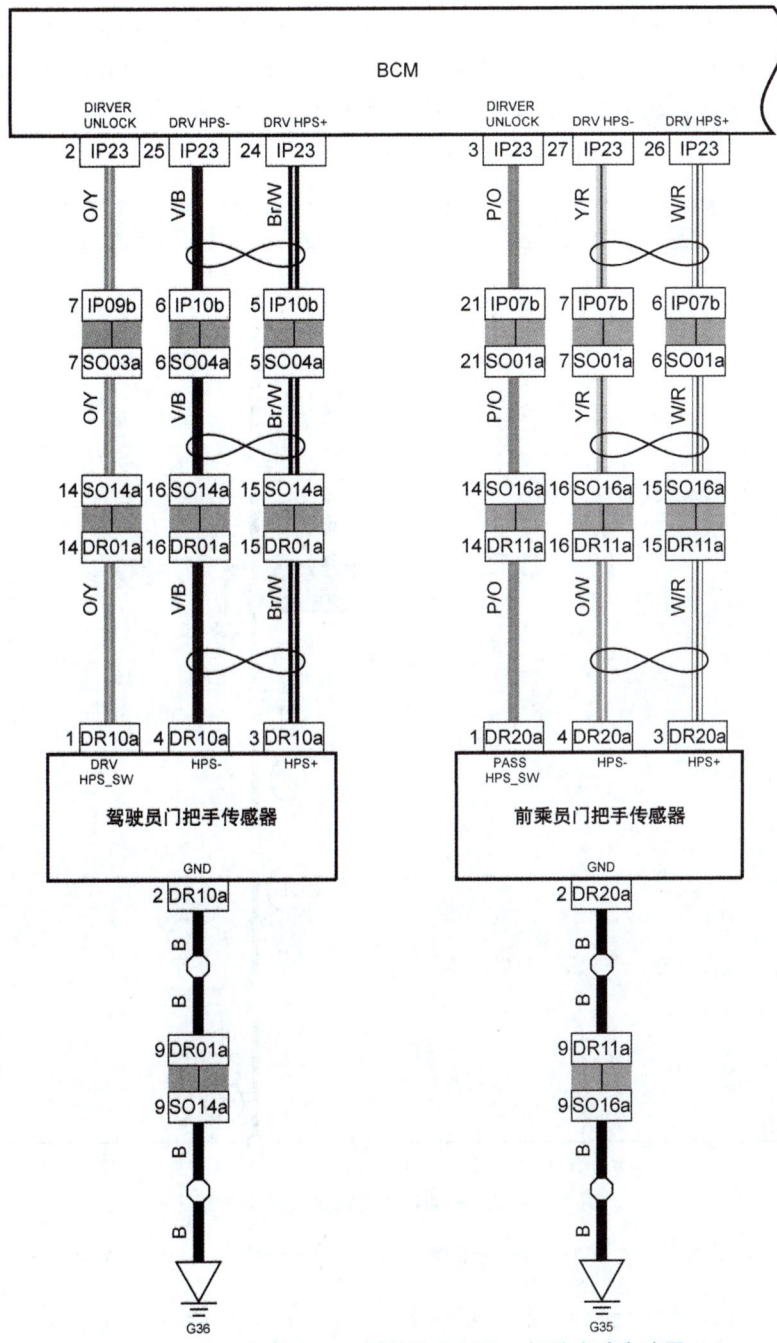

图 7-2-5　吉利帝豪 EV450 无钥匙进入及无钥匙启动电路图 3

7.2.2　迈腾 B8L 防盗系统控制电路分析

迈腾 B8L 防盗系统包含车身防盗报警装置和无钥匙进入及启动许可系统两部分。关闭所有的车门，然后按遥控器的锁车按钮，这时防盗系统就被激活。防盗系统一旦被激活，车门强制打开或者车内有人活动，车辆都会自动报警，只有用遥控器按解锁按钮，防盗系统才能解除，如图 7-2-6 所示，警报喇叭 H12 在 J519 的控制下鸣响。

除了用遥控器上锁按钮激活防盗系统，更换计算机后也会自动激活防盗系统。只要防盗系统被激活，在没有解除防盗系统的前提下，就启动不了车辆，必须用诊断电脑重新认证防盗系统和认证钥匙后才能正常启动车辆。

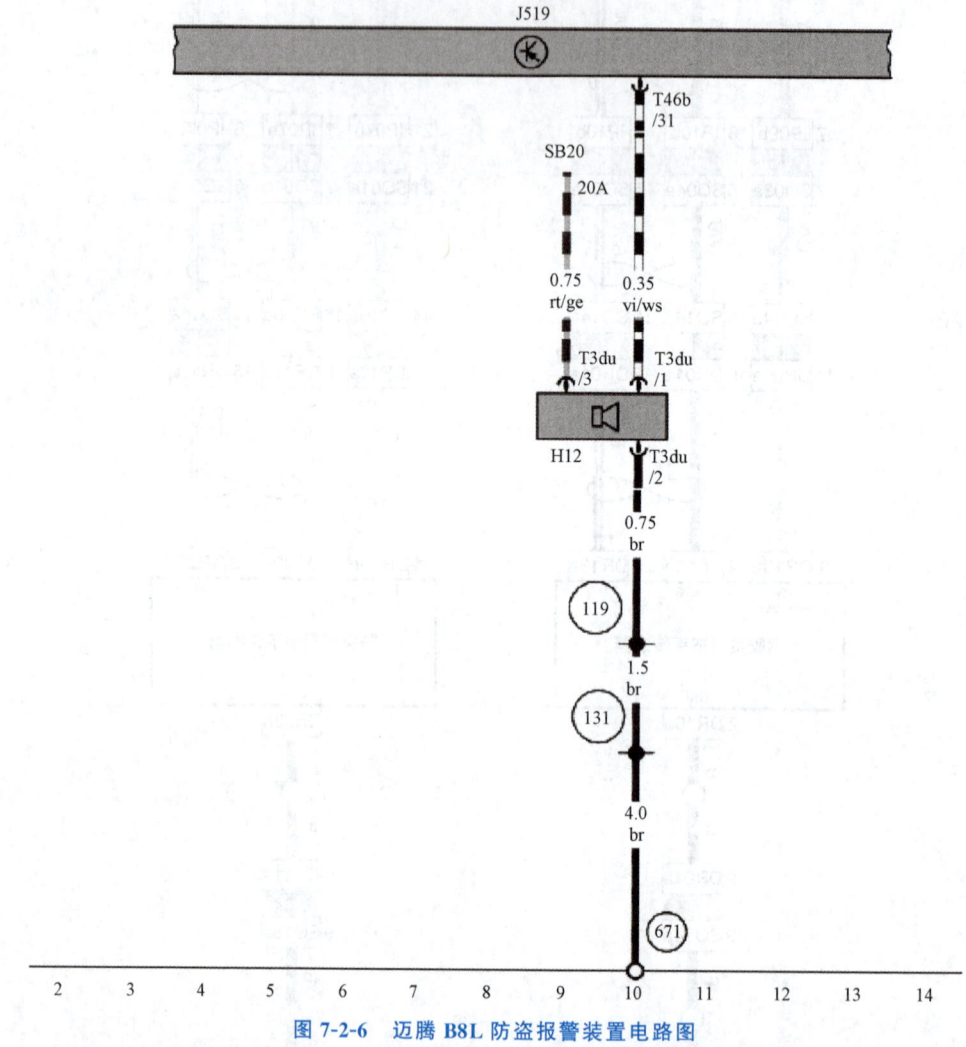

图 7-2-6　迈腾 B8L 防盗报警装置电路图

H12—警报喇叭；J519—车载电网控制单元；⑪⑲—接地连接 1，在大灯导线束中；

⑬①—接地连接 1，在发动机舱导线束中；⑥⑦①—前左纵梁上的接地点 1

迈腾 B8L 无钥匙进入及启动许可系统采用了大众第五代防盗锁止系统，防盗系统解除可以分为解锁车门、进入车内、自检过程、启动过程四个步骤。

1. 解锁车门

当授权的智能钥匙位于车辆附近(1.5 m 内)时，驾驶员触摸车门外把手中的解锁接触传感器时，解锁接触传感器的电容发生变化，并将此信号发送给 J965，J965 将车载电网控制单元 J519 唤醒，同时通过车外天线(如 R134、R135、R165、R166、R136)发出低频信号(125 kHz)寻找授权的智能钥匙，如图 7-2-7 所示，授权的智能钥匙识别到此信号后指示灯闪烁，并向 J519 发送授权的智能钥匙识别转换代码(433 MHz 的高频信号)，J519 预检查数据的可靠性，如果是授权的智能钥匙数据，则 J519 唤醒舒适 CAN 总线。J519 通过舒适 CAN 总线发送解锁指令，驾驶员侧车门控制单元 J386 根据此信号，控制驾驶员侧车门门锁电动机解锁左前门锁；J386 通过 LIN 线给左后侧车门控制单元 J388 发出解锁指令，J388 控制左后车门门锁电动机解锁左后车门锁。副驾驶员侧车门控制单元 J387 根据 J519 的解锁指令，控制右前车门门锁电动机解锁右前门锁；通过 LIN 线给右后侧车门控制单元 J389 发出解锁指令，J389 控制右后车门门锁电动机解锁右后门锁。

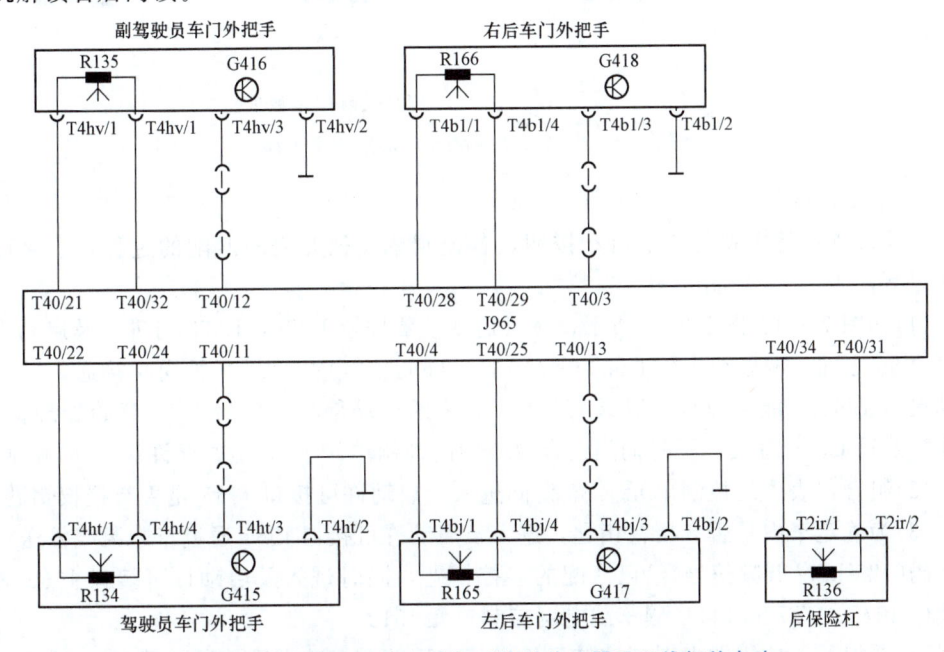

图 7-2-7　迈腾 B8L 车门外把手接触传感器及天线相关电路

G415—驾驶员侧车门外把手接触传感器；G416—前排乘客侧车门外把手接触传感器；
G417—左后车门外把手接触传感器；G418—右后车门外把手接触传感器；
J965—进入及启动许可接口；R134—驾驶员侧进入及启动系统天线；
R135—前排乘客侧进入及启动系统天线；R136—后保险杠内的进入及启动系统天线；
R165—左后侧进入及启动系统天线；R166—右后侧进入及启动系统天线

若想用遥控器解锁进入汽车，可按下遥控器解锁按钮，遥控器发出高频信号，J519 内部天线接收到信息，如果匹配成功，激活 J519，解除车身防盗系统，解锁进入车门，进入车的过程与无钥匙进入过程相同。

2. 进入车内

打开驾驶员侧车门，驾驶员侧车门接触开关 F2 闭合，产生信号(低电位)给 J386(其他三个车门同理)，J386 通过 CAN 线把车门接触开关信号给 J519，J519 接收到开门信号点亮相应车门打开指示灯，如图 7-2-8 所示。

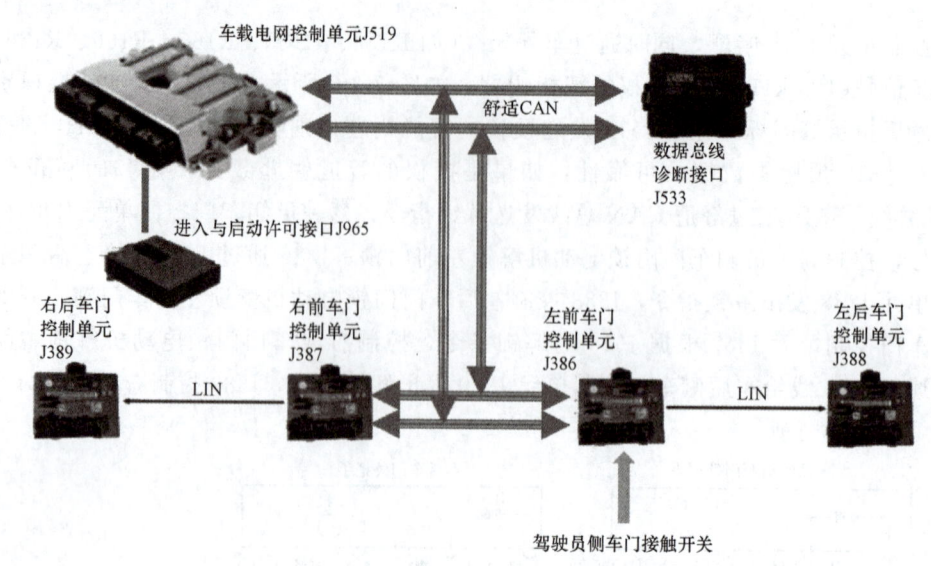

图 7-2-8　迈腾 B8L 解锁车门的控制逻辑图

3. 自检过程

自检过程就是驾驶员按下启动按钮，各控制单元彼此之间匹配的过程，主要可以分为以下几步：

(1)如图 7-2-9、图 7-2-10 所示，按下启动装置按钮 E378，E378 与进入及启动许可接口 J965 之间的两条线束(T6as/3—T40/7，T6as/2—T40/19)开关同时接通，进入及启动接口 J965 才能接收到启动装置按钮 E378 的启动信号，然后 J965 开始处理信号，先唤醒舒适 CAN 总线，同时询问组合仪表中的控制单元 J285 是否允许接通 15 电源。

(2)组合仪表中的控制单元 J285 询问进入及启动许可接口 J965 是否有授权钥匙。

(3)为确定车内是否有授权钥匙，进入及启动许可接口 J965 通过车内天线发送一个查询码(125 kHz 低频信号)给已匹配的遥控钥匙，同时进入及启动许可接口 J965 通过导线(T40/26—T72c/14)唤醒车载电网控制单元 J519。

(4)授权的遥控钥匙识别到该信号后进行编码并向车载电网控制单元 J519 返回一个应答器数据(433 MHz 高频信号)，同时授权遥控钥匙的红色指示灯会闪烁。

(5)车载电网控制单元 J519 将该数据通过舒适 CAN 总线发送给防盗锁止系统控制单元，迈腾 B8L 汽车的防盗锁止系统控制单元集成在组合仪表中的控制单元 J285 内部，防盗锁止系统控制单元通过比对确认是否为已授权钥匙。

(6)如果为授权钥匙，则防盗锁止系统控制单元(J285 内部)通过舒适系统 CAN 数据总线向电子转向柱锁止装置控制单元 J764 发送一个解锁命令，以打开电子转向柱(此时，方向盘可以转动)。

(7)同时进入及启动系统 J965 通过三条独立线束向车载电网控制单元 J519 发送 S 触点信号及 15 请求信号(J965 和 J519 之间的三根线：两根 15 信号线、一根 S 触点线，由于端子 15 与 S 的相关性，当 S 和 15 信号/1、15 信号/2 三个信号中，任意两个信号出现故障，无法准确校验 15 信号的准确性，车载电网控制单元 J519 就无法正常接通 15 电)。

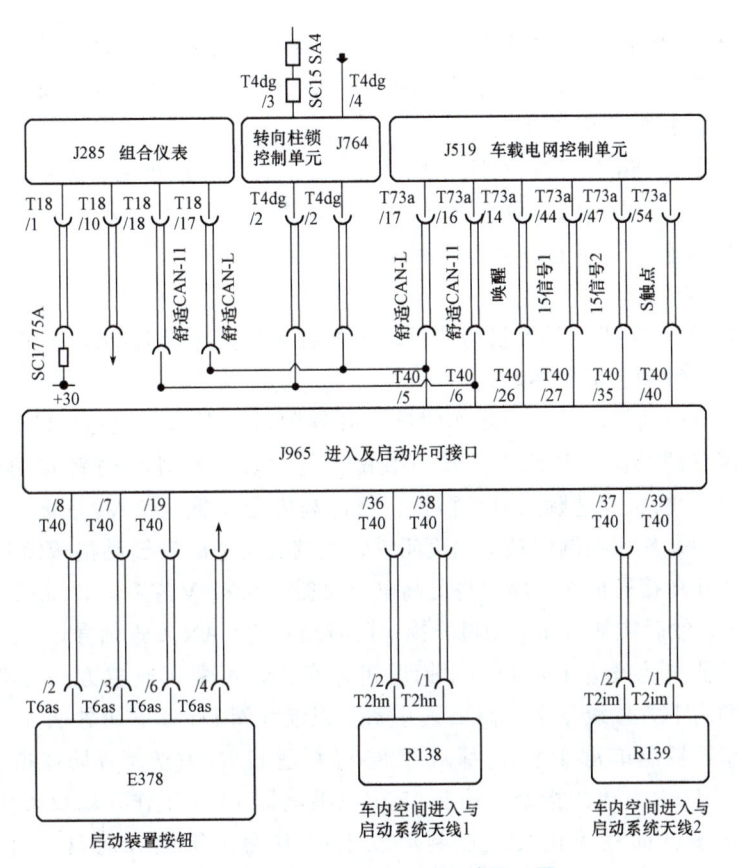

图 7-2-9 进入与启动许可系统原理图

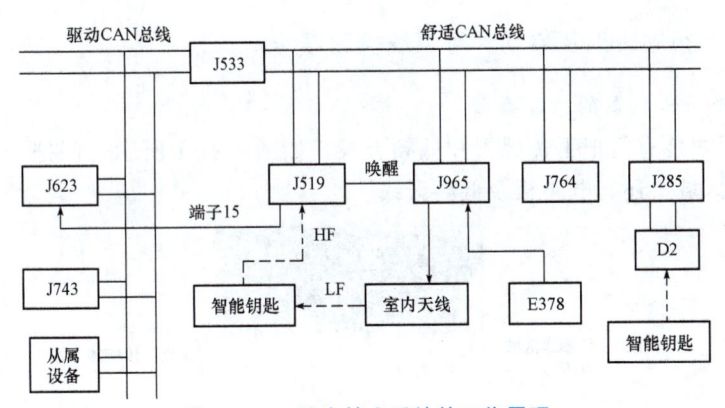

图 7-2-10 防盗锁止系统的工作原理

D2—防盗锁止系统读写线圈；E378—启动装置按钮；J285—组合仪表控制单元；
J519—车载电网控制单元；J533—数据总线诊断接口；J623—发动机控制单元；
J743—双离合器变速箱控制单元；J764—电子转向柱锁止装置控制单元；
J965—进入及启动系统接口

(8) J519 接收到 15 请求信号后，一方面通过 CAN 线点亮仪表，另一方面让 J329 继电器工作，接通 15 电源，第三方面向 J623、J743、J533 等模块提供 15 信号，数据总线诊断接口 J533 唤醒其他 CAN 总线。

(9) 发动机控制单元 J623 收到 15 信号后，通过驱动 CAN 总线、J533、舒适 CAN 总线、J285 内的防盗锁止系统控制单元进行身份信息交换和验证，验证通过 J623 进入工作状态，仪表上的 EPC 灯点亮。

(10) 双离合变速箱控制单元 J743 收到 15 信号后，通过驱动 CAN 总线、J533、舒适 CAN 总线、J285 内的防盗锁止系统控制单元进行身份信息交换和验证，验证通过 J743 进入工作状态，仪表上的制动指示灯点亮。

4. 启动过程

换挡杆处于 P/N 挡，踩下制动踏板，按下启动装置按钮 E378，满足启动条件，启动机即可工作，带动发动机运转。

如果遥控器电池没电了，可用车钥匙打开驾驶员侧车门。锁芯中的接触开关 F241 只有驾驶员侧车门装配，其余车门没有装配。驾驶员在车外顺时针转动机械锁芯时，F241 开关导通，然后通过触点直接搭铁，将此高电位拉低至 0 V，J386 根据此信号判断驾驶员的意图，然后控制门锁电动机闭锁；当驾驶员逆时针转动机械锁芯时，F241 开关通过分压电阻 R 接通搭铁线路，将此高电位拉低至 0.87 V 左右，J386 根据此信号判断驾驶员的意图，然后控制门锁电动机开锁；同时经舒适 CAN 发送信号，J519 被激活。

如果遥控器电池没电了，利用车钥匙进入车内，可采用应急方法启动。将遥控器贴在方向盘的右下方接线柱下，防盗锁止系统识读线圈 D2 读取钥匙匹配信息，信号传给防盗锁止系统控制单元(J285 内部)，J285 经舒适 CAN 发送解锁防盗指令。

J519 根据 J285 发出的指令，控制 15 供电继电器 J329 工作，给仪表供电点亮相关指示灯，给电子转向柱锁止装置控制单元 J764 信号，解锁方向盘；给 J764、J623、J533 等提供 15 信号电。

7.2.3 无钥匙进入及启动许可系统检测维修

1. 车门把手传感器的检测维修

车门把手内装有门把手传感器和低频天线，如图 7-2-11 所示，门把手传感器有"解锁"和"锁止"区域，还有电路板及低频天线。

图 7-2-11 门把手内部组件结构图

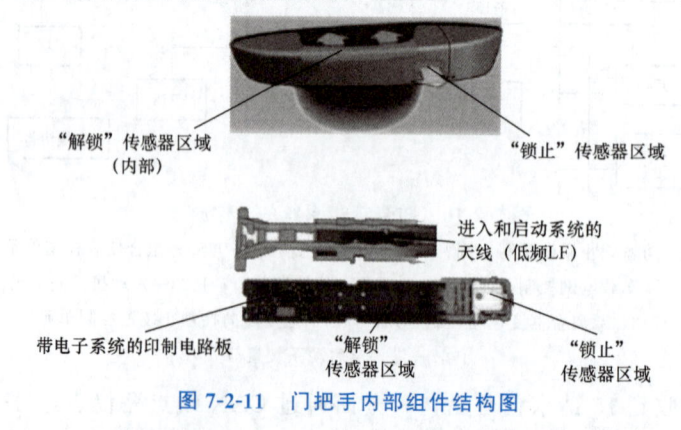

图 7-2-12 所示为吉利帝豪 EV450 门把手传感器电路图。以驾驶员门把手传感器为例，有 4 个插脚，DR10a/1 脚为门把手传感器送给 BCM 的触摸信号，当按下门把手按

钮时，测得该插脚电压为 1.25 V，松开门把手按钮测得该插脚电压为 0 V；DR10a/2 脚为门把手传感器的搭铁脚；DR10a/3 和 DR10a/4 两个插脚之间连接的驾驶员门把手天线，一般在 10 Ω 左右。

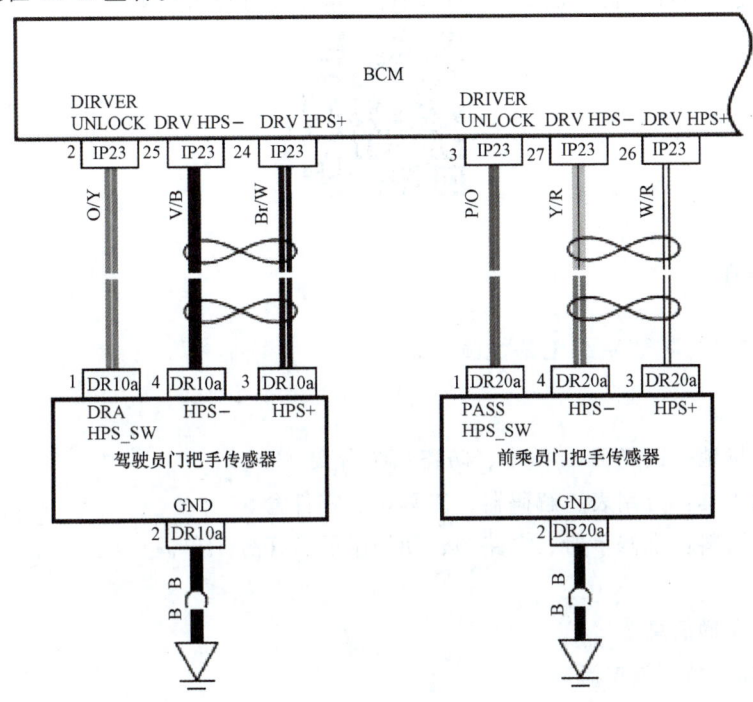

图 7-2-12 门把手传感器电路图

2. 车内天线和防盗线圈的检测维修

图 7-2-13 所示为吉利帝豪 EV450 车内天线和防盗线圈电路图，可通过测量天线和防盗线圈的阻值判断其好坏。天线和 BCM 之间的连线正常小于 1 Ω，断路故障为无穷大。防盗线圈和 BCM 之间的连线正常小于 1 Ω，断路故障为无穷大。

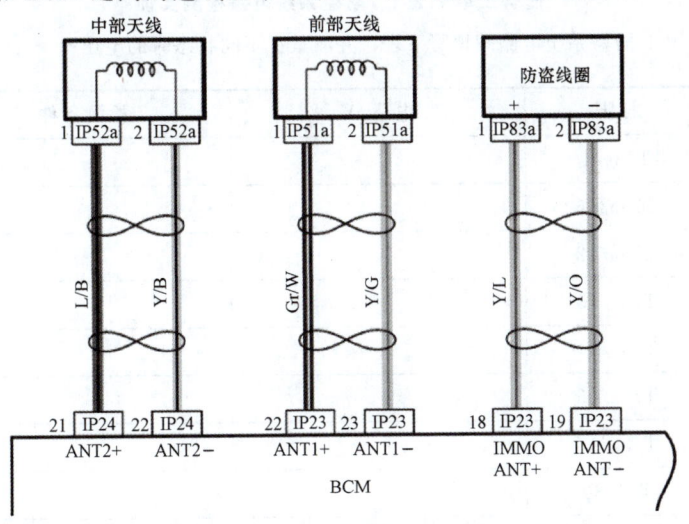

图 7-2-13 车内天线及防盗线圈电路图

任务准备

通过链接，查看迈腾 B8L 进入及启动许可电路关键插脚检测。

任务实施

实训 7.2.1 防盗系统电路检测实训

1. 实训条件

(1) 设备场地：迈腾 B8L 整车、防盗系统台架。
(2) 仪器工具：万用表、解码器、工具车、零件盒。
(3) 实训资料：维修手册、电路图、使用手册、任务工单。

2. 实训步骤

(1) 记录车辆信息。
(2) 读取故障码/数据流。
(3) 就车观察防盗系统。查询维修手册，正确使用仪器设备对防盗系统进行检测。
(4) 防盗系统电路检查：按任务工单要求测量防盗系统相关的电压和波形。

3. 任务工单

根据实训内容，查阅资料，填写任务工单。

任务工单 7.2.1　防盗系统电路检测实训

1. 根据迈腾 B8L 防盗系统电路图填写下表，并测量在不同状态时的电压

部件	插脚	电压/V	检测条件	作用
J519	T73c/1			
	T73a/66			
	T73a/12			
	T73c/63			
	T73c/14			
J519	T73a/16			
	T73a/17			
J965	T40/30			
	T40/17			

续表

部件	插脚	电压/V	检测条件	作用
J285	T18/1			
	T18/10			
J386	T20/19			
	T20/20			
	T20/10			
V56	T8t/6			
	T8t/7			
G415	T4ht/2			
	T4ht/3			
R134	T4ht/1			
	T4ht/4			

2. J519 CAN 线波形测量（CAN 线可设置断路故障/对地短路故障/对电源短路故障/高电阻故障）

CAN 线标准波形	CAN 线实测波形	结果分析
		判断
		正常□　异常□

3. 成绩评定标准

练习与思考

(1) 通过链接，查看练习与思考习题。

(2)通过链接，查看练习与思考答案。

任务7.3 防盗系统故障诊断

任务描述

一辆行驶里程约6.2万千米的大众迈腾B8L汽车不能启动，经初步检查，该车的防盗系统有故障。作为专业的维修技师，请结合工单进行记录，完成车辆防盗系统的故障诊断与排除。

任务分析

要完成客户车辆防盗系统的故障诊断，首先需要熟悉防盗系统的控制原理，然后进行故障原因分析，最后使用诊断仪、万用表、示波器等进行故障诊断和排除。

学习目标

知识目标
1. 掌握汽车防盗系统常见故障机理分析方法；
2. 掌握汽车防盗系统常见故障诊断与排除方法。

技能目标
1. 能制定汽车防盗系统故障的检修方案；
2. 能规范操作，诊断和排除汽车防盗系统相关故障。

素质目标
1. 通过自主分析防盗系统的控制原理、故障机理，培养学生逻辑分析的能力；
2. 通过小组探究、方案制定，学生锻炼沟通表达、合作、自主学习的能力；
3. 通过企业7S标准规范管理操作，培养学生规范、安全意识；
4. 通过大师示范操作，培养学生执着专注、精益求精、一丝不苟、追求卓越的工匠精神。

相关知识

7.3.1 防盗系统常见故障类型

防盗系统故障主要分为报警触发时喇叭不鸣叫、车辆智能进入功能失效、发动机不能启动三大类。

1. 报警触发时喇叭不鸣叫

首先检查防盗器是否处于静音防盗状态。如果不是，则需要用万用表检测，当报警触发时，看报警喇叭正极线上是否有电压。如果有电压，则报警喇叭本身有故障；如没有电压，则需要检查防盗主机至报警喇叭之间的线路是否断路，如果线路正常，则需要检查防盗主机内部是否有故障。

2. 车辆智能进入功能失效

车辆智能进入功能失效的主要原因有遥控钥匙故障、天线故障、PEPS故障。遥控钥匙故障主要有遥控钥匙亏电、遥控钥匙元件故障。天线故障主要有天线元件故障、车门把手按键故障、天线线路故障。PEPS故障可能有PEPS电源故障、PEPS通信故障、PEPS模块本身故障。

3. 发动机不能启动

发动机不能启动的原因有很多，这里主要讨论因防盗系统未解除引起的启动机不能工作故障。防盗系统是否解除可以重点观察方向盘能否解锁、仪表是否正常点亮、发动机仪表盘上的EPC灯能否点亮。如果方向盘不能解锁，说明防盗系统尚未验证通过，主要原因：未识别出授权钥匙、启动装置按钮启动信号未送给防盗模块、各模块之间不能匹配、因转向柱模块故障不能解锁等；很多车上的防盗模块集成在组合仪表控制单元内部，若组合仪表不能点亮，意味着防盗模块不能工作、不能解锁，此时需要检查组合仪表及相关线路；若发动机仪表盘上的EPC灯不能点亮，意味着发动机控制模块尚未匹配成功。

7.3.2 迈腾B8L防盗系统常见故障原因分析

迈腾B8L汽车防盗系统，由多个控制单元通过CAN总线协同控制。防盗系统故障产生的可能原因包括：启动装置按钮及相关线路故障、进入及启动许可系统及相关线路故障、车载电网控制单元及相关线路故障、组合仪表控制单元及相关线路故障、车门外把手接触传感器及相关线路故障、遥控钥匙故障、天线及相关线路故障等。

1. 典型故障现象原因分析

迈腾B8L的进入与启动许可系统工作分为车门解锁、方向盘解锁、仪表点亮、EPC灯点亮、制动指示灯显示正常五个阶段。

(1)车门不解锁的原因分析。

车门解锁控制逻辑：车门把手→发送信号给J965，唤醒J519，同时车外天线工作(R134、R135、R165、R166、R136)→低频信号→钥匙，钥匙判断正确短闪一下，如图7-3-1所示；钥匙→高频信号→J519，J519判断信号正确，J519唤醒舒适CAN，发送解锁命令给各车门控制单元，控制相应门锁电动机工作，如图 7-3-2 所示。

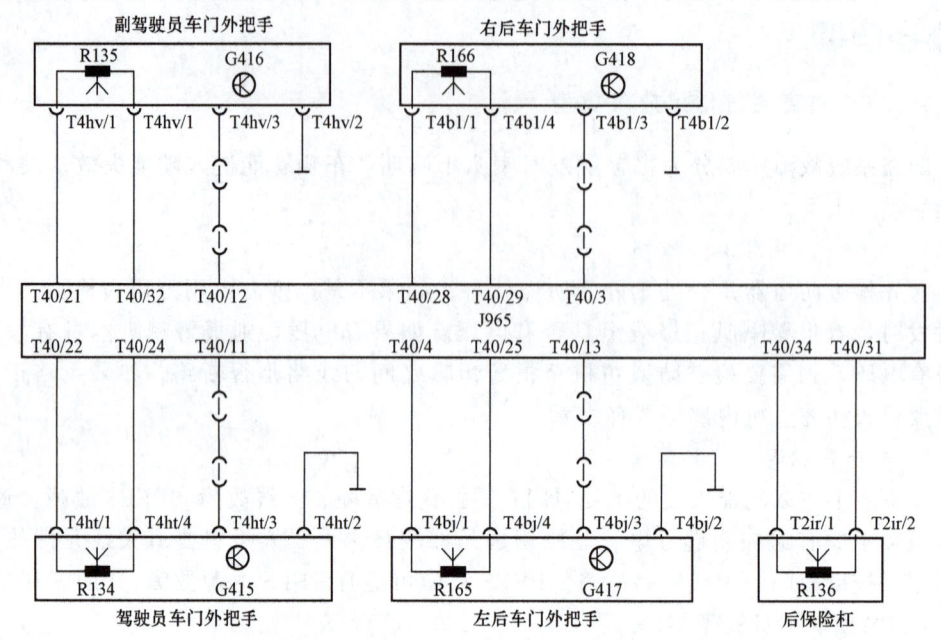

图 7-3-1　迈腾 B8L 车门外把手及天线相关电路

G415—驾驶员侧车门外把手接触传感器；G416—前排乘客侧车门外把手接触传感器；
G417—左后车门外把手接触传感器；G418—右后车门外把手接触传感器；
J965—进入及启动许可接口；R134—驾驶员侧进入及启动系统天线；
R135—前排乘客侧进入及启动系统天线；R136—后保险杠内的进入及启动系统天线；
R165—左后侧进入及启动系统天线；R166—右后侧进入及启动系统天线

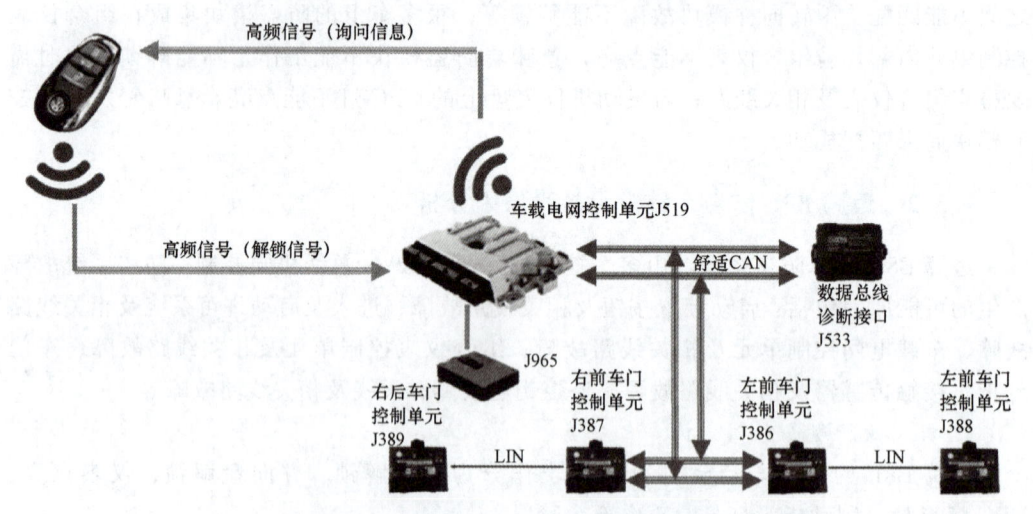

图 7-3-2　迈腾 B8L 解锁车门控制逻辑图

如果车门不解锁，遥控钥匙指示灯也不闪烁，可能原因有车门把手内接触传感器及相关线路故障、车门把手内天线及相关线路故障、遥控钥匙故障、J965 故障。

如果遥控钥匙指示灯能短闪，但是车门不解锁，可能原因有 J519 故障、J519 供电搭铁线断路、舒适CAN断/短等原因引起。

(2)方向盘不解锁的原因分析。

方向盘解锁的控制逻辑：启动装置按钮E378→发送信号→J965，J965唤醒舒适CAN及J519，同时J965通过舒适CAN→仪表控制单元J285，J285询问是否有钥匙；J965通过室内天线→钥匙→J519通过舒适CAN线→J285，J285对钥匙进行识别，若识别为授权钥匙，J285允许方向盘解锁，如图7-3-3所示。

若方向盘不能解锁，可能原因有启动装置按钮E378及相关线路故障；J965、J965供电线及搭铁线故障；仪表控制单元J285、J285供电及搭铁线故障；车载电网控制单元J519、J519供电及搭铁、室内天线、转向柱锁止控制单元J764及供电搭铁、舒适CAN、钥匙不匹配等引起。

(3)仪表不亮的原因分析。

仪表点亮的控制逻辑：方向盘解锁的同时，J965通过s♯和两个15♯请求线→J519，J519通过舒适CAN点亮仪表，如图7-3-4所示。

若仪表不能点亮，可能原因有J965及相关线路故障；s♯、15♯请求线故障、J519及相关线路故障、仪表J285及供电搭铁故障、舒适CAN故障。

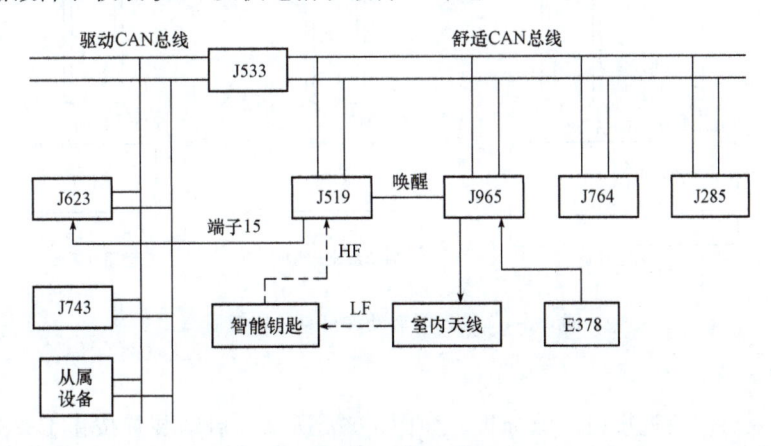

图7-3-3 防盗锁止系统的控制逻辑

E378—启动装置按钮；J285—组合仪表控制单元；J519—车载电网控制单元；J533—数据总线诊断接口；
J623—发动机控制单元；J743—双离合器变速箱控制单元；J764—电子转向柱锁止装置控制单元；
J965—进入及启动接口

(4)EPC灯不亮的原因分析。

EPC灯点亮说明J623的身份信息已经验证通过，J623的30♯供电电压正常、15♯供电电压正常、搭铁正常，且J623通过驱动CAN－J533通过舒适CAN－J285信息传递正常；若以上任何一个环节出现故障，EPC灯不能点亮。

(5)制动指示灯显示不正常的原因分析。

踩下制动踏板，仪表盘上制动指示灯显示正常说明：制动灯开关→J623通过驱动CAN→J533通过舒适CAN→J285信息传递正常。若以上任何一个环节出现故障，制动指示灯显示不正常。

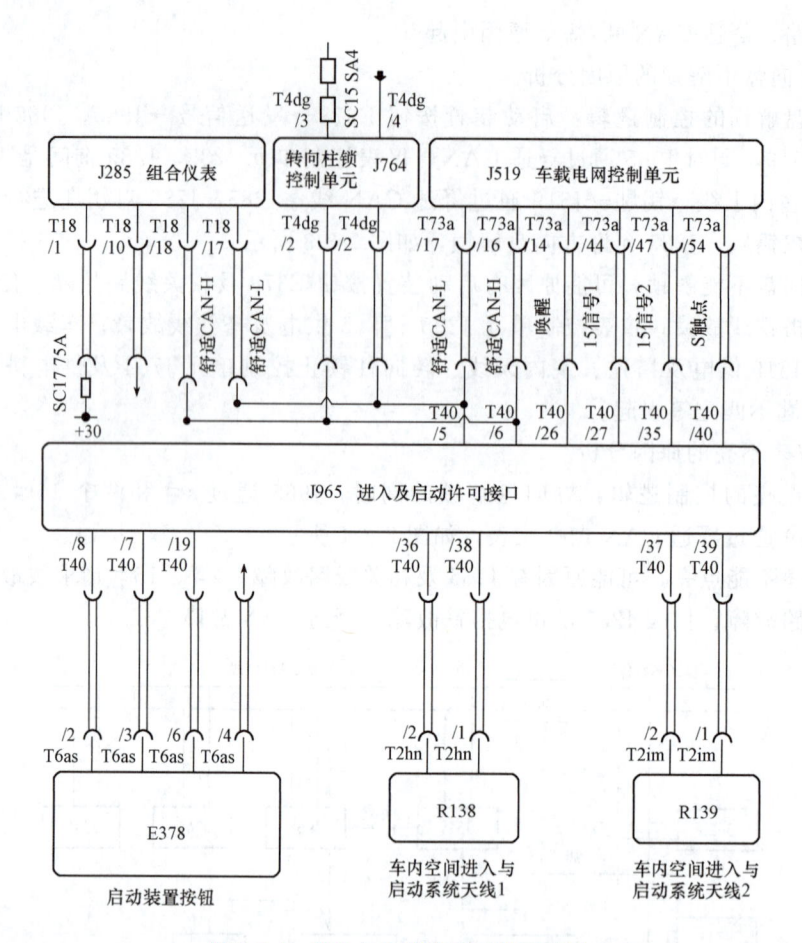

图 7-3-4　进入与启动许可系统原理图

2. 主要部件故障分析

(1) E378 启动装置按钮故障分析。如图 7-3-4 所示，启动装置按钮 E378 直接连接无钥匙进入及许可接口 J965，E378 是非常关键的一个按钮，车辆点火或者启动都需要操作该按钮。E378 出现故障，J965 就不执行后续工作，此时的故障现象是方向盘不解锁，启动机不工作。

E378 的电路如图 7-3-5 所示，E378 有 4 个插脚，T6as/3 和 T6as/6 是启动信号输出脚，T6as/4 是 E378 的搭铁脚，T6as/2 是启动装置按钮 E378 照明灯的供电脚。

E378 自身损坏；E378 搭铁线断路或虚接故障；E378 的任何一条信号线出现断路或虚接；以上任何故障点都会导致 J965 不执行后续动作。若 E378 的 T6as/2 脚或相关线路断路或者虚接，此时 E378 的照明指示灯不亮。

(2) J965 模块故障分析。J965 模块即进入及启动系统模块。J965 模块接收 E378 信号，通过天线寻找授权的智能钥匙，唤醒 J519 使其接收钥匙的高频信号，向 J519 发送 S 触点、15 请求信号。J965 及其相关线路故障，会使方向盘不解锁，转向灯不亮，启动机不工作，如图 7-3-4 所示。

J965可能出现的故障有以下几个方面：电源正负极故障，体现为T40/30、T40/17端子及其线路出现断路或虚接，导致J965模块不工作，如图7-3-6所示。J965模块舒适CAN线出现故障，体现为CAN-H：T40/6和CAN-L：T40/5端子及其线路出现断路、短路、虚接等，导致数据传输障碍，造成方向盘不解锁。

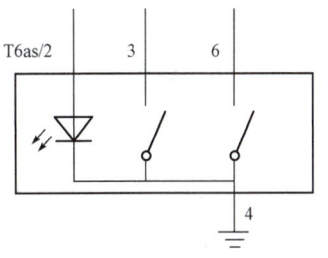

图 7-3-5　启动装置按钮 E378 电路图

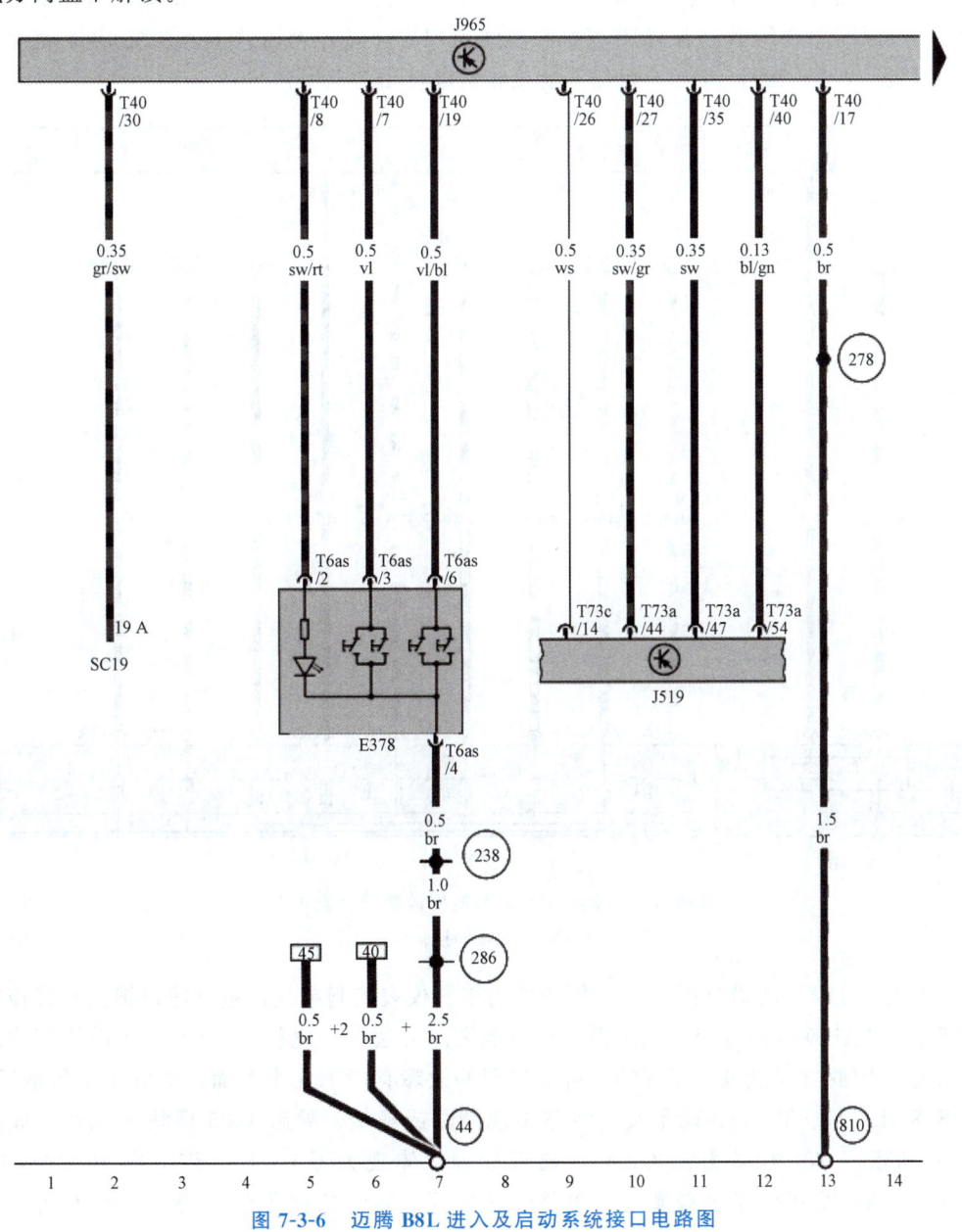

图 7-3-6　迈腾 B8L 进入及启动系统接口电路图

E378—启动装置按钮；J519—车载电网控制单元；J965—进入及启动系统接口

（3）J519 模块故障分析。J519 模块作为车载网络控制单元，出现故障会导致无法接收车钥匙发出的高频信号，也无法将信号传输给 J285，从而导致转向柱模块 J764 无法执行解锁。可能出现的故障有以下几个方面：电源正负极故障，体现为 T73a/73、T73c/1、T73a/12、T73c/63 端子及其线路出现断路或虚接，导致 J519 模块不工作，如图 7-3-7、图 7-3-8 所示。J519 模块舒适 CAN 线出现故障，体现为 CAN-H：T73a/16 和 CAN-L：T73a/17 端子及其线路出现断路、短路、虚接等，导致数据传输障碍，造成方向盘不解锁。J519 模块唤醒线出现故障，体现为 T73c/14 端子及其线路出现断路或虚接，如图 7-3-6 所示。当 J519 模块唤醒线出现故障时，无钥匙进入系统 J965 就无法唤醒 J519 模块，因此 J519 模块也不能接收钥匙发出的高频信号。

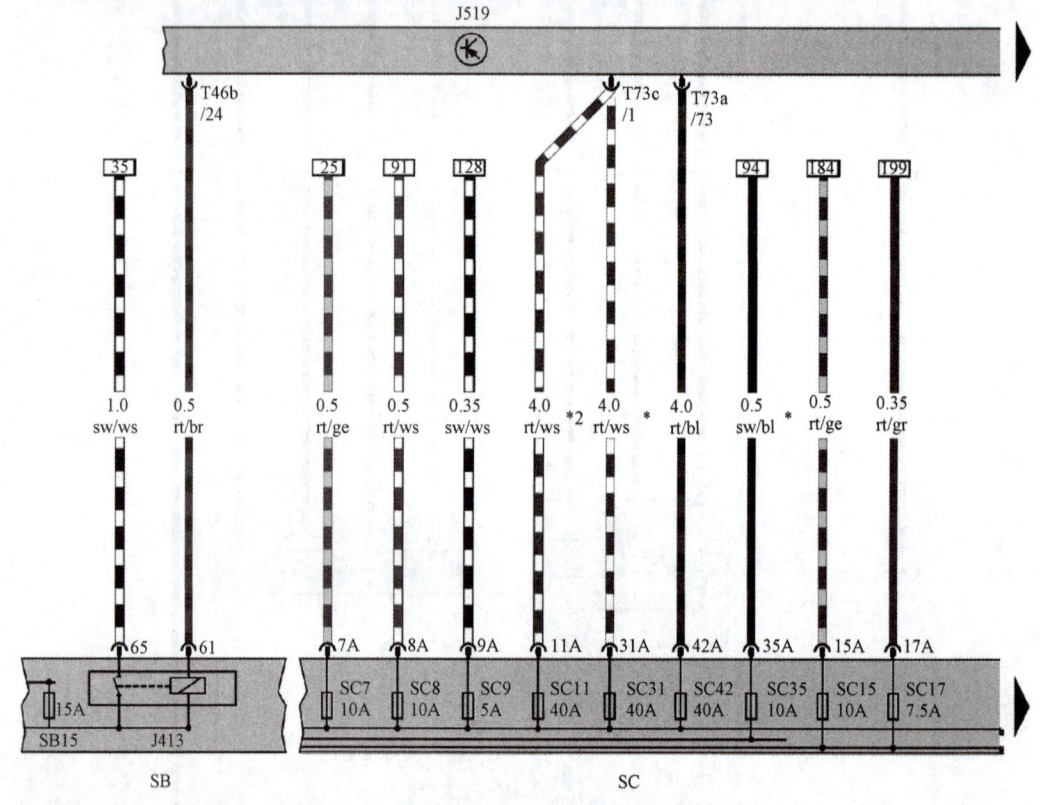

图 7-3-7　迈腾 B8L 车载电网控制单元电路图 1

J519—车载电网控制单元

（4）J285 模块故障分析。J285 模块作为组合仪表控制单元，包含防盗锁止系统控制单元。如果出现故障会导致无法识别车内钥匙的合法性，也就无法给 J764 模块下达解锁命令，因此方向盘也不能解锁。可能出现的故障有以下几个方面：电源正负极故障，体现为 T18/1、T18/10 端子及其线路出现断路或虚接，导致 J285 模块不工作，如图 7-3-9 所示。J285 模块舒适 CAN 线出现故障，体现为 CAN-H：T18/18 和 CAN-L：T18/17 端子及其线路出现断路、短路、虚接等，导致数据传输障碍，造成方向盘不解锁。

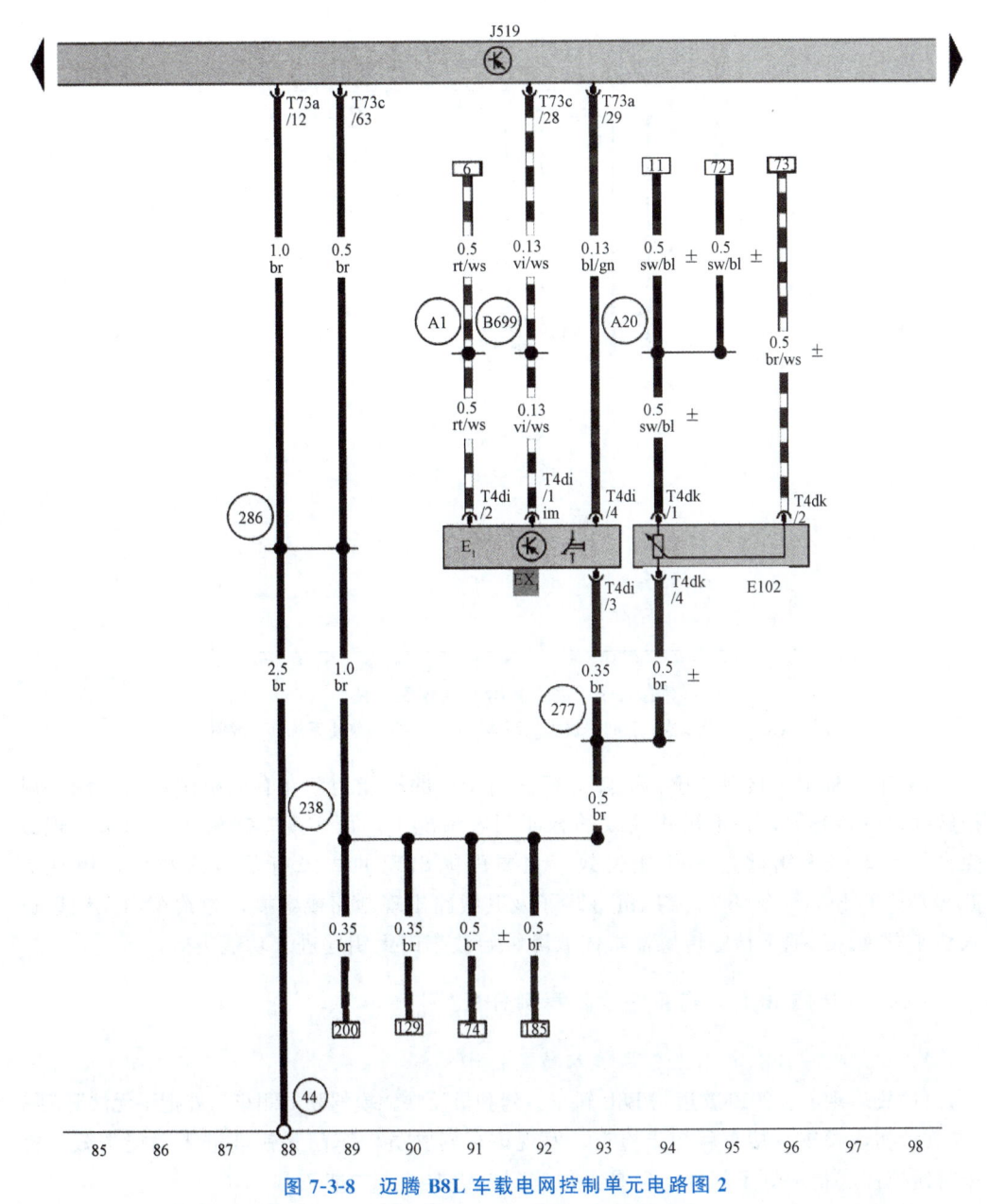

图 7-3-8　迈腾 B8L 车载电网控制单元电路图 2

EX1—车灯旋转开关；E1—车灯开关；E102—大灯照明距离调节器；J519—车载电网控制单元

(5)J764 模块故障分析。如果只是电子转向柱锁控制单元 J764 出现故障，遥控钥匙可以操控中控锁，按下启动开关钥匙指示灯闪烁，仪表上方向盘指示灯亮黄灯，仪表可以显示车辆门锁状态，但方向盘不能解锁。如图 7-3-4 所示，J764 可能出现的故障点有以下几个方面：电源正负极故障，体现在 T4dg/3、T4dg/4 端子及其线路出现断路、短路和虚接现象，导致 J764 模块不工作。J764 模块舒适 CAN 线出现故障，体现在 CAN-H：T4dg/1 和 CAN-L：T4dg/2 端子及其线路出现断路、短路、虚接以及互换等现象，导致数据传输障碍，造成方向盘不解锁。

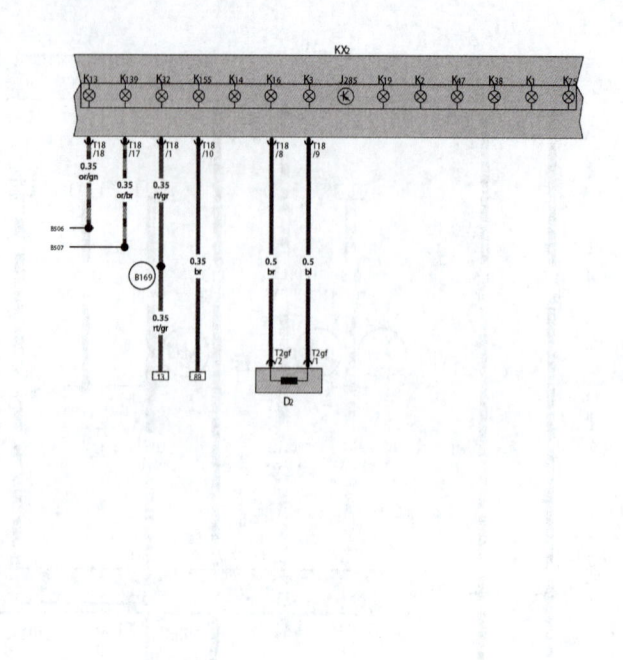

图 7-3-9　迈腾 B8L 组合仪表电路图

KX2—组合仪表；J285—仪表控制单元；D2—防盗锁止系统读出线圈

（6）车门外把手接触传感器故障分析。当授权的智能钥匙在有效范围内时，用手触摸解锁接触传感器，在不操作授权的智能钥匙情况下，可实现车辆解锁。如果出现故障会导致车门无钥匙进入功能失效。主要可能出现的故障有信号线故障，体现为 T4ht/3、T4hv/3、T4bj/3、T4bl/3 端子及其线路出现断路或虚接，导致车门无钥匙进入功能失效。门把手接触传感器本体故障，导致车门无钥匙进入功能失效。

7.3.3　迈腾 B8L 防盗系统故障案例分析

1. 大众迈腾 B8L 车门无钥匙进入功能故障

（1）故障现象。2019 款迈腾 B8L 轿车，驾驶员反映触摸驾驶员侧车门外把手无法开门。

（2）初步检查。接车后初步检查，发现该车驾驶员侧车门无钥匙进入功能失效，操作时遥控钥匙指示灯不闪烁，但是其他车门无钥匙进入功能正常。

（3）故障原因分析。如图 7-3-10 所示，驾驶员侧车门无钥匙进入时授权的智能钥匙指示灯不闪烁，说明 J965 通过 R134 寻找授权的智能钥匙时存在异常，但由于其他车门的无钥匙进入功能均正常，说明遥控钥匙没有问题，故障可能原因有：G415 本体故障；J965 本体故障；G415 与 J965 间线束故障等。

（4）故障诊断。首先用故障诊断仪进行检测，读取 J965 的故障代码，无故障代码存储；再读取相关数据流，在触摸驾驶员侧车门外把手接触传感器（G415）进行解锁、闭锁时，发现数据流均显示未激活，说明 G415 未工作，初步判断 G415 信号存在异常。

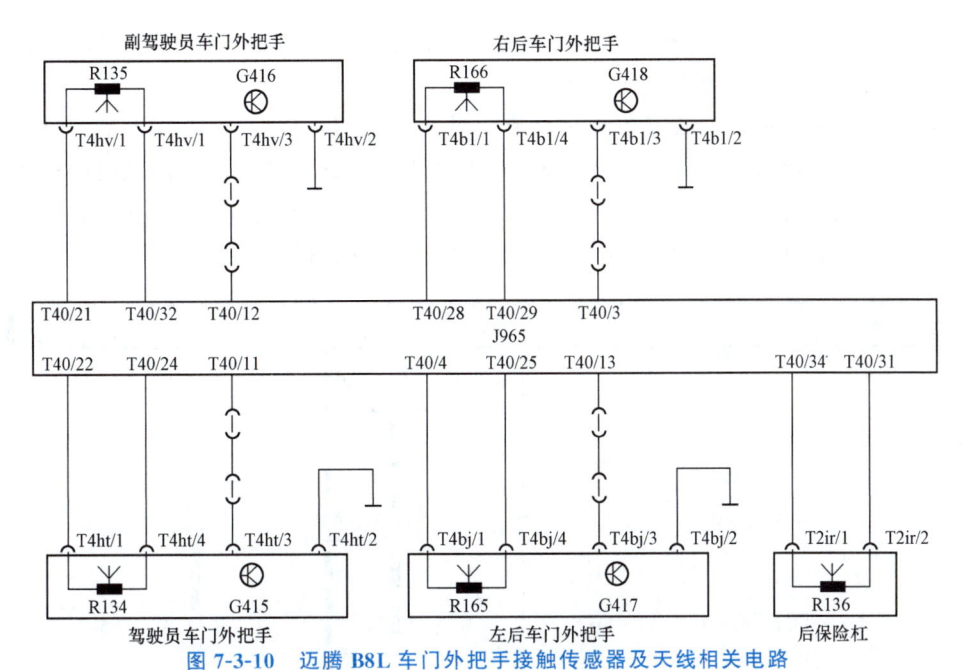

图 7-3-10 迈腾 B8L 车门外把手接触传感器及天线相关电路

G415—驾驶员侧车门外把手接触传感器；G416—前排乘客侧车门外把手接触传感器；
G417—左后车门外把手接触传感器；G418—右后车门外把手接触传感器；
J965—进入及启动许可接口；R134—驾驶员侧进入及启动系统天线；
R135—前排乘客侧进入及启动系统天线；R136—后保险杠内的进入及启动系统天线；
R165—左后侧进入及启动系统天线；R166—右后侧进入及启动系统天线

触摸 G415 进行解锁、闭锁操作时，测量线束端子 T27/9 与搭铁的波形，测量的波形均为 12 V 直线（异常），说明 J965 未接收到 G415 的信号；未触摸 G415 时，测量端子 T4bt/3 与搭铁的波形，测量的波形为 0 V 直线（异常），由于端子 T27/9 与端子 T4at/3 为同一根导线且存在 12 V 电压差，判断该线路可能存在断路；关闭点火开关，拔下该段线路两端的连接器，测量端子 T27/9 与端子 T4at/3 间的电阻，如图 7-3-11 所示，测量值为无穷大，说明该线路断路。

(5) 故障排除。对端子 T27/9 与端子 T4at/3 间线路按照规范进行修复后试车，故障排除。

(6) 分析总结。驾驶员侧车门外把手接触传感器 G415 是电容式传感器，通过触摸产生信号传给 J965，如果 J965 没有接收到该信号，车门无法打开。

2. 大众迈腾 B8L 转向盘无法解锁

(1) 故障现象。2019 款迈腾 B8L 轿车，驾驶员反映按下启动按钮时，转向盘无法解锁，发动机无法启动。

(2) 初步检查。接车后初步检查，该车无钥匙进入功能及遥控解锁功能均正常，进入车内，钥匙指示灯能闪烁，启动按钮指示灯亮，仪表上能正常显示车门状态。

(3) 故障原因分析。

方向盘解锁的控制逻辑：启动装置按钮 E378→发送信号→J965，J965 唤醒舒适 CAN 及 J519，同时 J965 通过舒适 CAN→仪表控制单元 J285，J285 询问是否有钥匙；

J965 通过室内天线→钥匙→J519 通过舒适 CAN 线→J285，J285 对钥匙进行识别，若识别为授权钥匙，J285 允许方向盘解锁。

若方向盘不能解锁，故障原因主要有启动装置按钮 E378、J965、J285、J519、室内天线、J764 等出现故障。但是该车无钥匙进入及遥控解锁功能正常，说明遥控钥匙、J965 和 J519 能正常工作；仪表能正常显示车门状态，遥控钥匙指示灯能闪烁，启动按钮指示灯亮，说明 J285、E378 正常，重点检查 J764 及其相关线路。

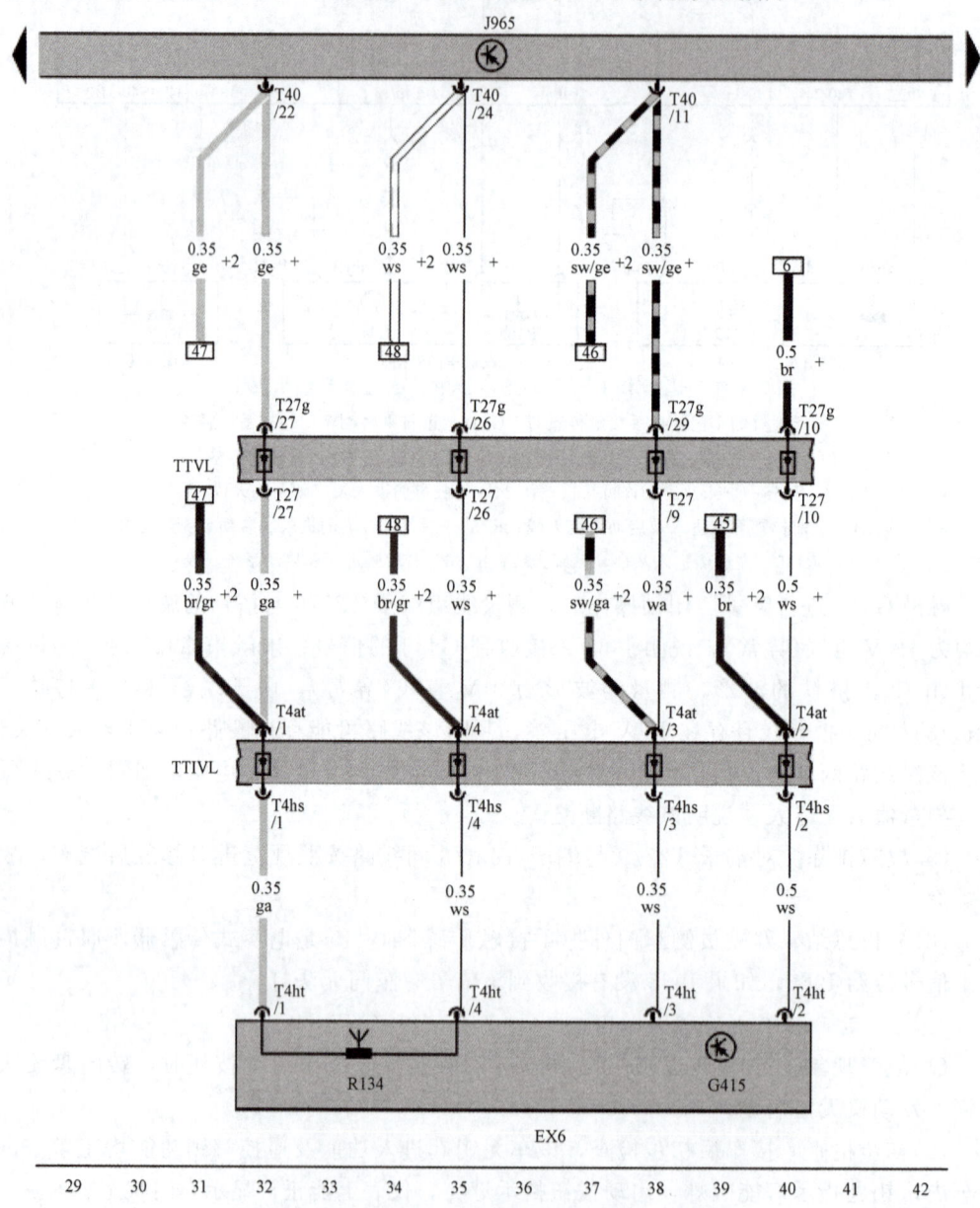

图 7-3-11　迈腾 B8L 驾驶员车门外把手电路图

EX6—驾驶员车门外把手；J965—进入及启动系统接口；R134—驾驶员侧的进入及启动系统天线；G415—驾驶员侧车门外把手接触传感器

（4）故障诊断。首先用故障诊断仪进行检测，读取 J764 的故障代码，显示无法进行通信，说明 J764 确实有故障。

由图 7-3-4 可知，J764 的供电熔丝为 SC15，T4dg/4 为 J764 的搭铁脚，插脚 T4dg/1、T4dg/2 分别为 J764 的 CAN-L 线和 CAN-H 线。J764 的原车线路图如图 7-3-12 所示。

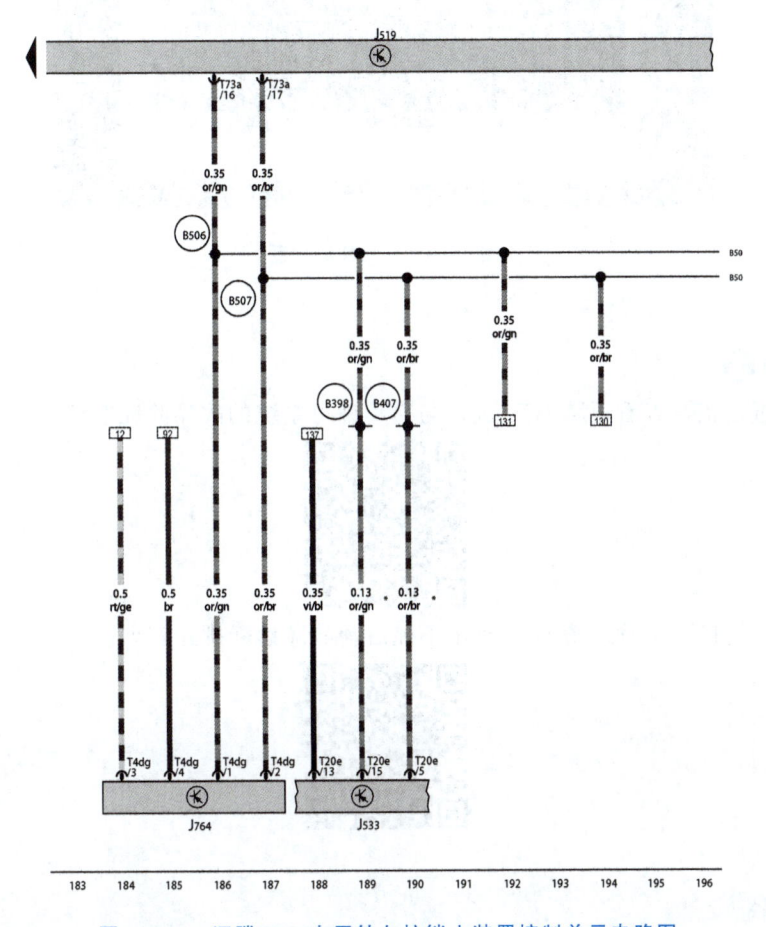

图 7-3-12　迈腾 B8L 电子转向柱锁止装置控制单元电路图

J519—车载电网控制单元；J533—数据总线诊断接口；J764—电子转向柱锁止装置控制单元

测量熔丝 SC15 输入端与搭铁间的电压，测量值为 12 V（正常）；测量熔丝 SC15 输出端与搭铁间的电压，测量值为 12 V（正常），判断熔丝 SC15 正常；用示波器测量 J764 端子 T4dg/1 和端子 T4dg/2 分别对地的波形，如图 7-3-13 所示，波形均正常，判断舒适 CAN 总线正常；测量端子 T4dg/3 与搭铁间的电压，测量值为 0 V（异常），判断熔丝 SC15 输出端与端子 T4dg/3 间线路可能存在故障；拔下熔丝 SC15 及连接器 T4dg，测量熔丝 SC15 输出端与端子 T4dg/3 间的电阻，测量值为无穷大（异常），判定保险丝 SC15 输出端与端子 T4dg/3 间线路存在断路故障。

（5）故障排除。对保险丝 SC15 输出端与端子 T4dg/3 间线路按照规范进行修复后试车，故障排除。

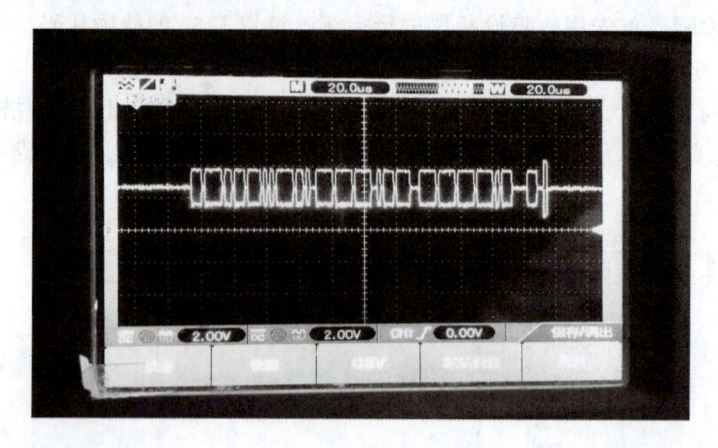

图 7-3-13　CAN 波形图

任务准备

(1)通过链接，查看迈腾 B8L 进入与启动许可系统的故障验证实训。

(2)通过链接，查看迈腾 B8L 汽车不能启动故障诊断排除实训。

任务实施

实训 7.3.1　防盗系统故障验证及排故实训

1. 实训要求

根据配置的实训条件，按表 7-3-1 故障点设置表，实施"防盗系统故障验证实训"和"防盗系统故障诊断排除实训"。

表 7-3-1　故障点设置表

设置故障点
1. 组合仪表 J285 控制单元电路 (1)组合仪表控制单元电源电路：断路/虚接。 (2)组合仪表控制单元 CAN 线电路：断路/虚接。

续表

设置故障点
2. 车载电网控制单元 J519 电路 (1)车载电网控制单元电源电路：断路/虚接。 (2)车载电网控制单元 CAN 线电路：断路/虚接。 (3)车载电网控制单元唤醒线电路：断路/虚接。 3. 进入及启动许可接口 J965 电路 (1)进入及启动许可接口电源电路：断路/虚接。 (2)进入及启动许可接口 CAN 线电路：断路/虚接。 4. 转向柱锁止控制单元 J764 电路 (1)转向柱锁止控制单元电源电路：断路/虚接。 (2)转向柱锁止控制单元 CAN 线电路：断路/虚接。 5. 门把手接触传感器电路 门把手接触传感器信号线电路：断路/虚接。 6. 启动装置按钮电路 (1)启动装置按钮信号线电路：断路/虚接。 (2)启动装置按钮搭铁线电路：断路/虚接

2. 实训条件

(1)设备场地：迈腾 B8L 整车、防盗系统台架；

(2)仪器工具：万用表、解码器、示波器、工具车、零件盒；

(3)实训资料：维修手册、电路图、使用手册、任务工单。

3. 实训步骤

(1)故障验证实训步骤。

1)自设一个故障点。

2)观察故障现象。

3)读取故障码和数据流。

4)使用万用表或示波器测量关键点电信号。

5)根据上述现象数据，分析验证工作原理。

(2)故障诊断实训步骤。

1)预先设置一个或多个故障点。

2)观察故障现象。

3)读取故障码/数据流。

4)分析可能原因。

5)根据可能原因，按步骤检测。

6)排除故障并验证。

7)分析总结相关故障机理及检测方法。

3. 任务工单

根据实训内容，查阅资料，填写任务工单。

任务工单 7.3.1　防盗系统故障验证实训

1. 明设故障点，填写表单（故障点选自表 7-3-1）

序号	明设故障点	故障现象	故障信息检测				原因分析
^	^	^	检测仪检测		万用表检测		^
^	^	^	读取故障码	数据流	检测点结果	检测条件	^

2. 成绩评定标准

任务工单 7.3.2　防盗系统故障诊断实训

1. 暗设故障点，填写表单

	观察故障现象
（1）故障现象观察	
（2）故障分析	
（3）故障信息检测	读取故障码/数据并做分析 故障码： 数据： 分析：
（4）具体可能原因分析	根据故障现象、故障码/数据，结合维修手册，分析原因

续表

	检测内容	检测结果	分析判断
(5)故障检测判断			
(6)故障确认排除			
分析总结			

2. 成绩评定标准

练习与思考

(1)通过链接，查看练习与思考习题。

(2)通过链接，查看练习与思考答案。

项目7 拓展园地

0.01 mm，相当于一根头发直径的1/6左右，是世界技能大赛汽车喷漆项目对油漆厚度所允许的最大误差。中国选手杨金龙凭借高超的技术挑战不可能，获得第43届世界技能大赛喷漆项目的冠军，为中国实现了这个赛事零金牌的突破。任何一项技术技能都需要长时间的沉淀积累，才能达到高精尖的水准，这是一个辛苦而漫长的过程，但也是成就辉煌的过程。新时代的青年学生需要有追求精益求精的工匠精神，为实现中国梦而努力奋斗。

参考文献

[1] 冯斌. 汽车电气设备构造与维修[M]. 镇江：江苏大学出版社，2015.

[2] 张柏荣，李宏亮，李亮. 汽车电气设备构造与维修[M]. 沈阳：东北大学出版社，2014.

[3] 弋国鹏，魏建平，郑世界. 汽车舒适控制系统及检修[M]. 北京：机械工业出版社，2019.

[4] 曹云刚，刘映霞. 汽车电气系统检测与维修[M]. 重庆：重庆大学出版社，2019.

[5] 郑尧军，蒋璐璐. 汽车电气电控技术[M]. 杭州：浙江大学出版社，2019.

[6] 王辉，张文秀，刘祥泽. 汽车电气设备构造与维修[M]. 长春：吉林大学出版社，2016.

[7] 钱强，汽车电气与电子技术[M]. 上海：同济大学出版社，2011.

[8] 黄鹏，韦孟洲，邓仁春. 汽车舒适与安全系统检修[M]. 北京：航空工业出版社，2019.

[9] 张艳飞. 迈腾 B8L 防盗系统的工作过程与故障诊断方法[J]. 汽车实用技术，2022，47(21)：186—189.

[10] 陆健康，方勇. 迈腾 B8L 起动机控制系统的故障研究[J]. 时代汽车，2021(11)：163—165.

[11] 张艳飞. 大众迈腾 B8L 灯光开关信号的原理及故障诊断分析[J]. 汽车实用技术，2021(11)：168—170.

[12] 王帅，鲁磊. 迈腾 B8L 车无钥匙进入系统及故障 1 例[J]. 汽车维护与修理，2022(18)：68—71.

[13] 苗亮. 浅谈技能大赛用车迈腾 B8 防盗系统的检测与维修[J]. 汽车实用技术，2020，45(23)：175—177.

[14] 杨玲玲，王洪广. 迈腾 B8 汽车转向盘不解锁的原因分析及诊断方法[J]. 内燃机与配件，2021(8)：125—126.

[15] 韩彦明. 浅谈大众 2019 款迈腾 B8L 无钥匙进入起动系统的故障与排除[J]. 广东教育：职教，2021(5)：115—118.